GEORG GERMANN

EINFÜHRUNG IN DIE GESCHICHTE DER ARCHITEKTURTHEORIE

DIE KUNSTWISSENSCHAFT

Einführungen in Gegenstand, Methoden und Ergebnisse
ihrer Teildisziplinen und Hilfswissenschaften

1980
WISSENSCHAFTLICHE BUCHGESELLSCHAFT
DARMSTADT

GEORG GERMANN

EINFÜHRUNG IN DIE GESCHICHTE DER ARCHITEKTURTHEORIE

1980
WISSENSCHAFTLICHE BUCHGESELLSCHAFT
DARMSTADT

CIP-Kurztitelaufnahme der Deutschen Bibliothek

Germann, Georg:
Einführung in die Geschichte der Architekturtheorie / Georg Germann. — Darmstadt: Wissenschaftliche Buchgesellschaft, 1980.
(Die Kunstwissenschaft)
ISBN 3-534-08148-X

345

Bestellnummer 8148-X

Satz: Maschinensatz Gutowski, Weiterstadt
Druck und Einband: Wissenschaftliche Buchgesellschaft, Darmstadt
Printed in Germany
Schrift: Linotype Garamond, 9/11

ISBN 3-534-08148-X

INHALT

VORWORT

Als ich im Jahre 1968 die Studien zu meinem Buch über die Architekturtheorie der Neugotik begann, holte ich weit aus, um in der Ideengeschichte die nötige Tiefe zu gewinnen, begünstigt von einem Forschungsstipendium des Schweizerischen Nationalfonds zur Förderung der wissenschaftlichen Forschung.

In den Jahren 1971/72 und 1975/76 hielt ich sodann mit den gewonnenen Kenntnissen und Einsichten eine Vorlesung über die Architekturtheorie von Vitruv bis zum Ende des Historismus, mit der ich Studenten der Kunstgeschichte an der Universität Basel in Stoff und Methoden einzuführen versuchte. Aus dieser Vorlesung ist das vorliegende Buch entstanden.

Die Architekturtheorie Vitruvs, theoretische Äußerungen des Mittelalters und die Vitruvianer von Alberti bis an die Schwelle des Historismus werden in ihrer zeitlichen Reihenfolge dargestellt, indem ich eine Auswahl wichtiger Quellentexte nach drei Gesichtspunkten bespreche: Berufsbild des Architekten, Entwurfslehre und Beitrag zur allgemeinen Kunstlehre.

Der Name Einführung besagt, daß es sich nicht um ein Nachschlagewerk oder Handbuch, sondern um ein Lehrbuch handelt. Da Hochschulstudenten der Richtungen Architektur und Geisteswissenschaften angesprochen sind, wird der eine die Schilderung des jeweiligen Gesellschaftsbildes vermissen, der andere einen durchgeführten Vergleich mit der Malereitheorie, der dritte einen handfesten Bezug auf die neue und neueste Architektur. Solches auszuführen überstiege aber heute das Vermögen eines einzelnen, selbst wenn er sich viel ausschließlicher der Geschichte der Architekturtheorie widmete, als mir das willkommen oder möglich wäre.

Ich habe keine neuen Methoden anzubieten. Der aufmerksame Leser wird indessen leicht wahrnehmen, daß mich Topoi und Schlüsselwörter mehr beschäftigen als der philosophische Überbau, die Ideengeschichte mehr als die Geistesgeschichte.

Ein Buch über Architekturtheorie ist notwendigerweise ein Buch über Texte. Ich habe Theoretikern den Vorzug gegeben, die allgemein bekannt und deren Werke in Neu- oder Nachdrucken leicht zugänglich sind. Gleichwohl werden näher betrachtete Stellen im Wortlaut oder in Übersetzung angeführt, so daß zuweilen der Eindruck aufkommen möchte, es handle sich um eine kommentierte Anthologie. Wer sich jedoch mit dem hier Vorgezeigten begnügt, begibt sich der schönsten Freude wissenschaftlichen Suchens und Denkens: des eigenen Findens, und dies ereignet sich auf dem Feld der Architekturtheorie nur beim geduldigen Lesen vollständiger Texte.

Ich habe vielen zu danken. Die anregendsten Gespräche über den Themenkreis verdanke ich Johannes Dobai, Jacques Gubler, Andreas Hauser, Werner Oechslin und Bruno Reichlin. Meine Freunde Lea und Bruno Carl haben das Manuskript gelesen und manchen sprachlichen Ausdruck verbessert. Der Leitung des Schweizerischen Instituts für Kunstwissenschaft, Zürich, und der Philosophisch-Historischen Fakultät der Universität Basel bin ich für die Beurlaubung während der Niederschrift des Buches verpflichtet. Suzanne Biäsch-Schaub, Irmgard Loeb-Müller und Elisabeth Pfeifer-Kober danke ich für unzählige Kontrollen, die Reinschrift und das Register. Die Wissenschaftliche Buchgesellschaft hat den Anstoß für die Niederschrift und Anregungen für die Abrundung gegeben; dafür weiß ich mich ihr verbunden.

Am meisten schulde ich der Geduld meiner Frau.

Zürich, Herbst 1979 G. G.

I. GRENZEN DER ARCHITEKTURTHEORIE

1. Architekturtheorie und Kunstliteratur

Als der Engländer Bruce Allsopp (geb. 1912) im Jahre 1977 sein Buch *A Modern Theory of Architecture* veröffentlichte, wandte er sich als Architekt und Architekturlehrer an Architekten; ein Fachbuch für einen Berufsstand zu schreiben, war ihm genug.

Die Verfasser von Werken zur Architekturtheorie früherer Zeiten bewiesen hingegen durch die Widmung an einen großen Bauherrn, daß sie beim möglichen Auftraggeber Verständnis suchten, oder gehörten selbst zur Schicht dieser Auftraggeber. Vitruv widmete seine Abhandlung dem Augustus, Sir Henry Wotton (1568–1639) war vor allem Diplomat. Es genügt nun nicht, den Unterschied von einst und jetzt mit dem Hinweis auf zunehmende Arbeitsteilung und Aufsplitterung des Denkens abzutun. Architektur ist davon mehr betroffen als andere Künste. Ihre Abwertung als Kunst und als Gesprächsthema spiegelt sich in den modernen Zeitschriften und Zeitungen, die Neuerscheinungen, Theater- und Filmaufführungen, Konzerten und Kunstausstellungen ungleich mehr Raum gewähren als der Architekturkritik, Städtebaufragen ausgenommen. Wer sich vor Augen hält, daß Architektur und Schriften über Architektur einst eine andere Stellung einnahmen, vermag auch das einstige Verhältnis von Architekturtheorie zu Architekturpraxis und das Gewicht der Architekturtheorie in der Kunstliteratur genauer einzuschätzen.

Als Kunstliteratur bezeichnete Julius von Schlosser in seinem gleichnamigen Handbuch von 1924 diejenigen Quellenschriften zur Kunst, die einen theoretischen Gehalt haben, die also ethische und ästhetische Kunstgebote und Kunsturteile begründen und in einen Zusammenhang stellen. Kunstliteratur umfaßt auch die Anfänge der Kunstgeschichtsschreibung. Für Schlosser standen dabei die Textsorten Traktate, Viten und Ciceroni im Vordergrund.

Andere Forscher, die ihr Hauptaugenmerk wie Schlosser auf den Zeitraum 1450–1750 richteten, beschränkten sich weitgehend auf die Untersuchung von Traktaten, die sich für Kunsttheorie und Geistesgeschichte besonders ergiebig zeigten. Der Vorteil liegt darin, ähnlich aufgebaute und an einen ähnlichen Leserkreis gerichtete Quellenschriften miteinander vergleichen zu können.

Wenn wir uns jedoch einen Überblick über die Quellen zur Geschichte der Kunst- und Architekturtheorie zu schaffen versuchen, wird sogleich deutlich, daß Schriften verschiedenster Art Aussagen über Architekturtheorie enthalten können, so, um nur einige berühmte Beispiele zu nennen: die Beschreibungen seiner Landhäuser in den Briefen Plinius' d. J. (61/62 bis um 113), die Rechenschaftsberichte des Abtes Suger von Saint-Denis (1081–1151, reg. 1122–1151), die vom Umbau seiner Abteikirche handeln, oder der Roman *Frau Jenny Treibel* von Theodor Fontane, der im Jahre 1874 spielt; von den Bauakten nicht zu reden. Eine Systematik der in Frage kommenden Schriften hat Julius von Schlosser seinem *Quellenbuch zur Kunstgeschichte des abendländischen Mittelalters* (1896) vorangestellt.

Eine Generation, die von Renato De Fusco gelernt hat, daß Architektur ein Massenmedium ist, und die von Jugend auf eine Vielzahl von Medien kennt, mag fragen, ob nicht die Architektur selbst eine Quelle für die Geschichte der Architekturtheorie sei; allein, wenn die gegebene Umschreibung des theoretischen Gehaltes gültig bleiben soll, dann fehlt dem Gebauten das Begründen. Eindringliche Analyse eines Bauwerks oder besser einer Gruppe ähnlicher, kurz nacheinander errichteter Bauwerke läßt freilich streckenweise die Argumentation simulieren oder rekonstruieren. Ein Beispiel: Wer in der Gruppe von Kirchenbauten, welche ungefähr von der dritten Klosterkirche von Cluny (begonnen 1088/89) bis zur Kathedrale von Langres (begonnen um 1160/70) reicht, die Verteilung von Rundbögen und Spitzbögen beobachtet, wird erkennen, daß die Spitzbögen auf große Traglasten (Arkaden) und Spannweiten (Gewölbe) beschränkt bleiben; er kann wahrscheinlich machen, daß dort und damals der Spitzbogen als der technisch zuverlässigere galt oder für damalige Augen kräftiger aussah, daß aber im Gegensatz zur Hochgotik die Einheitlichkeit der Bogenform nicht gesucht wurde. So vermag er das Verhältnis von „firmitas" (Festigkeit) und „venustas" (Anmut) zu bestimmen und innerhalb der „venustas" das Gewicht der „symmetria" (Ebenmaß) zu erkennen, um einmal Vitruvs Begriffe zu verwenden. In einer Zeit technischer Kühnheiten wie der Gotik leistet der Vergleich statischer und stilistischer Beobachtungen, was die spärliche Kunstliteratur ebendieser Zeit versagt, fehlt doch mit einer einzigen Ausnahme jeder Hinweis auf Spitzbögen („fornices, quos spiculos dicimus": Schlosser, 1896, S. 204). Genau besehen habe ich aber in dem Beispiel nicht so sehr ein Stück Architekturtheorie des 12. Jahrhunderts rekonstruiert, als ein Stück Architekturpraxis dieses Jahrhunderts mit dem Begriffssystem des Römers Vitruv gemessen, überdies beherrscht von zwei heutigen Fragestellungen, nämlich vom Konstruktion-Form-Komplex und von der Monotoniekritik. So dürfte schon an dem einen Beispiel klargeworden sein, wie eng der Rekonstruktion der Architekturtheorie aus der Architekturpraxis die Grenzen gesetzt sind.

Damit ist nun das Verhältnis von Architekturtheorie und Architekturpraxis noch keineswegs bestimmt, sondern nur dargelegt, daß die Kunstliteratur die Hauptquelle der Architekturtheorie ist. Im laxeren Sprachgebrauch bezeichnet man als Architekturtheorie denjenigen Teil der Kunstliteratur, der sich mit Architektur befaßt.

Die wechselnde Abgrenzung dessen, was Architektur sei, bildet einen Hauptgegenstand der Architekturtheorie. Eine Begriffsbestimmung muß deshalb ausbleiben.

2. Vom Lesen in den Quellenschriften

Alle Geisteswissenschaften beschäftigen sich weithin mit Texten. Theologie, Jurisprudenz, Philosophie, die geschichts- und sprachwissenschaftlichen Fächer suchen dafür ihre eigenen Wege des Verstehens und Auslegens. Viele der dort gefundenen Regeln gelten auch für den Architekturhistoriker, der sich der Geschichte der Architekturtheorie widmet. Früher nannte man die Methodik des Auslegens Hermeneutik, heute, indem man die Untersuchung der Sprachstruktur miteinbezieht, Textwissenschaft (z. B. Heinrich F. Plett, 1975).

Für den Architekturhistoriker gilt wie für andere Textwissenschaftler das folgende Bezugsmodell der zu untersuchenden Texte:

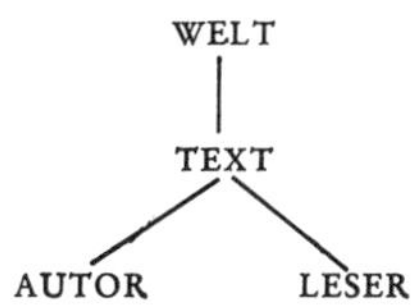

Diesen drei Bezügen entsprechen drei Betrachtungsweisen oder Theorien:

- die mimetische (Text-Welt-Bezug)
- die expressive (Text-Autor-Bezug)
- die pragmatische (Text-Leser-Bezug).

Zunächst wird der Textinterpret die Welt, auf die der Text Bezug nimmt, die Meinung des Autors und das Verständnis des zeitgenössischen Lesers zu rekonstruieren suchen. Doch das Wort „rekonstruieren" deutet bereits an, daß er damit den Text in ein schwankendes Bezugsnetz hängt.

Im pragmatischen Bezug wird das am ehesten deutlich. Schon das ursprüngliche Publikum eines Textes mag sich aus verschiedenen Generationen mit verschiedenem Horizont zusammengesetzt haben; darüber hinaus aber ist Literatur durch den Willen zur Weitergabe bestimmt und richtet sich auch an künftige Geschlechter, wirkt in einer anderen Umwelt auf andere Adressaten fort und wechselt damit den Sinnhorizont.

Damit berühre ich grundsätzliche Fragen der Hermeneutik, an deren Ende nicht die allgemeine Methodenlehre steht, sondern das Verständnis unseres Seins selbst, das die Philosophen Ontologie nennen. Hans-Georg Gadamers *Wahrheit und Methode* wird auf lange hinaus den deutschsprachigen Leser für die philosophische Dimension der Hermeneutik wachhalten, auch dann, so glaube ich, wenn Martin Heideggers Existentialismus und die literaturhistorische Praxis der werkimmanenten Interpretation in noch weitere Ferne gerückt sind als heute.

Einem naiven Textverständnis entgeht der Architekturhistoriker spätestens dort, wo er es mit fremdsprachigen Texten zu tun hat; diese zwingen ihn zur Übersetzung und zu einer Art des Lesens, welche die Einsicht in den Abstand zum Text, zu dessen Welt, zum Autor und zu dessen Publikum schärft. Wenn ich bei Vitruv neben seiner Lehnübersetzung „commensus" das Wort „symmetria" lese, wird mir bewußt, daß er ein griechisches Fremdwort braucht, daß er sich auf griechische Schönheitslehre beruft; ich kann in einem Werk wie dem *Lexikon der alten Welt* oder einem Wörterbuch nachschlagen, welche Bedeutung „symmetria" im Griechischen und Lateinischen hatte und welche Schriftsteller das Wort verwendeten, oder ich benutze eine ideengeschichtliche Untersuchung des Begriffs wie die von Walter Kambartel, *Symmetrie und Schönheit* (1972), um Aufschluß zu erhalten. Auch aus dem Kontext in Vitruvs Werk geht hervor, welchen Bedeutungsumfang das Wort „symmetria" deckt und wie sehr sich dieser vom heutigen deutschen „Symmetrie" unterscheidet. Mit der Übersetzung „Ebenmaß" wähle ich eine Lehnübersetzung, die nicht wiedergeben kann, daß Vitruv selbst ein Fremdwort als Fachausdruck benutzt, und die für unser Ohr mit der Goethezeit verbunden und Baustein klassizistischer Ästhetik ist, aber auch den Vorteil hat, Vitruv seinen Platz in der Weltliteratur zurückzugeben und ihn im Licht der Rezeptionsgeschichte zu zeigen.

Wenn schon die Übersetzung eines einzigen Wortes das Bedeutungsfeld einschränkt, dann verändert die Übersetzung ganzer Texte erst recht den Sinn. Der Leser dieser Einführung wird dessen eingedenk bleiben, sooft er darin auf Übersetzungen stößt und sooft er bei selbständiger Lektüre Übersetzungen benutzt. Dem in der Ursprache des Textes Unbewanderten verschafft zwar die Übersetzung einen raschen Zugang und Überblick; zur Vertiefung bedarf es jedoch immer des ursprünglichen Wortlautes.

Nun ist dessen Überlieferung oftmals lücken- und fehlerhaft. Deshalb ist für die Quellen, namentlich die aus Antike und Mittelalter, besondere Sorgfalt bei der Wahl der Textausgaben geboten. Die älteste bekannte und recht fehlerhafte Vitruvhandschrift stammt aus dem 9. Jahrhundert, einer Zeit, da die lateinische Sprache erheblich anders geschrieben wurde als zur Zeit des Augustus und da viele Gegenstände, von denen Vitruv handelt, und viele Kenntnisse, die er voraussetzt, nicht erreichbar waren. Kritische Ausgaben wie diejenige von Curt Fensterbusch (1964) legen die ältesten und besten Handschriften zugrunde und verzeichnen Abweichungen unter diesen und von diesen.

Architekturtheoretische Schriften im Sinne der Kunstliteratur kennt das Mittelalter kaum. Die weite Streuung der Quellen zu Kunstgeschichte und Kunsttheorie im Mittelalter hat das Bedürfnis nach Anthologien geweckt. Sie sind unentbehrlich. Die Quellensammlungen zur Kunst des Mittelalters von Julius von Schlosser (1896), Victor Mortet/Paul Deschamps (1911–1929), Otto Lehmann-Brockhaus (1938, 1955–1960) und Evert F. van der Grinten (1969) führen den Benutzer freilich in Gefahr, die kunstgeschichtlich bedeutsamen Stellen aus dem Zusammenhang zu reißen, ein Übel, das diesen Herausgebern wohlbekannt war und welchem Lehmann am weitesten Rechnung trug.

Das Übel liegt darin, daß wir gewöhnlich nur aus dem vollständigen Text erfahren, an wen sich der Verfasser richtet, was er damit bezweckt und welcher Stellenwert seiner Beschreibung oder Kritik eines Kunstwerkes zukommt. Dasselbe Gewicht kommt Entstehenszeit und -ort zu, noch größeres der literarischen Gattung, zu welcher der Text gehört.

Vom 16. Jahrhundert an liegen die Dinge anders. Die handschriftliche Überlieferung wird weitgehend durch den Buchdruck abgelöst; daneben gibt es freilich zahlreiche Texte, die erst lange nach dem Tod des Verfassers gedruckt worden sind: die von Leonardo da Vinci, Guarino Guarini, Etienne-Louis Boullée, manche von Karl Friedrich Schinkel. Während die Literaturwissenschaft dazu neigt oder neigte, der Ausgabe letzter Hand als dem Vermächtnis des Dichters den Vorrang zu geben, zieht, wer Ideengeschichte betreibt, die Erstausgabe vor, da es ihm mehr auf das erstmals Ausgesprochene, das Neue, das Eigenständige ankommt. Viele seltene Erstdrucke sind heute in reprographischen Nachdrucken oder Mikrofilmen greifbar. Für die Rezeptionsgeschichte wiederum ist der Vergleich aller Ausgaben eines Werkes geboten.

Die notwendige Belehrung über Quellenausgaben und Sekundärliteratur sowie über die Hilfsmittel zu eigenen Nachforschungen erhält der Kunst- und Architekturhistoriker aus zwei Werken, die er in allen Fachbüchereien finden dürfte: Julius von Schlosser, *Die Kunstliteratur* (1924), und zwar in deren dritter, italienischer Ausgabe, sowie Johannes Dobai, *Die Kunstliteratur des Klassizismus und der Romantik in England* (3 Bände, 1974–1977). Beide Verfasser gehen weit über das bloß Biographische hinaus, indem sie die Gedankengänge der aufgeführten Quellentexte skizzieren und in einen ideengeschichtlichen Zusammenhang stellen. Die jährlich erscheinenden Fachbibliographien wie das *Répertoire d'art et d'archéologie* verzeichnen zwar die Sekundärliteratur (Monographien, Ausstellungskataloge, Aufsätze aus Zeitschriften und Sammelschriften), von den Quellenausgaben jedoch nur die bearbeiteten.

3. Architekturtheorie und Architekturverständnis

Was leistet Architekturtheorie für das Architekturverständnis? Jedem aufmerksamen Beobachter fällt zunächst auf, daß die Architekturtheoretiker bei weitem nicht alles zur Sprache bringen, was der Architekturhistoriker von ihnen erfahren möchte. So fehlt uns aus dem Mittelalter – entgegen landläufiger Meinung – ein begründetes Proportionssystem. Es ist seltsam genug, daß die Kunstgeschichtsschreibung dieses lange aus Schriften des späten 15. und frühen 16. Jahrhunderts, Baurissen und den Bauten selbst zu rekonstruieren suchte, während sie gleichzeitig den umfänglichen und umfassenden Proportionstheorien der Renaissance mit unziemlicher Gleichgültigkeit begegnete.

Oder wir erwarten, daß im Barock Architektur zum erstenmal als Raumkunst definiert wird. Nun gehört zwar das Beiwort „spazioso“

zu den Lieblingswörtern des Barocks, aber es meint nicht „räumlich", sondern „weiträumig"; das „Raumgefühl" wird dann erst im 19. Jahrhundert thematisiert. Man darf sich überhaupt fragen, ob in der Barockzeit eine Architekturtheorie ausgearbeitet worden sei, in der Francesco Borrominis Schaffen aufgehoben wäre, und wie es komme, daß funktionalistische Theorie vor funktionalistischer Architektur da war; Paul Zucker hat das *The Paradox of Architectural Theories at the Beginning of the 'Modern Movement'* genannt.

Paradox kann die Vorwegnahme der Praxis durch die Theorie nur nennen, wer übersieht, daß die Theoretiker verschiedene Strategien kennen: die Propagierung neuer Ideen, die Kodifizierung anerkannter Praxis, die verzweifelte Abwehr auf verlorenem Posten. Akademiegläubigkeit und Akademieflucht, so charakteristisch für das 19. und die erste Hälfte des 20. Jahrhunderts, schaffen einen Mythos der Avantgarde, in der die Pamphlete eines Adolf Loos als Gründungsurkunden des Neuen Bauens erscheinen. Heute besteht ein Hang, dem Theoretiker die Kraft zum utopischen Entwurf zu glauben, so in der Skizze von Hermann Bauer, *Kunst und Utopie: Studien über das Kunst- und Staatsdenken in der Renaissance* (1965).

Nach einer quellenkritischen und einer methodenkritischen Einschränkung dessen, was Architekturtheorie zur Erklärung der Architektur beizutragen vermag, wäre zunächst noch eine faktische nachzutragen, von der schon beiläufig die Rede gewesen ist: das weitgehende Schweigen der Quellen im Mittelalter. Es ist ein Gemeinplatz zu sagen, daß die Theologie das spekulative Denken des Mittelalters und somit die Theoriebildung überhaupt beherrschte. Wichtiger dürfte das Wissen darum sein, daß die Schriftlichkeit erst im Spätmittelalter zunahm, vor allem im Bereich des Geschäftsverkehrs. Im Bereich der Architektur mehrten sich erst nach 1300 die Verträge, Gutachten, Protokolle und Expertenberichte.

Hermann Bauer sieht in seiner *Kunsthistorik* (1976) die Kunstliteratur in der folgenden Dreiecksbeziehung:

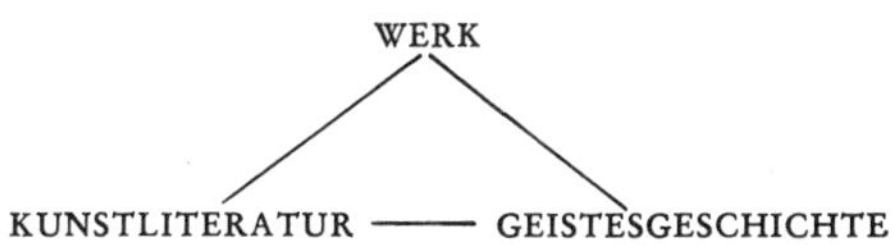

und er sagt dazu (S. 124): „Die Wechselbeziehungen liegen auf der Hand, genauso wie die Möglichkeiten des Ausgehens von jeweils zweien der Dreieckspunkte zum Ziele der Erkenntnis im dritten

Punkt. Jede der Positionen kann nämlich in der Fragestellung die Spitze einnehmen."

Die entsprechende Dreiecksbeziehung für Architekturtheorie würde so aussehen:

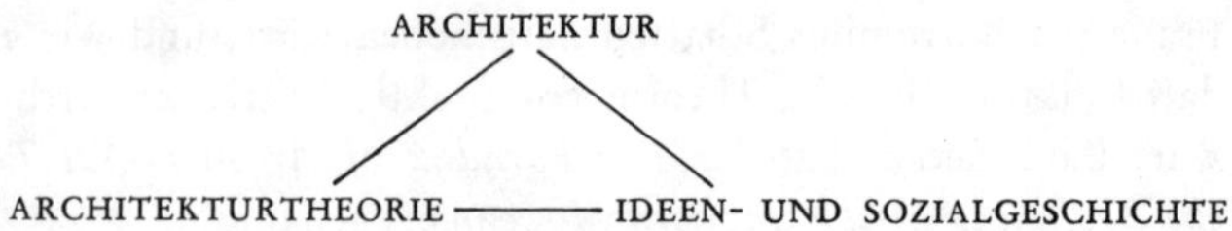

Mehr als über ein einzelnes Werk unterrichtet uns die Architekturtheorie über Zusammenhänge, und so ersetze ich „Werk" durch „Architektur", davon abgesehen, daß sich ein Bauwerk schwerer als ein anderes Kunstwerk abgrenzen läßt: Gehört der Kirchplatz zur Kirche, der Garten zur Villa, der bearbeitete Fels zur Burg? Schafft Stadtbaukunst ein „Werk"? Ist eine Wohnsiedlung ein „Werk"? Aber diese Zusammenhänge erschöpfen sich nicht im Gelingen, und so muß ich an die dritte Spitze des Dreiecks einen umfassenderen Begriff als den der Geistesgeschichte setzen. Wenn Francesco di Giorgio Martini und Sebastiano Serlio zur Zeit der Hochrenaissance Muster für Handwerkerhäuser zeichneten, dann nahmen sie auf eine bestimmte Verfassung der Gesellschaft Bezug, so daß ihre Grundrißlösungen wiederum Rückschlüsse auf ebendiese Verfassung der Gesellschaft gestatteten, welche die archäologische Hausforschung allein nicht erbringt.

Es gibt einige weitere Bereiche, in denen die Architekturtheorie Aufschlüsse gibt, die auf keinem anderen Weg gewonnen werden können. Der wichtigste ist der semantische Bereich, soweit den Bedeutungen Konventionen zugrunde liegen. Merkwürdigerweise ist nach langer Vorherrschaft formgeschichtlicher Betrachtung gerade die mittelalterliche Architektur als Bedeutungsträger wiederentdeckt worden (Günter Bandmann, 1951), obwohl die Quellen dafür nicht reichlicher fließen als für die Baukunst anderer Epochen. Ähnliches hat für Renaissance und Barock Erik Forssman geleistet (*Dorisch, jonisch, korinthisch: Studien über den Gebrauch der Säulenordnungen in der Architektur des 16. und 17. Jahrhunderts,* 1961). In der Folge ist die „Jagd nach der symbolischen Bedeutung in der Architekturbetrachtung geradezu Mode geworden" (Manfredo Tafuri, *Teorie e storia dell'architettura,* 1968, S. 234).

Auch die Proportionenlehre wäre aus den Denkmälern allein nicht zu gewinnen, und an eigentlichen Baurissen kommen erläuternde Proportionsfiguren vor dem 19. Jahrhundert so gut wie nie vor. Auch hier bedürfen wir der Architekturtheorie, zunächst um zu wissen, welche Systeme angewandt wurden, dann aber auch um zu erfahren, in welcher Rangfolge sie standen und welche Genauigkeit gefordert wurde.

Schließlich, und damit kommen wir zu Hermann Bauers Beziehungsdreieck für die Kunsttheorie zurück, verankert die Architekturtheorie die Architekturpraxis ihrer Zeit in der Wort- und Gedankenwelt, stellt Artefakten in mannigfache Systembezüge, so zu den Tonsystemen der Musik, zu den anderen „schönen“ Künsten, zu Poetik und Rhetorik, zu Staats- und Gesellschaftsordnungen, zum Geschichtsverständnis. Allein die Tatsache, daß die Architekturtheoretiker seit dem 16. Jahrhundert die Säulenordnungen „Säulenordnungen“ nennen, ist aufschlußreich. Freilich führt die Verwendung von zeittypischen Schlüsselwörtern ohne sorgfältige Wortfelduntersuchungen nicht weiter; immer muß das Geschichtliche, um geschichtlich zu werden, in Sprache und Vorstellungswelt der Gegenwart eingebracht werden.

Dies ist aber der Grund, warum die Interpretation der Form, das gestaltete Sehen, das Beschreiben von Kunstwerken, die Strukturanalyse, zwar nicht ohne Kenntnis der Kunsttheorie auskommt, viele Erkenntnisse jedoch ohne sie, ja scheinbar gegen sie gewonnen werden. Der Hauptgewinn aus der Theorie liegt in der „Syntax“, in der Beziehung von „Zeichen und Zeichen“. Die französische Académie royale d'architecture versuchte beispielsweise von ihrer Gründung am Silvestertag 1671 an, die „Syntax“ der Säulenordnungen zu normieren, und aus ihrer Kritik an älteren Bauten, etwa an Andrea Palladios Palazzo Valmarana in Vicenza (Sitzungsprotokoll vom 31. Juli 1673), erfahren wir Wesentliches über den Wandel der Syntax innerhalb von hundert Jahren. Doch nicht allein für diachronische, sondern auch für synchronische Betrachtung stellen die Säulenordnungen das seit Ferdinand de Saussure gerittene Paradepferd der Zeichenlehre oder Semiotik dar (De Fusco, 1972, S. 149–154).

Wie sehr indessen Architekturtheorie ihre eigene Tradition aufbaut, wird aus den nachfolgenden Kapiteln klarwerden.

II. ANTIKE UND MITTELALTER

1. Vitruv

Die heutige Unterteilung der Geschichtswissenschaft erheischt eine Rechtfertigung des Unterfangens, einen Stoff von der römischen Antike bis zum 19. Jahrhundert zu behandeln. Der Kunsthistoriker, der die Geschichte der Architektur behandelt, sieht sich in einer ähnlichen Lage wie ein Theologe, der sich mit Dogmengeschichte befaßt: Was dem einen die Heilige Schrift, ist dem anderen das Werk *De Architectura Libri Decem (Zehn Bücher über Architektur)* des Vitruv. Es wurde zur Regierungszeit des Kaisers Augustus verfaßt und diesem auch gewidmet. Mindestens für die Renaissancearchitekten war das Lehrbuch des Vitruv Evangelium. Da sein Werk jedoch weder besonders systematisch noch widerspruchsfrei aufgebaut ist und da Vitruvs Regeln ihrerseits nicht immer mit den antiken Bauten übereinstimmen, blieben manche Wege zur Deutung offen. Man kann so weit gehen zu sagen, daß die gesamte Architekturtheorie von der Renaissance bis zum Klassizismus eine einzige, fortwährende Auseinandersetzung mit Vitruv darstelle, und man spricht häufig von der vitruvianischen Architekturtheorie der Neuzeit oder vom Vitruvianismus. Das Mittelalter hat Vitruv mindestens mehrfach abgeschrieben und dadurch überliefert; in welchem Maße sich die Beschäftigung mit Vitruvs *Zehn Büchern* auf die mittelalterliche Architekturpraxis auswirkte, ist umstritten.

Der Ausdruck „Buch" bezeichnete früher den Teil eines Schriftwerks, ursprünglich das, was auf einer Schriftrolle Platz fand. In der lateinisch-deutschen Ausgabe von Curt Fensterbusch (1964), die ich im Folgenden benutze, umfaßt der lateinische Text Vitruvs nur 256 Seiten eines einzigen Bandes. Auch die Briefe von Plinius d. J. und die Beschreibung Griechenlands von Pausanias zählen zehn „Bücher".

Vitruv ist kein einfacher Schriftsteller. Die Schwierigkeiten beginnen mit seinem Namen. Aus der Antike ist zuverlässig nur der Gentilname Vitruvius überliefert. Erst seit dem 15. Jahrhundert wird unser Autor Marcus Vitruvius Pollio genannt. Die Hauptquelle zur Biographie Vitruvs ist sein Architekturtraktat; dazu kommen vereinzelte Erwähnungen bei antiken Schriftstellern. Er dürfte in den 80er Jahren vor Christi Geburt geboren sein, war Kriegsingenieur bei Cäsar und nach dessen Tod bei Augustus. Er scheint kurz vor 33 seinen Abschied vom Heeresdienst genommen, als Zivilingenieur Wasserleitungen gebaut und in den Jahren 33 bis 22 vor Christi Geburt seine *Zehn Bücher über Architektur* verfaßt zu haben. Nach seinen eigenen Angaben war das einzige von ihm ausgeführte Bauwerk die Basilika von Fano in der Landschaft Umbrien; sie ist in Buch V, Kapitel 1, beschrieben.

Die zweite Schwierigkeit liegt in der Überlieferung von Vitruvs Text. Vitruv ist der einzige aus der Antike überlieferte umfassende Architekturtheoretiker. Viele Ausdrücke waren offenbar schon den mittelalterlichen Abschreibern unverständlich, und auch seine Syntax, bald archaisch, bald modern, bald umgangssprachlich, erschwerte das Verständnis, so daß der Text fehler- und lückenhaft überliefert ist. Überdies haben sich die Abbildungen, auf die Vitruv mehrfach anspielt, verloren.

Schon Vitruvs Angaben über seine eigene Berufsausübung als Militäringenieur, Zivilingenieur und Architekt zeigen ein vom heutigen verschiedenes Berufsbild. Dieses wird aber noch erweitert, wenn wir einen Blick auf den Inhalt seiner *Zehn Bücher* werfen. Buch I bringt die von Vitruv für notwendig erachtete Ausbildung des Architekten, eine Definition der ästhetischen Grundbegriffe, die Einteilung der Architektur in ihre Einzelgebiete und eine Vorschrift über die Anlage von Städten. Buch II bespricht die Baustoffe. Buch III und IV enthalten Regeln für den Tempelbau. Buch V erklärt die zweckmäßige Anlage öffentlicher Bauten. Buch VI und VII behandeln Anlage und Ausstattung von Privathäusern, Buch VIII die Wasserleitungen, Buch IX Astronomie und Uhren, Buch X schließlich den Bau von Maschinen, nämlich Zugmaschinen, Wasserschöpfern, Wasserorgeln, Belagerungsmaschinen und „Bulldozern“ zum Einebnen von Befestigungsgräben.

Die Vorrede jedes einzelnen Buches enthält Sentenzen über den Architektenberuf und Rechtfertigungen von Vitruvs Unternehmen, ein Lehrbuch der Architektur zu schreiben, ohne jedoch auf den Inhalt des jeweiligen Buches Rücksicht zu nehmen.

Vitruv legt großen Wert auf gründliche und umfassende Bildung und Ausbildung, wie er sie dank der Fürsorge seiner Eltern selbst genossen hat (Buch VI, Vorrede). Seinen Kollegen aber stellt er ein schlechtes Zeugnis aus; allzu viele, sagt er, befassen sich mit der Architektur, ohne etwas von Entwurf und handwerklicher Ausführung zu verstehen. Es ist deshalb verständlich, daß viele Bauherren lieber ihre

Bauten selbst leiten, weil sie dann ihr Geld nach eigenem Belieben verwenden und verschwenden können und nicht nach Belieben eines anderen einsetzen müssen; ja Vitruv läßt sogar durchblicken, sein Werk gerade für Baudilettanten geschrieben zu haben (ebd.). In der Übersetzung von Curt Fensterbusch heißt die Stelle:

„Kein anderes Kunsthandwerk wie Schuhmacherei, Walkerei oder eines von den übrigen leichteren Handwerken versucht daher jemand selbst zu Hause auszuüben, nur die Baukunst, weil sich Personen, die sich damit befassen, nicht auf Grund wirklicher künstlerischer Fertigkeit, sondern fälschlich Architekten nennen. Daher habe ich geglaubt, mit größter Sorgfalt ein umfassendes Werk über die Baukunst und ihre Methoden verfassen zu sollen in der Meinung, daß die Arbeit aller Welt nicht unerwünscht sein werde.

Also werde ich, da ich ja im fünften Buch eingehend über die zweckmäßige Anlage öffentlicher Gebäude geschrieben habe, im vorliegenden Buch die Berechnungen und Symmetrien von Privatgebäuden auseinandersetzen."

Vitruv betont in Buch I, Kapitel 1, die Ausbildung des Architekten müsse theoretisch und praktisch sein. Wie die praktische Schulung zu gestalten sei, darüber sagt er allerdings nichts. Das mag damit zusammenhängen, daß er den Architektenberuf aufzuwerten versucht und deshalb das Hauptgewicht auf intellektuelle Charakterschulung legt. Dazu schreibt er: „Die Philosophie aber bringt den vollendeten Architekten mit hoher Gesinnung hervor und läßt ihn nicht anmaßend, sondern eher umgänglich, billig denkend und, was das Wichtigste ist, ohne Habgier sein. Kein Werk kann nämlich in der Tat ohne Zuverlässigkeit und Lauterkeit der Gesinnung geschaffen werden. Er soll nicht begehrlich und nicht dauernd darauf aus sein, Geschenke zu bekommen, sondern er soll mit charakterlichem Ernst dadurch seine Würde wahren, daß er in gutem Rufe steht. Auch das nämlich schreibt die Philosophie vor."

Hier und in anderen Sätzen Vitruvs ist zu spüren, daß schon in der Antike der Bauherr um sein Geld und um das Gelingen des Werkes bangte. In Rom scheinen die Gesetze den Bauherrn nicht genügend geschützt zu haben. Vitruv empfiehlt deshalb als Vorbild ein Gesetz der Stadt Ephesus (Buch X, Vorrede): „In der berühmten, großen griechischen Stadt Ephesus war, wie man berichtet, von den Vorfahren in alter Zeit ein Gesetz mit einer zwar harten, aber nicht ungerechten Bestimmung beschlossen worden. Wenn nämlich ein Architekt die Bauleitung für einen öffentlichen Bau übernimmt, gibt er eine Erklärung darüber ab, wieviel der Bau kosten wird. Nachdem der Baukostenanschlag der Behörde übergeben ist, wird sein Vermögen verpfändet, bis das Bauwerk fertig ist. Ist es aber fertig und die Baukosten haben dem Voranschlag entsprochen, dann wird der Architekt durch einen ehrenvollen Erlaß geehrt. Ferner wird, wenn nicht mehr als ein Viertel zum Baukostenanschlag hinzugelegt werden muß, dieses Viertel aus Staatsmitteln gedeckt, und der Architekt wird nicht mit einer Geldbuße bestraft. Wird aber bei der Bauausführung über ein Viertel mehr verbraucht (als veranschlagt war), dann wird zur Vollendung des Baues der Betrag aus dem Vermögen des Architekten beigetrieben. Hätten doch die unsterblichen Götter es so gefügt, daß auch vom römischen Volk solch ein Gesetz nicht nur für öffentliche, sondern auch für private Bauten beschlossen wäre!“

Vitruv stellt den Architekten sehr hoch, wenn er sagt (Buch I, Kapitel 1): „Seiner Prüfung und Beurteilung unterliegen alle Werke, die von den übrigen Künsten geschaffen werden.“ Dementsprechend hoch sind seine Anforderungen an die wissenschaftliche Ausbildung des Architekten. Die Geometrie dient dem Architekten für den Entwurf und für das Ausstecken und Kontrollieren der Winkel auf dem Bauplatz. Die Arithmetik benötigt er einerseits für den Entwurf und seine Proportionierung, andererseits für den Kostenanschlag. Die Optik hilft ihm beim Entwurf; sie lehrt ihn, wie er das Licht zu führen und durch kluge Berechnung optische Täuschungen aufzuheben habe, warum und um wieviel er zum Beispiel die freistehenden Ecksäulen eines Tempels dicker angeben soll (Buch I, Kapitel 1; Buch III, Kapitel 3; Buch IV, Kapitel 2). Der Architekt bedarf naturwissenschaftlicher Kenntnisse, wenn er eine Wasserleitung baut und in vielen anderen Fällen. Ist er in der Musik bewandert, wird er sich auch auf die Akustik von Theaterbauten verstehen. Die Medizin lehrt den Architekten, auf Wind und Klima Rücksicht zu nehmen und gesunde Wohnungen zu bauen. Unerläßlich sind ferner juristische Kenntnisse, sobald der Architekt Bauverträge schließt. Auch wenn wir Vitruvs Wunsch überspringen, den Architekten überdies zu einem gewandten Schriftsteller, zu einem kenntnisreichen Historiker und zum Astronomen auszubilden, bleibt das Programm erschreckend groß. Vitruv fühlt das selbst und erklärt (Buch I, Kapitel 1):

„Aber vielleicht wird es Leuten, die nicht wissenschaftlich gebildet sind, wunderbar erscheinen, daß ein Mensch eine so große Zahl wissenschaftlicher Lehren in sich aufnehmen und im Gedächtnis festhalten kann. Wenn sie aber bemerkt haben, daß alle Wissenschaftszweige unter sich sachlich miteinander in Verbindung stehen und etwas Gemeinsames haben, werden sie leicht glauben, daß es doch möglich ist.

Enzyklopädische Bildung ist nämlich als ein einheitlicher Körper aus diesen Gliedern zusammengesetzt.“

Vitruv gibt zu, daß ein Architekt es nicht in allen Zweigen der Wissenschaft zur Vollkommenheit bringen kann. Wenn es aber einem gelinge, so wachse er über den Beruf des Architekten hinaus und werde Mathematiker. Am Mathematiker schätzt Vitruv anscheinend vor allem die Fähigkeit, auf Grund der Naturgesetze mechanische Werke und Uhren zu entwickeln.

Heute stellen sich die mathematischen Aufgaben in der Architektur ganz anders. Der bekannteste Anwendungsbereich ist wohl die Statik. Vitruv kennt jedoch noch keine mathematisierte Statik, sondern bloß empirische Regeln. Überhaupt nimmt die Statik bei ihm fast keinen Raum ein. Bogen und Gewölbe werden kaum erwähnt, obgleich sie für uns aus der römischen Architektur nicht wegzudenken sind, ja in älteren Lehrbüchern geradezu als Hauptunterschied zur griechischen Architektur bezeichnet werden. Übrigens spricht Vitruv nur von einfachen Keilsteinkonstruktionen (Buch VI, Kapitel 8), nicht aber von den raffinierten Wölbetechniken eines Pantheons oder einer Maxentiusbasilika. Das hängt sowohl damit zusammen, daß sich die römische Wölbetechnik erst nach Vitruv voll entwickelt hat, als auch mit seinem Traditionalismus. Merkwürdigerweise beruft sich Vitruv nämlich auf alte Bauten und alte Bauaufgaben, während er ein damals aktuell werdendes Thema wie die vorgeblendeten Säulenstellungen an Theaterbauten übergeht.

Vitruvs Traditionalismus ist zuweilen aus seinem Charakter und aus seiner Laufbahn, die ihn nur einen einzigen Zivilbau ausführen ließ, erklärt worden. Überzeugender klingt die Erklärung von Alste Horn-Oncken, die 1967 in ihrem Buch *Über das Schickliche* etwa folgendes sagt: Vitruv ist es um die Aufwertung der Architektur unter den Wissenschaften und Künsten zu tun. Dazu gehört das gute alte Herkommen der Architektur einerseits, andererseits die Angleichung der Schönheitslehre an die von Rhetorik, Poetik, Musik usw.

Das gute alte Herkommen der Architektur wird in einigen geschichtlichen Betrachtungen dargelegt, zu denen der Initium-Topos rechnet. Ein Initium-Topos ist zum Beispiel Johann Gottfried Herders berühmter Satz: „Poesie ist die Muttersprache des menschlichen Geschlechts.“ Vitruv geht es in Buch II, Kapitel 1, darum zu zeigen, daß die Baukunst genau wie die Sprache mit der Entstehung der menschlichen Gesittung verknüpft war. „In der Urzeit“, sagt er, „kamen üblicherweise die Menschen wie die wilden Tiere in Wäldern, Höhlen und Hainen zur Welt, und sie fristeten ihr Leben durch Verzehr roher, wildwachsender Feldfrüchte.“ Die Entdeckung des Feuers habe einen Zusammenlauf vieler Menschen bewirkt, so daß sie mit der Zeit unwillkürlich zu sprechen begonnen hätten. Da sie aufrecht gingen und mit ihren Händen alles, was sie wollten, bearbeiten konnten, hätten sie in Gemeinschaft Hütten zu bauen begonnen, andere Gemeinschaften hätten Höhlen gegraben, wieder andere mit Lehm und Reisig Schwalbennester nachgeahmt. Durch Vergleich und Erfindungen seien die Behausungen immer besser geworden. Diesen Zustand zeigten noch die barbarischen Nachbarvölker und uralte Bauten in Rom und Griechenland. Bei den Kulturvölkern sei es langsam zur Spezialisierung der Handwerker gekommen. „Da dies also zunächst so eingerichtet war“, fährt Vitruv fort, „und die Natur die Menschen nicht nur wie die übrigen Lebewesen mit Sinnesorganen ausgestattet, sondern auch mit Gedanken und Überlegungen ausgerüstet und die übrigen Lebewesen ihrer Herrschaft unterstellt hatte, da wahrlich führten sie, nachdem sie Schritt für Schritt vom Häuserbau zu den übrigen Künsten und Wissenschaften fortgeschritten waren, die menschliche Gesellschaft von einem wilden und tierhaften zu einem friedfertigen, gesitteten Leben. Dann aber begannen sie, geistig sich ausbildend und mit größeren Gedanken, die aus der Mannigfaltigkeit der Künste entsprangen, in die Zukunft schauend, statt Hütten Häuser mit Grundmauern zu bauen, die Wände aus Ziegeln hatten oder aus Stein und Holz errichtet und mit Ziegeln gedeckt waren. Dann brachten sie es durch Beobachtungen, die sie bei ihrer Berufsausübung machten, von vagen und unsicheren Urteilen zu den bestimmten Berechnungen symmetrischer Verhältnisse. Nachdem sie aber bemerkt hatten, daß von der Natur die Erzeugnisse an Bauholz in verschwenderischer Fülle hervorgebracht sind und von ihr eine Überfülle an Holz zum Bauen zur Verfügung gestellt ist, steigerten sie durch seine Bearbeitung die feinere Lebenshaltung und statteten sie, verfeinert durch die Künste, mit Genuß aus.“

Einen ähnlichen Sinn mag in Buch IV, Kapitel 2, Vitruvs Herleitung des griechischen und besonders des dorischen Tempels aus der Zimmermannskunst besitzen (Abb. 1). Nachdem er die Konstruktion eines Satteldaches beschrieben hat, fährt er fort: „So hat jeder Teil seinen besonderen Platz, seine eigene Funktion und (beim Aufbau) seine Reihenfolge. Von diesen Bauteilen und ihrer zimmermannsmäßigen Ausführung in Holz her haben die Künstler beim Bau von Tempeln in Stein und Marmor deren Anordnungen in Steinmetzarbeit nachgeahmt, und sie haben geglaubt, diesen Erfindungen folgen zu müssen. Wenn die Zimmerleute alter Zeit also irgendwo bauten, legten sie von den inneren Wänden zu den äußeren Teilen (des Gebäudes)

Abb. 1. Zimmermannstempel als Vorbild des römisch-dorischen Steintempels. Stich nach der Rekonstruktionszeichnung von Friedrich Weinbrenner. Aus Alois Hirt: *Die Baukunst nach den Grundsätzen der Alten.* Berlin 1809, Taf. II, Abb. 4.

Deckbalken, die hervorragten, legten auf die Balken Bohlen und darüber Gesimse, und den Giebelschrägen gaben sie durch Handwerkerarbeiten ein anmutigeres Ansehen. Dann sägten sie die Vorsprünge, soweit sie überragten, vorn lotrecht zur Mauer ab und, da ihnen dieser Anblick unschön erschien, hefteten sie vorn gegen die Schnittstelle Brettchen, die so geformt waren, wie jetzt die Triglyphen sind, und diese Brettchen strichen sie mit himmelblauer Wachsfarbe an, damit die Schnittstellen an den Balken verdeckt waren und das Auge nicht beleidigten [...]. Die Alten [...] übernahmen nämlich (nur) das in die Ausführung ihrer (steinernen) Bauwerke, was von einer bestimmten Eigenart war und sich aus wirklichem Vorkommen in der Natur ableiten ließ, und erkannten nur das an, dessen Ausführung bei Erörterungen als der Wirklichkeit entsprechend begründet werden kann."

Die historische Ableitung der Tempelform aus dem Holzbau scheint Vitruv wichtiger als die funktionelle Begründung der Formen aus den Materialeigenschaften des Steins. Das hängt damit zusammen, daß Vitruv der Architektur eine lückenlose Stammtafel geben und durch eine rationale Theorie als hohe Kunst legitimieren will, die eines freien Mannes ebenso würdig ist wie die altvornehmen Künste der Rhetorik und Poetik. Voraussetzung war natürlich eine von der heutigen völlig verschiedene Bewertung des Materials und seiner Eigenschaften. Für die Antike stand die Materie im Gegensatz zum Geist, und erst die Form belebte sie. Im 19. und 20. Jahrhundert setzte sich aber eine Betrachtungsweise durch, die aus den Bedingungen, welche Material und Konstruktion stellen, ein Kunstprinzip machen. Der Gegensatz zwischen der antiken, uns durch Vitruv überlieferten Auffassung und der Auffassung des 19. Jahrhunderts zeigt sich am besten darin, daß nun die Herleitung des antiken Tempels aus der Holzkonstruktion vielfach abgelehnt wird, weil sie nicht in die moderne Theorie paßt, wonach jede Bauform aus den Materialeigenschaften und aus dem Konstruktionsprinzip abgeleitet werden muß (Karl Bötticher, Eugène-Emmanuel Viollet-le-Duc).

Wir kehren aus dem 19. Jahrhundert in das Zeitalter des Augustus zurück und versuchen zu verstehen, was Vitruv über den Architektenberuf aussagt. Das Arbeitsfeld eines damaligen Architekten umfaßte neben der Architektur im engeren Sinne die Gebiete des Zivil-, Militär- und Maschineningenieurs. Der Architekt soll nach Vitruv enzyklopädisches Wissen besitzen, um allen Aufgaben gerecht zu werden und sich als freier Mann neben anderen Künstlern zu bewähren. Er muß nicht nur die funktionelle, sondern auch die ästhetische Seite aus einer Theorie zu erklären wissen. Aus dieser Theorie habe ich vorläufig zwei Stellen herausgegriffen. Die erste besagt, daß die Anfänge von Sprache und Baukunst dicht beisammen liegen, nämlich dort, wo der Mensch die Natur des Feuers erkannte und es unterhalten lernte. Die zweite Stelle erklärt, die Formen des griechischen Tempels seien aus älteren Holzkonstruktionen abzuleiten und insofern als Stilisierung zu verstehen. Nicht die Ableitung aus der Natur des Steinbaues, sondern die Herleitung aus dem ursprünglicheren Material erscheint dem antiken Autor als angemessen.

Erst die Theoretiker des 17. und 18. Jahrhunderts haben den Sinn der beiden Vitruvstellen verschmolzen und die Urhütte zum Richtmaß einer naturgemäßen Architektur erhoben.

Klar unterscheidet Vitruv zwischen Ausführung und Entwurf, „quod significatur et quod significat“ (Buch I, Kapitel 1). Entwurf meint dabei mehr als das bloße Zeichnen. Es lohnt sich deshalb, den theoretischen Überbau von Vitruvs Entwurfslehre genauer zu betrachten, der sich an die Theorien über Redekunst, Dichtkunst, Bildhauerei und Malerei anlehnt. Man kann dabei von Vitruv aus ins hellenistische und klassische Altertum zurückblicken und fragen, aus welchen Quellen Vitruvs Lehre gespeist wird; so ist Friedrich Wilhelm Schlikker in seiner 1940 gedruckten Dissertation vorgegangen. Man kann aber auch vorwärts blicken und die Wandlungen von Vitruvs Begriffen durch Spätantike, Mittelalter, Renaissance, Barock und Klassizismus verfolgen; darüber handelt Alste Horn-Oncken in ihrer Abhandlung mit dem Titel *Über das Schickliche* von 1967.

Im 3. Kapitel des I. Buches nennt Vitruv drei Ziele der Architektur: „firmitas" (Festigkeit), „utilitas" (Zweckmäßigkeit) und „venustas" (Anmut): „Die öffentlichen Bauten teilen sich in drei Gruppen, von denen die eine der Verteidigung, die zweite der Gottesverehrung, die dritte dem allgemeinen Nutzen dient [...], wie Häfen, Marktplätze, Säulenhallen, Badeanlagen, Theater, Wandelgänge und anderes, was zu denselben Zwecken an öffentlichen Plätzen angelegt wird. Diese Anlagen müssen aber so gebaut werden, daß auf Festigkeit, Zweckmäßigkeit und Anmut Rücksicht genommen wird" (ut habeatur ratio firmitatis, utilitatis, venustatis). Vitruv fährt fort:

„Auf Festigkeit wird Rücksicht genommen sein, wenn die Einsenkung der Fundamente bis zum festen Untergrund reicht und die Baustoffe, welcher Art sie auch sind, sorgfältig ohne Knauserei ausgesucht werden; auf Zweckmäßigkeit, wenn die Anordnung der Räume fehlerfrei ist und ohne Behinderung für die Benutzung und die Lage eines jeden Raumes nach seiner Art den Himmelsrichtungen angepaßt und zweckmäßig ist; auf Anmut aber, wenn das Bauwerk ein angenehmes und gefälliges Aussehen hat und die Symmetrie der Glieder die richtigen Berechnungen der Symmetrien hat."

Es liegt auf der Hand, daß Vitruv unter „Symmetrie" nicht dasselbe versteht wie wir heute.

Vitruv verwendet drei ästhetische Hauptbegriffe, die sich teilweise überschneiden: „symmetria", „eurythmia" und „decor". Er definiert sie hintereinander im 2. Kapitel des I. Buches in der Reihenfolge „eurythmia", „symmetria", „decor"; wir nehmen aber die Symmetrie vorweg. Vitruv schreibt: „Symmetria [...] ist der sich aus den Gliedern des Bauwerks selbst ergebende Einklang und die auf einem berechneten Teil (modulus) beruhende Wechselbeziehung der einzelnen Teile für sich gesondert zur Gestalt des Bauwerks als Ganzem. Wie beim menschlichen Körper aus Ellenbogen, Fuß, Hand, Finger und den übrigen Körperteilen die Eigenschaft der Eurythmie symmetrisch ist, so ist es auch bei Ausführung von Bauwerken. Und vornehmlich bei heiligen Bauwerken wird entweder aus den Säulendicken oder dem Triglyphon [...] die Berechnung der Symmetrie gewonnen."

„Symmetria", so können wir vereinfachend sagen, nennt Vitruv ein Proportionsgesetz, dessen Recheneinheit ein Bau- oder Körperteil ist. Am menschlichen Körper ist die Sache leichter zu erklären. Wer einen

Kopf streng frontal zeichnen will, geht am besten von der Länge der Nase aus. Die Strecke von der Nase zum Kinn beträgt eine Nasenlänge, die Strecke von der Nasenwurzel zum Haaransatz ebenfalls eine Nasenlänge, ebenso vom Haaransatz zum Scheitel; ferner sind die Ohren gleich lang wie die Nase und setzen gleich hoch an. Gemessen an der gewählten Einheit ist ein Menschenhaupt vier Modul hoch. Die menschliche Hand bedeckt genau das menschliche Gesicht, ist also drei Nasen lang. Zunächst sieht eine solche Einteilung wie eine harmlose Eselsbrücke aus; vor dem Modell aber oder bei einigem Nachdenken stellt sich heraus, daß die Menschen verschieden sind.

In dem Augenblick, da er die Verschiedenheit der Menschen gewahr wird, muß der Zeichner die Ungenauigkeit seiner Regel eingestehen oder sie zur Norm erheben. Aus der Eselsbrücke wird dann unverhofft ein Proportionsgesetz für den schönen Menschen oder ein Kanon. Aus der griechischen Bildhauerei des 5. und 4. Jahrhunderts sind verschiedene solcher Kanones überliefert, von denen der Kanon des Bildhauers Polyklet der berühmteste ist. Ein solcher Proportionskanon kann nun leicht eine Ehe mit der Zahlenlehre der Pythagoräer eingehen. Nach der Lehre der Phythagoräer durchwalten einfache Zahlenverhältnisse den ganzen Kosmos.

Nehmen wir ein Beispiel aus der Planimetrie. Ein Dreieck mit dem einfachen ganzzahligen Verhältnis 3 : 4 : 5 zwischen den Seitenlängen hat einen rechten Winkel. Wir können das leicht mit dem sogenannten Satz des Pythagoras beweisen, der lautet: in einem rechtwinkligen Dreieck ist die Summe der Quadrate über den kürzeren Seiten dem Quadrat über der längsten Seite flächengleich. Die Umkehrung gilt ebenfalls: Alle Dreiecke, die diese Bedingung erfüllen, sind rechtwinklige Dreiecke. Und nun die Probe aufs Exempel: $3^2 + 4^2 = 5^2$ oder $9 + 16 = 25$. Ursprünglich mag sich das Dreieck mit den Seitenverhältnissen 3 : 4 : 5 auf dem Bauplatz als bequeme Hilfe für das Ausmessen von rechten Winkeln erwiesen haben. Die Pythagoräer sahen darin aber das Walten der kosmischen Vernunft. Übrigens ist auch das traditionelle abendländische Tonsystem auf Intervallen mit ganzzahligen Schwingungsverhältnissen aufgebaut (Oktave 1 : 1, Quinte 2 : 3, Quarte 3 : 4 usw.); darüber Vitruv, Buch V, Kapitel 4.

Es lag nun nahe, den Bildhauerkanon auf ähnlich einfache Zahlenverhältnisse auszurichten. Dem stand alsbald der zunehmende Naturalismus der griechischen Bildhauerei des 5. Jahrhunderts entgegen. Je genauer die Beobachtung, desto differenzierter der Kanon; anders gesagt: Der Bildhauer muß eine sehr kleine Maßeinheit wählen, wenn er alle ins Auge fallenden Körperproportionen als deren Vielfaches ansehen und benennen will. Natürlich kann er statt multiplikativ auch divisiv verfahren.

In Anlehnung an Buch III, Kapitel 1, bin ich in der Beschreibung menschlicher Proportionen von der Nasenlänge ausgegangen. Bei den Proportionsregeln für Bauten, Bauteile und Bauglieder benutzt Vitruv die Säulendicke als Maßeinheit. Er nennt die Säulendicke „embater“ (vermutlich soviel wie Auftritt, Sohle), weil er bei den sich verjüngenden antiken Säulen vom Durchmesser am unteren Ansatz des Säulenschaftes ausgeht. Die Wörter „modulus“ (Maßeinheit) und „embater“ (Säulendurchmesser) bedeuten bei Vitruv beinahe dasselbe.

Der Modul selbst aber ist wiederum mit den absoluten Maßen des menschlichen Körpers verknüpft. Vitruv schreibt in Buch III, Kapitel 1: „Ebenso hat man die Maßberechnungen, die bei allen Bauwerken notwendig zu sein scheinen, von den Gliedern des Körpers entlehnt, wie Finger (Zoll), Palm (Handfläche), Fuß, Elle.“ Moderner ausgedrückt heißt das: Auf dem Bauplatz verwenden die Werkleute Meßlatten, deren Maßeinheit von Körperteilen abgeleitet ist, wobei die größere eine Anzahl von kleineren umfaßt. Vitruv bespricht sodann Dezimal- und Duodezimalsystem: „Als vollkommene Zahl haben die Alten die Zahl 10 bestimmt, denn sie ist an den Händen durch die Zahl der Finger gefunden [...]. Nicht weniger haben sie [...] die Zahl 6 zur vollkommenen Zahl erklärt, weil der Fuß des Menschen der sechste Teil seiner Höhe ist [...] und weil sie bemerkt haben, daß auch die Elle aus 6 Palm (Handbreiten) und 24 Fingern (Zoll) besteht.“

Nach diesem Exkurs über den Begriff des Moduls, der uns noch mehrfach beschäftigen soll, wiederhole ich Vitruvs Definition des Begriffs der Symmetrie: „Symmetria [...] ist der sich aus den Gliedern des Bauwerks selbst ergebende Einklang und die auf einem berechneten Teil (modulus) beruhende Wechselbeziehung der einzelnen Teile für sich gesondert zur Gestalt des Bauwerks als Ganzem.“

Vitruvs zweiter ästhetischer Hauptbegriff heißt „eurythmia“ (Eurhythmie). Er umschreibt ihn so (Buch I, Kapitel 2): „Eurythmia ist das anmutige Aussehn und der in der Zusammensetzung der Glieder angemessene [Fensterbusch: symmetrische] Anblick. Sie wird erzielt, wenn die Glieder des Bauwerks in zusammenstimmendem Verhältnis von Höhe zu Breite und von Breite zu Länge stehen, überhaupt alle Teile der ihnen zukommenden Symmetrie entsprechen.“

Etymologisch betrachtet, bedeutet „eurythmia“ etwa: „Schönheit der Bewegung“. Es ist deshalb anzunehmen, daß Malerei und Bildhauerei diesem Begriff Pate gestanden haben, und zwar die bildenden

Künste um 400 v. Chr., etwa die Werke eines Alkamenes, Kallimachos, Skopas oder Praxiteles. Es wäre freilich falsch, wenn man die vitruvische „eurythmia" als Rhythmus in der Architektur verstünde, als Rhythmus der Umrißlinie, der vor- und rückspringenden Massen, der ungleichen Geschoßhöhen oder als Rhythmus in der Achsenteilung. Wichtig in Vitruvs Definition sind die beiden Wörter, die auf das Sehen des Betrachters hinweisen: „species" und „aspectus". Nicht zufällig hat Vitruv im vorhergehenden Abschnitt erklärt, die zentralperspektivische Darstellung gehöre zum Architekturentwurf. Vitruv nennt diese Perspektive „scaenographia", weil die illusionistische Perspektive eine Erfindung der Theatermaler ist.

Ohne auf das Wort „eurythmia" zurückzukommen, spricht Vitruv in zwei Zusammenhängen von „species" und „aspectus": im Zusammenhang mit optischen Täuschungen und im Zusammenhang mit dem verschiedenen Eindruck, den verschiedene Säulenzwischenräume (intercolumnia) auf den Betrachter machen. Nehmen wir das Beispiel der Tempel mit weiten, luftigen Säulenzwischenräumen, die Vitruv „araeostyloi" nennt. Er schreibt im 3. Kapitel des III. Buches: „In dem Maße nämlich, wie die Säulenzwischenräume wachsen, müssen die Säulenschaftdicken in entsprechenden Verhältnissen verstärkt werden. Wenn nämlich beim Araeostylos die Säulenschaftdicke der neunte oder zehnte Teil (der Säulenhöhe) ist, dann wird er dünn und schmächtig erscheinen, weil die Luft infolge der Breite der Säulenzwischenräume für das Auge die Dicke der Säulenschäfte verzehrt und vermindert [...]. Auch muß man die Ecksäulen um den fünfzigsten Teil ihres Durchmessers dicker machen, weil sie ringsum von der Luft beschnitten werden und dem Beschauer zu schlank erscheinen. Also muß die optische Täuschung durch Berechnung künstlich ausgeglichen werden."

Im Gegensatz zu vielen Renaissancearchitekten liebt Vitruv die großen Interkolumnien des „araeostylos" nicht. Ihr Aussehen, schreibt er (Buch III, Kapitel 3), „ist sperrbeinig, plattköpfig, gedrückt, niedrig und breit". Er empfiehlt deshalb den „eustylos" mit Interkolumnien von 2¼ Modul. Es muß indessen betont werden, daß Vitruv hier bloß vom „aspectus venustus", vom anmutigen Aussehen, spricht und nicht von „eurythmia"; doch möchten wir annehmen, daß es sich bei der Wahl der Interkolumnien und bei der Korrektur optischer Täuschungen um Probleme der „eurythmia" handelt, weil er diese als „venusta species commodusque in compositionibus membrorum aspectus" definiert (Buch I, Kapitel 2).

Vitruvs dritter ästhetischer Hauptbegriff heißt „decor". Er definiert (Buch I, Kapitel 2): „Decor ist das fehlerfreie Aussehn eines Bauwerks, das aus anerkannten Teilen mit Geschmack geformt ist." Um die Schwierigkeiten vor Augen zu führen, welche allein die Übersetzung eines so kurzen Satzes in eine moderne Sprache auftürmt, möchte ich einige andere Übersetzungen besprechen. Das Hauptproblem ist wohl der Sinn der beiden letzten Wörter „cum auctoritate". Silvio Ferri (1960) übersetzt: « Il ‹ decor › è il bell'aspetto dell'opera, composta da membri ben calcolati e commisurati con gusto e sapienza. » Jakob Prestel (1912): „Unter der schicklichen Ausrüstung ‚Decor' einer Bauschöpfung versteht man aber ihre nach persönlichem Genie des Meisters in herkömmlicher Weise stilgerecht durchgeführte, ihre Bestimmung räumlich erfüllende Plananlage." Auguste Choisy (1909): « Quant à la convenance: C'est l'aspect correct d'une œuvre composée d'éléments autorisés, avec justification. » Franz Reber (1865): „Die Angemessenheit ist das tadellose Aussehen eines aus erprobten Bestandteilen mit Rücksicht auf das anerkannte Herkommen aufgeführten Gebäudes." August Rode (1796): „Schicklichkeit wird das untadelhafte Aussehen eines Gebäudes genannt, wenn jeder Teil desselben hinlänglich Autorität für sich hat."

Fensterbusch verengt den Sinn durch den Begriff „Geschmack", der subjektivistisch klingt, Ferri durch « bell'aspetto », den neuzeitlichen Schönheitsbegriff, und durch « gusto e sapienzia » für das lateinische „auctoritas", das Choisy mit „justification" weit besser trifft; Prestel gibt als Schüler Gottfried Sempers eine freie Interpretation im Geist des späten Historismus und spricht daher von „Genie", „Meister", „stilgerecht" und „räumlich"; Reber ist genau, aber umständlich. Einzig Rode vermittelt – bei aller Freiheit – den Ton des lateinischen Textes: „Decor autem est emendatus operis aspectus probatis rebus compositi cum auctoritate."

„Decor", heißt es dann bei Vitruv weiter, „wird durch [...] Befolgung von Gewohnheit oder durch Anpassung an die Natur erreicht." Dafür gibt er eine Fülle von Beispielen, aus denen wir nur wenige, für die spätere Architekturtheorie folgenreiche auswählen. Es sind vor allem die, welche besagen, daß zu jeder Bauaufgabe der entsprechende Stil gehört. Vitruv schreibt (Buch I, Kapitel 2): „Der Minerva, dem Mars und dem Herkules werden dorische Tempel errichtet werden, denn es ist angemessen, daß diesen Göttern wegen ihres mannhaften Wesens Tempel ohne Schmuck gebaut werden. Für Venus, Flora, Proserpina und die Quellnymphen werden Tempel, die in korinthischem Stil errichtet sind, die passenden Eigenschaften zu haben scheinen, weil für diese Götter wegen ihres zarten Wesens Tempel, die etwas schlank, mit Blumen, Blättern und Voluten geschmückt sind, die richtige Angemessenheit in erhöhtem Maße zum Ausdruck zu bringen scheinen. Wenn für Juno, Diana und Bacchus und die übrigen Götter, die ganz ähnlich sind, Tempel in ionischem Stil errichtet werden, wird ihre Mittelstellung berücksichtigt sein, weil sich die diesen Tempeln eigentümliche Einrichtung von der Herbheit des dorischen Stils (einerseits) und der Zierlichkeit des korinthischen Stils (andererseits) fernhält." Es widerspreche dem „decor", soweit er auf Gewohnheit gründe, wenn Züge des dorischen, ionischen und korinthischen Stils gemischt würden. Unter „Decor von Natur her" (decor naturalis) versteht Vitruv etwa das, was wir heute als funktionale Gestaltung bezeichnen. Beispiel: Nach Vitruv wird „Decor von Natur her da sein, wenn für Schlafzimmer und Bücherzimmer vom Osten her Licht gewonnen wird, für Badezimmer und Wintergemächer von der Winterabendseite (Süd–Südwesten), für Bildergalerien und Räume, die gleichmäßiges Licht gebrauchen, von Norden, weil diese Himmelsgegend durch den Lauf der Sonne weder erhellt noch verdunkelt wird, sondern während des ganzen Tages gleichmäßig und unveränderlich ist." Im Aufbau von Vitruvs *Zehn Büchern*, aber auch nach seinen Beispielen gehen „decor naturalis" und „distributio" ineinander über.

Da sich Vitruv um die Gleichberechtigung der Architektur neben den anderen Künsten und Wissenschaften bemüht, erstaunt es nicht, daß er den Begriff des „decor" der Theorie der anderen Künste nachbildet. Verschiedene Autoren vermuten mit guten Gründen, „decor" sei eine Lehnübersetzung für das griechische „to prepon". Es muß dabei offenbleiben, ob Vitruv hier einfach ältere, uns verlorene Schriftsteller fortsetzt oder ob er den Begriff des Schicklichen als erster in die Architekturtheorie eingeführt hat.

Jedenfalls erweitert der Terminus „decor" seine Architekturtheorie um den Bereich des Ethischen. Darunter soll natürlich nicht das hysterische Moralisieren verstanden werden, dem viele Architekturschriftsteller des 19. und 20. Jahrhunderts verfielen, sondern der gesellschaftliche Bezug der Architektur, wie er zur Zeit Vitruvs gesehen wurde: deshalb braucht Vitruv an dieser Stelle Wörter wie „consuetudo" (Gewohnheit) und „dignitas" (Würde).

Unter den Beispielen für „decor", die Vitruv aufzählt, finden sich solche, wo er bestimmten Göttern bestimme Tempelstile als angemessen und schicklich zuordnet. Obgleich sie nicht zur allgemeinen Entwurfslehre gehören, müssen sie hier besprochen werden, weil die neuzeitlichen Architekturtheoretiker immer wieder darauf zurückkommen.

Als Ordnung (Abb. 2) bezeichnet man seit dem 16. Jahrhundert einen bestimmten Formenkodex in der Zusammenstellung von Stylo-

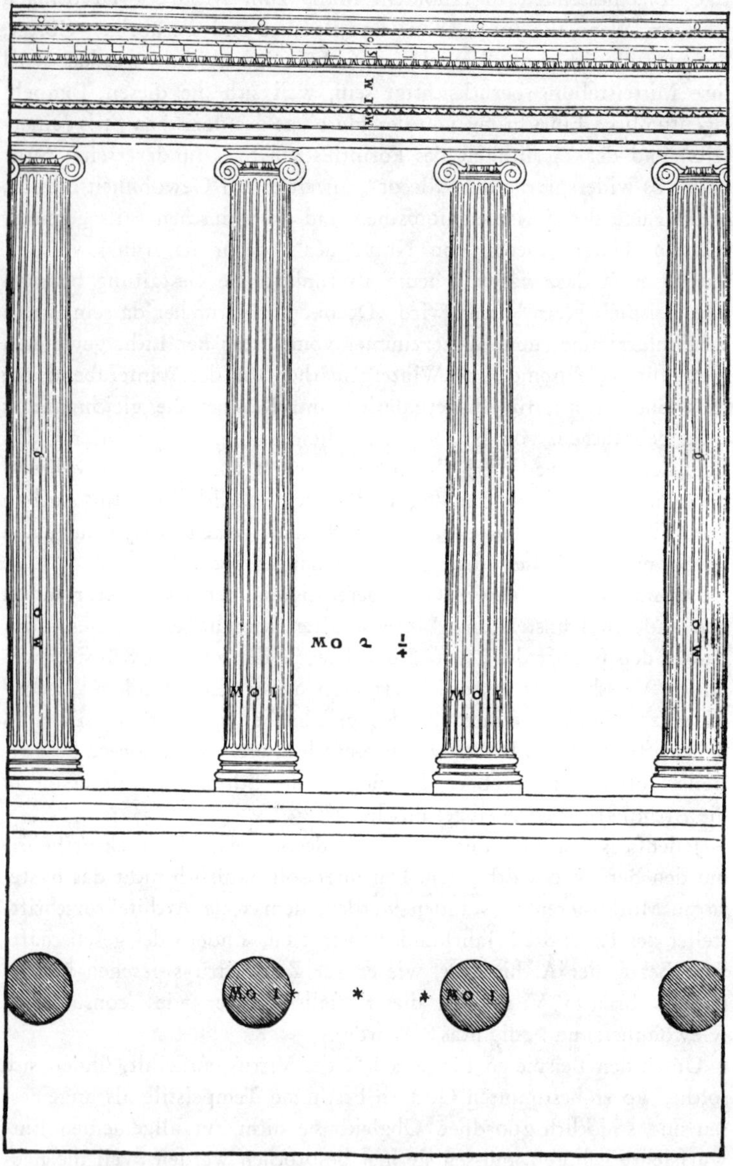

Abb. 2. Die ionische Säulenordnung und ihr Modulsystem. Aus Andrea Palladio: *I quattro libri dell'architettura.* Venedig 1570, Buch I, S. 29.

bat, Plinthe, Basis, Säulenschaft, Kapitell, Architrav, Fries und Geison. Vitruv redet meistens von „genera". Die drei „genera" oder Ordnungen dorisch, ionisch und korinthisch wurden während der ganzen hellenistischen und römischen Architekturepoche nebeneinander verwendet, sei es, um einem Gott den für ihn schicklichen Tempel zu bauen, wie es Vitruv darlegt, sei es, besonders an Theaterbauten, um durch Halbsäulen verschiedener Ordnungen die Stockwerke zu gliedern, worüber Vitruv sich ausschweigt.

Merkwürdig und folgenreich ist es nun, daß Vitruv die Entstehung der drei Stile oder Ordnungen historisch-geographisch erklärt. Er hat dadurch den Ansatz zu jener ganz andersartigen Vorstellung des 18. und 19. Jahrhunderts geschaffen, ein historisch-geographisch bedingter Stil könne als Gattungsstil verwendet werden, zum Beispiel die Gotik für Kirchen, die Renaissance für Banken und der byzantinische Stil für Synagogen.

Vitruv erzählt die Entstehungsgeschichte der Säulenordnungen wie folgt (Buch IV, Kapitel 1): „In Achaja nämlich und der ganzen Peloponnes herrschte als König Doros, der Sohn des Hellen und einer Wassernymphe, und dieser baute in Argos, einer alten Gemeinde, der Juno einen heiligen Bezirk mit einem Tempel, der zufällig diesen Stil hatte; dann in den übrigen Städten Achajas (andere Tempel) in der gleichen Bauart, obwohl es die Berechnung ihrer Symmetrien noch nicht gab [...]."

Wie die Dorer nach Doros, so nannten sich die kleinasiatischen Griechen nach ihrem Führer Ion. Die Ionier bauten, sagt Vitruv, „dem Apollon Panionios einen Tempel so, wie sie das in Achaja gesehen hatten, und nannten ihn ‚dorischen' Tempel, weil sie in den Städten der Dorer zum erstenmal einen in dieser Bauweise gebauten Tempel gesehen hatten. Als sie an diesem Tempel Säulen hatten bauen wollen, maßen sie, da sie deren Symmetrien nicht kannten und deshalb danach suchten, wie sie es fertigbringen könnten, daß (die Säulen) zum Tragen von Lasten geeignet wären und zugleich im Anblick eine bewährte Anmut böten, den Abdruck eines männlichen Fußes und setzten dieses Maß zur Höhe (der Säule) in Beziehung. Als sie (dann) bemerkt hatten, daß der Fuß beim Manne der sechste Teil der Körperhöhe war, übertrugen sie dies (Maßverhältnis) ebenso auf die Säule, und sie machten die Säule einschließlich des Kapitells sechsmal so hoch, wie sie den Schaft unten dick machten. So begann die dorische Säule die Proportion, die Stärke und die Anmut des männlichen Körpers an den Tempeln zu zeigen.

Ebenso errichteten sie später der Diana einen Tempel. Auf der Suche nach der Schönheit eines neuen Stils übertrugen sie, indem sie ebenfalls die Fußspur als Maß zu Grunde legten, die frauliche Schlankheit auf die Säule, und sie machten zuerst die Säulendicke gleich 1/8 Säulenhöhe, damit (die Säule) schlanker aussehe [...]; am Kapitell brachten sie rechts und links Voluten an, die wie gekräuselte Haarlocken bei der Frauenfigur vorhingen [. . .]. So erfanden sie durch zwei unterschiedliche Entlehnungen (vom menschlichen Körper) zwei Säulen, eine vom männlichen Körper ohne Schmuck – nackte Schönheit –, die andere mit fraulicher Zierlichkeit, fraulichem Schmuck und fraulichem Ebenmaß. Die Späteren aber, die in Geschmack und Schärfe ihres Urteils weiter fortgeschritten waren und an schlankeren Maßverhältnissen Gefallen fanden, setzten für die Höhe der dorischen Säulen sieben Säulendurchmesser fest, für die der ionischen neun. Diese Bauweise aber, die zuerst die Ionier angewandt haben, erhielt auch die Bezeichnung ‚ionische' Bauweise.

Die dritte Bauweise aber, die ‚korinthisch' genannt wird, ahmt jungfräuliche Zartheit nach, weil die Jungfrauen, wegen der Zartheit ihres Alters mit zarteren Gliedern gewachsen, anmutiger im Schmuck wirken. Die erste Erfindung des Kapitells dieser Bauweise soll so vor sich gegangen sein (Abb. 3): Eine jungfräuliche korinthische Bürgerin, schon für die Vermählung reif, wurde krank und starb. Nach ihrem Begräbnis sammelte ihre Amme die Spielsachen, an denen diese Jungfrau zu ihren Lebzeiten Gefallen gehabt hatte, legte sie in einen Korb, trug ihn zu dem Grabmal, setzte ihn oben darauf und legte, damit sich die Sachen unter freiem Himmel länger hielten, über den Korb einen Ziegel. Dieser Korb war zufällig über eine Bärenklauwurzel gesetzt. Mittlerweile, durch das Gewicht niedergedrückt, trieb in der Frühlingszeit die Bärenklauwurzel in der Mitte Blätter und Stengel. Ihre Stengel wuchsen an den Seiten des Korbes empor, wurden jedoch von den Ecken des Ziegels durch dessen Gewicht nach außen gedrängt und gezwungen, sich nach außen umzubiegen und an den Enden einzurollen. Damals bemerkte Kallimachos [...] beim Vorübergehen an diesem Grabmal diesen Korb und die ringsherum sprossenden zarten Blätter, und, bezaubert von der Art und Neuigkeit der Form, schuf er nach diesem Vorbild die Säulen bei den Korinthern und legte ihre Symmetrien fest."

Vitruv gibt dann in den folgenden Zeilen die Maßverhältnisse oder „Symmetrien" des korinthischen Kapitells an. Zum Schluß des Kapitels räumt er ein, daß es noch weitere „Gattungen von Kapitellen mit verschiedenen Benennungen, die auf die gleichen Säulen aufgesetzt werden", gebe; sie seien aber alle von den drei anderen Ordnungen abgeleitet.

Abb. 3. Kallimachos erfindet das korinthische Kapitell. Aus Roland Fréart de Chambray: *Parallèle de l'architecture anique avec la moderne*. Paris 1650, S. 63.

Im Zusammenhang mit der Architekturtheorie brauchen wir nicht weiter zu untersuchen, was es mit dem historischen Kern von Vitruvs Ursprungslegenden auf sich hat. Jedenfalls sind sie im Kern glaubwürdig. Wichtiger ist es, Vitruvs Geschichtsverständnis zu erfassen. Während wir seit dem 19. Jahrhundert gewohnt sind, das Entstehen eines Stils als langsamen Wachstumsprozeß zu verstehen, betrachtet Vitruv die Stile als einmalige Erfindungen, die verfeinertes Kunsturteil nur noch auszufeilen gebot; er benutzt die Wörter „elegans" und „subtilis".

Aus zum Teil verstreuten Stellen und nicht ohne Gewaltsamkeit und Auslassungen habe ich Vitruvs Kategorien in ein System gebracht:

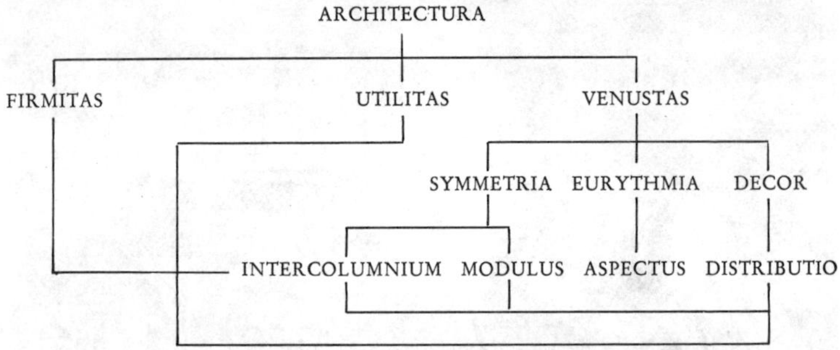

Vitruv nennt drei Ziele der Architektur: „firmitas" (Festigkeit), „utilitas" (Zweckmäßigkeit) und „venustas" (Anmut). „Venustas" – an einer Stelle sagt Vitruv sogar „probata venustas" (bewährte Anmut) – ruht auf drei Pfeilern: „symmetria", „eurythmia" und „decor". „Symmetria", das rechte Maßverhältnis, stützt sich vor allem auf den Kanon menschlicher Proportionen und wird als deren Analogie verstanden. „Eurythmia" bezieht den Betrachter ein und bezeichnet die wirksame Schönheit oder Proportion. „Decor", das Schickliche, verbindet Ethik und Ästhetik und umfaßt die anerkannten und natürlichen Zusammenhänge zwischen Bauaufgabe und Formgebung.

Es gehört zum Begriff des „decor", daß Vitruv verschiedenen Göttern verschiedene Säulenarten zuordnet: Minerva, Mars und Herkules die dorische, Venus, Flora, Proserpina und den Quellnymphen die korinthische, Juno, Diana und Bacchus die ionische Säulenart. Diese „genera" sind zwar zu verschiedenen Zeiten bei verschiedenen Griechenstämmen entstanden, jetzt aber für verschiedene Bauaufgaben verfügbar; sie haben ihre eigenen Anwendungsbereiche.

Vitruvs *Zehn Bücher* blieben nicht unbekannt. Sie werden bis zur Renaissance fast in jedem Jahrhundert wenigstens einmal erwähnt, wie Herbert Koch in seinem Buch *Vom Nachleben des Vitruv* (1951) gezeigt hat. Das Nachleben in karolingischer und ottonischer Zeit schildert Carol Heitz (1974). Einen Überblick über die 78 bekannten mittelalterlichen Handschriften von Vitruvs Text oder Bruchstücken davon gibt Carol Herselle Krinsky (1967). Die vollständigste Bibliographie, illustriert und kommentiert, verdanken wir Luigi Vagnetti und Laura Marcucci (1978).

2. Architekturtheorie im Mittelalter

Im Gegensatz zu der sonst in diesem Buch befolgten Darstellungsweise werden die Architekturtheorien des Mittelalters weniger an Hand ausgewählter Texte erläutert als auf Grund der Sekundärliteratur. Das Schwergewicht liegt dabei auf der Gotik, da hier am meisten Vorarbeit geleistet ist. Viele Fragen sind offen, schon weil es schwerhält, sich Architekturtheorie außerhalb der von Vitruv gestifteten Literatur zu vergegenwärtigen. Am leichtesten hätte ich die Schwierigkeit umgangen, wenn ich das Musterbuch des Villard de Honnecourt, angelegt um 1230, in ähnlicher Weise besprochen hätte wie die *Zehn Bücher über Architektur* des Vitruv. Allein, Villards Bildlegenden zu seinem Musterbuch und die von zwei Mitarbeitern oder Benutzern seines Werks ergeben zusammen keine Architekturtheorie; ohnehin stellen seine Zeichnungen überwiegend Menschenfiguren, Tierfiguren und Maschinen dar, auch wenn Villard selbst die Baukunst voranstellt.

Die Schwierigkeit, die Architekturtheorien des Mittelalters zu fassen, liegt in der Tat darin, daß uns Texte fehlen, die das Gebiet der Architektur umfassend behandeln, und daß die Architekten so gut wie nie theoretisiert haben. Villard de Honnecourt bildet keine Ausnahme, denn wir können ihn als praktischen Architekten nirgendwo wirklich sicher fassen (Hans R. Hahnloser, *Villard de Honnecourt*, ²1972, S. 225–237, 393–397).

Den meist von Geistlichen geschriebenen Chroniken, Heiligenlegenden, Reiseberichten, liturgischen Anweisungen, theologischen und philosophischen Texten, die von Architektur oder einzelnen Bauten handeln, fehlt die Verbindung von Theorie und Praxis, „ratiocinatio“ und „fabrica“, auf die es Vitruv ankommt (Buch I, Kapitel 1). Vielleicht ist er gerade deshalb im Mittelalter oftmals abgeschrieben, zitiert und vermutlich auch gelesen worden. Paul Frankl, in seinem großen Werk *The Gothic: Literary Sources and Interpretations* (1960,

S. 103), wagt angesichts dieses Sachverhalts die paradoxe Aussage, Vitruv sei für die Gotik der Architekturtheoretiker schlechthin.

Indessen reicht es nicht, einzelne Begriffe, Proportionsfiguren und Gedankengänge, die sowohl bei Vitruv als auch bei mittelalterlichen Schriftstellern auftreten, zu Zeugen dafür anzurufen, daß Vitruv das mittelalterliche Architekturdenken überschattet habe. Denn die Denkweise hat sich zwischen der Niederschrift von Vitruvs *Zehn Büchern* und dem Baubeginn der Kathedrale von Chartres im Jahre 1194 stark gewandelt. In seinem Buch *Die gotische Kathedrale* (1968) sagt Otto von Simson: „Für das Mittelalter war die symbolische Deutung die einzige ontologisch gültige Bestimmung der Wirklichkeit." Wie umgekehrt ein symbolisch-allegorischer Wirklichkeitsbezug in der Architektur praktisch angewandt werden kann, ist eine Frage, auf die Simson mit der behutsamen Interpretation von Abt Sugers Bauberichten und im Vergleich mit Abt Sugers Teilneubau der Abteikirche von Saint-Denis (1137–1149) Antwort zu geben versucht.

Über die gesellschaftliche Einordnung des Architekten im Mittelalter sind wir vergleichsweise gut unterrichtet. Freilich müssen wir nun scharf zwischen den uns bekannten Tatsachen über den Beruf und seine Wandlung einerseits und dem theoretisch begründeten Berufsbild andererseits unterscheiden. Eine zwar unvollständige, aber dank deutschen Parallelübersetzungen bequeme Quellensammlung bietet Max Hasak, *Der Kirchenbau des Mittelalters* (^{2}1913, S. 293–353). Wie immer die Arbeitsteilung gewesen sein mag: für die Theoriebildung scheint wichtig, daß bis zum 12. Jahrhundert Geistliche als Architekten genannt werden. Ein bekanntes Beispiel stellt der Freund Kaiser Heinrichs IV., Bischof Benno von Osnabrück (gest. 1088), dar. Er wurde als Festungsbaumeister in Sachsen eingesetzt und tat sich in Speyer bei der Vollendung des Doms namentlich durch die Rheinuferverbauung hervor. In seiner von Nortbert, Abt des Klosters Iburg, verfaßten Vita heißt es (Hasak, 1913, S. 327 f.): „In der Kenntnis, Gebäude zu errichten, war er allen überlegen, die er, wie es feststeht, nicht durch den Gebrauch, sondern als Kunst erlernt hatte." Merkwürdig sind die Wörter „scientia" (Kenntnis), „ars" (Kunst) und „usus" (Gebrauch) nebeneinandergestellt; aus dem Wortlaut „non usu sed arte didicisse constat" geht immerhin hervor, daß „ars" über „usus" steht. Auch wiederholt der Biograph später: „Er war also in der Baukunst, wie wir schon oben hervorgehoben haben, sehr erfahren." „Architectoriae artis valde peritus", so würde sich Vitruv nie ausgedrückt haben; der mittelalterliche Schreiber scheint hervorheben zu wollen, daß Architektur eine Kunst sei, was immer das für ihn bedeutete. Wenn Nortbert Bennos Bedeutung als „architectus“ erklärt, indem er ihn „caementarii operis solertissimus ... dispositor“ nennt, sind wir wiederum nicht sicher, ob er die geschickte Bauorganisation oder den Entwurf im Auge hat. Der Kunsthistoriker, der „ars“ liest, denkt sogleich an die am Westportal der Kathedrale von Chartres und auch sonst oft dargestellten Sieben Freien Künste, von denen Geometrie und Musik der Architektur am nächsten stehen; aber „ars“ kann im Mittellateinischen genauso systemlos verwendet werden wie neuhochdeutsch „Kunst“ (Kunstmuseum, Kochkunst, es ist keine Kunst zu ...).

Die Unterscheidung von Kunst und Praxis, die Nortbert vornimmt, mag aber auf Vitruv oder auf Augustin zurückgehen; für diesen „sind Musik und Architektur Schwestern, da sie beide Kinder der Zahl sind, sie haben die gleiche Würde, da die Architektur die ewige Harmonie widerspiegelt und die Musik ihr Echo ist“ (Simson, 1968, S. 38).

Von diesem Ausgangspunkt her läßt es sich verstehen, daß Gott selbst als Architekt vorgestellt wird. Ein Hauptvertreter der Kathedralschule von Chartres, Alain de Lille, sieht Ende des 12. Jahrhunderts in Gott den kunstreichen Architekten (elegans architectus), „der sich den Kosmos als seinen königlichen Palast erbaut, indem er die Vielfalt des Geschaffenen kraft der ‚zarten Ketten‘ musikalischer Harmonien zusammengefügt“ (Simson, 1968, S. 50). Im 13. Jahrhundert konnten Gott der Schöpfer, die Personifikation der Geometrie als eine der Sieben Freien Künste und ein Architekt gleichermaßen mit dem Attribut des Zirkels dargestellt werden.

Dieses Jahrhundert brachte durch seine Großbauten dem Architekten neuartige Aufgaben. Gotische Kathedralen boten zwar kein wesentlich größeres Volumen als Großbauten vorromanischer und romanischer Zeit; aber sie gewannen durch ihren Reichtum an Profilen und Verzierungen ein Vielfaches an Oberfläche, was ein Entsprechendes mehr an Arbeitsstunden erheischte und den Bauvorgang verlangsamte. So ordnete der Baumeister Hugh Goldclif bei der Erneuerung der Westfront der Klosterkirche von St. Albans so viele „nichtssagende und übermäßig teure Bildhauerarbeiten“ an, daß es den Abt John of Cella (reg. 1195–1214) verdroß und sich das Werk dahinzuschleppen begann (Hasak, 1913, S. 331 f.). Bauherr und Architekt versuchten zunehmend, durch Baurisse den Fortgang der Arbeit zu regeln, deren Ende in ferner Zukunft lag; auch befreite die Langsamkeit des Bauprozesses den Architekten von der täglichen Aufsicht, so daß er mehrere Bauten zugleich führen konnte. Der Architekt wurde vertrags- und amtsfähig.

Es ist unbestritten, daß eine auf Zahlen gegründete Harmonielehre die Architekturtheorie des Mittelalters beherrschte. Fraglich aber ist es, in welchem Maße theologische Zahlenspekulation den Architekturentwurf strukturierte, und noch fraglicher, nach welchen Methoden wir heute Proportionsregeln aus Baurissen und ausgeführten Bauten herauszulesen vermögen.

Im Alten Testament wird der Tempel von Jerusalem mehrfach mit Maßangaben beschrieben: beim Bau durch König Salomo (3 Kg 6; 7; 2 Chr 3, 3–4), in der Vision des Ezechiel (Ez 40–42) und beim Wiederaufbau nach der Babylonischen Gefangenschaft (Esr 6, 3). Mancher christliche Herrscher wurde für den Bau eines Gotteshauses als zweiter Salomo gerühmt. Als Kaiser Justinian am 27. Dezember 537 die soeben vollendete Kirche der Hagia Sophia durchschritten hatte, rief er aus: „Ruhm sei Gott, der mich würdig befunden hat, ein solches Werk zu vollenden. Salomo, ich habe dich übertroffen", und man glaubt nachweisen zu können, daß Länge, Breite und Höhe den Maßen des Salomonischen Tempels entsprachen (Adolf Reinle, *Zeichensprache der Architektur,* 1976, S. 142). Petrus Abälard (1079–1142) deutete die Maße des Salomonischen Tempels in platonischem Sinne. Der Tempel war für ihn von derselben göttlichen Harmonie durchwaltet wie die Himmelssphären (Simson, 1968, S. 59). Abt Suger von Saint-Denis, einst Mitbruder Abälards, war glücklich, wenn Pilger seinen eigenen Kirchenbau mit der Hagia Sophia verglichen, und er vergleicht ihn selbst mit dem Tempelbau, weil Gott das eine wie das andere Werk reichlich mit Mitteln versorgt habe (ebd., S. 138 f.). Bei Abt Suger wie auch in anderen Beschreibungen von mittelalterlichen Kirchenbauten, die oft alle Hauptmaße angeben, fehlen jedoch Hinweise auf harmonische Zahlenverhältnisse.

Das Himmlische Jerusalem mißt nach der Apokalypse des Johannes (21, 15–17) gleichviel in Länge, Breite und Höhe, die Stadtmauer aber 144 Ellen (Höhe?). Auch dieses Maß hat man in Kirchenbauten verwirklicht sehen wollen. Nun lassen sich die nach Ort und Zeit recht unterschiedlichen Maßeinheiten nicht leicht herausfinden. „Mit verschiedenen Ellen messen" und „auf großem Fuß leben" sind heute noch sprichwörtlich; man benutzte an einem und demselben Ort für verschiedene Tuche verschiedene Ellen und für verschiedene Handwerke verschiedene Fußmaße. Das an einem bestimmten Bau verwendete Maß läßt sich unter folgenden Voraussetzungen errechnen: 1. Die Maßgenauigkeit ist hoch; 2. Die Hauptmaße beruhen auf einem „Modul" von 1 Maßeinheit, betragen also ein Vielfaches davon; 3. Die Hauptmaße entsprechen den auf dem Bauplatz mit Hilfe eines

Schnurgerüstes ausgetragenen Maßen. Nach Konrad Hecht, der solche Untersuchungen seit 1954 veröffentlicht, ist das in vielen Fällen möglich.

Neben unzähligen mittelalterlichen Baubeschreibungen, die Längenmaße in Fuß, Ellen, Klafter oder ähnlichen Einheiten angeben (Hecht, 1971/72, S. 37–66; Hecht, 1977, S. 149 f.), kennen wir auch Texte, die von geometrischen Figuren ausgehen und zu irrationalen Zahlen führen (Kreisumfang, Quadratwurzel). Viele Architekturhistoriker vermuten, das gleichseitige Dreieck regiere die Proportionen gotischer Kirchenbauten.

Für die Grundrißverhältnisse von Atrien in Privatgebäuden empfiehlt Vitruv (Buch VI, Kapitel 3) die Verhältnisse 5 : 3, 3 : 2 und 1 : $\sqrt{2}$ (1 : 1,414 . . .), wörtlich: „Über die Breite zeichnet man ein Quadrat und zieht in diesem Quadrat eine Diagonale, und so lang wie die Diagonale ist, so lang soll man das Atrium machen." Kenneth J. Conant glaubt nachweisen zu können, daß der Narthex von Cluny III (beg. um 1140) nach diesem Verfahren proportioniert war (*The After-life of Vitruvius in the Middle Ages*, 1968).

Die mittelalterlichen Quellen zu Proportionsfiguren hat wiederum Hecht zusammengestellt (1970, S. 105–214). Sein quellenkritisches Ergebnis lautet so: Figuren mit Diagonalen (Quadrat übereck im Quadrat von doppeltem Flächeninhalt) erscheinen zuerst als planimetrische Schulaufgaben oder als Hilfslinien für Figurenzeichnungen (Villard de Honnecourt), später aber auch als formschaffendes Prinzip von Architekturdetails wie Fialen (Mathes Roriczer, 1486, u. a. m.). Alle Quellen, die das gleichseitige Dreieck als Proportionsfigur für das Verhältnis von Breite zu Höhe im gotischen Kirchenraum sehen, gehen auf eine einzige zurück: die Verhandlungen um den Mailänder Dom. Überliefert ist eine Querschnittskizze des Mathematikers Gabriele Stornaloco aus Piacenza von 1391, welche die Kämpferhöhen des fünfschiffigen Langhauses und die Scheitelhöhe des Mittelschiffgewölbes einem Netz gleichseitiger Dreiecke und einem Netz mit Rechtecken von 16 : 14 Ellen (braccia) einschreibt; Stornaloco kommt durch leichtes Aufrunden auf ein Verhältnis von 96 : 84 Ellen (Abb. 4). Zwischen 1390 und 1392 wurden weitere Systeme erwogen; dasjenige, das man Heinrich Parler III. zuweisen möchte, nimmt für Breite und Scheitelhöhe je 96 Ellen und die Scheitelhöhe des Mittelschiffs doppelt so hoch wie die der insgesamt vier Seitenschiffe, beruht also auf einem Quadratraster. Beide Proportionen waren den italienischen Bauleuten zu steil. Sie wollten das flache pythagoräische Dreieck 3 : 4 : 5 einführen, das einem Rechteckraster von 16 : 12 Ellen entsprochen hätte. Bei einer

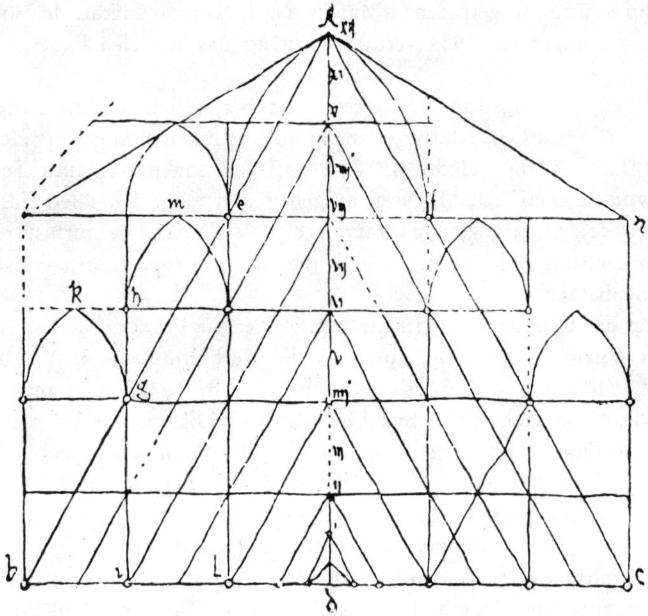

Abb. 4. Querschnittproportion des Mailänder Doms. Rechteck- und Dreiecknetz. Diagramm von Gabriele Stornaloco, 1391. Aus Konrad Hecht: Maß und Zahl in der gotischen Baukunst. In: *Abhandlungen der Braunschweigischen Wissenschaftlichen Gesellschaft,* XXI (1969), S. 242.

Gutachterversammlung im Jahre 1392 antworteten sie auf die Frage, ob das Domschiff „ad quadratum“ oder „ad triangulum“ aufsteigen solle, „nicht über das Dreieck hinaus“ (James S. Ackerman, *Gothic Theory of Architecture,* 1949).

Von den Quellen her zeigt sich also das gleichseitige Dreieck in gotischer Architektur um 1400 als eine unter mehreren Möglichkeiten, das Verhältnis von Langhausbreite zu Langhaushöhe einer fünfschiffigen Kirche zu finden. Sie ist bei neuen „hearings“ in den Jahren 1400 und 1401 nochmals heiß umstritten, wird dann aber umfassend begründet; für den Gutachter Alcherio bedeutet sie eine „Verbesserung der Festigkeit, der Stimmigkeit, der Schönheit und der Geschwindigkeit im Bauvorgang“.

In Augustins theologischen Schriften spiegelt sich Gottes Schönheit in den harmonischen Verhältnissen von Musik und Architektur, während er vom Licht wie von einer „Augenverführung“ denkt (Wilhelm Perpeet, *Ästhetik im Mittelalter,* 1977, S. 80). Die scholastische Lehre vom Schönen stützt sich aber nicht auf Augustin allein, sondern auch auf Dionysius, den man mit dem Dionysius Areopagita der Apostelgeschichte gleichsetzte. Dieser Pseudo-Dionysius Areopagita vertrat eine Lichtästhetik, die begierig aufgegriffen wurde. Auf Dionysius stützte sich Abt Suger von Saint-Denis (St. Dionysus), als er 1140 bis 1144 einen neuen Chor bauen ließ, zu dessen Hauptmerkmalen die damals ungewöhnliche Durchfensterung und die Glasgemälde gehören (Simson, 1968, S. 169–175; Perpeet, 1977, S. 68–71). Nach seinem eigenen Bericht brachte Suger folgende Inschrift an (Schlosser, 1896, S. 272):

„Wenn einst der hintere Teil sich fügt zum vorderen Bauteil,
Leuchtet der mittlere Teil, schimmert das ganze Haus.
Denn es leuchtet, was hell ist, weil mit dem Hellen verbunden.
Aber das vornehme Werk, wo nun das neue Licht
Strömt und welches steht, größer seit unserer Zeit,
Da ich, Sugerus, Führer war, ward es gemacht."

Lichtästhetik gehört nach übereinstimmender Auffassung der Architekturhistoriker nicht nur zum symbolisch-allegorischen Denken über den gotischen Kirchenraum, sondern recht eigentlich zu seinen Bedingungen. Dabei ist nicht die Helligkeit als solche das Entscheidende, sondern die leuchtende Wand farbiger Glasgemälde. Daß zuweilen auch die Helligkeit selbst gesucht wurde, geht wiederum aus den Beratungen um den Dom von Mailand hervor. Im Jahre 1400 verwarfen die italienischen Meister die vom Franzosen Jean Mignot vorgeschlagene Strebepfeilerverstärkung, weil sie die Kirche verdunkeln würde, wie man an der Kathedrale Notre-Dame von Paris sehen könne, und schon im Jahre 1392 stimmten sie für gestaffelte Seitenschiffdächer „pro maiori fortitudine et claritate" (Ackerman, 1949).

Die Schriftsteller des Mittelalters haben Kirchenbauten mit Bedeutungsgehalt geradezu aufgeladen, indem sie diese zum und als Abbild des Himmelszeltes, des Himmlischen Jerusalems, des Salomonischen Tempels, aber auch der Grabeskirche in Jerusalem, des Pantheons in Rom (Sancta Maria Rotunda), der Apostelkirche in Konstantinopel oder der Pfalzkapelle in Aachen erklärten. Diese Erklärungen entsprachen im nachhinein einer verbreiteten Typologie, die den Entwurf von Kirchen zu leiten vermochte. Die Rundbauten, welche die Grabeskirche in Jerusalem nachbilden, sind das bekannteste Beispiel. Der Vergleich von Vorbild und Nachbild zeigt, daß ein viel größerer Spielraum blieb als bei der von Vitruv behandelten Typologie des griechisch-römischen Tempels. Oft reicht die Grundrißfigur, um den beabsichtigten Zusammenhang herzustellen (Reinle, 1976).

Was für die ganze Kirche gilt, gilt auch für Bauteile und Bauglieder. Gerne werden die Säulen als Propheten und Apostel gedeutet, welche die Kirche – das Gebäude und den Gottesstaat – tragen. Auch Abt Suger deutet die Säulen so. Voraussetzung für diesen Bedeutungsgehalt der Säule ist die Ähnlichkeit mit der menschlichen Gestalt, wie sie bei Vitruv in den Proportionsregeln aufscheint. Wo diese Menschenähnlichkeit der Säule verlorengeht, müssen Figuren an den Säulen die Sinngebung aufrechterhalten, so die Apostelfiguren im Chor des Kölner Doms (begonnen 1248) (vgl. Bandmann, 1951, S. 67–84).

Abt Suger erwähnt seine Architekten nicht. Später, da wir deutlicher zwischen dem Bauherrn und dem Architekten unterscheiden können, verliert das symbolisch-allegorische Denken an Kraft. Wir vermögen deshalb kaum zu sagen, wie der Architekturentwurf zustande kam. Ich kenne nur einen Beleg dafür aus dem Mittelalter, daß sich Architekten eine allegorisch-symbolische Deutung zu eigen machten, um eine Anlage zu verteidigen. Im Jahre 1400 erklärt Jean Mignot, die Vierungspfeiler des Mailänder Doms seien zu schwach, um einen Turm zu tragen. Die einheimischen Meister wollen diesen aber mit vier Ecktürmchen verstreben und führen ins Feld, solche entsprächen dem Quadrat nach der Ordnung der Geometrie, sie erhöhten Stärke und Schönheit des Vierungsturms, und sie befolgten gleichsam das Vorbild des Paradieses, wie es die Apokalypse schildert, wo Gott, der Herr, zwischen den vier Evangelisten thront (Ackerman, 1949, S. 109 f.).

Jean Mignot, der nach Mailand berufene Pariser Architekt, ereifert sich bei dieser Kontroverse: „Kunst ohne Wissenschaft ist nichts wert (ars sine scientia nihil est), Gewölbe, spitzbogig oder rundbogig, sind nichts wert, wenn sie kein gutes Fundament haben, und überdies haben die spitzbogigen am meisten Schub und Gewicht.“ „Ars“ und „scientia“ entsprechen ungefähr unseren Begriffen „Praxis“ und „Theorie“; Theorie umfaßt in diesem Falle die Baustatik. Soweit die Annalen der Mailänder Dombauhütte ein Urteil zulassen, treffen Mignots Behauptungen zu; er ist aber nicht imstande, das von den Einheimischen vorgeschlagene System von Zugstangen zu beurteilen, das sich tatsächlich bewährt hat. Wenn die eine wie die andere Partei von Geometrie redet, dann stützen sie sich entweder auf unverstandene antike Autoren, oder sie nehmen Dreiecke als Faustregel eines Höhen-Breiten-Verhältnisses, das zugleich schön und solid ist.

Die Mailänder Gutachten sind unter ähnlichen Gutachten die einzigen, welche Architekturtheorie entfalten. Die Gliederung der Aufzeichnungen in „dubium“ und „responsio“ und die häufige Alternativ-

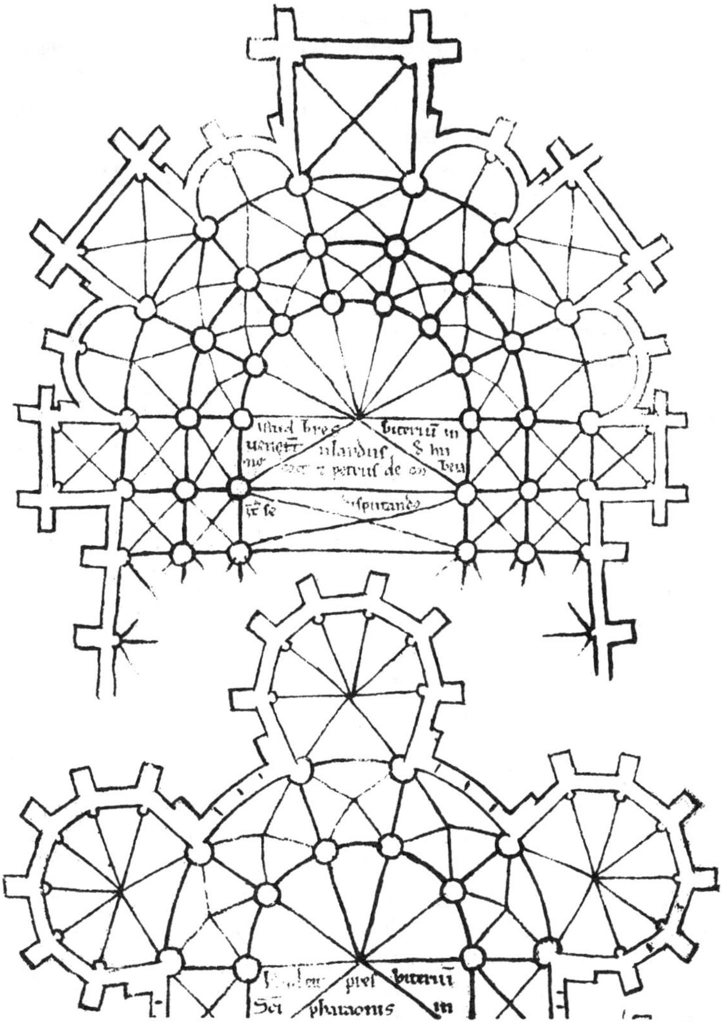

Abb. 5. Chorgrundrisse gotischer Kirchen. Im oberen Grundriß steht: „Istud bresbiteriu(m) invener(un)t Ulardus d(e) Hunecort (et) Petrus de Corbeia, i(n)t(er) se disputando.“ Aus Bibliothèque nationale, Département des manuscrits: *Album de Villard de Honnecourt,* architecte du XIIIe siècle; reproduction des 66 pages et dessins du Manuscrit français 19093 de la Bibliothèque nationale [mit Kommentar von Henri Omont]. Paris o. J. (1906 und öfters), Taf. XXIX.

frage („utrum ... an") führen uns am Ende dieses Kapitels noch einmal zur Scholastik zurück. Denn das Zerlegen einer Fragestellung in Einzelschritte ist gerade von der Scholastik gefördert und in der schulmäßigen „disputatio" eingeübt worden. Nun hat der sogenannte Magister 2 in Villard de Honnecourts Musterbuch zu einem Chorgrundriß (Abb. 5) die folgende lateinische Legende gesetzt (Hahnloser, [2]1972, S. 69 und Taf. 29): „Diesen Chor haben Villard de Honnecourt und Peter von Corbie in gemeinsamer Besprechung miteinander erfunden" (inter se disputandos). Erwin Panofsky versucht, Scholastik und gotische Architektur, nach Gottfried Semper „eine Übersetzung der scholastischen Philosophie in Stein", zu versöhnen, indem er auf die gemeinsame Denkweise, denselben „Habitus", aufmerksam macht, der sich in dem beiläufigen „inter se disputandos" äußert (*Gothic Architecture and Scholasticism*, 1951). Dieser methodologische Ansatz wird von den einen als Rückfall in „Zeitgeist"-Vorstellungen verketzert, von den anderen als ein Vorläufer strukturalistischen Denkens gerühmt (Pierre Bourdieu, *Zur Soziologie der symbolischen Formen*, 1974). Parteinahme wäre in einer schlichten Einführung in das große Gebiet der Architekturtheorie fehl am Platz. Auf alle Fälle hat Panofskys Studie das Verdienst, den Architekten des Hochmittelalters in die Rechte eines denkenden Menschen einzusetzen.

3. Cesariano

Der Dombau von Mailand sollte die Bauherrschaft wie die Architekten bis zum 19. Jahrhundert in Atem halten und Grundsatzerklärungen auslösen. Dafür gab es drei Gründe: die umständliche Meinungsbildung, die Kluft zwischen Nordländern und Südländern, die lange Bauzeit (1386–1813). In der zweiten Hälfte des 15. Jahrhunderts war man beim Vierungsturm angelangt. Berühmte Gutachten und Zeichnungen für diesen „tiburio" findet man in der Anthologie *Scritti rinascimentali di architettura* (1978).

Leonardo da Vinci entwarf um 1490 einen Brief an die Dombauverwalter (*Scritti*, 1978, S. 349–353). 1483–1487 hatte sich Hans Niesenberger, zuletzt am Oberrhein (Freiburg i. Br., Münsterchor) tätig, um den Vierungsturm bemüht; Leonardos Beschäftigung damit setzte 1487 ein und endete 1490. In dem Briefentwurf empfiehlt er für den kranken Dom „uno medico architetto". Diese wie die folgende Stelle sind von der Sorge um „Stabilität und Dauerhaftigkeit" beherrscht. „Zuerst werde ich von der Erfindung des ersten Architekten des Domes sprechen und Euch klar darlegen, welches seine Absicht war und wie sie sich in dem begonnenen Bau bestätigt; wenn ich das Euch verständlich mache, werdet Ihr zu erkennen vermögen, daß mein Modell diejenige Symmetrie, diejenige Beziehung, diejenige Konformität in sich hat, welche zu dem angefangenen Gebäude gehört."

Von den Stichworten „simetria", „corrispondenzia" und „conformità" ist „simetria" am eindeutigsten vitruvianisch und, vitruvianisch verstanden, am eindeutigsten stilistisch zu verstehen. Leonardo will offenbar sagen, das von ihm gefertigte Modell entspreche bis ins einzelne der Proportionierung, Erfindung und Absicht des ersten Architekten, den er auf ähnliche Art zur Autorität erhebt wie Vitruv den Kallimachos als Erfinder der korinthischen Säulenordnung. Sich an das Bestehende anzupassen, ist durchaus mittelalterliche Praxis, wie zum Beispiel die Langhäuser des Doms von Köln und der Westminster-Abtei beweisen; Abt Suger wollte am Ende seiner Regierung das Langhaus der Abteikirche von Saint-Denis dem neugebauten Westbau und dem ebenfalls neugebauten Chor angleichen: „innovare et utrique innovato operi conformare" (Schlosser, 1896, S. 272), um nur die eine Stelle hervorzuheben, wo dieselbe Wortwurzel auftaucht wie bei Leonardo. Diesem ist die kollektive Meinungsbildung am Mailänder Dombau 100 Jahre zuvor nicht mehr bekannt; er urteilt nach einem neuen Berufsbild.

Während wir Leonardos Meinung zum Tiburio lediglich aus Zeichnungen und aus dem bruchstückhaften Briefentwurf kennen, ist von Donato Bramante ein geradezu lehrhaft aufgebautes Gutachten aus derselben Planungsphase, wenn nicht aus demselben Jahr bekannt (*Scritti*, 1978, S. 367–374). Bramante beginnt: „Nach meiner Meinung, Herren Deputaten, müßt Ihr Eure Aufmerksamkeit auf vier Dinge richten, nämlich erstens die Festigkeit, zweitens die Konformität mit dem übrigen Gebäude, drittens Leichtigkeit und schließlich viertens die Schönheit." Bramante sieht das Argument der „Leichtigkeit" als Folge der beiden ersten Argumente: Eine leichte Konstruktion lastet weniger auf dem Unterbau, dem ja viele Gutachter von Anfang an mißtrauten; „Leichtigkeit" verbürgte aber auch Konformität mit dem spätgotisch-schmalgliedrigen Unterbau. Die Schwibbögen unter dem Turm möchte Bramante kreisrund machen; ein Rundbogen sei „aus vielen Gründen" besser als ein Spitzbogen – eine Meinung, die nur scheinbar mit der von Jean Mignot ein Jahrhundert früher geäußerten übereinstimmt. Als Grundrißform des Tiburio empfiehlt Bramante das Quadrat und kommt dabei mehrfach auf das „conformare" mit den Körpern der verschiedenen Schiffe zu sprechen. Die Seitenschiffe haben quadratische Kreuzgewölbe, das höhere Mittelschiff oblonge; so sei es durchaus gerechtfertigt, über der quadratischen Vierung noch höher zu gehen; aber allein ein quadratischer Turm würde nicht „das System durchbrechen", sich nicht „von dem ersten System entfernen", wobei ich mit dem Wort „System" Bramantes Wort „ordine" wiedergebe.

„Was den dritten Gesichtspunkt, die Schönheit, betrifft, so wäre der Tiburio um so schöner, je höher er ginge, doch ohne das System zu verlassen; diese Höhe könnte freilich in bezug auf die Last schädlich sein." Für richtig hält er das Projekt, das die Höhe dreiteilt: 40 Ellen Scheitelhöhe haben die äußeren Seitenschiffe, 80 Ellen Scheitelhöhe das Mittelschiff, 120 Ellen der Tiburio; „diese Höhe ist schön [...], und wer besagtes Gebäude anders machen wird, wird weder von innen noch von außen einen Überblick haben; denn da man den Tiburio nur über die Dächer der übrigen Kirche hinweg sehen kann, wird man wenigstens eine Meile außerhalb Mailands gehen müssen."

Schließlich verweist Bramante wie Leonardo, aber ohne die Vorstellung vom Architekten-Erfinder, auf die Anfänge des Doms, aus denen sich die richtigen Einzelformen ersehen ließen. Als vorbildlich gilt ihm, was über der Sakristei gebaut worden ist; besser noch verstehe man die Sache „durch einige Risse, die man in der Dombauhütte findet und die zu jener Zeit gemacht worden sind, als dieser Dom gebaut wurde".

Cesare Cesariano (1483–1543) war Schüler Donato Bramantes. Bramante zog von Mailand nach Rom, als Cesariano etwa 16 Jahre zählte. Im Mannesalter war er in verschiedenen Städten Oberitaliens als Maler tätig, so nach seiner Rückkehr nach Mailand im Jahre 1513 für die Deputaten des Doms. Von dieser Zeit an wird er auch als Architekt faßbar. Ende 1533 zum Stadtarchitekten ernannt, gehörte er in den Jahren 1535 und 1537 zu den Gutachtern für das nördliche Querhausportal des Doms; sein Entwurf wurde bezahlt, aber nicht ausgeführt. Berühmt wurde er durch seine kommentierte und illustrierte Vitruv-Übersetzung, die 1521 in Como erschien.

Cesarianos italienischer Vitruv ist im kommentierten reprographischen Nachdruck von 1969 leicht zugänglich. Das Werk, keineswegs die erste gedruckte Vitruvausgabe, diente durch seine Abbildung des Doms von Mailand jahrhundertelang als Brücke zur weitgehend vergessenen Architekturtheorie des Mittelalters, wogegen die Dombauakten erst im 19. Jahrhundert veröffentlicht wurden.

Gleichzeitig mit der ersten gedruckten Vitruvausgabe Italiens erschien 1486 in Deutschland das erste gedruckte Handbuch für ein Teilgebiet des Steinmetz- und Baumeisterhandwerks, Mathes Roriczers *Büchlein von der Fialen Gerechtigkeit,* dem ähnliche folgten. Sie müssen in der vorliegenden Einführung wegbleiben, weil ihr theoretischer Gehalt gering ist (vgl. Günther Binding/Norbert Nussbaum, 1978).

Cesarianos Bildungshorizont, obwohl eng, ist dem eines Roriczer gegenüber italienisch-humanistisch. Er war recht belesen, kannte aber die antike Architektur aus eigener Anschauung nur schlecht. Seinem Erfolg in der Lombardei und jenseits der Alpen schadete das kaum, im Gegenteil. Die entscheidenden Vorzüge seiner Vitruvausgabe lagen jedoch anderswo. Sie war die erste volkssprachliche und dadurch auch Bauherren, Architekten und Bauleuten zugänglich, die kein Latein verstanden oder deren Latein nicht gut genug war, den schwierigen Vitruvtext zu verstehen. Sie war außerdem als erste ausführlich, wenn auch oft unergiebig kommentiert, und sie war überdies illustriert. Die Mehrzahl der Abbildungen beruht allerdings auf der von Fra Giocondo im Jahre 1511 besorgten Vitruvausgabe. Jahrzehntelang wurde Cesarianos Vitruv seinerseits nachgeahmt, so in der deutschen Ausgabe von Walter Ryff (1548).

Dank dem Prozeß, den Cesariano mit seinen Verlegern führte, wissen wir, daß die Auflage 1300 Exemplare betrug. Ein sorgfältig gestalteter Band von über 360 Seiten war freilich ein teures Werk, das sich nicht jeder Architekt zu leisten vermochte.

Aber wie kommt Cesariano dazu, den Text Vitruvs durch Abbildungen des Doms von Mailand zu illustrieren? Den Anlaß gibt ihm Buch I, Kapitel 2, wo Vitruv von Entwurf, Plandarstellungen und Perspektive schreibt. Was er wiedergibt, entspricht teils dem ausgeführten Dom, teils Bramantes Lösung für den Tiburio, teils Cesarianos eigenen Überlegungen zur Proportionierung der Teile.

Bemerkenswert sind die Legenden zu den Holzschnitten, hier wie bei allen Abbildungen lateinisch abgefaßt. Der Grundriß wird vorgestellt als „Ichnographia fundamenti sacrae aedis baricephalae Germanico more a trigono ac pariquadrato perstructa uti etiam ea quae Mediolani videtur" (Grundriß der Grundmauern eines bedeutenden Kirchenbaues, wie er auch zu Mailand, nach deutscher Weise gemäß Dreieck und Quadrat errichtet, zu sehen ist; folio XIV recto). Erst die folgenden Tafeln (folio XV) erfüllen aber die Erwartung auf eingezeichnete Proportionsfiguren. Beide vereinigen auf unsystematische Weise Querschnitt und Aufriß.

Der zweite Holzschnitt, der den Dom von Mailand darstellt, trägt folgende Legende (Abb. 6): „Aufrißdarstellung zum Grundriß, wie er sich an der sechssäuligen (fünfachsigen) Fassade des bedeutenden

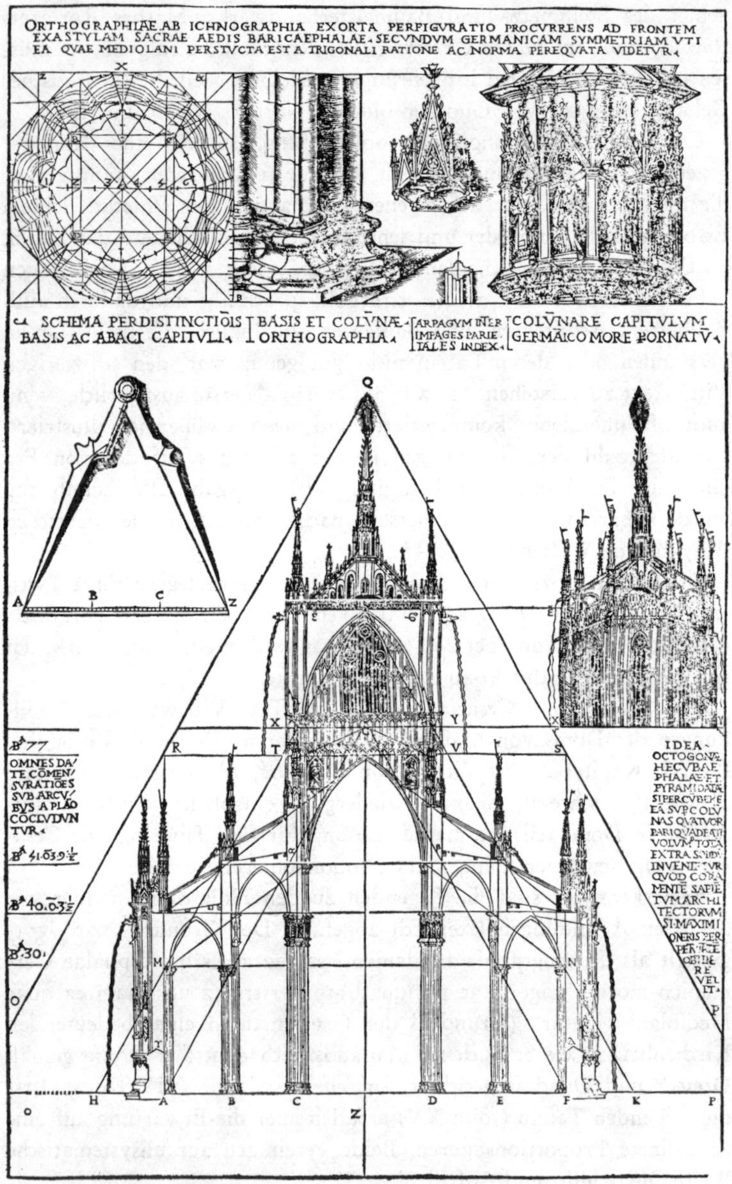

Abb. 6. Querschnittproportion und Einzelheiten des Mailänder Doms. Aus Vitruvius: *De Architectura;* Übersetzung und Kommentar von Cesare Cesariano. Como 1521, folio XV recto.

Kirchenbaues ergibt, wie er, gemäß deutscher Symmetrie in Mailand errichtet sowie nach Verhältnis und Maßgabe des Dreiecks ausgeglichen, zu sehen ist." „Symmetrie" bedeutet hier ganz wie bei Vitruv ein Proportionssystem. Im Kommentar schreibt Cesariano (folio XIII verso), Triangulatur und Rechteckraster seien etwa so eingezeichnet, wie es der Regel (regula) entspreche, welche die deutschen Architekten am Mailänder Dom benutzt hätten. Dessen Symmetrien beruhten auf einem Modul von einer Elle. Für den Mailänder Maler und Architekten ist also der Dom etwas Fremdartiges, eben Deutsches, aber gleichzeitig etwas durchschaubar Geordnetes, das Vitruvs Forderung nach „symmetria" gehorcht und als größtes Bauwerk der Lombardei ein Muster darstellt.

Nun gehören zu Vitruvs Symmetriebegriff auch die Säulenordnungen, und so schickt sich Cesariano an, auch die deutsche Säule darzustellen, indem er von den Mittelschiffpfeilern des Doms Grundriß und Perspektive von Basis und Schaft sowie die Perspektive der einzigartigen Kapitellform abbildet. Im Pfeilergrundriß ist außerdem ein Netz von Hilfslinien eingezeichnet, ganz so, wie es ein deutscher Meister des 15. und 16. Jahrhunderts getan hätte. Beim Kapitell steht die Legende „Columnarum capitulum Germanico more perornatum"; mit dieser Ausdrucksweise bezeugt Cesariano, daß es für ihn nicht einfach ein deutsches Kapitell gibt, wie es ein dorisches, ionisches und korinthisches Kapitell gibt, das zu einem „genus" oder Stil gehört, sondern daß er die zugehörige Perspektive als Bauaufnahme versteht. Ein moderner Architekturhistoriker würde wohl als Detailabbildung des Mailänder Doms ein Maßwerkfenster wählen, aber dem Vitruvianer Cesariano kommt es auf die Säulenform an.

Die dirtte Holzschnittillustration des Mailänder Doms (Abb. 7), die den Schnitt durch das Langhaus mit dem Aufriß der Querhausflanken verbindet, dient zur Erläuterung von Vitruvs „scaenographia". Fensterbusch übersetzt die Stelle wie folgt: „Scaenographia ferner ist die perspektivische (illusionistische) Wiedergabe der Fassade und der zurücktretenden Seiten und die Entsprechung sämtlicher Linien auf einen Kreismittelpunkt." Cesariano beherrscht die Zentralperspektive und wendet sie in seinen Holzschnitten oftmals an. Allein, da Vitruv ausdrücklich vom Kreismittelpunkt schreibt, mißversteht er die Stelle und nimmt den Kreis als Entwurfshilfe, obgleich er die richtige Deutung kennt und ausdrücklich von „prospectiva" spricht. Wie um die Sache noch mehr zu verwirren, weist er (folio XIV verso) darauf hin, daß er den Zirkel über den Seitenschiffkapitellen ansetze, dort, wo der Dombau durch Eisenklammern und Zugstangen (ferreae

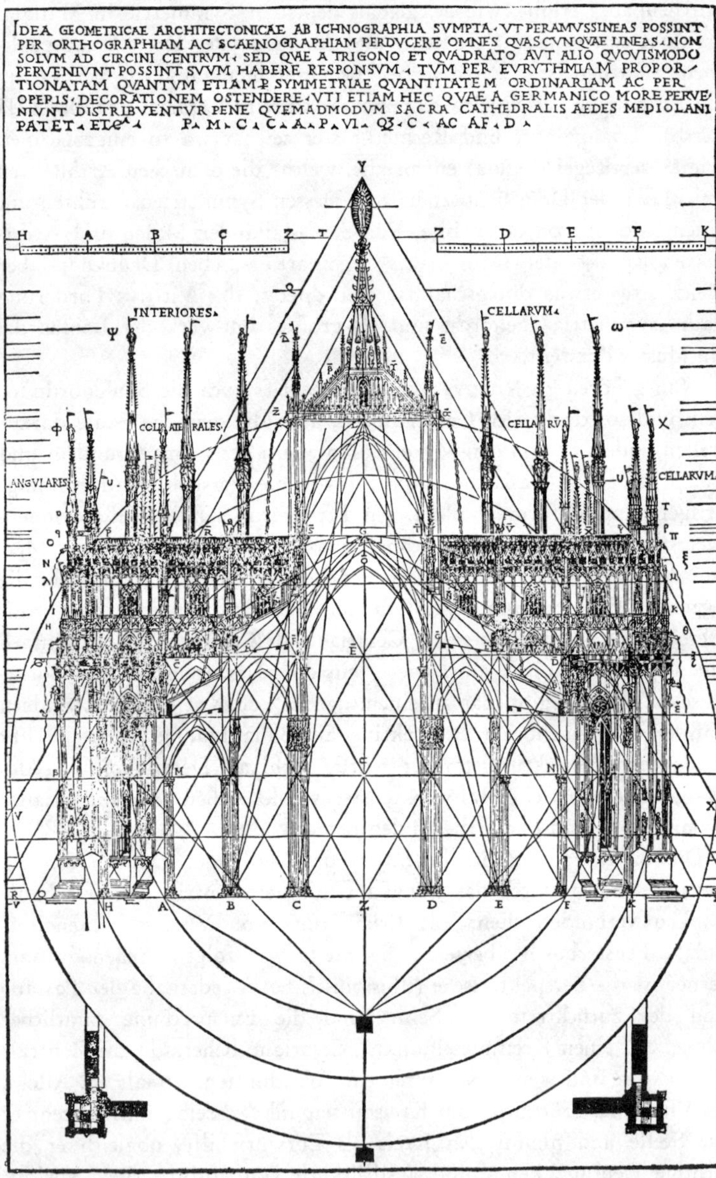

Abb. 7. Querschnitt und Querhausaufriß des Mailänder Doms mit Proportionsfiguren. Aus Vitruvius: *De Architectura;* Übersetzung und Kommentar von Cesare Cesariano. Como 1521, folio XV verso.

catene solide) zusammengehalten werde, und springt flugs auf die Statik des Tiburio über. Wir dürfen nicht ausschließen, daß Cesariano den Vitruv in gewissem Sinne angemessener verstanden hat als alle späteren Kommentatoren und Übersetzer, die, wenn wir Maria Teresa Bartolis Kritik (1978) folgen, „orthographia", „ichnographia" und „scaenographia" zu einseitig mit den erst um 1500 erarbeiteten Darstellungskonventionen gleichgesetzt haben.

Im wesentlichen scheint Cesariano den Kreis als eine dritte Proportionsfigur neben Dreieck und Rechteck zu verstehen, so wenn er schreibt (folio XVI recto): „Diese szenographische Darstellung entspricht Grundriß und Aufriß, von denen die Rede war. Aus diesem sowie aus den Kreisen, Rechtecken und Dreiecken erfasse die Regel [...]. Mit diesen kannst du das Ganze symmetrisieren und größer oder kleiner darstellen, und nicht allein die vorliegende, sondern alle architektonischen Figuren und Körper, ja überhaupt jegliche Art von Dingen, sie mögen reguläre oder irreguläre Körper bilden, in dieser Welt (oder von zu schaffenden Dingen) verstehst du zu berechnen (commodulare) und nach Eurhythmie und Symmetrie auszuteilen."

Die Kreisform hat auch für Vitruv den Wert einer Proportionsfigur. In Buch III, Kapitel 1, behandelt er die Proportionen der Tempel, die auf der Analogie der Teile beruhen. „Denn kein Tempel kann ohne Symmetrie und Proportion eine vernünftige Formgebung haben, wenn seine Glieder nicht in einem bestimmten Verhältnis zueinander stehen, wie die Glieder eines wohlgeformten Menschen." Nach der Darlegung von dessen Kanon führt Vitruv fort: „In ähnlicher Weise aber müssen auch die Glieder der Tempel eine Symmetrie haben, die von ihren einzelnen Teilen her der Gesamtsumme der ganzen Größe genau entspricht. Ferner ist natürlicherweise der Mittelpunkt des Körpers der Nabel. Liegt nämlich ein Mensch mit gespreizten Armen und Beinen auf dem Rücken, und setzt man die Zirkelspitze an der Stelle des Nabels ein und schlägt einen Kreis, dann werden von dem Kreis die Fingerspitzen beider Hände und die Zehenspitzen berührt. Ebenso wie sich am Körper ein Kreis ergibt, wird sich auch die Figur des Quadrats an ihm finden. Wenn man nämlich von den Fußsohlen bis zum Scheitel Maß nimmt und wendet dieses Maß auf die ausgestreckten Hände, so wird sich die gleiche Breite und Höhe ergeben, wie bei Flächen, die nach dem Winkelmaß quadratisch angelegt sind."

Viele Renaissancetheoretiker haben diese Vitruvstelle illustriert, manchmal mit einem, manchmal mit zwei Bildern. Es ist nicht auszu-

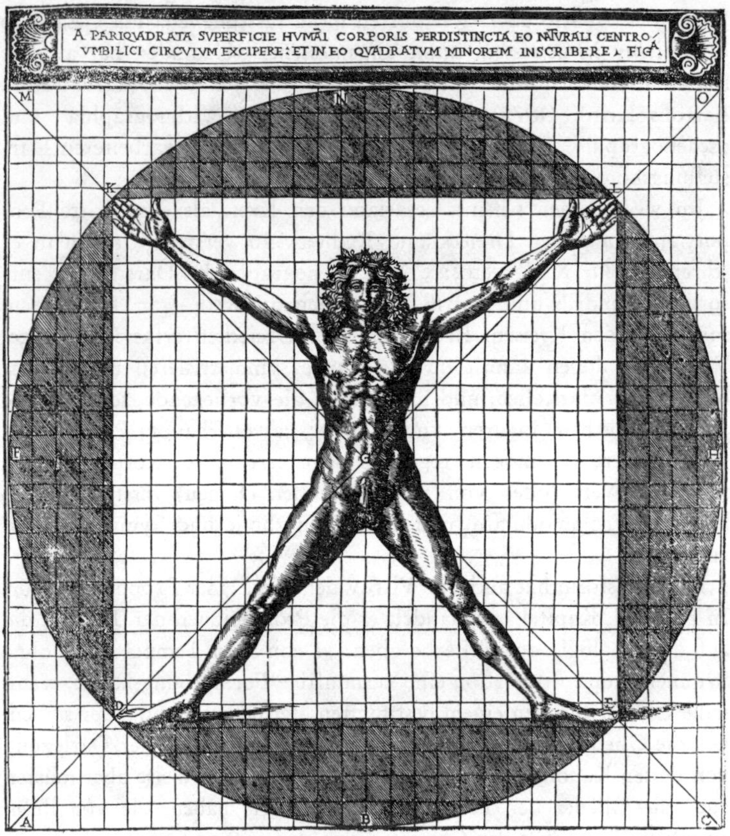

¶ Aduncha si la natura ha cosi cōposito il corpo del homo: Questelectione si forse altramente le uolesse qualcuno fusseno di-
stincte p ordine: como alcuni phisici hano scripto: Ma per le supradicte: si etiam per le p̄sente ratione che Vitruuio qua insequ:
mi pareno asai explicate: Ma considerando che potressemo fare grandissima scriptura in explicare la insequentia de quisti nu-
meri: le quale cose a me pareno facile: & cosi penso debeno essere a tuti li periti de Arithmetica: cum sia apertamente si tracta
per la compositione de li numeri simplici: potere peruenire a formare uno composito de qualūq; quantita uoglia si sia: Poi
de epso ut alias supra diximus: per potere epsa quantita diuidere proportionatamente in diuerse portione in le quale si dice con
sistere la symmetria: Et di questo Vitruuio da lo exemplo præcipue in li nostri humani corpi trouarse: uel per epso potere perdu-
cere tute le ratione de li numeri & propor-
tione de le symmetrie tanto per potere com
ponere quanto etiam discomponere una in
tegra quantita numerabile: si como in uno
corpo de uuo animale: uel de uno homo
cōmensurare ognj membri principali: & in-
tendere le in apparente cose & internodatio
ne & altre parte como molti phisici hano
descripto: ut puta da uno brazo uno cubi-
to: & dal cubito: la mane: & da epsa li di-

Aduncha si la natura ha cosi composito il corpo del homo si como cō
le proportione li menbri de epso respondeno a la sūma figuratione.
Cum sia li antiqui si uedeno hauer consti tuito quella: acio che ancho
ra in le perfectione de ciascuni membri de le opere le figure habiano
a la uniuersa specie la exactione de la cōmensuratione. Aduncha cū

G ii

Abb. 8. Der vitruvianische Mensch, Proportionsfigur. Aus Vitruvius: *De Architectura;* Übersetzung und Kommentar von Cesare Cesariano. Como 1521, folio L recto.

schließen, daß sie auch mittelalterlichen Vergleichen zwischen Kirchengebäude und menschlichem Körper zugrunde liegt (vgl. Schlosser, 1896, S. 242, über Saint-Trond im 11. Jahrhundert). Aber erst die Renaissance „belebte neu die mathematische Anschauung der Griechen von Gott und der Welt und, bestärkt durch den christlichen Glauben, daß der Mensch als Ebenbild Gottes die Harmonie der Welt verkörpere, erhob sie das Vitruvianische, dem Kreis und Quadrat eingeschriebene Menschenbild zum Symbol mathematischer Sympathie zwischen Mikrokosmos und Makrokosmos" (Wittkower, 1969, S. 21).

Cesariano sagt im Kommentar ausdrücklich, daß sich seine eigenen Ausführungen zu dieser Vitruvstelle auf Kirchenbauten von Kardinälen, Erzbischöfen, Bischöfen, anderen Prälaten und von Klöstern bezögen (folio XLVIII recto). Es folgt ein Seitenhieb auf die Certosa in Pavia, wo alle Symmetrie fehle; doch gibt Cesariano zu, es sei leichter eine Stadt anzulegen oder ein großes Kastell zu bauen als eine Hauptkirche bis in alle Einzelheiten hinein zu entwerfen (folio XLVIII verso). Die Erklärung der Holzschnitte mündet in fast wörtlich gleiche Sätze wie die zur „scaenographia" des Mailänder Doms (folio L verso); auch mit der Figur des vitruvianischen Menschen läßt sich nämlich alles in der Welt ordnen und ermessen (Abb. 8).

Diese Vorstellung ist ebenso forciert wie die Figur des Mannes im Kreis, wie sie Cesariano darstellt. Cesariano ist der erste Illustrator, der den Mann so weit ausstreckt, daß Hände und Füße in die Ecken eines Quadrats reichen. Die ungewöhnliche Haltung mag Cesariano den Gedanken eingegeben haben, den Mann als einen „Wilden Mann" mit erigiertem Penis und Laubkranz im wuchernden Haar zu zeichnen, wie er ähnlich im deutschen Holzschnitt vorkommt. Die beiden Quadrate mit dem Flächenverhältnis 1 : 2 erlauben es aber, das Problem der inkommensurablen Größen anzuschneiden. Eine Verbindung zur deutschen Spätgotik, welche Quadrate übereck ineinanderzuschachteln liebt, ist jedoch nicht zu finden.

Erst von dem Holzschnitt mit dem vitruvianischen Mann im Kreis aus mag es deutlich werden, daß Cesariano die Proportionen des spätgotischen Mailänder Doms gewaltsam seinem harmonikalen Weltbild einfügt.

Er hat damit bald Anerkennung gefunden, bald Ablehnung erfahren, wie Stanislaw Wilinski 1969 gezeigt hat. Die Bedeutung seines *Vitruv* für Zeitgenossen und Nachwelt lag aber, wie schon gesagt, nicht allein in der Auseinandersetzung mit dem fremdartigen Großbau des Mailänder Doms. Mindestens ebenso wirksam dürften einzelne Rekonstruktionsversuche nach Beschreibungen Vitruvs gewesen sein, welche die Formensprache Bramantes und des Mailänder Kreises weit hinaustrugen und auch nördlich der Alpen bekannt machten. Dies gilt zumal von der Darstellung der Basilika von Fano (folio LXXIV recto), die sich eng an einen Entwurf Bramantes für Santa Maria presso San Satiro in Mailand anzulehnen scheint.

III. ANFÄNGE DES VITRUVIANISMUS

1. Alberti

Die toskanischen Stadtstaaten, namentlich Pisa und Florenz, entwickelten seit dem 12. Jahrhundert ein stolzes Selbstgefühl, das sich von Erfolgen in Handel und mittelmeerischer Expansionspolitik nährte und in gewaltigen Bauten und Skulpturenprogrammen kundtat. Dieser Stolz zeigte sich auch in kostspieligen Stadtverschönerungen und rechtfertigte sich mit einer christlichen, legendären und antiquarischen Civitas-Idee. Vor diesem Hintergrund muß man Alberti sehen. Von ihm hat der Archäologe Giovanni Becatti gesagt: „Er ist nicht der Gelehrte, der sich in die Vergangenheit flüchtet, sondern der Stadtbürger, der intensiv in der Gegenwart lebt und wirkt, der Wissenschaftler, der in die Zukunft blickt“ (*Leon Battista Alberti e l'antico,* 1974).

Leon Battista Alberti (1404–1472) wurde in Genua geboren, besuchte eine Humanistenschule in Padua, studierte in Bologna die Rechte, lebte 1428–1432 in Florenz, woher seine Familie stammte, und wurde dann in Rom das, was wir heute einen Beamten der päpstlichen Kurie nennen würden. Hier verfaßte er das lateinische Werk *Descriptio Urbis Romae,* das wichtige Ansätze zur Vermessungsgeometrie enthält, und die italienischen *Libri della famiglia.* Nach Florenz zurückgekehrt, wurde er in den Kreis um Filippo Brunelleschi aufgenommen. Die Frucht der damaligen Studien sind die Werke *De Pictura* und *De Statua.* 1441 organisierte er zusammen mit Piero de' Medici einen Dichterwettbewerb. Von 1443 an lebte er gewöhnlich in Rom.

Unter dem im Jahre 1447 gewählten Papst Nikolaus V. wurde Alberti eine Art päpstlicher Denkmalpfleger. Als solcher stellte er die frühchristliche Kirche Santo Stefano Rotondo wieder her. Es ist wohl möglich, daß sich Alberti schon zuvor als Architekt betätigte; aber wir wissen nichts Sicheres darüber. Um 1450 beauftragte ihn Ghismondo Malatesta damit, in Rimini die Kirche San Francesco zum Tempio Malatestiano umzubauen. Das Projekt, dessen Gestalt eine Medaille überliefert, blieb Fragment. Zwischen 1447 und 1451 ungefähr errichtete Alberti in Florenz den Palazzo Rucellai. Um 1455 begann er ebenda die Vollendung der Kirche Santa Maria Novella, die ihm zum Teil die Fassade verdankt. Die letzten großen Bauten Albertis sind zwei Kirchen in Mantua: San Sebastiano, begonnen 1460, und Sant'Andrea, begonnen 1470. Über sein Weltbild unterrichtet umfassend die Monographie von Joan Gadol (1969).

Die Entstehungszeit von Albertis literarischem Hauptwerk *De Re Aedificatoria* ist umstritten; nach der von Paolo Portoghesi verfaßten Einleitung zu der heute gültigen italienisch-lateinischen Ausgabe von 1966 wäre die erste Hälfte wahrscheinlich zwischen 1443 und 1445 entstanden, die zweite zwischen 1447 und 1452. Gedruckt wurde das Werk erst nach Albertis Tod, nämlich im Jahre 1485. Damit wurde es zum ersten gedruckten Architekturtraktat überhaupt. Mathes Roriczers *Büchlein von der Fialen Gerechtigkeit* und wohl auch die erste Vitruvausgabe erschienen erst im Jahr darauf. Die Ausgabe von 1485 war Lorenzo Medici, dem „Magnifico", gewidmet und wurde diesem sofort Bogen für Bogen vorgelesen.

Albertis *De Re Aedificatoria* erlebte dauerhaften Erfolg. Das Werk wurde 1511 und 1541 in Straßburg, 1512 und 1543 in Paris nachgedruckt, erschien 1546 erstmals italienisch, 1553 französisch, 1582 spanisch, 1726 englisch, 1741 portugiesisch, 1912 deutsch und 1935 bis 1937 russisch.

Den Erfolg verdankte es wohl nicht zuletzt dem straffen Aufbau nach Vitruvs Begriffen „firmitas", „utilitas" und „venustas". Es umfaßt wie das Werk Vitruvs zehn Bücher. Das Erste Buch ist eine Einführung und behandelt die Baurisse, den Bauplatz und den Bau als Organismus. Das Zweite Buch behandelt die Baustoffe, das Dritte den Bauvorgang. Mit dem Vierten Buch wechselt Alberti von der „firmitas" zur „utilitas" über; er behandelt darin den Städtebau und seine Ingenieurwerke; das Fünfte Buch bringt die öffentlichen und privaten Bauaufgaben wie Palast, Burg, Rathaus, Kloster, Kirche, Turnhalle, Schule, Spital, Stadthaus und Landhaus. Vom Sechsten Buch an ist vom Schmuck die Rede. Das Sechste Buch selbst behandelt die Schmuckelemente und ihre technische Verwirklichung, das Siebente den Schmuck der Sakralbauten, das Achte den Schmuck der Privatbauten sowie Schönheit und Proportion im allgemeinen. Das Zehnte Buch enthält Hinweise auf den Bauunterhalt und auf Renovationen.

Alberti war der Typus des allseitig gebildeten „uomo universale", und dies hat auch sein Berufsbild bestimmt. Die Hauptstelle dazu findet sich in Buch IX, Kapitel 10. Alberti schreibt hier – ich zitiere stets nach der deutschen Übersetzung von Max Theuer (1912): „Eine große Sache ist die Architektur, und es kommt nicht allen zu, eine so gewaltige Sache in Angriff zu nehmen. Einen hohen Geist, unermüdlichen Fleiß, höchste Gelehrsamkeit und größte Erfahrung muß jener besitzen und vor allem eine ernste und gründliche Urteilskraft und Einsicht haben, der es wagt, sich Architekt zu nennen."

Wichtig für die Ausbildung sei das Ausmessen und Aufreißen berühmter alter Bauten, die der Architekt sich in Plänen und Modellen vor Augen stellen müsse. Dabei solle er nicht kopieren, sondern sich der künstlerischen Absicht des Vorbildes bemächtigen. Originalität sei nur dann zu loben, wenn sie nicht zu Extravaganzen führe. Nützlichkeit und Einfachheit hätten den Vorrang. „Ja", sagt Alberti, „sogar, wenn einer nur des Schmuckes halber alles gemacht hat, so soll er es dennoch so durchführen, daß man nicht leugnen kann, er habe es vor allem der Nützlichkeit wegen gemacht."

Alberti lehnt Vitruvs Forderung ab, daß ein Architekt in allen Wissenschaften bewandert sein müsse. Er mißt aber dem zeichnerischen Entwurf die höchste Bedeutung bei. Deshalb schreibt er schon zu Beginn des Werks: „Die ganze Baukunst setzt sich aus den Rissen und der Ausführung zusammen. Bedeutung und Zweck der Risse ist, den richtigen und klaren Weg zu zeigen, die Linien und Winkel aneinanderzupassen und zu verbinden, in welchen die Erscheinung des Bauwerkes inbegriffen und eingeschlossen ist. Ferner ist es Aufgabe und Bestimmung der Risse, den Gebäuden und deren Teilen den geeigneten Platz und die bestimmte Anzahl, das richtige Maß und die angemessene Ordnung vorzuschreiben, so daß schon die ganze Form und Figur des Gebäudes bereits in den Rissen festgelegt ist. Auch sind die Risse nicht an die Materie gebunden, sondern sind derart, daß dieselben Risse, wie wir sehen, einer großen Zahl von Gebäuden zugrunde liegen, an denen wir ein und dieselbe Form erblicken."

Das heißt nun nicht, daß Alberti die Konstruktion und damit Teile des Entwurfs für gänzlich materialunabhängig hielte, sondern etwa, um es mit einem Beispiel zu sagen, daß die Proportion einer dorischen Säule nicht von der Steinsorte abhängt.

Zeichnen – Alberti schreibt „pictura" – und Mathematik seien für den Architekten die wichtigsten Wissenschaften (Buch IX, Kapitel 10): „Ich weiß nicht, ob es genügt, in ihnen nur mittelmäßig bewandert zu sein. Von mir gestehe ich, daß mir des öfteren viele Bauentwürfe in den Sinn gekommen sind, die mir dann erst in höherem Maße gefielen, wenn ich sie zu Papier brachte. Ich fand sogar in jenem Teile, der mich am meisten entzückt hatte, tadelnswerte Irrtümer. Als ich dann wieder die Zeichnung betrachtete und mit Zahlen zu messen begann, erkannte ich meine Unachtsamkeit und widerlegte sie. Hatte ich schließlich hievon Modelle und Kopien hergestellt, da kam es mir manchmal beim Durchgehen aller Einzelheiten vor, daß ich mich darauf ertappte, daß ich mich auch in den Zahlen getäuscht hatte."

Alberti zeigt solche Achtung vor der Entwurfsarbeit des Architekten, daß er auch inständig davon abrät, das angefangene Projekt eines anderen abzuändern, weil geheime Proportionsrechnungen zerstört werden könnten. Im Jahre 1454 schrieb er an den ausführenden Architekten des von ihm entworfenen Tempio Malatestiano in Rimini, Matteo de' Pasti: „Le misure et proportioni de' pilastri tu vedi onde elle nascono: ciò, che tu muti, sì discorda tutta quella musica" – „Du siehst, woher die Maße und Maßverhältnisse der Pilaster stammen; wie du sie änderst, wird diese ganze Musik zum Mißton." Der Brief wurde 1957 von dem Alberti-Kenner Cecil Grayson neu herausgegeben.

Der modernste Zug in Albertis Berufsbild ist der Zug zum Vorausdenken und Vorausplanen der Bauten. Gewiß kennt auch das Mittelalter Baupläne, angefangen bei dem aus dem frühen 9. Jahrhundert stammenden St. Galler Klosterplan über die Reimser Palimpsestfassaden zu den Fassadenrissen für Köln und Straßburg oder zu den Zeichnungen des Villard de Honnecourt im 13. Jahrhundert und weiter zu den in die Dutzende gehenden spätgotischen Rissen: die Ausführung dieser Bauten beweist indessen, daß die Einzelheiten jeweils erst kurz vor der Ausführung festgelegt wurden. Die häufigen Asymmetrien gotischer Bauten zeigen überdies, daß man darin ausgesprochen sorglos war, ja, daß es im einzelnen mehr darauf ankam, modern zu sein, als einen vorgefaßten Plan bis ins kleinste durchzuführen. Das schließt nicht aus, daß man nach einer gewissen Einheit oder „Konformität" strebte.

Demgegenüber betont Alberti die harmonische oder, wie er sagt, musikalische Einheit eines Bauwerks, die nur dann gewährleistet ist, wenn der Plan, wie eine moderne Partitur, genau befolgt wird.

Es wäre aber falsch, wenn Alberti als Ästhet erschiene, dem es nur auf die „Musik" des Bauwerks ankommt. In Albertis Entwurfslehre nimmt die „utilitas" die gebührende Stellung ein. Das zeigt sich am deutlichsten dort, wo er von der Staatsform und vom Städtebau handelt.

Die Zelle des Staates, sagt Alberti, ist die Familie. Dabei hat er vor allem den Stadtstaat der Renaissance im Auge. Und wie ein Privathaus ein Organismus mit verschiedenen Funktionen, so soll auch die Stadt ein Organismus mit verschiedenen Funktionen sein. Der Staat sei nach den Philosophen ein großes Haus und das Haus ein kleiner

Staat (Buch I, Kapitel 9). Später kommt Alberti darauf zurück (Buch V, Kapitel 14): „Das Haus, sagte ich anderswo, sei eine kleine Stadt. Man wird daher bei dessen Erbauung gleicherweise fast alles das in Betracht ziehen müssen, was sich auf die Anlage einer Stadt bezieht. Es habe eine so günstige Lage, daß es vollkommen gesund sei, es biete alle Vorteile, welche zu einem friedlichen, ruhigen und heiteren Leben gehören."

In auffallendem Gegensatz zu seinen Nachfolgern lehnt es Alberti ab, sich auf eine bestimmte Umrißform der Stadt festzulegen weil diese vom Gelände abhängig ist (Buch IV, Kapitel 3). Die Stadt sei nicht zu klein, um dem Zuwachs Genüge zu tun. „Dazu kommt", fährt Alberti fort, „daß eine Stadt nicht nur für Wohnhäuser und für die bloße Notwendigkeit dienen, sondern auch so angelegt werden soll, daß vom einfachen Bürgerhaus angefangen, bis zu den breiten Straßenzügen, den Rennplätzen, Gärten, Wandelhallen, Schwimmbädern und dergleichen Zier- und Vergnügungsbauten weite Plätze und Anlagen frei bleiben."

In dieser Aufzählung schimmern antike Stadtbeschreibungen durch; Plutarch zum Beispiel wird im ganzen dreizehnmal zitiert.

Alberti unterscheidet zwischen republikanisch-monarchischen und tyrannisch regierten Stadtstaaten (Buch V, Kapitel 1): „Die Stadt der Könige wird nämlich mehr als genug befestigt sein, sobald sie einen heranrückenden Feind kräftig abzuwehren vermag. Der Tyrann aber muß, da ihm die Seinen ebenso Feinde sind wie die Fremden, seinen Staat nach beiden Seiten befestigen, gegen die Fremden und gegen die Seinen, und zwar so befestigen, daß er sich sowohl der Fremden als auch der Seinen gegen die Seinen als Unterstützung zu bedienen vermag."

Menschlichkeit und der goldene Mittelweg (mediocritas) sollen die Anlage öffentlicher Bauten leiten. Man möge den Chronischkranken eigene Spitäler bauen; Schulen sollten an stillen, abgelegenen, aber doch leicht zugänglichen Orten errichtet werden; Gefängnisse seien ein Ort des Schreckens, aber menschenwürdig. Aus Gründen der Hygiene empfiehlt Alberti die Verbrennung der Leichen, eine damals ungewöhnliche Forderung. Die Häuser der Reichen und Mächtigen verlege man an den Stadtrand, damit ihre Besitzer nicht von Bittstellern überflutet werden, sondern sich zeitweilig in die Stille zurückziehen können.

Protzentum ist Alberti verhaßt. Er verachtet deshalb die erst damals zu Ende gehende Mode der vornehmen Familien, einander durch die Höhe der Geschlechtertürme zu übertrumpfen, deren bekannteste in San Gimignano und Bologna erhalten geblieben sind. Selbst die ägyptischen Pyramiden erscheinen Alberti als Protzerei.

Von der Ordnung der Gesellschaft her beurteilt Alberti auch die Ausdruckskraft der Architektur. Über die Stadtburg schreibt er (Buch V, Kapitel 4): „Sie muß drohend, finster und starr sein." Und später (Buch VII, Kapitel 2): „Ich möchte auch, daß die Mauern einer Stadt derart seien, daß bei ihrem Anblick der Feind erbebt und alsbald kleinmütig abzieht." Formen der Festungsarchitektur sollen nicht mißbraucht werden (Buch IX, Kapitel 4): „Ich billige jene nicht, welche den Häusern der Privatleute Zinnen und Mauerspitzen aufsetzen. Das gehört nämlich zu einer Burg, und hauptsächlich zu jener der Gewaltherrscher [. . .], da sie ja Zeichen gehegter Furcht oder begangenen Frevels sind." Anmaßung ist es auch, wenn der Giebel von Privathäusern „irgendwie an die Hoheit des Tempels heranreicht". Am aufschlußreichsten sind vielleicht Albertis Angaben über den Kirchenbau (Buch VII, Kapitel 3): „Zwar kümmern sich die Himmlischen nicht um die Nichtigkeiten, an denen die Menschen so hängen, doch lassen sie sich durch die Reinheit der Schutzflehenden und durch den vertrauenden Gottesglauben wohl rühren. Zweifellos ist es für die Pflege der Frömmigkeit sehr wichtig, Tempel zu haben, welche die Seele wunderbar erheben und sie mit Wohlgefallen und Bewunderung erfüllen. Erst dann, sagten die Alten, sei man wirklich fromm, wenn man die Tempel der Götter häufig besuche. Deshalb möchte ich, daß der Tempel solche Schönheit besitze, daß man sich gar nichts Prächtigeres ausdenken kann, und ich wünsche ihn in jeder Beziehung derart ausgeführt, daß die Eintretenden verblüfft erschauern in Bewunderung all der Großartigkeit und sich kaum enthalten können, in Ausrufen zu gestehen, es sei wahrlich ein für Gott würdiger Ort, den sie erblicken." Der Würde halber sollten Kirchen gewölbt werden (Buch VII, Kapitel 11). Vor allem sei das Altarhaus düster (Buch VII, Kapitel 12): „Der Schauer, welcher aus der Dunkelheit erregt wird, vermehrt seiner Natur nach die Frömmigkeit in den Herzen, und das Düster ist großenteils mit Würde vereint." Es ist seltsam, daß man diesen Gedanken, der einen typisch romantisch dünkt, nicht nur schon bei Alberti findet, sondern durch alle Jahrhunderte weiterverfolgen kann. Der Dichter Michel de Montaigne (1533–1592) rühmt die « vastité sombre de nos églises », der englische Architekturtheoretiker Henry Wotton (1568–1639) empfiehlt dunkle Kirchen, weil man sich darin besser sammeln könne, der englische Dramatiker und Architekt John Vanbrugh (1664–1726) fordert "the most solemn and awfull appearances" (Belege in Germann, 1974, S. 54 f.). Alberti beruft sich auf die antiken Tempel, die nur eine Türöffnung besitzen, während umgekehrt Vitruv vor Tempeln mit enger Säulenstellung warnt, weil diese die Götterbilder verdunkeln (Buch III, Kapitel 3).

Das gewöhnliche und übliche Mittel, einem Bau Würde zu verleihen, sind für Alberti die Säulen (Buch VI, Kapitel 13): „Den vorzüglichsten Schmuck der ganzen Baukunst besitzen wir in den Säulen." Aber in der Einordnung und Definition der Säule ist er offenbar mehr von der mittelalterlichen Auffassung beeinflußt als von der antiken. „Bei der Behandlung der Wände", erklärt er (Buch I, Kapitel 10), „will ich mit dem Wichtigeren beginnen. Es ist hier also der Ort, von den Säulen und allem, was sich auf sie bezieht, zu sprechen, da ja die Säulenreihen nichts anderes sind als eine Mauer, die an mehreren Stellen durchbrochen und offen ist. Weil es auch angezeigt ist, eine Erklärung der Säule zu geben, so nenne ich sie vielleicht nicht unpassend einen festen und ununterbrochenen Teil einer Mauer, der sich lotrecht vom Boden unten in die Höhe erhebt, um die Decke zu tragen. Auch wirst Du in der Baukunst nichts finden, was Du in bezug auf Leistung, Kosten und Wohlgefälligkeit den Säulen vorziehen könntest."

Neben der technischen Erklärung der Säule als eines Wandstückes steht die genetisch legitimierende nach Vitruv: „Wir [...] sehen das Streben der Menschen, angefacht durch den Ehrgeiz, das Höchste zu erreichen, dahin führen, daß die Sterblichen alles, was sie bauten, nach Kräften für die Ewigkeit und die Unsterblichkeit auszuführen suchten. Deshalb machten sie Säulen und Gebälk und sogar die Vertäfelungen und Decken ganz aus Marmor. Doch bei Ausführung von dergleichen Sachen ahmten die alten Architekten die Natur der Dinge derart nach, daß sie nicht den Anschein erwecken wollten, von den allgemein üblichen Häusern abgewichen zu sein. Daher bestrebten sie sich gleichzeitig auf jede Weise, ihre Bauten sowohl zweckmäßig und stark, als auch für den Anblick möglichst reizvoll zu machen.

Die Säulen gewährte die Natur freilich zuerst nur hölzern und rund; dann erst brachte es die Übung mit sich, daß man sich an manchen Orten der viereckigen bediente."

Da Alberti sich nicht allein auf Vitruv stützt, sondern ebensosehr auf Vermessungen römischer Baudenkmäler, weicht seine Säulenlehre von derjenigen Vitruvs ab. Die Renaissancearchitekten fanden an den römischen und frühchristlichen Denkmälern, die sie übrigens noch kaum unterschieden, außer dorischen, ionischen und korinthischen Kapitellen noch andere Formen. In den Kapitellen aber sind nach Alberti (Buch VII, Kapitel 6) die Säulenstellungen am meisten verschieden. Von den antiken Sonderarten billigte er zumal die des Kompositkapitells, das er „italisches Kapitell“ nennt. Er schreibt darüber: „Keines von denen ist jedoch so hervorragend, das man neben diesen nach Gebühr billigen könnte, außer einem, das ich das Italische nenne, weil uns hievon nicht alles aus der Fremde überkommen ist. Mit der Festlichkeit des Korinthischen verbindet es nämlich die Schönheit des Ionischen, und an Stelle der Henkel trägt es herunterhängende Voluten: ein wohlgefälliges und durchaus treffliches Werk.“ Natürlich kennt Alberti, zu seiner Zeit ein Spezialist der Zentralperspektive, auch die Wirkung optischer Täuschungen. So weist er darauf hin, daß Kanneluren Säulen dicker erscheinen lassen, als sie in Wirklichkeit sind (Buch VII, Kapitel 9).

An Privatbauten erlaubt Alberti allerhand Freiheiten (Buch IX, Kapitel 1): „Denn wenn vielleicht einmal eine Säule am ganzen Körper etwas schmäler sein wird, oder vielleicht eine etwas zu starke Schwellung oder eine dünnere Einziehung hat, als es die genaue Regel bei öffentlichen Bauten erlaubt, so wird man sie doch nicht fehlerhaft nennen und verwerfen, sobald sie nichts Unförmiges und Verzerrtes hat. Ja, was bei öffentlichen Bauten nicht erlaubt ist, daß sie vom Ernst und dem reiflich erwogenen Gesetz ihrer Zeichnung abweicht, das trägt bei diesen manchmal zur Anmut bei. Und wie schön nahm es sich aus, wenn man voll Kurzweil bei den Eingängen der Speisesäle statt Türseiten mächtige Sklavengestalten anbrachte, welche die Oberschwelle auf ihren Köpfen trugen; und Säulen bei den Portiken, besonders bei jenen in den Gärten, aufstellte, welche entweder Baumstämme mit abgesägten Ästen oder lorbeerumwundene Bündel darstellten, oder die drehbar und mit Palmen geziert waren und ganz erhaben voller Blätter, kleinen Vögeln und kleinen Bächlein. Oder man führte auch, sobald man den Bau recht kräftig haben wollte, viereckige Säulen aus, aus denen auf der einen Seite eine halbe Rundsäule und auf der anderen eine halbe hervorragte. Dann machte man auch statt der Kapitäle entweder Körbchen, die voll Trauben und Früchten waren; oder eine Palme, deren oberste Stengel grünten; oder eine Schlange, die sich in zahlreichen Windungen zu einem Knäuel verwickelte; oder flügelschlagende Adler; oder Gorgonenhäupter, welche sich mit ihren Schlangen in den Haaren lagen, und ähnliches, das aufzuzählen zu weit führen würde.“

Es ist kaum daran zu zweifeln, daß Alberti hier neben römischen und frühchristlichen auch mittelalterliche Säulen beschreibt, und er mag dabei Kreuzgänge vor Augen gehabt haben. Besonders seltsam nimmt sich in der Aufzählung die Baumstammsäule aus, weil sie eine Erfindung der nordischen Spätgotik ist. Ich denke dabei an das, was man „Astwerk" nennt.

Im ganzen scheint Alberti sonst die Gotik abzulehnen; jedenfalls hält er den Rundbogen für stärker als den Spitzbogen (Buch I, Kapitel 12). Übrigens gibt er dem Bogen die gleiche Legitimation aus dem Holzbau, wie der Säule, indem er ihn aus dem Sprengwerk und aus dem Stabpolygon ableitet (Buch III, Kapitel 13).

Seine Schönheitslehre leitet Alberti mit Begriffen ein, die Vitruv fremd sind. So braucht er gerne das Wort „concinnitas" (Ebenmaß). Er definiert (Buch IX, Kapitel 5): „Die Schönheit ist eine Art Übereinstimmung und ein Zusammenklang der Teile zu einem Ganzen, das nach einer bestimmten Zahl, einer besonderen Beziehung und Anordnung ausgeführt wurde, wie es das Ebenmaß, das heißt das vollkommenste und oberste Naturgesetz fordert." Die Natur selbst aber erreicht in Albertis Augen die vollkommene Schönheit nur selten. Dennoch kann er die Schönheit einem Naturgesetz unterstellen; denn auch die physikalischen Naturgesetze treten nur selten rein und nachmeßbar zutage. Es ist dabei schwer zu entscheiden, ob die Schönheit eher in die Kategorie der Ideen im platonischen Sinn gehört oder zu den erreichbaren Zielen. „Sie selbst zu erreichen, danach strebt die Baukunst in ganz besonderem Maße. Durch sie eignet sie sich Würde, Gefälligkeit, Hoheit an und wird hochgeschätzt."

Die ideale Kirche ist für den Theoretiker Alberti der Zentralbau. Die Natur selbst, sagt er, liebe das Kreisrund über alles; das bewiesen unter ihren Schöpfungen der Erdball, die Gestirne, die Bäume, viele Tiere und ihre Nester (Buch VII, Kapitel 4). Die Rundform kommt dem Kirchenbau deshalb zu, weil er der edelste Schmuck der Stadt ist und seine Schönheit alle Begriffe übersteigen soll.

Der Fülle der Bauaufgaben und der in einem Bau vereinigten Räume kann nur ein Proportionsgesetz gerecht werden, das wenigstens die drei Dimensionen des einzelnen Raumes oder Körpers, wenn nicht sogar ihre Abfolge erfaßt. Darauf legt George L. Hersey in seinen *Pythagorean Palaces* (1976) den Finger. Alberti geht von der Musik aus und begründet wie folgt (Buch IX, Kapitel 5): „Das Gesetz der Beziehung entnimmt man am besten jenen Erscheinungen, worin sich, unserer Wahrnehmung und Kenntnis zufolge, die Natur von uns betrachten und bewundern läßt. Und tatsächlich bestätige ich immer wieder den Ausspruch des Pythagoras: Es ist vollkommen sicher, daß sich die Natur in allem gleichbleibt. So verhält es sich auch. Die Zahlen aber, welche bewirken, daß jenes Ebenmaß der Stimmen erreicht wird, das den Ohren so angenehm ist, sind dieselben, welche es zustande bringen, daß unsere Augen und unser Inneres mit wunderbarem Wohlgefühle erfüllt werden. Von den Musikern also, welche diese Zahlen am besten kennen und außerdem daraus, worin die Natur uns einen besonders geeigneten und wertvollen Anhaltspunkt gewährt, wollen wir das Gesetz der Beziehungen ableiten." Ferner: „Die musikalischen Zahlen selbst schließlich, um sie summarisch zu erwähnen, sind folgende: eins, zwei, drei, vier." Und über die Anwendung: „All dieser Zahlen bedienen sich die Architekten aufs allergeeignetste: zu zweien, wie bei der Anlage eines Forums, von Straßen und Plätzen unter freiem Himmel, bei welchen nur die zwei Durchmesser der Länge und Breite in Betracht kommen. Zu dreien verwendet man sie [...] bei der Anlage eines Senatsgebäudes, einer Aula u. dgl., wobei sie Länge und Breite miteinander vergleichen und fordern, daß zu beiden die Höhe in Einklang stehe."

Wie erhält nun Alberti zu zwei harmonischen Zahlen die dritte? Die einfachste Art sie zu „erzeugen" ist die, das arithmetische Mittel zu nehmen. Beispiel:

4 8
12
6

Etwas weniger einfach ist die „Erzeugung" des geometrischen Mittels. Beispiel:

4 9
36
6

Sehr viel komplizierter als Rechenoperation und uns viel ungewohnter ist das von Alberti so genannte musikalische Mittel. Beispiel:

30 60
1 2
3
10 10 10
40

Das Intervall zwischen den beiden extremen Zahlen (30 und 60) muß dasselbe sein wie die Summe der Intervalle zwischen der kleinen extremen Zahl und der mittleren und zwischen der mittleren und der großen extremen Zahl. Wir drücken zunächst das Verhältnis der extremen Zahlen in der kleinsten ganzzahligen Proportion aus: 1 : 2, addieren hernach diese beiden Zahlen: $1 + 2 = 3$ und benutzen sie, um die Differenz zwischen den Ausgangszahlen 30 und 60 in gleiche Strecken zu teilen. Die musikalische mittlere Zahl erhalten wir, indem wir einen solchen Teil zur kleineren extremen Zahl hinzuzählen: $30 + 10 = 40$.

In jedem der drei Systeme werden die Maßverhältnisse auf einfache natürliche Zahlen zurückgeführt, wie sie auf einem Monochord zum Beispiel die Quinte und die Quarte erzeugen. In der Architektur werden die „Intervalle“ dargestellt, indem man sie der Wandeinteilung zugrunde legt (vgl. Wittkower, 1969, S. 83–95).

Wir haben in kaum kommentierten Paraphrasen und Zitaten Albertis *De Re Aedificatoria* durchgeblättert und wollen uns nun, gestützt auf Beiträge zum internationalen Alberti-Kongreß von 1972 (erschienen 1974) ein vorläufiges Urteil bilden.

Es mag sein, daß dem Leser schon das Nebeneinander von Republik und Tyrannis aufgefallen ist, deren Stadtformen Alberti gleicherweise bespricht, obwohl er an seinem Urteil keinen Zweifel läßt. Er kennt die Torheit der Menschen und rechnet mit ihr. Der Kenner der humanistischen Literatur Eugenio Garin sagt: „Das ganze schriftstellerische Werk Albertis kann als eine einzige Meditation über Rechte und Pflichten des Menschen (una grande meditazione morale) gelesen werden.“ Im Gegensatz zur lange herrschenden Meinung skizziert er das Bild eines skeptischen und in sich selbst widersprüchlichen Alberti.

Giulio Carlo Argan, Kunsthistoriker und Politiker, stellt zuerst Vitruvs und Albertis Traktate einander gegenüber und unterstreicht die Unterschiede: „Bei Vitruv fügt sich die Architektur in den Rahmen der Technik, sie ist Bautechnik, Baukunst, das ästhetische Moment in der zivilen und militärischen Bautätigkeit, und da dieses seine technische Tradition besitzt, stellt es keine Probleme. Bei Alberti dagegen fügt sich die Architektur in den größeren Rahmen der Stadt, ist sie deren Interpretation, die von sichtbaren Formen getragene Botschaft ihrer Bedeutung.“ Dann, in Gegenüberstellung der mittelalterlichen Civitas-Idee und der humanistischen Polis-Idee: „Das Thema der Stadt als eines selbständigen Wesens, begabt mit seiner eigenen idealen Bedeutung, ist zutiefst christlich und hat seine Wurzeln in Augustins Vorstellung von der ‚Civitas Dei‘, zu der sich die ‚Civitas Hominum‘ wie die Kopie zum Archetypus verhält [. . .]. Alberti überwindet das mittelalterliche Konzept der Stadt, kann sich aber nicht davon lösen. So ist die Stadt, deren Werden er beschreibt, zwar noch die sichtbare Darstellung der Werte, in denen die Gemeinschaft der Bürger besteht, aber die Werte selbst sind nun andere, nicht mehr nur wirtschaftliche, sittliche, religiöse, sondern geschichtliche und politische." Albertis Architekturtraktat ist vor allem ein Traktat des Urbanismus. Aber von welchen ihm bekannten Städten geht Alberti aus? „Obwohl das Werk *De Re Aedificatoria* in Rom geschrieben wurde und unter dem Vorzeichen einer künftigen ‚Restauratio Urbis' steht, kann man nicht sagen, daß sie sich ausschließlich auf römische Erfahrungen stützt. Albertis Stadt ist weder Rom noch Florenz; sie ist das Ergebnis langen Nachdenkens über die Bedeutung der Städte Rom und Florenz, die eine die älteste, die andere die modernste der italienischen Städte oder die sich berührenden Enden eines historischen Zyklus, der sich in Aufstieg, Verfall und Wiedergeburt gliedert." Und: „Wenn Politik nichts anderes ist als der Aufbau der Polis, dann ist Albertis *De Re Aedificatoria* in letzter Analyse ein politischer Traktat." Von hier aus versteht es sich, daß Alberti verschiedene Regierungsformen auf die Wirkungen hin untersucht, die sie auf die Stadtfunktionen ausüben, und „daß ihm weniger an der endgültigen und vollkommenen Gestalt der Stadt liegt als an ihrem Werden", ganz im Gegensatz zu den streng geometrischen Schemata der späteren Idealstädte.

Diesen Faden möchte ich an Hand der berühmten Stelle über gewundene Straßen weiterspinnen und zugleich Fallstricke der Textauslegung zeigen, indem ich auf eine eigene Studie zurückgreife (Germann, *Krumme Straßen,* 1976).

Alberti sieht die Polis immer mit ihrer Region zusammen. Er schreibt deshalb nicht nur über Hauptstädte, sondern auch über Garnisonstädte und die Straßen (viae militares), die Stadt mit Stadt verbinden. Breite, gerade Straßen sollen auf große, berühmte Städte zuführen, weil das zur Würde der Stadt beitrage (Buch IV, Kapitel 5). „Wird es aber eine Kolonie oder eine befestigte Stadt sein, so wird der Zugang dann am sichersten sein, wenn er sich nicht frei aufs Tor hin richtet, sondern sich zur Rechten oder zur Linken nahe an der Mauer und besonders unterhalb der Außenwerke der Mauer selbst hinzieht. Innerhalb der Stadt aber soll sie nicht gerade, sondern wie ein Fluß hierhin und dorthin und wieder nach derselben früheren Seite in weicher Biegung gekrümmt sein. Denn außerdem, daß sie dort, wo man sie weiter überblicken kann, die Stadt größer erscheinen läßt, als sie ist, trägt sie in der Tat auch zur Schönheit, Zweckmäßigkeit und zu den wechselnden Bedürfnissen der verschiedenen Zeiten außerordentlich bei. Und wie schön wird es sein, wenn sich einem beim Spazierengehen auf Schritt und Tritt allmählich immer neue Gebäudeansichten darbieten, so daß jeder Hauseingang und jede Schauseite mit ihrer Breite mitten auf der Straße aufmarschiert und daß, obzwar anderswo eine zu große Weite unschön und auch ungesund, hier sogar ein Übermaß von Vorteil ist."

Alberti erinnert dann an eine Stelle in den *Annalen* des Tacitus (Buch XV, Kapitel 43): Als Kaiser Nero nach dem Stadtbrand die Straßen verbreiterte und die Höhe der Häuser beschränkte, beklagten sich viele, sie seien dadurch heiß und ungesund geworden. „Anderswo friert man in den engen Gassen, und sogar im Sommer wird immer nur Schatten sein. Bei uns aber" – in krummen Straßen – „wird es kein Haus geben, in das nicht der Strahl des Tages Zutritt hätte, und das nicht der Luft ausgesetzt wäre. Denn wohin sie mit ihrer Bewegung trifft, überall wird sie eine gerade und großenteils freie Fläche finden, die sie durchwehen kann. Auch gefährliche Winde wird niemand ertragen müssen, sofort nämlich werden sie von den entgegengesetzten Mauern zurückgestoßen. Dazu kommt, daß der Feind, wenn er eindringt, nicht minder von vorne und von den Seiten, als auch von rückwärts angegriffen, vernichtet werden wird."

Für gewundene Hauptstraßen in kleineren Städten führt Alberti also dreierlei Gründe an: militärische, ästhetische und hygienische. Diese Komplexe müssen wir einzeln betrachten.

Die taktische Argumentation entspricht einem bekannten Nahkampfkonzept, das Alberti von der Annäherung an die Stadt über die gewundenen Hauptachsen bis ins Gassengewirr durchführt: „Doch finde ich, daß es den Alten gefiel, innerhalb der Stadt einige Straßen unentwirrbar und einige als Sackgassen anzulegen, bei deren Betreten der schuldige Feind schwankend und mißtrauisch zögert, oder, wenn er kühner ist und ausharrt, bald vernichtet wird." Auch würden kurze Verbindungsgassen „in der Stadt einen beabsichtigten feindlichen Auflauf schwieriger gestalten".

Die hygienische Argumentation ist ebenfalls nicht ungewöhnlich. Vitruv findet Zugwind in Wohnvierteln schädlich (Buch I, Kapitel 6). Sie ist auch für das Mittelalter belegt. In der Kleinstadt Pagani „sollten die Hauptstraßen durch Arkaden verschmälert werden, um den Winden und Fiebern keinen Zugang in die Stadt zu gewähren" (Braunfels, 1953, S. 103). Vitruv, den Schachbrettgrundriß antiker Stadterweiterungen und Gründungsstädte vor Augen, empfiehlt, das Straßennetz von der Hauptwindrichtung abzudrehen. In seinem Kommentar von 1521 mißversteht Cesare Cesariano Vitruvs Erklärung der Windrose als Hilfslinien eines strahlenförmig geordneten Straßennetzes und füllt die Kreissektoren zwischen den Hauptachsen mit einem unregelmäßigen Gassengewirr, um Vitruvs Warnung vor Zugwind zu befolgen. Aber auch Albertis zweites hygienisches Argument taucht bei ihm auf: Enge und krumme Straßen schützen auch vor der Sonnenhitze (folio XXII verso – XXVI verso).

Der Komplex ästhetischer Argumente für krumme Straßen hat in der Alberti-Literatur fast allein Aufmerksamkeit gefunden und ist am widersprüchlichsten ausgelegt worden. Auf den ersten Blick scheint es, als ob Alberti noch in der mittelalterlichen Tradition stehe. Aber eine solche Tradition gibt es in Italien nicht. Jedenfalls werden schon vor der Renaissance große Straßenkorrektionen durchgeführt und zuweilen mit der ausdrücklichen Begründung, schnurgerade Straßen seien schöner. Wolfgang Braunfels, in seinem Buch *Mittelalterliche Stadtbaukunst in der Toskana* (1953, S. 101), hat deshalb betont: „Nur ein Mensch der Renaissance konnte sich der Tatsache bewußt werden, daß durch die Windungen der Straße die Hausfronten infolge des größeren Abstandes besser zur Wirkung kommen." Damit wird das bewußte perspektivische Sehen herausgestrichen, zu dessen Theoretiker sich Alberti im Ersten Buch seines Malereitraktates gemacht hat. Allein, auch wenn wir im Auge behalten, daß Architekturdarstellungen in einem Gemälde und zumal in einer Figurenkomposition stets etwas anderes sind als reine Abbilder, fällt es schwer, zeitgenössische Beispiele für Albertis Sicht krummer Straßen zu finden. Der meist noch hohe und entfernte Standort des perspektivischen Betrachters verbot um 1450 die Darstellung von Straßen- und Platzräumen. Das soll uns davor warnen, Albertis Lob krummer Straßen in ein Lob des pittoresken Straßenraumes umzubiegen; Alberti hebt ja gerade nicht die Verkürzungen der bogeninneren, sondern die Entfaltung der äußeren Straßenseite hervor.

Indessen schildert Alberti die Vorzüge einer krummen Straße nicht nur als fertiges Bild, sondern erlebt und beschreibt sie aus der Bewegung des Gehens. Als literarische Vorlage könnte Plinius' d. J. Beschreibung seines Landgutes in der Toskana gedient haben, die zufällig auch die Aussicht von einem vielfach gekrümmten Gartenweg enthält und von Plinius selbst als Muster einer Beschreibung aus der Bewegung hingestellt wird (*Briefe*, Buch V, Brief 6). Alberti hat die Beschreibung des toskanischen Landgutes in seiner eigenen Beschreibung der idealen Villa suburbana paraphrasiert, freilich ohne auf Plinius hinzuweisen. Die einzige Stelle, wo er ihn ausdrücklich nennt, handelt merkwürdigerweise wiederum von Gassengewirr (Buch X, Kapitel 16; bei Theuer Kapitel 13 und frei übersetzt); es geht um den Lärm des Wagenverkehrs.

Sicher hat man zur Zeit des Manierismus Albertis ästhetische Rechtfertigung krummer Straßen perspektivisch verstanden. Francesco de

Marchi, genau hundert Jahre jünger als Alberti, findet zwar vom militärischen Standpunkt aus krumme Straßen veraltet, läßt sie aber als Geländeanpassung zu und legt sie so an, daß sie eine „wunderbare Perspektive ergeben" (rendano una miraculosa prospettiva). Die Belege zum Fortleben der krummen Straßen in der Städtebautheorie hat Horst de la Croix zusammengestellt (*Military Architecture and the Radial City Plan in Sixteenth-Century Italy*, 1960). Entscheidend ist, daß Alberti selbst sich nicht so ausgedrückt und die krummen Straßen wohl auch nicht so gesehen hat.

Die Stelle über krumme Straßen fügt sich nicht selbstverständlich in den Rahmen von Albertis Architekturtheorie. Ihre Bedeutung in seinem Denken tritt schärfer hervor, wenn wir sie dem Passus gegenüberstellen, an dem Alberti für regelmäßige Straßenläufe eintritt. Heinrich Klotz betont in einem Aufsatz über Theorie und Praxis in *De Re Aedificatoria* (1969, S. 95 f.), daß Alberti vom Unterschied zwischen „urbs" (Hauptstadt) einerseits und „oppidum" oder „colonia" (Kleinstadt, Garnisonstadt) andererseits ausgeht: „Die Unterscheidung der beiden Stadttypen hat die Unterscheidung zweier verschiedenartiger Straßenläufe zur Folge. Alberti bedenkt also die Relation, gibt der Stadt die Würde der Symmetrie (womit gleichzeitig ein oberer Wert festgestellt ist), der kleinen Stadt aber gesteht er den gewundenen Straßenlauf zu – nicht allein aus Zweckmäßigkeitsgründen. Es muß überraschen, wenn er den flußgleich gewundenen Straßen ästhetische Qualitäten abgewinnt und die Schönheit ihrer Wirkung ausdrücklich hervorhebt. Unser gewohntes Zuordnungsschema, mit dem wir implizite Epochenbegriffe definieren – Renaissance: Symmetrie – Mittelalter: Unregelmäßigkeit –, wird hier, zumindest für das Quattrocento, relativiert."

Albertis Text über die erwünschte Spiegelgleichheit hauptstädtischer Straßen ist indessen weniger eindeutig, als uns die Übersetzer und Ausleger glauben machen. Theuer gibt ihn so wieder (Buch VIII, Kapitel 6): „Die Straße aber innerhalb der Stadt werden, außerdem daß sie ordentlich gepflastert und vollkommen sauber sein muß, am schönsten Säulenhallen von ganz gleicher Zeichnung schmücken, und rechts und links Häuser, die, gegenseitig vollkommen ausgeglichen, in einer geraden Linie stehen sollen." Der lateinische Urtext sagt: „coaequatae domus ad lineam et libellam", nennt also die Werkzeuge Richtschnur und Waage. Alberti verlangt genaugenommen nur das, worüber damalige Baubehörden Macht hatten: einheitliche Laubengänge, soweit sie öffentlichen Grund überwölben, gerade Baulinie und gleiche Gebäudehöhe. Auch im 15. Jahrhundert, da größere Eingriffe zunahmen, ging die Praxis über diese Art Regelmäßigkeit nicht hinaus. Wenn das richtig ist, dann liegen sich auch Albertis Empfehlungen für die Anlage großer und kleiner Städte nicht diametral gegenüber, sondern bilden Sprossen einer „Rangleiter des Schicklichen", wie das Heiner Mühlmann genannt hat (1969, S. 154).

2. Filarete

Auch in einer kurzen Einführung in die Geschichte der Architekturtheorie ist es nicht überflüssig, nach dem Architekturtraktat Albertis den fast gleichzeitig entstandenen Filaretes zu besprechen. Nur so wird deutlich, wie groß zu Beginn des Vitruvianismus der Spielraum des Denkens war.

Antonio Averlino, der sich selbst „Tugendfreund" nannte und dafür die griechische Form „Filarete" wählte, wurde um 1400 in Florenz geboren, gehörte also zu derselben Generation wie der 1404 geborene Alberti. Er war möglicherweise als Goldschmied ausgebildet (Spencer, 1978, S. 40 f.). Sicheres wissen wir über ihn erst vom Jahre 1433 an, als er mit den Bronzetüren für St. Peter in Rom betraut wurde. Diese – 1619 an die heutige Stelle versetzt, wo sie wiederum die Haupteingänge von St. Peter verschließen – wurden nach Unterbrechungen im Jahre 1445 vollendet und sind gleichsam das römische Gegenstück zu den Bronzetüren am Baptisterium von Florenz. Filaretes Bronzetüren bezeugen durch Aufwand und Bildprogramm den Willen des Papstes, nach den Schismata Rom wieder zur Hauptstadt der Christenheit zu machen.

Francesco Sforza, zuerst Condottiere des Herzogs von Mailand, dann Gonfaloniere der Kirche gegen diesen und schließlich selbst Herzog von Mailand, beschäftigte Filarete von 1451 an als Architekten. Auf Geheiß des Herzogs im Jahre 1452 zu einem der Ingenieure am Dom ernannt, schuf Filarete ein hölzernes Modell für den Vierungsturm, wurde aber 1454 von seinem Posten am Dom verdrängt. Ähnlich erging es ihm am Ospedale Maggiore, das 1456 nach seinen Plänen begonnen wurde, von dessen Bauleitung er sich aber nach Wechselfällen 1465 zurückzog. 1457 begann er den Bau des Doms von Bergamo. Seine Spur verliert sich 1465; er soll 1469 in Rom gestorben sein.

Seinen italienischen Architekturtraktat schrieb er wahrscheinlich zwischen 1461/62 und 1464, zuerst für Francesco Sforza. Eine zweite Fassung widmete er nach des Herzogs Tod dem Florentiner Piero de' Medici. Dieser sogenannte *Codex Magliabechianus* ist sowenig wie die zahlreichen anderen Handschriften des Traktates eigenhändig. Übrigens ließ sich noch um 1485 der ungarische König Matthias Corvinus eine lateinische Bearbeitung des Traktates anfertigen. Von den Architekturtheoretikern kannte ihn noch Vincenzo Scamozzi (1615).

Einen Teildruck mit deutschen Zusammenfassungen der nicht gedruckten Teile besorgte Wolfgang von Oettingen 1890. John R. Spencer gab 1965 eine kommentierte amerikanische Übersetzung und ein Faksimile der Piero de' Medici gewidmeten bebilderten Handschrift heraus. Die historisch-kritische Ausgabe von 1972 verdanken wir Anna Maria Finoli und Liliana Grassi. Beide Ausgaben wie auch Peter Tiglers Untersuchungen über Filarete (1963) benutzen oder enthalten die Blattnummern des *Codex Magliabechianus.*

Inhalt, literarische Form und Widmungen des Architekturtraktats zeigen Filarete als Fürstendiener.

In das noch vom gotischen Dombau beherrschte Mailand kam Filarete 1451 mit seinem florentinischen Geschmack, Brunelleschis Bauten und römische Ruinen vor Augen, die Traktate Vitruvs und Albertis im Gedächtnis. Das Ziel seines eigenen Traktats war es, den Mailänder Hof und den Herzog Francesco Sforza zur guten alten, das heißt antiken Architektur zu bekehren. Filaretes Geschichtsbild spiegelt sich in den folgenden Sätzen (folio 100 recto und verso; ich übersetze selbst):

„Der Niedergang der Architektur in Italien gleicht dem Niedergang der Sprache. Die lateinische Schriftsprache und die gesprochene Sprache wurden immer derber, bis sich vor 50–60 Jahren der Geschmack wieder verfeinerte und die Freude am Vergangenen wiedererweckt wurde. Das war, wie gesagt, eine große Sache. Gleiches geschah mit der Architektur; denn Italien wurde von den Barbaren in Kriegen oftmals verwüstet, verödet und unterjocht. Dann kamen auch viele Sitten und Gebräuche von jenseits der Alpen. Da kein größeres Bauwerk mehr unternommen wurde, seit Italien verarmte, ging auch die Erfahrung im Bauwesen (le scienze di queste cose) verloren. Und in dem Maße, in dem die Erfahrung verlorenging, wurde auch das Wissen roher, und die Kenntnisse in diesen Dingen schwanden dahin. Wenn nun jemand in Italien ein Bauwerk zu errichten gedachte, wandte er sich eben an Goldschmiede, Maler und auch an Maurer. Obwohl diese im Baufach teilweise kompetent sind, muß man doch einen großen Unterschied (zum Architekten) machen. Jene wandten das an, was sie kannten und was sie aus ihrer modernen Tätigkeit für das beste hielten. Die Goldschmiede aber bauten in ähnlichen Formen, wie wenn sie Monstranzen (tabernacoli) oder Weihrauchfässer (turibuli) schufen. Sie errichteten Bauten in ähnlichen Formen, weil diese in ihrer sonstigen Tätigkeit als schön galten; aber diese Formen hatten mehr mit ihrer eigenen Tätigkeit zu tun als mit Bauten. Solche Art und Weise kam, wie gesagt, von jenseits der Alpen, von den Deutschen und den Franzosen. Und so ging die Erfahrung im Bauwesen verloren."

Im italienischen Urtext ist nicht ganz eindeutig, ob sich die begrenzte Kompetenz nur auf „questi muratori" bezieht oder auf Goldschmiede, Maler und Maurer. Wahrscheinlich will Filarete den Gegensatz zwischen dem bloßen Bauhandwerker und dem wissenschaftlich gebildeten Architekten andeuten. Größere Aufmerksamkeit erheischt der Vergleich zwischen Goldschmiede- und Bauwerken. Der Vergleich setzt eine hohe Einschätzung der Goldschmiedekunst voraus, wie sie für das Mittelalter vielfach bezeugt ist und noch bei Benvenuto Cellini fortlebt, der sie neben Architektur, Malerei und Skulptur als vierte bildende Kunst sieht. Der Vergleich charakterisiert aber auch klarsichtig die im Mittelalter besonders enge Verbindung und Übereinstimmung der Formen in Goldschmiedekunst und Architektur, deren Höhepunkt in der Spätgotik liegt. Mit dem Hinweis auf Deutsche und Franzosen verrät Filarete sein Wissen um die wechselhafte Dombaugeschichte, in die er selbst verwickelt wurde; später jedenfalls werden die Italiener, wie wir bei Cesariano gesehen haben, die gotische Architektur den Deutschen zuschreiben. Vor allem ist Filarete noch von jener Geschichtsschau entfernt, die das Mittelalter als geschlossene Epoche sieht und alle Übel, einschließlich der gotischen Architektur, den Goten zuschreibt. Mailand mit seinem riesigen, fünfschiffigen spätgotischen Dom zwang eine andere Geschichtsschau auf.

Nicht weniger ist die literarische Form von Filaretes Stellung bedingt. In eine Erzählung gekleidet, war der Traktat offenbar zum Vorlesen am herzoglichen Hof bestimmt (Spencer, 1965, I, S. xix f.). Fingierter Ausgangspunkt ist das Tischgespräch bei einem Fürsten, in dessen Verlauf der Ich-Erzähler aufgefordert wird, von seiner Kunst, der Architektur, zu berichten. Um seinen Bericht anschaulicher zu machen, wechselt der Erzähler im Zweiten Buch zur romanhaften Schilderung einer Stadtgründung durch einen reichen Fürsten über. Die Stadt heißt, mit Anspielung auf Herzog Francesco Sforza, Sforzinda. Zu der Stadt Sforzinda wird eine wenig entfernte Hafenstadt Plusiapolis gegründet, deren Namen sich vom griechischen Wort für Schiffahrt, „plus" (auch ploos), herleitet. Kurz nach Baubeginn wird ein Goldenes Buch gefunden, das in griechischer Sprache eine Beschreibung der antiken Vorgängerstadt enthält. Diese wird auf Wunsch des

Fürsten nach Möglichkeit rekonstruiert. Lehrhafte Zwischenstücke werden in des Ich-Erzählers Kunstunterricht an den Sohn des Stadtgründers eingekleidet, während in den Hauptstücken das Zwiegespräch zwischen dem Fürsten und seinem Architekten vorherrscht.

Der Traktat ist in 25 Bücher gegliedert. Mit Ausnahme von Buch III *De Aedificatione Urbis* tragen sie keine Titel. Der literarischen Form entsprechend, ist die Themenfolge lockerer als bei Alberti. Immerhin läßt sich eine Grobeinteilung in Theorie, Praxis und Antikenstudium feststellen.

Schließlich ist auch Filaretes Berufsbild nicht von seiner Stellung am Hofe der Sforza zu trennen. Zur Straffung der herrschaftlichen Verwaltung im Vorfeld der modernen Staatswerdung gehört auch das Bauwesen. In der Hauptstadt, sie heiße Paris oder Mailand, treffen kommunale Rechte und herrschaftliche Ansprüche aufeinander. Filaretes Mißerfolge als Dombaumeister und Architekt des Ospedale Maggiore dürften diese Lage widerspiegeln. Filarete vermochte sich in Mailand als fürstlicher Baudirektor nicht durchzusetzen – um es überspitzt und in der Terminologie des 18. Jahrhunderts zu sagen.

Filaretes Architekt ist ein wohlgelittener, literarisch gebildeter Höfling. In dem Goldenen Buch liest man, auf der Brücke der Stadt Plusiapolis seien Bild und Namen des Stadtgründers und seines Architekten festgehalten gewesen. Der Name des griechischen Architekten, Onitoan notirenflo, ist nichts anderes als ein Anagramm für Antonio florentino (folio 109 verso). Das Haus des antiken Architekten wird als fürstlich groß und prächtig geschildert (folio 150 verso – 156 recto), und im Inneren ist ein wahres Künstlerpantheon aufgestellt, wobei natürlich die Architekten vorausgehen.

Das Verhältnis zwischen Bauherrn und Architekten umschreibt Filarete so: Der Bauherr sei der Vater, der Architekt die Mutter des Bauwerks (folio 7 verso). Wie die Mutter das Kind in sieben bis neun Monaten austrägt, ebenso lange muß der Architekt über den zeugenden Auftrag phantasieren und nachdenken und in seinem Kopf verschiedene Projekte ausarbeiten, um schließlich das geeignetste auszuwählen, in Gestalt eines Holzmodells zu gebären und dem Vater zu zeigen. So wenig aber, wie die Mutter für ihren geliebten Sohn gute Lehrmeister finden kann, wenn ihr der Mann in den Arm fällt, so wenig kann der Architekt den Bau gegen den Willen des Bauherrn durch gute Meister ausführen lassen.

Wie bei Alberti wird der geistige Akt vom operativen getrennt; aber während in Albertis Schriften der Begriff der Phantasie vollständig fehlt (Garin, 1974, S. 21), schildert Filarete das Schweifen und

Reifen, bis der Gedanke allmählich Gestalt annimmt. Auch bezieht er den Bauherrn mit ein, für den er ja seinen Traktat schreibt, und er weiß wohl, daß beim Bauen Verstand und Herz dabei sind (folio 8 recto): „Das Bauen ist nichts anderes als eine Lust, der man sich hingibt, wie ein Mensch, den die Liebe gepackt hat. Wer es erlebt hat, weiß, daß beim Bauen soviel Lust und Verlangen ist, daß einer davon nicht genug bekommt. Nie sieht er auf die Kosten, ob er sie berappen kann oder nicht. Beispiele dafür erblickt man Tag für Tag. Und wie sich ein Verliebter gerne aufmacht, um seine Geliebte zu sehen, keine Anstrengung und Zeit scheut, um sie zu sehen, wo er sie sehen kann: ebenso geht einer, der bauen läßt, gerne sein Gebäude ansehen, und je öfter er es sieht, desto öfter möchte er es sehen und desto mehr schwillt ihm das Herz. Nie reut ihn die Zeit, über das Gebäude zu sprechen und es zu betrachten, wie eben ein Verliebter von seiner Geliebten spricht." Ob Filarete mit dem noch weiter gesponnenen Vergleich nur die Hofgesellschaft belustigen oder Francesco Sforzas Baulust schmeicheln wollte?

Was Filarete im Anschluß daran und anderswo über Bauaufsicht, Rechnungswesen, Bauführung und Architektenhonorar sagt, spiegelt die Zustände im Mailand der Sforza und Filaretes Mißgeschick oder Ungeschick. Filarete verkennt oder verschweigt die Grenzen der Fürstenmacht im Bauwesen. Sein Fürst vermag in wenigen Jahren eine Hauptstadt und die zugehörige Hafenstadt aus dem Boden zu stampfen. Für den Architekten besteht die Schwierigkeit nur darin, das Ohr, das Vertrauen und die Vollmacht des Fürsten zu erlangen. Er kleidet es in die Erzählung vom Architekten Dinokrates, der sich als Herakles verkleiden mußte, um die Aufmerksamkeit Alexanders auf sich zu ziehen, aber dann in Ägypten die Stadt Alexandrien anlegen durfte (folio 9 recto und verso).

Seinen eigenen Fürsten ruft Filarete zum Handeln auf, indem er ihm die Größe und Schönheit der antiken Architektur vor Augen hält, die in Florenz bereits praktiziert werde (folio 59 recto): „Ich lobe die, welche die antike Praxis und Manier befolgen, und ich segne den verstorbenen Filippo Brunelleschi, Bürger von Florenz, berühmten und würdigsten Architekten und feinsinnigen Nachfolger des Dädalus, der in unserer Stadt Florenz diese antike Bauart wiedererweckte, an Kirchenbauten ebenso wie an öffentlichen Bauten und Privathäusern [...]. Also bitte ich jedermann, die heutige Usanz fahrenzulassen und sich nicht von diesen Meistern da beraten zu lassen, welche in dieser Praxis weiterwursteln (usano questa tale praticaccia). Verflucht sei, wer sie erfand! Ich glaube, es müssen barbarische Leute gewesen sein, die sie nach Italien brachten." Der Florentiner im rückständigen Mailand läßt sich hier zu einer Tirade gegen die gotische Architektur hinreißen, die er 80 Seiten später als Erfindung der Goldschmiede darstellt, welche Franzosen und Deutsche über die Alpen gebracht hätten, als Italien zu erstarken begann.

Von Albertis Berufsbild unterscheidet sich dasjenige Filaretes vor allem dadurch, daß sein Architekt nicht nur entwirft, sondern auch selbst oder durch einen „commessario" dirigiert. Filaretes idealer Architekt begnügt sich nicht mit der Ablieferung eines vollständigen Plansatzes, sondern kümmert sich auch um Kostenanschläge und die Vergebung der Arbeiten. Er ist dem Auftraggeber verantwortlich.

Beim Entwerfen unterscheidet Filarete drei Planstufen. Der Vorgang, wie ein Entwurf „geboren" wird, stellt sich dabei etwas differenzierter dar als in jenem Bild vom Architekten als einer schwangeren Frau, das ich oben besprochen habe. Erste Stufe ist der „congetto" (wahrscheinlich vom italienischen „conceptum" abzuleiten), die Ideenskizze. Die zweite Stufe ist der „disegno in digrosso", eine ausgeführte Zeichnung für den Bauherrn. Die dritte Stufe ist der „disegno proporzionato", die maßstäbliche Zeichnung, auf welcher der Bauführer und die Handwerker alle Einzelheiten herausmessen können. Auf der gleichen Stufe wie der „disegno proporzionato" steht der „disegno rilevato", auch „il modello", das Holzmodell (Systematisierung nach Tigler, 1963; abweichend Filaretes Herausgeber Spencer, 1965, S. xxi f., und Finoli/Grassi, 1972, S. LXII). Es ist nicht zu verkennen, daß sich im 15. Jahrhundert die Normalisierung des Plansatzes erst anbahnte. Namentlich der folgerichtig durchgeführte Längs- oder Querschnitt blieb selten (vgl. Abb. 6, 7). Bezeichnend für die Darstellungsschwierigkeiten ist der Ausruf (folio 40 recto): „Unmöglich kann einer diese Dinge beim Bauen verstehen, wenn er sie nicht gezeichnet sieht, ja sogar auf der Zeichnung sind sie nur schwer zu verstehen", und das ausgerechnet da, wo der Fürst selbst Fachmann ist, beim Entwurf eines Kastells. Die Abbildungen der Manuskripte von Filaretes Traktat, Kopien seiner Vorlagen, vertreten nur die Stufe der Zeichnungen für den Bauherrn. Es sind Grundrisse, perspektivisch ergänzte Aufrisse und eigentliche Perspektiven, obwohl nie übereck gesehen. Einmal erscheint ein perspektivischer Schnitt (folio 144 recto).

Dies mußte zur Entwurfspraxis vorausgeschickt werden, um das Gewicht des Folgenden zu verstehen. Das für uns heute selbstverständliche Hilfsmittel bei der Übertragung von einem Maßstab zum anderen ist das Millimeterpapier oder, allgemeiner ausgedrückt, das Koordinatennetz. Dieses Hilfsmittel wurde erst im 15. Jahrhundert erfunden. Die älteste quadrierte Zeichnung, die wir kennen, soll von dem Florentiner Maler und Zeitgenossen Filaretes, Paolo Ucello, stammen (Tigler, 1963, S. 171). Filarete, vielleicht als Schöpfer der Bronzetüren an St. Peter mit dem Verfahren vertraut, übertrug es auf Baurisse. Das Quadratnetz kann dem Schnurgerüst auf dem Bauplatz entsprechen (folio 101 recto; im Register der Ausgabe Finoli/Grassi, 1972, unter „parolli, quadretti").

Bei Filarete hat die Quadrierung einen weiteren Sinn als formerzeugender Raster. Sein Spitalplan (folio 82 verso), der zum Teil dem ausgeführten Plan des Ospedale Maggiore entspricht, ist ein richtiger Rastergrundriß: der Bau wird durch neun quadratische Höfe organisiert.

Der Quadratraster dient Filarete aber auch zur Veranschaulichung der Proportionen. Er bevorzugt einfache ganzzahlige Verhältnisse und kennt das Verhältnis $1:\sqrt{2}$ nur für die Türöffnung zur ionischen Säulenordnung (folio 60 recto). Nach Filarete lassen sich die menschlichen Proportionen selbst in einfache Maßverhältnisse bringen und dienen ihrerseits als Ausgangspunkt für die Säulen. Die Hauptstelle verdient es, wörtlich übersetzt zu werden (folio 56 verso):

„Es gibt, wie ich sagte, mehrere Säulenarten; drei aber sind die hauptsächlichsten. Das entspricht dem, was ich über den verschiedenen Rang der Menschen gesagt habe: Die Edlen sind bei den Herren zur Stütze und Zierde da, die des mittleren Standes sind ebenfalls zu Nutzen und Zierde, zieren aber weniger als die Edlen, die noch weiter unten Stehenden sind zu Nutzen, Bedarf und Diensten des Herrn; was jedoch die Schönheit des Gesichts betrifft, stehen sie hinter den beiden höheren Ständen zurück; und wie sich die übrigen verwenden lassen, wißt Ihr genugsam. Den genannten Ständen entsprechen die Säulen. Es gibt ionische, dorische und korinthische Säulen. Die dorischen sind die größten, die korinthischen die mittleren und die ionischen die niedrigsten, das heißt sieben Köpfe hoch. Und diese sind wie jene niedrigsten Menschen, nämlich bereit, Mühen zu ertragen. Deshalb werden sie in einem Gebäude dort angewandt, wo sie am meisten Mühe ertragen müssen."

Was Filarete (folio 57 verso) als dorische Säule abbildet, heißt üblicherweise korinthisch; von Filaretes korinthischer Säule unterscheidet sie sich nicht durch das Kapitell, sondern durch den hohen kannelierten Schaft und die doppelt gekehlte Basis. Die vielleicht auffälligste Abweichung von Vitruv, jedenfalls die theoretisch ergiebigste, ist die Bestimmung der Kapitellhöhe als Modul. Sie leitet den Anthropomorphismus der Frührenaissance ein, dessen Höhepunkt bei Francesco di Giorgio Martini liegt.

Für Filarete sind die natürlichen Unterschiede zwischen den Menschen nicht die des Geschlechts, sondern die des Standes (qualità). Die anthropomorphe Deutung der Architektur geht bei Filarete jedoch über Form und Anwendung der Säule hinaus. In seinem bildhaften Denken verkörpert der Mensch schon die Ziele der Architektur: Festigkeit, Nützlichkeit und Anmut, oder, wie Filarete schreibt: „eternità", „utilità" und „bellezza" (folio 47 recto). Dazu der Vergleich: „Wie sich der Mensch seinen Körper wohl disponiert und organisiert wünscht, um die drei Eigenschaften zu erlangen, die ihm zustehen, so auch das Bauwerk."

Albertis Welt- und Menschenbild scheint von den antiken Philosophen stärker geprägt als vom Christentum, und die Heilige Schrift benutzt er in *De Re Aedificatoria* nur als Geschichtsquelle. Anders Filarete. Charakteristisch dafür ist es, wie er Vitruvs Initium-Topos von den ersten Menschen und den Urhütten in die biblische Geschichte versetzt (vgl. Joseph Rykwert, *On Adam's House in Paradise,* 1972, S. 118), aber auch Adam als den Prototypus des Menschen darstellt, nach welchem die Säulen geformt sind (folio 3 recto):

„Man darf annehmen, daß die ersten Erfinder dieser Dinge die Maßverhältnisse vom großen Menschen und der schönsten Gestalt nahmen, und deshalb ist es wahrscheinlich, daß man sie von Adam nahm; da Gott diesen selbst erschaffen hat, besteht kein Zweifel, daß er ihn schön formte und daß seine Gestalt besser proportioniert war als jede andere, die es je gegeben hat. Doch die Natur hat später die einen groß, die anderen klein, wieder andere mittelgroß gemacht und mannigfach verändert. Freilich könnte einer sagen: ‚Die, welche die genannten Maßverhältnisse erfanden, sahen Adam nie.' Vielleicht haben sie ihn doch gesehen, vielleicht auch war er selbst der Erfinder."

In der Fortsetzung verschwindet Adam einige Seiten lang aus dem Gesichtsfeld. Filarete faßt Vitruvs Angaben über den ausgestreckten Menschen in Quadrat und Kreis sowie die natürlichen Maßstäbe zusammen, wo es nicht mehr um den schönen Menschen geht, sondern um die Menschenfigur schlechthin und die Sympathie zwischen dieser und dem Maßwesen. Dann kehrt er zu Adam zurück (folio 4 verso):

„Ohne Zweifel wurde das Bauen von Menschen erfunden. Wer der erste war, der Häuser und Wohnungen machte, wissen wir nicht. Man darf aber glauben, daß Adam nach der Vertreibung aus dem Paradies beim ersten Regen als schnellsten verfügbaren Schutz die Hände über den Kopf hielt, um den Regen abzuwehren. Und wie zum Leben das Essen gehört, so gehört zum Schutz gegen Unwetter und Wasser das Wohnen [...]. Adam aber, nachdem er sich mit den Händen ein Dach gemacht hatte, überlegte, wie er sich irgendeine Wohnung machen könnte, um sich vor dem herrschenden Regen, aber auch vor der Sonnenhitze zu schützen. Wie er nun sein Bedürfnis sah und begriff, dürfte er sich eine Wohnung aus Zweigen, eine Hütte, geschaffen haben, vielleicht auch eine Höhle, wohin er sich flüchten konnte, sooft er dessen bedurfte. Wenn dem so war, dann war Adam wahrscheinlich der erste Erfinder (der Architektur)." Filarete erwägt sogar, ob nicht Gott selbst in seiner Gnade Adam die Wohnung habe erfinden lassen. Er ist übrigens der erste Autor, der die Geschichte illustriert; Eva sitzt vor einer Dachhütte, während Adam mit einem Ast herbeieilt (folio 5 recto). In einer zweiten Abbildung zeigt er die Errichtung primitiver Ständerbauten; sie gehört offenbar zu derjenigen Version Vitruvs, die Filarete als weniger glaubwürdig einstuft.

Es ist aber die Ständerkonstruktion, von der aus Säule, Türsturz und Türbogen erfunden wurden (folio 54 verso und 59 recto). In einer Strohhütte mochte der erste Erfinder des Wohnungsbaues den Sturz mit einem geraden Ast formen oder den Ast zum Halbkreis biegen. Im Gegensatz zu Filarete verlegt Alberti die Erfindung von Gebälk und Bogen in die Zeit der Zimmermannsbauten.

Wir haben oben gesehen, wie Filarete die Verschiedenheit der Menschen in seine Säulenlehre einfügt. Die verschiedene Körpergröße dient ihm als Ausgangspunkt für die verschiedenen Proportionen der Säulen, der verschiedene Stand als Ausgangspunkt für deren verschiedenartigen Schmuck und abgestufte Verwendung. Diese Vielfalt stellt er als gottgewollt dar (folio 5 recto):

„Woher diese Vielfalt stammt, ist eines der unergründlichen Geheimnisse; ich glaube jedoch, daß Gott sie zur Vermehrung der Schönheit schuf, so daß in all den vergangenen, lebenden und künftigen Geschlechtern von Menschen nicht einer dem anderen gänzlich in jeder Einzelheit gleicht [...]. Wie ich nun sagte, daß ein Gebäude einem Menschen ähnlich sehe, siehst Du in den Gebäuden die nämliche Wirkung. Nie sahst Du unter den Gebäuden eins dem anderen vollständig gleich in Typus, Form und Schönheit, es sei groß, klein oder mittelgroß, es sei schön, weniger schön, häßlich oder grundhäßlich – ganz wie der Mensch selbst. Ich glaube, daß Gott im Menschengeschlecht, aber auch bei den wilden Tieren solche Vielfalt und Ungleichheit geschaffen hat, um seine große Macht und Weisheit zu zeigen, aber auch, wie schon gesagt, um der Schönheit willen." Der Begriff der „varietà" (Vielfalt) erscheint hier als Bedingung des Schönen, und zwar sowohl des von Gott geschaffenen „Naturschönen" wie auch des von den Menschen geschaffenen „Kunstschönen", wie man im 18. Jahrhundert gesagt hätte. Denn (folio 5 verso): „Gott wollte, daß der Mensch, den er nach seinem Ebenbild erschaffen hatte, sein Ebenbild auch im Tun sei, und begabte ihn dazu mit dem Verstand."

Das vollständig Gleiche bauen zu wollen, wäre vermessen: „Wohl könnte einer sagen, daß der Mensch, wenn er nur wollte, viele Häuser bauen könnte, die einander gänzlich gleich wären, wirklich eins wie das andere. Allein, Du weißt wohl, daß auch Gott es einrichten könnte, daß die Menschen einander glichen, und doch tut er es nicht; also vermöchte auch der Mensch keine vollständige Gleichheit herzustellen, wenn es ihm Gott nicht erlaubte. Ja selbst wenn alle Reichtümer des Darius, Alexanders des Großen und jedes beliebigen anderen Reichen in der Hand eines einzigen Menschen vereinigt wären und dieser wünschte, hundert oder tausend genau gleiche Häuser zu bauen, so brächte er es gleichwohl nicht zustande, daß eins wie das andere in allen Teilen gleich wäre, und selbst dann nicht, wenn ein Einziger alle fabriziert hätte."

Die Verschiedenheit der Menschen kann jedoch nicht nur ästhetisch, sondern auch ethisch gedeutet werden. Filarete überläßt es den „speculativi" zu ergründen, weshalb und wozu man die Handschrift eines jeden Künstlers erkennen kann (folio 5 verso). Er braucht hier die Wörter „maniera" und „stile", die in der Geschichte kunstwissenschaftlicher Begriffe berühmt geworden sind. Sicher bilden sie bei Filarete nicht den Auftakt zur Ausrufung des künstlerischen Individualismus. Vielmehr hat es den Anschein, als sei die „Vielfalt" mit dem „Schicklichen" verbunden, als diene Vielfalt zur Abstufung. Denn wiewohl Filarete auf dieser Ebene der Theorienbildung über keinen Begriffsapparat verfügt, läßt sich sein hierarchisches Denken überallhin verfolgen, bis hinab zu einer Salärliste für Gelehrte, Künstler und Handwerker (folio 132 verso – 133 recto).

Damit gelangen wir zu Filaretes wichtigstem Beitrag zur Geschichte der Architekturtheorie, zum Entwurf einer Idealstadt (Abb. 9). Wo Alberti Idealstädte beschreibt und, wie wir am Beispiel der krummen Straßen gesehen haben, bis ins einzelne begründet, legt Filarete ein Stadtprojekt mit Projektbeschreibung vor. Das ist etwas völlig Neues, auch wenn es ihm weniger auf den Gesamtorganismus der Stadt ankommt als auf die stolzen Projekte für Kirchen, Kastelle, Paläste, Schulen, Spital.

Keine Stadtplanung ohne Gesellschaftsbild. Filarete ist kein Utopist, sein Sforzinda entsteht nicht im Nirgendwo („utopia", griechisch für Nirgendwoland), sondern als eine Art verbessertes Mailand. Neben den Erfahrungen mit Städten, die Filarete besucht hat, mögen aus

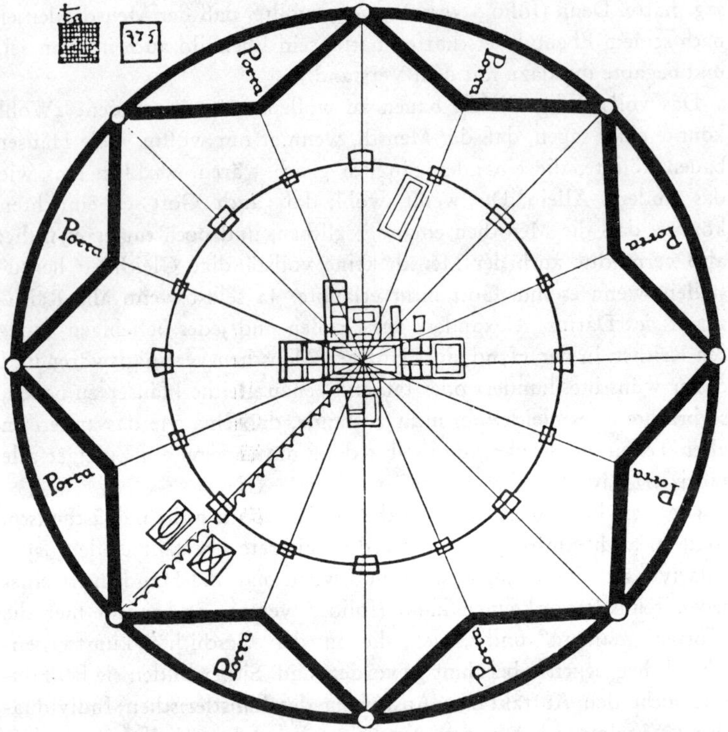

Abb. 9. Plan der Idealstadt Sforzinda, um 1460/65. Umzeichnung nach Filarete, Pseudonym für Antonio Averlino: *Trattato di architettura* (Cod. Mag., folio 43 recto).

eigener und fremder Lektüre antike Idealstadt- und Idealstaatvorstellungen eingeflossen sein (Susanne Lang, *The Ideal City from Plato to Howard*, 1952). Vor allem ist Sforzinda trotz Sozialeinrichtungen alles andere als eine christliche Idealstadt.

Giulio Carlo Argan hat die Idealstädte der Renaissance in den Zusammenhang der Sozialgeschichte gestellt und damit implizit die Bedeutung Filaretes gewürdigt, der als erster eine solche Stadt in Bildern darstellte (ich übersetze nach *The Renaissance City*, 1969, S. 14): „Die Unterscheidung zwischen den Freien und den Mechanischen Künsten führte auch zu einer Scheidung innerhalb der künstlerischen Berufe: Der Handwerker sank zum Arbeiter herab, während eine Elite die neue Klasse der Künstler formte, zu einem Teil der herrschenden Schicht wurde und sich in unmittelbarer Berührung mit dem Herrn oder Fürsten betätigte. Die gebildetsten und einflußreichsten unter den Künstlern und die dem Mittelpunkt der Macht nächsten waren die Architekten. Die ideale Stadt war in der Tat eine künstlerische und politische Erfindung jener Zeit, gegründet auf dem Grundsatz, daß die vollkommene architektonische und städtebauliche Form den politischen und sozialen Einrichtungen entspreche, wie sie die Weisheit des Fürsten ersann und ins Werk setzte, so wie andererseits die geometrische Form des Plans und die Schönheit der Einzelgebäude durch die Fähigkeit des Architekten ersonnen und ins Werk gesetzt wurde."

Die Anlage von Filaretes Sforzinda ist kreisrund, entsprechend der bei Alberti ausgesprochenen Überlegungen (Buch IV, Kapitel 3): „Übrigens wird [...] die geräumigste Stadt von allen jene sein, die rund ist; die sicherste, welche mit bauchigen Mauerkrümmungen umwallt ist." Kreisrund ist aber nur der äußerste Mauerring, während die Hauptmauer einen achteckigen Stern bildet, dessen Spitzen den äußeren Ring berühren. Die Stadttore sind an den einspringenden Ecken angeordnet. Nach jüngerer Terminologie stellt das ein Tenaillesystem mit Außenwerken dar; aber Filarete ist weit davon entfernt, die sich anbahnende Entwicklung der Artillerie vorauszuahnen (Quentin Hughes, *Military Architecture*, 1974, S. 70). Das zeigt schon das Verhältnis von Mauerdicke zu Mauerhöhe, nämlich 1:4 (folio 14 recto). Welche anderen Gründe könnten ihn zur Sternform geführt haben? Magie und Astrologie, wie S. Lang vermutet, sind nicht auszuschließen; aber Filarete selbst bleibt stumm. Er begründet nicht, er beschreibt (folio 14 recto):

„Die Stadttore werden in den einspringenden Ecken sein; von da laufen die Straßen alle zum Mittelpunkt. Und hier werde ich den Hauptplatz anlegen, einen Stadio lang und einen halben Stadio breit [rund 200 × 100 m]. An ihrer Kopfseite soll die Kathedrale mit ihren Nebenbauten stehen, an der gegenüberliegenden Seite der Hof, das heißt der Palast des Stadtherrn, sowie die zugehörigen anderen Paläste wie der des Bürgermeisters und der des Hauptmanns, mit allem, was dazugehört. In der Mitte des Platzes wird ein Turm stehen, nach meiner Art errichtet, von dem aus man das Land überblickt." Diesen Turm wird Filarete im Verlauf der Erzählung wieder vergessen. Er fährt fort (folio 14 recto und verso): „Beidseits des Hauptplatzes werden wir zwei weitere Plätze anlegen, den einen für die Kaufleute, den anderen für die Handwerker und den täglichen Lebensbedarf, dieser flankiert vom Palast des Hauptmanns, der andere von dem des Bürgermeisters."

Wie groß ist Filaretes Stadt, und wie viele Einwohner soll sie zählen? Der Durchmesser beträgt ungefähr 6 Kilometer, der Flächeninhalt ungefähr 2500 Hektar; die Einwohnerzahl läßt sich ganz grob auf 250 000 Seelen schätzen. Mailand, eine der größten Städte, mag damals 100 000 Einwohner gefaßt haben. Die Einwohnerzahl von Sforzinda zu bestimmen, ist deshalb so schwierig, weil Filarete uns nur wenig über die Stadtstruktur verrät. Das Hauptstraßennetz ist radiokonzentrisch; es wird außerdem von einem Kanalnetz sekundiert, wie es das damalige Mailand und viele andere Städte zur Versorgung und Entsorgung besaßen; aber die Probleme radiokonzentrischer Stadtpläne, zumal Gassennetz und Parzellierung, bleiben unberührt. Filarete verschweigt sogar, wie er den Straßenstern auf den rechteckigen Hauptplatz münden lassen will. Erst die Architekten, Maler und Szenographen des 16. Jahrhunderts behandeln Straßenraum und Platzraum umfassend perspektivisch und nicht bloß als Organisationsform von Einzelbauten.

Die Raumordnung der Stadt Sforzinda wird kaum über das vom Hauptplatz Gesagte hinausgeführt. Wohl sind noch Nebenplätze und Sondermärkte vorgesehen, aber die Verteilung der Bauten, die nicht unmittelbar zum kirchlichen und weltlichen Regiment gehören, bleibt dunkel. Filarete spricht nicht von der Raumordnung, sondern von der Rangordnung der Bauten einer Stadt.

Er unterscheidet Sakralbauten, öffentliche oder Kommunalbauten und Privatbauten. In den Kategorien der Sakralbauten und der Kommunalbauten unterscheidet er wiederum nach dem Maß der Privatheit; so ist die Kathedrale ganz öffentlich, da jedermann dort die Kommunion empfangen kann, nicht aber die Pfarrkirchen. Paläste sind nur so weit privat, als sie der Wohnung dienen und Privateigentum enthalten. In dieser Abgrenzung lebt mittelalterliches Rechtsdenken nach, das keine „öffentliche Hand“ kennt. Bemerkenswert sind auch die engen Grenzen sozialer Verantwortlichkeit (folio 11 recto):

„Es bleiben die Privatbauten zu besprechen. Diese werden von dreierlei Art und Maß sein, ihrem Rang entsprechend, nämlich: erstens Paläste für Edelleute, zweitens Wohnungen für das Volk und die gemeinen Handwerker, drittens für Menschen niedrigen Standes und Arme. Die letzten erwähnen wir bloß, denn sie kosten wenig Geld und Meisterschaft.“

Teils im Rahmen der Stadt Sforzinda, teils im Rahmen des Goldenen Buchs aus der antiken Stadt Plusiapolis entwirft Filarete Krankenhaus, Internatsschule für Bedürftige, Volkshochschule, Gefängnisse.

Das Krankenhaus (folio 79 recto – 83 verso), berühmt als rationale Planung eines großen Komplexes mit Hilfe von neun Höfen, entspricht weitgehend dem nur teilweise ausgeführten Ospedale Maggiore in Mailand. Es ist bis in Einzelheiten der Effektenaufbewahrung und der Wasserspülung durchgearbeitet und nimmt in der Geschichte der Spitalhygiene einen hervorragenden Platz ein. Beim Internat handelt es sich um einen Gedanken, den Filarete dem Goldenen Buch von Plusiapolis zu entnehmen vorgibt (folio 132 recto – 142 recto), der aber im 15. Jahrhundert auch gutherzige Stifter beschäftigte. Das Internat – der Fürst nennt es „Sapienza“ – soll 20–25 arme Kinder im Alter von 6–9 Jahren aufnehmen und je nach Eignung bis zum 20., 25. oder 30. Jahre schulen. Die umständliche, unergiebige Beschreibung des Gebäudes ist nur mit einem Grundriß illustriert. Auch beim Entwurf einer Volkshochschule sind nur die vorgeschlagenen Einrichtungen bedeutsam (folio 146 verso – 147 recto); wiederum handelt es sich um eine vorgeblich antike Institution aus dem Goldenen Buch, das immer romantisch-romanhafter wird. Das Hauptgefängnis, wie die „Sapienza“ nur in einem Grundriß vorgestellt, ist bemerkenswert wegen der Trennung der Verbrecherkategorien (folio 72 recto). Nichts hören wir über den architektonischen Charakter des Gebäudes, nur die Portalinschriften der Abteilungen „Sanza speranza“ (ohne Hoffnung), „Male albergo“ (schlechte Herberge), „Tenebrosa“ (Düster) und „La dolorosa“ (Die Schmerzensreiche). Das Zucht- und Arbeitshaus vor der Stadt, „Ergastolon“, des Goldenen Buches erhält ebenfalls nur einen summarischen Grundriß (folio 164 verso); die Todesstrafe erscheint bei Filarete als Verschleiß von Arbeitskraft.

Der Architekt als Fürstendiener verlöre seinen Einfluß, wenn er Utopisches plante. Filarete ist wenigstens imstande, die Gesellschaft einer Stadt als Ganzes zu denken, und sucht bei einer charitativen Aufgabe wie dem Krankenhausbau seinen und des Fürsten Ruhm im Praktischen.

3. Francesco di Giorgio Martini

Francesco di Giorgio Martinis Schriften wurden wie die Filaretes erst im 19. Jahrhundert und bloß auszugsweise gedruckt und erst 1967 unter dem Titel *Trattati di architettura, ingegneria e arte militare* von Corrado Maltese in einer historisch-kritischen Ausgabe zugänglich gemacht. Die Ausgabe des 19. Jahrhunderts beruht auf einer einzigen Handschrift; Malteses Ausgabe löst die Schwierigkeit, daß Martini im wesentlichen zwei Fassungen hinterließ und die Reinschriften überarbeitete, indem er die beiden Fassungen als zwei Werke behandelt; überdies sind die weitgehend eigenhändig bebilderten Seiten der beiden Hauptkodizes faksimiliert (Bd. I: Cod. Torin. Saluzz. 148; Bd. II: Cod. Magl. II. I. 141). Nach Richard J. Betts (1977) ist der erste schon um 1465–1475, der zweite erst 1489–1492 entstanden.

Die erste Fassung behandelt: Festungen, Städte, Schleusen, Kirchen, Theater, Säulen, alte und neue Architektur, Vermessung, Mühlenwerke, Wasserleitungen, Metalle, Pumpen, alte und neue Kriegsmaschinen, Klosterbauten, Glockenguß, Glockentürme, Gärten – und das sind nur die wichtigsten Stichworte. Die zweite Fassung folgt einem Gesamtplan und gliedert sich in sieben Bücher oder „trattati". Buch I bringt die Grundlagen (Baugrund, Wasser, Winde, Materialien), Buch II die Wohnbauten vom einfachen Bauern- und Handwerkerhaus bis zum Palast, Buch III feste Plätze und Städte, Buch IV Tempel- und Kirchenbauten, Buch V Festungen, Buch VI Häfen, Buch VII Transportmaschinen, Pumpen und Mühlen. Eine Gruppe von nur teilweise eigenhändigen Zeichnungen mit knappen Legenden ist von Francesco Paolo Fiore 1978 als zusätzliches Buch VIII, enthaltend Festungswesen und Kriegsmaschinen, veröffentlicht worden. Im Folgenden wird Malteses Ausgabe mit Band- und Seitenzahl zitiert.

Der Aufbau der zweiten Fassung und das weite Feld von Architektur, Urbanistik, Ingenieurwesen und Kriegstechnik, das sie bestreicht, zeigen Martinis ehrgeizige Aufgabenstellung: einen modernen, praktischen Vitruv zu schaffen. Modern heißt dabei: mit zahlreichen, für Bauherren wie Fachleute bestimmten Zeichnungen illustriert, die eine Fülle von Prototypen darstellen, und ganz auf die neuesten Bedürfnisse ausgerichtet. Das Festungswesen ist darin Martinis stärkste Domäne.

Francesco di Giorgio Martini (1439–1501) wurde in Siena geboren. Wie bei vielen italienischen Namen um 1500 schwankt der Sprachgebrauch zwischen Vor- und Nachnamen; viele nennen ihn Francesco di Giorgio, andere ziehen Martini vor. Das erste Dokument, das von Martinis Berufstätigkeit berichtet, zeigt ihn 1464 als Maler und Bildhauer. 1469–1470 finden wir ihn in seiner Heimatstadt als Wasseringenieur beschäftigt. Künstlerische und technische Aufgaben liefen von nun an nebeneinander her. Spätestens 1477 trat Francesco di Giorgio Martini in den Dienst des Herzogs Federico da Montefeltre in Urbino. Er scheint dort den Bau des von Luciano Laurana begonnenen Palazzo Ducale weitergeführt und seine Werke niedergeschrieben zu haben. Daneben wurde er mehr und mehr zum Festungsarchitekten und zum Diplomaten, da sein Mäzen in den letzten Lebensjahren in

Kriege verwickelt und Martini offenbar für derlei Dienste geschickt war. Nach dem Tod des Herzogs Federico da Montefeltre im Jahre 1482 blieb Martini weitere Jahre in Urbino und kehrte erst 1489 in seine Vaterstadt Siena zurück.

Der Aufenthalt in Urbino und in Siena wurde von zahlreichen Reisen unterbrochen. Wie nahezu 40 Jahre zuvor Filarete gab Martini 1490 ein Gutachten über den Tiburio des Doms von Mailand ab, und auf der gleichen Reise traf er als Gutachter für den Dom von Pavia mit Leonardo da Vinci zusammen. Es scheint, Martini sei von der Republik Siena und ihrem Tyrannen Pandolfo Petrucchi gern und oft als Experte empfohlen worden. So lebte er in den Jahren 1494–1495 in Neapel, wo er den Spaniern die französischen Truppen vertreiben half. Martini starb wahrscheinlich im November 1501.

Schon das bewegte Leben Martinis läßt eine faszinierende Gestalt erwarten, und er wirkt noch mehr so im Kontrast zu dem vornehm distanzierten Humanisten Alberti und dem als Architekt nicht hervorragenden, aber sich mit seinem Traktat nach vorne drängenden Filarete. Das gebaute Werk des Architekten und Festungsingenieurs Martini ist nicht fest umrissen. Für seine Kenntnis ist die zu zwei Dritteln aus Abbildungen bestehende Monographie von Roberto Papini (1946) unentbehrlich.

Martini hat auszugsweise den Vitruv übersetzt und ist ihm in seinen eigenen Traktaten zuweilen so eng gefolgt, daß sie sich wie kommentierte Übersetzungen lesen. Das gilt vor allem vom Berufsbild des Architekten, das er beschreibt. Im Gegensatz zu Alberti glaubt Martini, der Architekt müsse in vielen Wissenschaften bewandert sein, und führt sie auf (I, S. 37): Zeichnen, Geometrie, Arithmetik, Geschichtsschreibung, Philosophie, Musik, Physik, Rechtskunde, Astrologie. (Astrologie wird bis wenigstens ins 17. Jahrhundert als Wissenschaft ernstgenommen.) Martini stimmt zwar mit Alberti darin überein, daß Architektur zunächst eine geistige Tätigkeit sei, läßt aber der Erfindungskraft des einzelnen Architekten einen erheblichen Spielraum und gibt zu erkennen, daß sie letztlich außerhalb von Begründung und Darstellung liege. Er umschreibt die Erfindungskraft mit „invenzione, sottilità, ingegno e ragione dell'architetto“ (I, S. 36). Die Architektur definiert er als „subtile Imagination, im Geiste konzipiert und im Werke manifest“ und fährt fort: „Es ist aber zu bemerken, daß sich nicht von allem und jedem eine Begründung geben läßt; denn das Ingenium besteht mehr in Geist und Intellekt des Architekten als im Geschriebenen und Gezeichneten. In der Tat ergibt sich manches durch Zufall, woran der Architekt oder Bauführer nie gedacht hat.“

Schon bei Vitruv steht das Zeichnen an erster Stelle unter den Fächern, deren ein Architekt kundig sein muß. Zu Martinis Zeiten und bis ins 17. Jahrhundert ist jedoch eine Einteilung der menschlichen Tätigkeiten lebendig, die das Zeichnen als Handarbeit statt als Kopfarbeit einreiht. Im Mittelalter und noch am Hofe von Urbino nobilitiert sich die Architektur durch ihre Beschäftigung mit Geometrie. So schreibt Herzog Federico da Montefeltre 1468 im Schutzbrief (patente) für Luciano Laurana (*Scritti,* 1978, S. 19): „Das Ansehen der Architektur ist gegründet auf Arithmetik und Geometrie, die zu den Sieben Freien Künsten gehören und zu den wichtigsten überhaupt, weil sie den höchsten Grad von Gewißheit besitzen." Martini dagegen strebt bereits dem neuen Konzept der „zeichnenden Künste" zu. Er beruft sich (II, S. 293 f.) auf die *Naturalis Historia* des älteren Plinius, wo der römische Schriftsteller vom Zeichnen und Malen als einem ersten Schritt in den freien Künsten spricht, und schreibt selbst: „Obwohl in unseren Tagen die Zeichenkunst als gemein und vielen anderen mechanischen Künsten unterlegen gilt, wird jeder sie mit Recht als nützliches, ja notwendiges Mittel betrachten, um etwas ins Werk zu setzen; denn die Zeichnung ist einerseits ein Mittel zur Erfindung, zur Erklärung von Konzepten, zum Bauen, zur Kriegskunst, andererseits verwandt mit Geometrie, Arithmetik und Perspektive."

Die Zeichnung ist für Martini ein selbstverständliches Mittel des Erklärens auch in seinem Traktatwerk, in dessen Reinschriften die Bilder und die Bildlegenden mit Sorgfalt und lehrhaftem Geschick eingefügt sind (Abb. 10, 11).

In der zweiten Fassung berührt Martini die Stellung des Architekten in der Gesellschaft oder vielmehr seine eigene am Hof von Urbino. Schon im Vorwort rühmt er, wie kundige Philologen unter seinem und seines Herrn Ansporn sich um das Verständnis der antiken Architekturschriftsteller bemüht hätten (II, S. 295). Doch bezeichnenderweise holt er erst im Buch über Festungen zum Lob Federicos aus (II, S. 427 f.): zuerst zum Lob des genialsten Feldherrn seit den alten Römern, dann zum Lob des großherzigen Bauherrn, dem er 136 Aufträge verdankt, schließlich zum Lob des Mannes, der die besten Talente an den Hof zog und ihm selbst sein „sicherer Führer und Polarstern" war. In diesem selbstbiographischen Passus erscheint der Architekt als Fürstenfreund, nicht als Fürstendiener; darüber hinaus gewährt er keine Aufschlüsse über die Bauorganisation in Urbino – im Gegensatz zu dem oben erwähnten Patent für Laurana, das ein Stück Theorie enthält.

Vom eigentlichen Gesellschaftsbild Martinis ist weiter unten zu sprechen, wo von seinen urbanistischen Vorstellungen die Rede sein wird.

Obwohl er sich zur Stellung des Architekten nur mittelbar äußert, heißt das keineswegs, daß er die Gegenwart mißachtet; vielmehr will er ja ein Lehrbuch schreiben, das den Bedürfnissen dieser Gegenwart entspricht. Deutlich kommt das in seinem Verhältnis zur Antike zum Ausdruck. Er ist nach heutiger Kenntnis der älteste Architekt, von dem eine bedeutende Zahl von Aufnahmen und Rekonstruktionszeichnungen antiker Denkmäler überliefert sind, und er selbst zeigt sich stolz darauf, durch Denkmälerkenntnis die antiken Schriftsteller besser verstanden zu haben als seine Vorgänger (II, S. 295).

Für den Niedergang der Künste im Mittelalter sieht er zwei mögliche Gründe. Der eine Grund sind himmlische, das heißt astrologische Einflüsse; den andern Grund sieht er im Niedergang der Sitten (II, S. 294): „Es läßt sich", schreibt er, „gewiß nicht leugnen, daß während jener ganzen Zeit oder wenigstens die längste Zeit Sorge, Eifer und Leidenschaft die Menschen zu Begier und Geiz trieb, während sie von den Tugenden verlassen wurden. Wenn aber gleichwohl irgendeine Wissenschaft in Übung blieb, dann allein im Dienste des Reichwerdens und Geldraffens."

Martini unterscheidet deutlich, inwiefern er sich auf die Autorität der Antike stützt und wo er Eigenes vorbringt, indem er die Regeln der Alten auf moderne Bauaufgaben anwendet (II, S. 297): „Zu meinem Zweck habe ich die lautersten Quellen ausgeschöpft, namentlich Vitruv, besonders in bezug auf die Proportionen von Säulen, Basen, Kapitellen, Gebälken und weitere Proportionen von Tempeln und Palästen; kurz, die Regeln, die ich in Buch I, II und IV aufstelle, habe ich mit viel Mühe und Fleiß aus den Alten gezogen und ans Licht gebracht. Aber selbst in diesen Büchern sind die mannigfachen Formen und Typen von Tempeln und Häusern Erfindungen meines eigenen schwachen Ingeniums, ebenso der Inhalt der vier übrigen Bücher." Was daran gefalle und sich als nützlich erweise, sei der Gnade des Schöpfers zu verdanken, dessen williges Werkzeug er gewesen sei. Deutlich ist bei Martini auch das Gefühl zu spüren, an dem Aufbruch teilzunehmen, den die Nachwelt Renaissance genannt hat: „Vielen mag es vorkommen, daß erst seit kurzer Zeit die Architektur wiedergefunden sei, indem man ihre Grundlagen, Regeln und Schlußfolgerungen versteht. Deshalb darf man es ohne Anmaßung und Tadel aussprechen, daß alle modernen Bauten voll von Fehlern sind und Teile aufweisen, denen es an der schuldigen Proportion und Symmetrie fehlt."

Das Wort „tempio" (Tempel) ist in Martinis Zeit für Kirchenbauten nicht ungebräuchlich. Bei ihm selbst mag es die Vorstellung gestützt haben, der antike Tempel und der christliche Kirchenbau seien im wesentlichen eine und dieselbe Bauaufgabe. Vom römischen Podiumstempel sieht er immer nur die Front, die er in seinen Rekonstruktionszeichnungen flugs zu pantheonartigen Gebilden erweitert (z. B. I, Taf. 141). Ohnehin beschäftigt er sich am liebsten mit Zentralbauten wie dem Pantheon, dem Mausoleum der Santa Costanza, der Kirche Santo Stefano Rotondo, dem Baptisterium von San Giovanni in Laterano (alle in Rom). Für seine didaktische Absicht ist es indessen bezeichnend, daß er die Rekonstruktionen antiker Bauten nicht in sein Traktatwerk einbezieht, wohl aber die Formen und Proportionen der Säulenordnungen dem Vitruv und den römischen Denkmälern nachbildet. Man darf Martinis Vorgehen mit einem Lateinbuch vergleichen, das Vokabeln, Flexion und Syntax lehrt, ohne im einzelnen die Herkunft der Wörter und Regeln anzugeben, und das in den Übungsstücken moderne Sätze bildet oder Sätze aus römischen Schriftstellern ad usum Delphini umformt.

„Die Alten" sind für Martini selbstverständlich die Griechen und Römer der Antike. Diese ihrerseits haben die ursprüngliche und natürliche Bauart vervollkommnet. Martini gibt seine eigene Fassung der vitruvianischen Initium-Topoi und „Erfindungen". Adam fehlt; aber wie Filarete hält Martini die Dachhütte für die Urhütte, den Ständerbau für eine zweite, verbesserte, weil dem Winter gewachsene Lösung. Er scheint auch den Gedanken andeuten zu wollen, Raum- und Fassadenproportionierung nach Dreieck und Quadrat hätten ihren Ursprung in den beiden Urtypen (I, S. 67): „Von da an machte der eine sein Haus im Dreieck, der andere im Quadrat, der eine schöner, der andere häßlicher, je nach Kraft und Feinheit seines Ingeniums." Der Unterschied der Begabung führte zur Spezialisierung; der Beste wurde als Meister in Ehren gehalten. Wie bei Filarete ist die Herkunft der Säule aus dem Baumstamm gegenwärtig; die von Alberti für Gartenfronten empfohlene Astwerksäule zeichnet Martini sogar als „colonna a tronchoni" neben die im Text erwähnte Säule aus zwei verschlungenen Bäumen (I, S. 66 und Taf. 24 f.); er glaubt, die Ägypter hätten sie häufig verwendet.

Man darf nun freilich nicht glauben, Martini entwickle eine geschlossene Theorie der Naturnachahmung. Die Ansätze dazu sind aber auffällig genug, so die Stelle, wo Kallimachos, der Erfinder des korinthischen Kapitells, mit den Bildhauern, Malern und Dichtern verglichen wird, die aus etwas Natürlichem etwas Kunstvolles machen – „ampliando una cosa naturale [...] formano una artificiale più ornata" (II, S. 380). An anderer Stelle schreibt Martini, viele Köpfe hätten sich bemüht, die Natur nachzuahmen, indem sie Begründung und Proportion dem menschlichen Körper und seinen Gliedern entnahmen, der gleichzeitig die vollkommenen Zahlenverhältnisse enthalte, wie Plato und Vitruv lehrten (II, S. 402).

Der menschliche, zumal der männliche Körper, erscheint hier wie in vielen anderen Zusammenhängen als Inbegriff der Natur. Dabei gleitet Martini immer wieder von einem analogischen zu einem mimetischen Verständnis hinüber: Der Mensch ist bald Allegorie, bald Formvorlage. Für unsere Kenntnis von Theorie und Praxis um 1500 sind Martinis Traktate deshalb wichtig, weil er Menschengestalt, arithmetische Proportionen und geometrische Schemata in baubare Entwürfe einzeichnet (Abb. 10); der menschliche Körper erscheint im Stadtgrundriß (I, Taf. 1), im Kirchengrundriß (oft), in der Kirchenfassade (II, Taf. 228), in der Säule (oft), aber auch als vitruvianischer Mann im Quadrat (I, Taf. 8); eine Profilbüste zeigt die Verwandtschaft mit einem Gebälk (II, Taf. 227), ein bloßer Kopf mit Kapitellen (oft); zur Erläuterung der im Bauen gebräuchlichen Maßeinheiten – Zoll, Handbreite, Elle, Fuß – zeichnet Martini übereinander einen Mann und ein Skelett (I, Taf. 28). Am deutlichsten allegorisch ist jener Mann gemeint, der – wie eine ummauerte Stadt ihre schwachen Stellen – seine Füße und Ellbogen mit Rundtürmen schützt, über das Haupt wie einen Helm die Stadtburg stülpt, seinen Bauch mit einem runden Platz bedeckt, dessen Mittelpunkt über dem Nabel liegt, und auf dessen Brust der Grundriß der angrenzenden Hauptkirche eingezeichnet ist (I, Taf. 1). Martini beruft sich für den Vergleich zwischen Stadt und menschlichem Körper auf die Geschichte von Dinokrates, die Vitruv überliefert; er macht dabei keinen Unterschied zwischen der Schönheit und dem zweckmäßigen Zusammenspiel der Glieder (I, S. 4).

Neben den Proportionen des vollkommenen Menschen oder des menschlichen Körpers schlechthin kennt Martini auch vollkommene planimetrische Figuren. So unterscheidet er drei Grundformen von Kirchengrundrissen (II, S. 395): „Die erste und vollkommenste ist die runde, die zweite die eckige mit geraden Fassadenlinien, die dritte ist aus den beiden ersten zusammengesetzt und gehört darum gleichsam in die Mitte."

Die Verwandtschaft musikalischer und optischer Harmonien wird dagegen nur einmal und eher beiläufig erwähnt. Dem Architekten wird in Anlehnung an Vitruv das Musikstudium empfohlen, einerseits wegen der akustischen Probleme, andererseits weil Pausen und Harmonien ihre Entsprechung im einzelnen Bauwerk besäßen; eine einzige

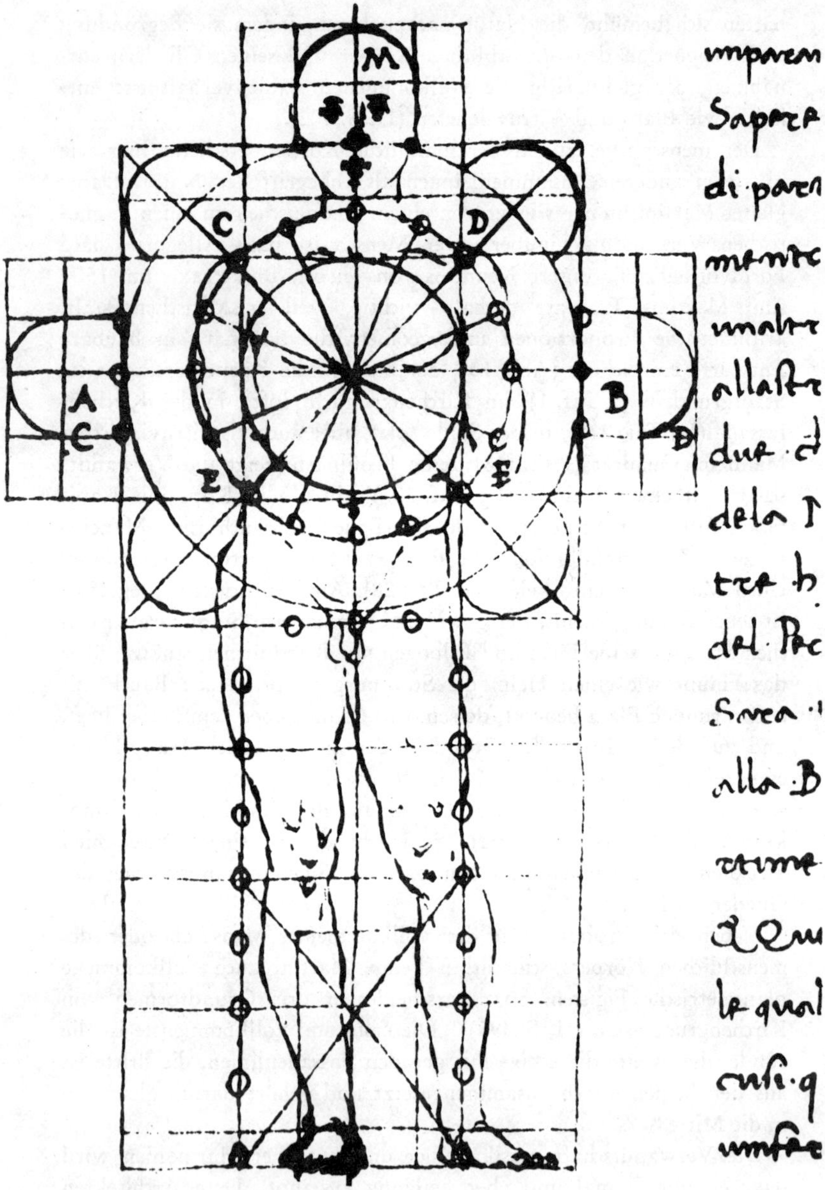

Abb. 10. Proportionsfigur eines Kirchengrundrisses, Zeichnung von Francesco di Giorgio Martini, Ende 15. Jahrhundert. Aus Roberto Papini: *Francesco di Giorgio architetto.* 3 Bde., Mailand 1946, II, Abb. 69.

Dissonanz störe den ganzen Gesang (I, S. 37 f.). Neben den einfachen ganzzahligen Verhältnissen benutzt Martini die Diagonalen von Quadrat und doppeltem Quadrat, das heißt $\sqrt{2}$ und $\sqrt{5}$. Den ganzen Fragenkreis haben Henry Millon (1958) und Günther Hellmann (1961) beleuchtet. Mit Recht hat Millon den Pragmatismus Martinis hervorgehoben, der irrationale Zahlen ebenso leicht überwindet wie ungleiche Maßverhältnisse des menschlichen Körpers. Einmal spielen in Martinis pythagoräisch-vitruvianische Zahlenmagie Glaube und Aberglaube hinein (II, S. 393): „Da man zu jedem Tempel über Treppen emporsteigt, sind nun die Stufen des Tempels zu behandeln. Diese müssen nach der Lehre der Antike von ungerader Zahl sein, weil man die Treppe mit dem rechten Fuß betreten und wieder verlassen muß. Da eine einzige Stufe weder praktisch noch schön ist, müssen deren mindestens drei sein. Und obgleich es den Gläubigen sozusagen verboten ist, solchem Aberglauben Aufmerksamkeit zu schenken, so scheint es doch nicht unpassend, eine ungerade Zahl zu wählen, denn darin drückt sich etwas Göttliches aus, indem viele Theologen begründen wollen, daß aus allen Werken der Schöpfung die Dreizahl leuchte, die auch von den Philosophen für die vollkommene Zahl gehalten wird, da sie Anfang, Mitte und Ende enthält."

Martini spricht oft und gern von seinen „Erfindungen". Was versteht er darunter? Man möchte übersetzen: der typisierte Entwurf, die Komposition. Besonders oft trifft man « invenzioni » in den Darlegungen über Festungsbauten: Die Erfindung ist schwierig und nur wenigen gegeben, die Vervollkommnung der Kriegsbaukunst besteht in der Erfindung, aber ohne im Besitz der Kunst zu sein, kann man die Erfindungen anderer nur schlecht benutzen (II, S. 429). In der ersten Fassung heißt es zu den Kirchenbauten (I, S. 53): „Einige Fassaden und Grundrisse führen wir im Bild (disegno) vor; aber zahllos sind die Erfindungen und Varianten (invenzioni e varietà), die gemacht werden können." Martini gibt 29 Kirchengrundrisse, darunter einen mit Chorvarianten, so daß man 32 zählen darf. In der zweiten Fassung sind es bloß drei Schemata, deren Prinzip aber desto deutlicher hervortritt (Abb. 10). Mehrmals prangert Martini den Diebstahl geistigen Eigentums an (I, S. 52, 53; II, S. 296 f.) und beklagt sich über selbst erlittenes Unrecht und die Undankbarkeit des Vaterlandes, wo der Prophet nichts gilt (II, S. 492–494). Warum er seine Erfindungen gleichwohl preisgibt, verrät er in den Schlußfolgerungen der zweiten Fassung (II, S. 505): „Dem Leser, der Ingenium besitzt, mögen die beschriebenen Beispiele genügen; denn diesem Leser ist es eine leichte Sache, zu Erfindungen zu gelangen,

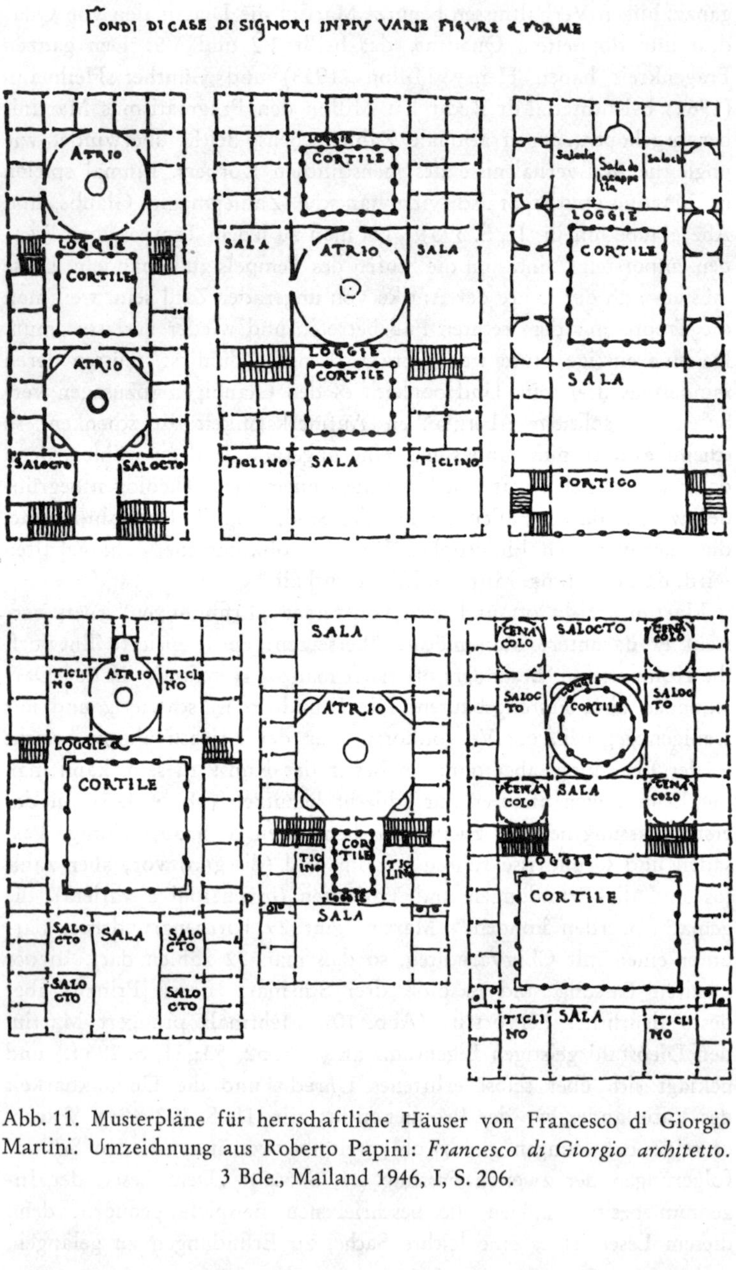

Abb. 11. Musterpläne für herrschaftliche Häuser von Francesco di Giorgio Martini. Umzeichnung aus Roberto Papini: *Francesco di Giorgio architetto.* 3 Bde., Mailand 1946, I, S. 206.

indem er das Fehlerhafte berichtigt, das Überflüssige beiseite läßt und für das Notwendige sorgt." Die beschriebenen und im Bild dargestellten Beispiele sind also Prototypen, aus denen sich realisierbare Projekte entwickeln lassen.

Bei Martini können wir zum erstenmal den systematischen Entwurfsvorgang fassen, und zwar am deutlichsten bei den Wohnhäusern und Palästen (I, S. 342–359 und Taf. 192–208). Martini behandelt die Häuser in aufsteigender Linie vom Bauernhaus bis zum Rathaus. Bei jeder Bauaufgabe beschreibt er das Raumprogramm, zumal Zahl, Zweck, Orientierung und Grobdisposition der Räume, dann verweist er auf die abgebildeten Prototypen (Abb. 11). In diesen geht er von quadratischen oder rechteckigen Grundrissen aus und ordnet dann Höfe, Treppen und Raumfolgen. Das Fehlen von Korridorlösungen ist übrigens bis ins 18. Jahrhundert normal. Erst bei den höheren Bauaufgaben gibt er ideale Raumproportionen und -größen an, wobei er auch Zwischendecken in Betracht zieht. Nun erscheinen Kreis und Achteck als weitere Grundformen. Bei den höchsten Bauaufgaben endlich sind die Haupträume mit Legenden bezeichnet. Die im Bild erscheinenden Prototypen bleiben insofern schematisch, als der Maßstab fehlt, die Zeichnung keine Mauerdicken angibt und lediglich ein Geschoßgrundriß dargestellt wird. Gleichwohl erkennen wir funktional und volumetrisch geordnete Bauorganismen – zum erstenmal auf Architekturzeichnungen überhaupt. Noch ein Wort zur Symmetrie im modernen Sinn. Bilateralsymmetrie wird für Martini – nach den Zeichnungen zu schließen – erst bei Palästen unabdingbar, und hier schlägt er sogar rotationssymmetrische Lösungen vor. Im Text hält er Bilateralsymmetrie wie Axialität der Öffnungen bei höheren Bauaufgaben stets für wünschbar, kann das aber nur ausdrücken, indem er „Öffnung über Öffnung", drei bis elf Öffnungen je Geschoß und Fassade, doppelte Raumordnung oder „auf beiden Seiten dasselbe" anzuordnen verlangt (I, S. 48, 73 und 89).

Aus den Zeichnungen gewinnt man den Eindruck, Martini wäre mühelos imstande, zu einer gegebenen Aufgabe alle zu seiner Zeit und nach seiner Theorie möglichen Lösungen vorzulegen. Es ist aber nicht allein die Kombinatorik, die verblüfft, sondern auch die systematisch vereinfachende, im modernen Sinn wissenschaftliche Fragestellung. Am schönsten zeigt sich das bei seinen Prototypen für Städte. Auch Alberti unterscheidet Städte nach Lage und Bedeutung, aber seine Lösungen sind abstrakt-verbal, während Martini die schlagende graphische Darstellung gelingt (Abb. 12).

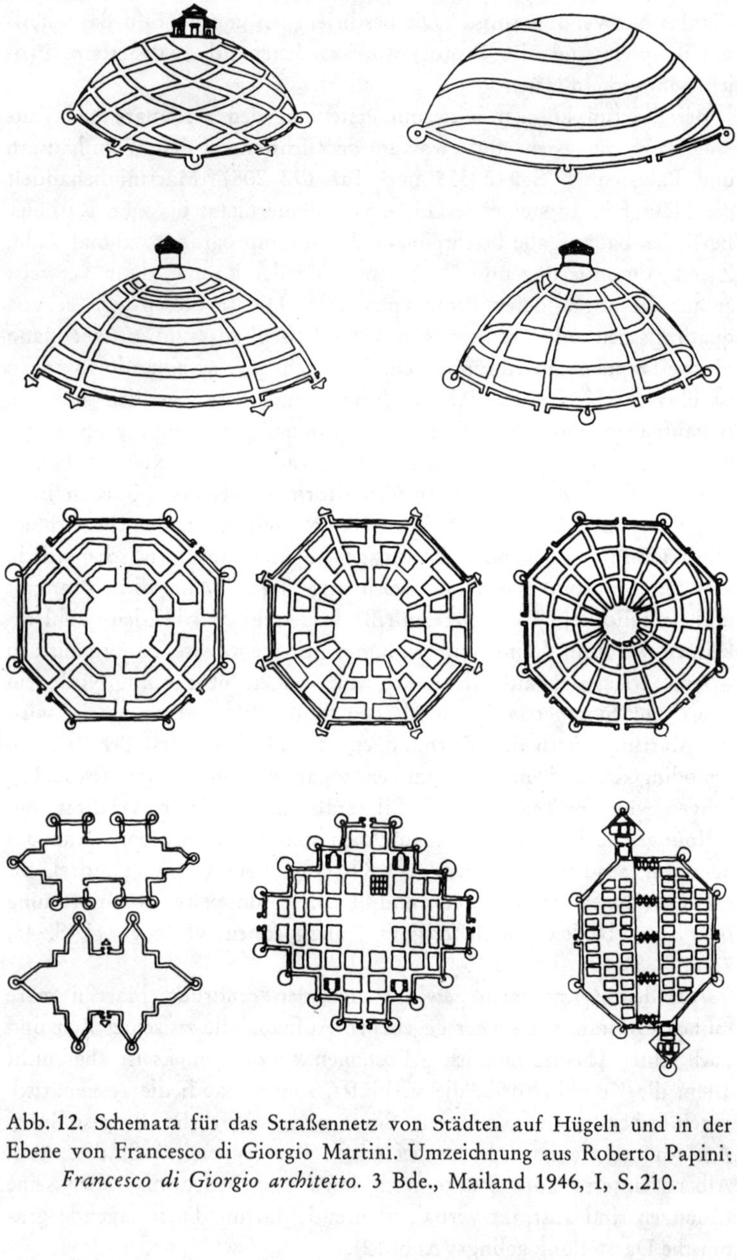

Abb. 12. Schemata für das Straßennetz von Städten auf Hügeln und in der Ebene von Francesco di Giorgio Martini. Umzeichnung aus Roberto Papini: *Francesco di Giorgio architetto.* 3 Bde., Mailand 1946, I, S. 210.

Martinis Gedankengang läßt sich etwa wie folgt in Worten nachvollziehen. Die Stadt ist ein fester Platz, sie muß verteidigt werden können. Der Kreis ist diejenige Fläche, die den kleinsten Umfang benötigt. Eine kreisrunde Stadt hat den kürzesten Verteidigungsring. Eine kreisförmige Ringmauer verursacht sicht- und schußtote Räume. Ein regelmäßiges Polygon vereinigt die Vorteile gerader Mauerabschnitte mit den Vorteilen des Kreises. Ecktürme sind die Schwerpunkte der Verteidigung. Bei kleinen Festungen ist die von Sicht- und Schußweite diktierte Distanz zwischen den Ecktürmen wichtiger als der Flächeninhalt; deshalb kommen dort sogar Grundrißformen wie Dreieck und Rhombus in Frage.

Die Mitte gebührt dem Hauptplatz, der dadurch von allen Toren gleich weit entfernt ist. Diesen Platz kann die Hauptkirche oder die Stadtburg beherrschen, je nach Größe und Aufgabe der Stadt. Die Straßen verbinden Tore und Hauptplatz in direkter Linie. Die Tore der Einfallstraßen können durch Ecktürme oder durch eigene Vorwerke geschützt werden. Das innerstädtische Straßennetz soll ungefähr gleiche Häuserblöcke ausschneiden. Es empfehlen sich deshalb spinnwebartige Straßennetze für polygonale Städte, rechtwinklige für die übrigen. Wenn die Stadt auf einem Hügel liegt, benötigt der Wagentransport wenigstens einen Zugang zum Hauptplatz, der nur sanft ansteigt; dies ist mit Serpentinen, einer einzigen oder mehreren spiralig gewundenen Straßen möglich (Belege: I, S. 6 f., 9, 20 f., 24, Taf. 8–11; II, S. 366 f., 454 f., Taf. 212–214).

Es ist hier nicht der Ort, die Geschichte der orthogonalen und der radiokonzentrischen Straßennetze von Ideal- und Gründungsstädten abzuhandeln oder gar für die „pythagoräische", die „ideologische" oder die „militärische" Begründung des radiokonzentrischen Plans Partei zu nehmen, den Martini mit größtem Erfolg propagiert hat. Eine ausgeglichene, durchdringende Darstellung dieses Problemkreises gibt Robert Klein in seinem Aufsatz *L'urbanisme utopique de Filarete à Valentin Andreae* (1970). Martini selbst entwickelt eine bemerkenswerte Theorie. Er beginnt mit der funktionalen Definition der Stadt: Die Menschen, als soziale Lebewesen, vereinigten sich von jeher, um bequemer zu leben; der Nutzen der Arbeitsteilung ist angedeutet, aber nicht ausgeführt. Die beisammenliegenden Wohnungen schützten sie durch Mauern. Es folgt die historische Begründung, die Frage nach dem „Erfinder" der Stadt. Kekrops, der Grieche, und Kain, der Sohn Adams und Evas, machen einander den Rang streitig; überdies halten die Ägypter das hunderttorige Theben (Diospolis) für die älteste Stadt. Schließlich sieht Martini die Stadt in Analogie zum Kosmos und zum Mikrokosmos des Menschen (piccolo mondo – Mikrokosmos: II, S. 370). Von der funktionalen Definition aus wird die Projektierung angegangen. Innerhalb der Mauern sind Schönheit, Zweckmäßigkeit und Schicklichkeit (bellezza, utilità e ornamento) entscheidend, für die von der Mauer selbst beschriebene Figur sind es defensive Stärke und Nutzen für die Stadt. Für die Organisation der Stadt gibt es wiederum zwei Gesichtspunkte: die Kosmos-Analogie (la ragione della similitudine) und die praktische und hierarchische Ordnung der Menschen und ihrer Leistungen für die Stadt (la ragione naturale). Von beiden Gesichtspunkten aus ist der Hauptplatz der Mittelpunkt des städtischen Lebens, für Kirche, Stadtgemeinde (Verwaltung, Rechtsprechung) und Handel (II, S. 360–364).

Die Kosmos-Analogie – stets durch die Analogie zum Mikrokosmos Mensch ausgedrückt – darf bei Martini nicht überschätzt werden. Er ist jederzeit bereit, die Grundformen der Stadt Wasserlauf, Geländeprofil und anderen Gegebenheiten anzupassen und die daraus entsprungenen Prototypen weiter abzuwandeln. Nirgendwo beharrt er auf der Regelmäßigkeit der Stadtanlage in derselben Weise, wie er auf der Regelmäßigkeit oder „Symmetrie" der vornehmsten Bauaufgaben beharrt.

Das Gesellschaftsbild Martinis spiegelt sich in seiner Einteilung der Wohnhäuser, die der Einteilung in Gesellschaftsklassen entspricht. In der letzten Fassung des Buches über die Häuser heißt es (II, S. 342): „Von den Privathäusern gibt es fünf Arten, die untereinander erheblich verschieden sind, nämlich: Bauernhäuser, Handwerkerhäuser, Häuser der freien Berufe (Notar, Prokurator, Jurist, Arzt, Gelehrter überhaupt); die vierte Art ist die der Kaufleute, die fünfte und letzte die der Edelleute, die das otium cum dignitate pflegen." In einer früheren Fassung wirft Martini Kaufleute und Edelleute zusammen, deren Klassen um 1500 verflochten und deren Bedürfnisse ähnlich sind.

Noch ist die asketische Tradition des Christentums lebendig; aber auch die republikanisch-strenge Lehrmeinung vieler Römer wird erwogen. Martini folgt denjenigen Philosophen und Kirchenlehrern, die im Hinblick auf Glück und ewiges Leben zur Mäßigung raten. Bauen ist in vielerlei Hinsicht gemeinnützig, bringt manchem Brot und Arbeit und dient der Nachwelt. Der Aufwand soll abgestuft sein (II, S. 327): „So erheischt es auch die Ordnung des Universums, die uns ungleich geschaffen hat, indem einer dem andern gehorchen muß; daraus folgt, daß die Höherstehenden wohlhabender leben. Und schließlich meine ich, daß jede Herrlichkeit, jeder Prunk und jedes Werk dieser Erde, das den Schöpfer lobt und preist, eine verdienstliche Tat sei." Die Hierarchie der Bauaufgaben folgt der Hierarchie der Schöpfung; ihr folgend nach Stand und Bedürfnis zu bauen, kann deshalb keine Sünde sein. Gleichwohl hält sich Martini in weitem Abstand von Filaretes Auffassung, für den die Bauwut so natürlich ist wie die Liebe der Geschlechter.

Nach seiner Anlage wäre Martinis Werk geeignet gewesen, das erste gedruckte illustrierte Lehrbuch der Architektur zu werden. Die zahlreichen Kodizes sind nachweisbar oft benutzt und ausgebeutet worden. Aber das Druckwesen steckte in den Anfängen, die Autorität Vitruvs und Albertis blieb groß, und einer der Hauptvorzüge von Martinis Traktaten, die Illustration, war der Gefahr des Veraltens ausgesetzt.

IV. VERBREITUNG DES VITRUVIANISMUS

1. Brief über Denkmalpflege

Aus dem geistigen Klima von Florenz, Mailand und Urbino, wo die Toskana als Führerin gilt, kommen wir in das päpstliche Rom nach dem Jubiläumsjahr 1500, das mit dem Neubau von St. Peter das sichtbarste Zeichen für den eigenen Führungsanspruch setzt.

Das Dokument, das ich als Brief über Denkmalpflege vorstelle, ist auch als Brief über Architektur, als Raffaelbrief, als Castiglionebrief, als Peruzzibrief, als Brief an Leo X., aber auch als Brief Bramantes an Julius II. bekannt, denn der Adressat ist der Heilige Vater, der Brief muß in den 1510er Jahren geschrieben worden sein, aber keine der drei erhaltenen Fassungen gibt unzweideutig den Verfasser zu erkennen, und keine stammt aus dem päpstlichen Archiv. Die in Mantua aufbewahrte Version ist ein Entwurf, der Castigliones Handschrift zeigt; die vermutlich zweite Fassung liegt in München; das Original der vermutlich dritten Fassung, die schon 1733 veröffentlicht wurde, ist verloren.

Die jüngste Ausgabe hat Renato Bonelli in dem Quellenband *Scritti rinascimentali di architettura* (1978) auf Grund der Münchner Handschrift besorgt. Er hält den Brief für ein Gemeinschaftswerk des Malers und Architekten Raffael Sanzio (1483–1520) und des Baldassare Castiglione (1478–1529), berühmt als Verfasser eines Buches über den vollkommenen Höfling, gedruckt 1528. Anlaß des Briefes ist der päpstliche Auftrag an den Unterzeichner, das antike Rom zu vermessen. Raffael, nach Bramantes Tod Bauleiter an St. Peter, erhielt 1516 einen solchen Auftrag. Wenn er den Brief entworfen hat und nicht sein Vorgänger, dann muß er im Jahre 1519 verfaßt worden sein. Er zerfällt in zwei Teile. Der erste behandelt die Architekturgeschichte Roms und nennt Gründe für die Denkmalpflege; der zweite beschreibt Verfahren der Bauaufnahme und der Architekturdarstellung; das Ende des zweiten Teils läßt auf einen geplanten dritten Teil über die Säulenordnungen schließen; vielleicht sollte ein vierter und letzter Teil die verlangten Pläne kommentieren. Was uns hauptsächlich beschäftigen soll, ist der erste Teil, der die Erhaltung antiker Bauten empfiehlt. Wer immer die Verfasser gewesen sein mögen: sie haben Gedanken niedergelegt, die zum geistigen Klima des aufblühenden Rom gehörten.

Ich übersetze nach der Münchner Fassung und streue Bemerkungen ein. Gerne bekenne ich, daß mir für Übersetzung und Kommentar das Buch von Otto H. Förster über Bramante (1956) eine große Hilfe war.

„Heiliger Vater,

Viele Menschen halten lieber für phantastisch als für wahr, was über die Riesentaten der Römer im Kriegswesen und über die Stadt Rom hinsichtlich der ans Wunderbare grenzenden Technik, des reichen Schmuckes und der Größe der Bauten geschrieben steht, weil sie solches mit ihrem geringen Verstand messen. Mir aber pflegt es anders zu gehen; denn wenn ich an Hand der Überreste, die man in Roms Ruinen sieht, die Göttlichkeit der antiken Geister betrachte, dünkt mich die Auffassung berechtigt, daß ihnen oft ein leichtes schien, was wir für unmöglich halten."

Der Verfasser hat offenbar ein Interesse an den römischen Konstruktionsmethoden, ob er Bramante oder Raffael heiße; denn beiden gab der Neubau von St. Peter konstruktive Aufgaben genug.

„Da ich", fährt er fort, „die Denkmäler der Antike eifrig untersucht habe und nicht wenig Mühe darauf wandte, ihnen umsichtig nachzugehen und sie sorgfältig zu vermessen, beständig die guten Autoren zu lesen und die Denkmäler mit den Quellen zu vergleichen, glaube ich einige Kenntnis der antiken Architektur erreicht zu haben."

Vergleich der Quellen mit den Denkmälern: das ist genau die Methode moderner Baugeschichte und besonders der mit der Denkmalpflege verbundenen Kunstdenkmäler-Inventarisation. Immerhin ist der Verfasser nicht der erste, diese Methode zu befolgen. Ähnlich schrieb zum Beispiel schon Martini (II, S. 296): „Ich glaube keine gültigere Autorität befolgen zu können als die des Vitruv. Und ich verstand ihn um so leichter, als ich seine Aussprüche größtenteils mit den wenigen Überresten antiker Baukunst und Bildhauerei in Übereinstimmung brachte, die es in Italien noch gibt und von denen ich wohl die meisten gesehen und untersucht habe."

Als nächstes begründet der Verfasser des Briefes den Denkmälerschutz: „Meine Kenntnis verschafft mir einerseits wahre Genugtuung, weil ich eine hervorragende Sache kennengelernt habe; andererseits ist sie auch Ursache tiefen Schmerzes, wenn ich gleichsam den Leichnam der edlen Vaterstadt, die einst die Welt regierte, traurig zerfleischt sehe. Gleich wie für jeden einzelnen die Pietät den Eltern und dem Vaterland gegenüber Pflicht ist, ebenso fühle ich mich verpflichtet, alle meine geringen Kräfte daranzusetzen, daß soweit als möglich ein

Stück von dem Bild lebendig bleibe oder vielmehr der Schatten dessen, was in Wahrheit das Vaterland aller Christen ist, welches einst so vornehm und mächtig war, daß die Menschen zu glauben begannen, dieses einzige Reich stehe über dem Schicksal und sei gegen den Lauf der Natur dem Tod entzogen, um zu dauern in Ewigkeit. Doch es scheint, daß die Geschichte, als neide sie den Sterblichen den Ruhm und mißtraue den eigenen Kräften, sich mit dem launischen Glück und mit den unwissenden und ruchlosen Barbaren verbündete, welche zum nagenden Zahn der Zeit und zu dessen vergiftetem Biß ihre ungezügelte Kraft, die eisernen Waffen und das versengende Feuer fügten. So wurden denn jene berühmten Werke, die heute mehr denn je in blühender Schönheit dastehen könnten, im Gegenteil von der maßlosen Wut und von dem gnadenlosen Ansturm der schlechten Menschen verwüstet, versengt und zerstört, obgleich nicht dermaßen, daß nicht wenigstens das des Schmucks entkleidete Gerüst davon bleibt, gleichsam das Skelett des Körpers ohne das Fleisch."

Bis dahin wiederholt der Briefsteller nur das Geschichtsbild der Humanisten, wie wir es auch schon bei Filarete und Martini gefunden haben. Nun aber gibt er dem Gedankengang eine überraschende Wendung: „Allein, weshalb beklagen wir uns über die Goten, die Vandalen und andere arglistige Feinde, wenn gerade diejenigen sich lange und eifrig um die Zerstörung von Roms geplagten Überresten bemühten, die sie als Väter und Beschützer hätten verteidigen müssen? Wie viele Päpste, Heiliger Vater, die dasselbe Amt hatten wie Eure Heiligkeit, nicht aber dieselbe Einsicht, Tugend und Großmut: wie viele Päpste, sage ich, haben es zugelassen, daß antike Tempel, Statuen, Triumphbögen und andere ruhmreiche Bauten ruiniert und zerstört wurden! Wie manche haben dazu beigetragen, daß Fundamente ausgegraben wurden, allein um Puzzolanerde zu gewinnen, so daß die Bauten binnen kurzem einstürzten. Wieviel Kalk wurde nicht aus Statuen und anderem antiken Schmuck gebrannt! Ja, ich wage zu sagen: Dieses ganze neue Rom, das man heute sieht, wie groß es auch sein mag, wie schön, wie reich an Palästen, Kirchen und anderen Bauwerken, die wir erblicken: alles ist mit dem Kalk aus antikem Marmor errichtet. Nicht ohne tiefes Bedauern entsinne ich mich, daß, seit ich in Rom bin, also in weniger als 12 Jahren, so viele schöne Dinge zugrunde gerichtet worden sind [...]."

Die verschiedenen Fassungen des Briefs geben verschiedene Listen zerstörter Denkmäler, so daß man an die Räumungsarbeiten für das Jubiläumsjahr 1499 denken kann, was auf Bramante paßt, oder an spätere Zerstörungen, die Raffaels Autorschaft wahrscheinlich machen.

„Es muß deshalb", beschwört der Briefsteller den Papst, „einer der vordringlichsten Gedanken Eurer Heiligkeit sein, dafür Sorge zu tragen, daß die spärlichen Überreste von Roms Größe und Italiens Ruhm nicht gänzlich ausgemerzt oder von Übelwollenden und Unwissenden verdorben werden, sondern von den damaligen göttlichen Geistern zeugen, welche allein durch die Erinnerung, die sie wecken, unsere Zeitgenossen zur Tugend aufrufen. Es ist schlimm genug, daß man bis dahin jene Menschen geschmäht hat, die durch ihre Blutopfer für ihre und unsere Vaterstadt grenzenlosen Ruhm erwarben."

Ein Kirchenhistoriker könnte an dieser Stelle einwerfen, daß jene Römer auch das Blut der Märtyrer zum Ruhm des Christentums vergossen; aber um 1500 verklärte sich die Pax Romana zur Vorläuferin der Pax Christiana. Daraus schließt der Verfasser:

„Noch eher aber versuche Eure Heiligkeit, während Ihr die antiken Vergleichsbeispiele stehen läßt, es den Alten gleichzutun und sie zu übertreffen, wie Ihr das tatsächlich tut, indem Ihr große Bauten errichtet, Tugend nährt und begünstigt, Talente erweckt, indem Ihr ferner belohnt, wer seine Kräfte übt, und den heiligen Samen des Friedens unter die Fürsten der Christenheit streut. Denn wie aus dem Unheil des Krieges Zerstörung und Niedergang aller Wissenschaften und Künste folgen, so folgt aus Frieden und Eintracht das Glück der Völker, das auf den Gipfel der Vortrefflichkeit führt. Dorthin hoffen wir alle durch die göttliche Weisheit und Kraft Eurer Heiligkeit in unserem Jahrhundert zu gelangen. Und darin zeigt sich wahrhaftig der gütige Hirt, ja des Erdkreises bester Vater. Ich kehre zurück zum oben berührten Gegenstand.

Eure Heiligkeit hat mir befohlen, das antike Rom zu zeichnen, soviel man heute davon nach dem, was man noch sieht, wissen kann. Auf der Zeichnung werde ich diejenigen Gebäude rekonstruieren, welche genug Überreste aufweisen, daß sie durch richtige Schlußfolgerungen zuverlässig in den ursprünglichen Zustand zurückgeführt werden können, indem man jene Glieder, die gänzlich zerstört und unsichtbar geworden sind, denen entsprechend gestaltet, die noch aufrecht stehen."

An der umständlichen Darlegung zeigt sich, daß die ideelle Rekonstruktion damals etwas Neues war. Im Folgenden unterscheidet der Verfasser drei Architekturepochen und modifiziert auf Grund seiner archäologischen Beobachtungen das kurz zuvor gegebene humanistische Geschichtsbild. Er schreibt:

„Ich habe alle erdenkliche Sorgfalt aufgewandt, Eure Heiligkeit und alle anderen Liebhaber unserer Studien nicht zu verwirren, sondern zufriedenzustellen. Und obgleich ich aus vielen lateinischen Autoren geschöpft habe, was ich darzulegen gedenke, so bin ich doch vor allem dem Publius Victor [einem heute unbekannten Autor] gefolgt, der als einer der jüngsten Schriftsteller am ehesten besondere Auskunft über die spätesten Dinge weiß, ohne die älteren zu vernachlässigen, und der in der Umschreibung der Stadtviertel mit einigen antiken Marmorstücken [erste Fragmente der 1562 aufgefundenen ‚Forma Urbis' ?] übereinstimmt. Obgleich es schwierig scheinen möchte, die alten Denkmäler von den modernen zu unterscheiden oder die älteren von den jüngeren, glaube ich vielmehr, daß der Wissensdurstige die Unterscheidung mit geringer Mühe vollzieht. Wir finden nämlich in Rom nur drei Arten (maniere) von Gebäuden. Die erste Art umfaßt die guten alten Gebäude aus dem Zeitraum von den ersten Kaisern bis zur Zerstörung und Verwüstung Roms durch die Goten und andere Barbaren. Die zweite Art hielt vor, solange die Goten Rom beherrschten und noch 100 Jahre darüber hinaus. Die dritte Art dauerte von da an bis in unsere Zeit. Die modernen Gebäude nun sind aufs leichteste daran zu erkennen, daß sie neu sind, aber auch daran, daß sie noch nicht völlig den Glanz und Aufwand erreicht haben, den wir an den antiken Gebäuden sehen und hochachten. Obschon in unseren Tagen die Architektur wiedererwacht und der Art der Alten recht nahegekommen ist, wie man an vielen schönen Werken Bramantes sieht, sind doch die Verzierungen nicht von ebenso kostbarem Material wie in der Antike. Die Alten setzten nämlich mit unermeßlichem Aufwand ins Werk, was sie sich ausdachten, und allein der Wille brach jeden Widerstand. Die Bauten aus der Zeit der Goten sodann sind jeder Anmut bar, haben keine Art (senza maniera alcuna) und sind von den antiken wie von den modernen verschieden. So ist es nun nicht schwer, die Bauten der Kaiserzeit zu erkennen, welche durch die schönste Art, den bedeutendsten Aufwand und die größte Kunstfertigkeit aus allen anderen hervorragen. Von diesen will ich handeln. Übrigens braucht man keinen Zweifel daran aufkommen zu lassen, daß von den antiken Bauten die jüngeren ebenso schön und durchdacht sind wie die älteren und dieselbe Bauart zeigen; denn sie beruhen alle auf den gleichen Grundsätzen. In vielen Fällen wurden schon von den Alten selbst Gebäude ersetzt; so kann man lesen, daß an der Stelle der Domus Aurea des Nero die Thermen des Titus, die Domus Flavia und das Kolosseum errichtet wurden. Das darf aber nicht zu dem Schluß verleiten, ihre Bauart und Grundsätze seien anders gewesen als Bauten der vorneronischen und der neronischen Zeit. Mochten die Wissenschaften, die Bildhauerei, die Malerei und beinahe alle anderen

Künste langsam niedergehen und bis zu den letzten Kaisern immer schlechter werden: die alte Bauart lebte fort, und die Architektur beobachtete weiterhin die guten Grundsätze und war deshalb unter den Künsten die letzte, die sich verlor. Dafür gibt es viele Beweise. Man nehme den Konstantinsbogen: Die Komposition ist schön und gut in allem, was die Architektur betrifft; aber die Skulpturen desselben Bogens sind dumm und schlecht in Entwurf und Ausführung (arte o disegno). Die Spolien aus der Zeit der Kaiser Trajan und Antoninus Pius sind dagegen hervorragend und im Stil vollkommen. Ebenso beobachten wir in den Thermen des Diokletian, daß die Skulpturen und Malereien, die man sieht, ungeschlacht sind und nichts mit denen aus der Zeit des Trajan und des Titus zu tun haben, während die Architektur vornehm und wohldurchdacht ist. Nachdem Rom jedoch von den Barbaren gänzlich zerstört und verbrannt war, scheinen dieser Brand und diese traurige Zerstörung zugleich mit den Bauten die Baukunst selbst verbrannt und zerstört zu haben. So wandte sich das Schicksal der Römer, und auf die ungezählten Siege und Triumphe folgten das Unheil und das Elend der Knechtschaft. Als ob es sich für die, welche nun unterworfen und von den Barbaren zu Sklaven gemacht waren, nicht schickte, in derselben Art und Großartigkeit zu wohnen wie zu der Zeit, als die Barbaren ihnen untertan waren, wandelte sich mit dem Glück plötzlich die Art des Bauens und Wohnens und wurde ebenso verschieden von der früheren, wie Knechtschaft und Freiheit verschieden sind; sie verlor Kunstfertigkeit, Maß, Anmut und paßte sich dem Elend an. Es scheint, die Menschen jener Epoche hätten zusammen mit der Herrschaft alles Talent verloren und alle Kunst vergessen; denn sie wurden so unwissend, daß sie nicht einmal Ziegel zu brennen verstanden, vom Zierat zu schweigen; sie zerbrökkelten alte Mauern, um Backsteine zu gewinnen; sie zerstampften die Marmorquader und füllten die Bruchstücke zwischen Futtermauern von Backsteinen, wie man an der sogenannten Torre delle Milizie sieht. In solcher Unwissenheit, wie man sie an allen Dingen aus jener Periode wahrnimmt, fuhren sie noch eine Zeitlang fort. Es scheint, daß nicht allein in Italien Kriegsstürme und Zerstörung wüteten, sondern daß sie auch Griechenland überfluteten, wo einst die Erfinder und vollkommenen Meister aller Künste lebten. Auch dort entstand nun eine schlechte und wertlose Art von Malerei, Bildhauerei und Architektur."

Wir müssen einen Augenblick innehalten und das hier entworfene Geschichtsbild überdenken. Zunächst das Konzept der Künste: Die uns geläufige Dreizahl der bildenden Künste erscheint hier wie selbstverständlich, hatte sich aber erst im Laufe des 15. Jahrhunderts in einem Prozeß der Theoriebildung gefestigt, der weiterhin anhielt, weil andere Künste in den Dreibund aufgenommen werden wollten oder die Architektur ausscherte.

Der Dreibund der Künste forderte aber auch immer wieder zum Vergleich heraus. Im Brief über Denkmalpflege wird der Aufstieg und Abstieg der Künste verfolgt und eine ungleiche Kurve beobachtet. Im Gegensatz zu Malerei und Bildhauerei soll die Architektur während der ganzen römischen Kaiserzeit dieselbe Höhe, dieselbe „ragione" (System, Grundsatz) und dieselbe „maniera" (Bauart, Stil) behalten haben. Als Kronzeuge dient der mit Skulpturen von älteren Bauten geschmückte Konstantinsbogen (entstanden 313–315). Im Gegensatz zu Filarete zieht der Briefsteller keine Parallele zwischen den bildenden und den redenden Künsten.

Wir müssen uns fragen, warum der Verfasser des Briefes an Bildhauerei und Malerei der Kaiserzeit einen Abstieg zu sehen vermag, nicht aber in der Architektur. Offenbar besitzt er mit dem Begriff des „disegno" ein Kriterium für Korrektheit und Qualität, dem in der Architektur andere Qualitätskriterien entsprechen: der Aufwand (spesa) steht an erster Stelle, „bella maniera" an zweiter, „ragione" an dritter. Unter diesen Gesichtspunkten schnitten spätrömische und frühchristliche Bauten gut ab, und ihre Sonderformen konnten als willkommene Erweiterung des Formenschatzes betrachtet werden.

Denn die Aufmerksamkeit galt einerseits der Größe der Römer überhaupt, als deren Nachfahren und Nachfolger sich die Italiener fühlten, andererseits dem Vorbild für das eigene Tun, mit dem diese Nachfolge anzutreten war. Für den heutigen Menschen sind alte Bauten Denkmäler einer historisch verstandenen Zeit, für die Menschen von damals gleichzeitig verehrungswürdige Reliquien und nachzuahmende Muster. Formengeschichte hat in diesem Denken keinen Platz, Architekturgeschichte nur als Spiegel des zuerst unbändigen, dann gebrochenen Willens der einst weltbeherrschenden Römer. Der Lebenswille, nicht die Vielfalt der Lebensäußerungen interessiert. Die Qualitätsnormen für alte und neue Kunst sind dieselben.

Der Blick bleibt lange auf Rom gerichtet, dessen antike Denkmäler der Verfasser zeichnerisch aufnehmen soll. Wenn in der historischen Schilderung die Griechen auftreten, dann gewiß nicht, weil der Verfasser griechische Baudenkmäler aus eigener Anschauung gekannt hätte, sondern weil die griechische Architektur bei Vitruv und anderen antiken Schriftstellern beschrieben und gepriesen wird; selbst die griechischen Tempel auf italienischem Boden, etwa die von Pästum, blieben bis ins 18. Jahrhundert unbeachtet. Der Blick bleibt auch auf Rom gerichtet, wo vom Wiedererwachen der Architektur die Rede ist; nicht ein Toskaner wie Brunelleschi, sondern Bramante tritt als einziger moderner Architekt auf, wie das in einem Brief an den Papst die Höflichkeit gebietet, auch wenn dieser wie Leo X. aus dem Hause der Medici stammt.

Wie dem Filarete ist auch dem Verfasser unseres Briefes die Bedeutung der Architekten von jenseits der Alpen bewußt; in der 1733 veröffentlichten Fassung des Briefes schildert er das, was wir heute mißverständlich „die Gotik" nennen, als den ersten Aufschwung nach den Gotenstürmen und nach den darauffolgenden barbarischen Zeiten. „Es scheint", schreibt er, „daß später die Deutschen diese Kunst", die Architektur, „ein wenig zu erwecken begannen." Die Münchner Fassung, im Gedankengang straffer, läßt die Architektur erst zur Zeit Bramantes wiedererwachen. Nachdem gegenüber Filaretes Darstellung die Franzosen als Mitschöpfer der Gotik ausgeschieden sind, erwarten wir vielleicht die bisher durchgeführte Parallele zwischen Herrschaft und Architektur und somit einen Hinweis auf die deutschen Kaiser. Selbstachtung, politische Rücksicht oder eine andere Ursache haben jedoch diese Parallele nicht ausführen lassen. In der Münchner Fassung, der wir nun weiterhin folgen, heißt es:

„Beinahe überall begann sich darauf die deutsche Bauart (la maniera dell'architettura tedesca) zu erheben. Wie man schon an den Verzierungen sieht, war diese jedoch weit entfernt von der schönen Bauart der Römer. Die Alten besaßen nämlich außer dem eigentlichen Baukörper die schönsten Kranzgesimse, Friese, Architrave, Säulen, Kapitelle und Basen, ja, überhaupt waren alle Verzierungen von vollkommener und schönster Art. Die Deutschen aber, deren Art an vielen Orten noch fortlebt, setzen als Verzierungen nur kauernde, schlecht gemachte Figürchen als falsch verstandene Kragsteine unter die Balken und verwenden andere seltsame Wesen, Figuren und Laubwerk, denen jede vernünftige Grundlage fehlt. Immerhin entstand diese Architektur auf einer vernünftigen Grundlage; denn sie entstand aus ungefällten Bäumen, deren Äste, zusammengebogen und -gebunden, ihren Spitzbogen ergab. Obgleich dieser Ursprung nicht zu verachten ist, bleibt solche Architektur gleichwohl schwach. Die aus Balken gefügten Hütten mit Säulen, First und Dach, wie sie Vitruv als Ursprung der dorischen Ordnung beschreibt, sind viel kräftiger als die spitzbogigen mit ihren zwei Zirkelschlägen. Noch tragkräftiger aber ist aus mathematischen Gründen der Rundbogen, der auf einen einzigen Mittelpunkt hin konstruiert ist. Abgesehen von seiner Schwächlichkeit hat ein Spitzbogen auch nicht dieselbe Anmut für unser Auge, weil diesem die Vollkommenheit des Kreises gefällt; die Natur selbst sucht offenbar fast keine andere Form."

Die Ableitung des Spitzbogens aus den zusammengebundenen Ästen ungefällter Bäume erinnert an die von Filarete vorgeschlagene Ableitung des Rundbogens aus einem biegsamen Ast und zeigt einmal mehr, wie unausweichlich der Initium-Topos des Vitruv war. Ebenso zeigt sich, wie dieser Initium-Topos je nach Bedarf abgewandelt wurde. Man kann nicht genug betonen, daß Vitruv selbst eindeutig zwischen dem Herkommen der Architektur, dem Zwilling der Sprache, und dem formalen Vorbild des dorischen Tempels unterscheidet, also zwischen Urhütte und Zimmermannstempel. Denn nur, wer die Verballhornung Vitruvs wahrnimmt und verfolgt, erkennt die eigene Leistung der Vitruvianer. Um es vorwegzunehmen: Das Interesse für den Zimmermannstempel erwacht zusammen mit dem Interesse für den griechisch-dorischen Tempel im 18. Jahrhundert.

Was mag den Verfasser des Briefs über Denkmalpflege dazu veranlaßt haben, den Spitzbogen der gotischen Architektur von den zusammengebundenen Ästen ungefällter Bäume abzuleiten? Wie betrachtet er überhaupt die gotische Architektur? Jedenfalls hält er den Spitzbogen für das formale und konstruktive Hauptelement der Gotik. Rudolf Wittkower (*Gothic versus Classic*, 1974, S. 85) hat seine Ehrenrettung der Gotik so beschrieben: „Griechische und deutsche Architektur hatten etwas gemeinsam: Beide waren nachahmende Künste und von der Natur abgeleitet." In der Tat hat nun offenbar der Mimesisgedanke den Initium-Topos abgelöst. Dies ist um so wahrscheinlicher, als die Spätgotik selbst die Verwandlung von Pfeilern und Bogenläufen in entästete Stämme und Zweige liebt, worauf ich schon bei der Erwähnung von Albertis und Martinis Baumstammsäulen hingewiesen habe.

Wie vor dem Konstantinsbogen richtet sich das Mißfallen des Briefstellers auch vor gotischen Bauten gegen die Skulpturen: dort gegen die Reliefs, hier gegen die kauernden Figürchen, die seltsamen Wesen und das Laubwerk; das Stichwort „disegno" fehlt, aber der Begriff steht zwischen den Zeilen.

Der geschichtliche Abriß endet mit einer Zusammenfassung: „Indessen wäre es überflüssig, von der römischen im Vergleich zur barbarischen Architektur zu sprechen; denn der Unterschied ist allbekannt. Auch ist es unnötig, ihre Ordnung zu beschreiben, die Vitruv bereits so hervorragend beschrieben hat. Es genügt vielmehr zu wissen, daß die Bauten Roms bis in die Zeit der letzten Kaiser stets nach guten

Architekturgrundsätzen errichtet wurden und deshalb mit den ältesten im Einklang stehen. Es folgt daraus ferner, daß es keine Schwierigkeit bietet, die kaiserzeitlichen Bauten von denen der Gotenzeit und der viele Jahre dauernden Zeit danach zu unterscheiden; denn es handelt sich um völlige Gegensätze. Ebenso leicht ist es, die kaiserzeitlichen Bauten von den modernen zu unterscheiden, und wäre es nur kraft der Neuheit, die sie allgemein bekannt macht.'

Nachdem ich hinreichend erklärt habe, welche alten Gebäude Roms wir zeigen wollen und wie leicht es ist, sie von den anderen zu unterscheiden, bleibt mir die Pflicht darzulegen, in welcher Weise wir sie aufgemessen und gezeichnet haben, damit die beiden Verfahren ohne Irrtum anwende, wer sich mit Architektur beschäftigen wird. Er möge auch erkennen, daß wir uns in der nachfolgenden Beschreibung nicht von Zufall und Routine, sondern von Vernunftgründen leiten ließen. Soweit ich sehen und in Erfahrung bringen konnte, hat kein antiker Schriftsteller den Gebrauch des Magnetkompasses erklärt, mit dem wir selbst messen. Deshalb nehme ich an, daß es sich um eine moderne Erfindung handelt, und erachte es als nützlich, den noch Unkundigen die Anwendung verständlich zu machen."

Nun wird umständlich die Herstellung eines Magnetkompasses geschildert und das Verfahren, mit dem Kompaß alte Bauten einzumessen. Noch interessanter sind die folgenden, ebenfalls umständlichen Ausführungen über die Darstellung. Dabei scheint der Verfasser von dem neuen Prinzip der reinen orthogonalen Projektion so hingerissen zu sein, daß er zeitweise vergißt, nicht von Projektplänen, sondern von archäologischen Plänen zu sprechen.

„Das Zeichnen von Bauten, welches eher zu den Aufgaben des Architekten gehört, ist vom Zeichnen des Malers verschieden. Ich möchte deshalb darlegen, was ich für geeignet halte, um alle Maße richtig zu verstehen und alle Bauglieder ohne Irrtum zu finden. Die Darstellung von Bauten, wie sie der Architekt übt, zerfällt in drei Teile: Da ist zuerst der Plan oder Grundriß; es folgt als zweites der Aufriß der Außenmauer mit ihren Verzierungen; dazu kommt schließlich als drittes der Aufriß der Innenwand, ebenfalls mit ihren Verzierungen. Der Plan ist diejenige Zeichnung, welche die ganze Baufläche darstellt oder, anders gesagt, die Fundamente des ganzen Gebäudes, sobald sie den Boden erreichen. Die Baufläche muß eben angenommen werden, selbst wenn es sich um einen Hügel handelt, und die Basislinie des Hügels so gemacht werden, daß sie parallel zu den Basislinien der Stockwerke des Gebäudes läuft. Man muß also die Linie am Hügelfuß nehmen und nicht auf der Hügeloberfläche, so daß die Mauern lotrecht daraufstehen. Diese Zeichnung also heißt Plan. Dieser Plan wäre in beinahe derselben Weise das Fundament des ganzen Gebäudes, wie die von den Sohlen bedeckte Fläche das Fundament des Körpers ist.

Wenn man den Plan gezeichnet und darin die Glieder mit ihrer Breite verteilt hat, die Form sei rund, viereckig oder anders, muß man durch die Breite der Gebäudebasis, ständig mit dem verkürzten Maßstab messend, eine Linie ziehen und durch deren Mitte im rechten Winkel eine andere gerade Linie ziehen; diese sei die Mittelachse. Von den äußersten Punkten der Breitenlinie ziehe man rechtwinklig zwei parallele Linien über die Basislinie hoch, und zwar so weit, wie es der beabsichtigten Gebäudehöhe entspricht. Zwischen diesen beiden Linien, welche die Aufrißzeichnung begrenzen, zeichnet man maßstäblich die Säulen, Pilaster, Fenster und anderen Verzierungen ein, die sich bereits auf dem Plan des ganzen Gebäudes befinden, und man zeichnet die ganze Form von Säule, Pilaster, Öffnung oder Fensterumrahmung, indem man von der Begrenzung ausgeht und die Linien parallel zu den beiden ersten Aufrißlinien zieht. Quer dazu werden sodann die Höhenmaße der Basen, Säulen, Kapitelle, Architrave, Fenster, Friese, Kranzgesimse und so fort eingesetzt, und das alles mit Linien, die parallel zur Grundrißlinie laufen. Man soll dabei nicht verkürzen, was in dem Gebäude weiter entfernt liegt, auch nicht, um ein rundes Gebäude rund darzustellen oder um einem eckigen zwei Ansichten zu geben. Unmöglich kann der Architekt ein genaues Maß aus der Zeichnung nehmen, wenn sich die Linien verkürzen; das ist jedoch in der Architektur notwendig, welche die vollkommenen tatsächlichen Maße sucht. Ihr geht es nicht darum, wie die Maße erscheinen, sondern wie sie sind. Sie verlangt deshalb parallele Linien. Wenn sich aber runde oder dreieckige Formen im Aufriß verkürzen, findet man die Maße sofort im Grundriß, und was sich im Grundriß verkürzt, wie Gewölbe, Bogen, Dreiecke, stellt sich wiederum vollkommen im Aufriß dar. Um nun die tatsächlichen Maße auszurechnen, muß man stets genaue Meßlatten für Palmi, Fuß, Zoll und Grani, hinunter bis zu den kleinsten Teilstrecken, zur Hand haben.

Der dritte Teil der Darstellung ist der, welchen wir den Aufriß der inneren Wand mit ihren Verzierungen genannt haben. Dieser ist nicht weniger notwendig als die beiden anderen Risse. Er wird ebenfalls vom Grundriß aus mit parallelen Strichen gezeichnet wie der Aufriß und stellt die Mitte des Gebäudeinneren dar, wie wenn dieses in der Mitte halbiert wäre. Der Schnitt zeigt den Hof, die Übereinstimmung der Gesimshöhen außen und innen, die Höhe der Fenster und Türen, die Tonnengewölbe, Kreuzgewölbe oder was immer für Gewölbe es seien. Zusammenfassend darf man sagen, daß man aus diesen drei Ordnungen oder Modi jede Einzelheit im Inneren und am Äußeren eines Gebäudes ersehen kann.

Das ist der Weg, den wir selbst beschritten haben, wie sich im Verlauf unseres Werkes zeigen wird. Damit man das Gesagte besser verstehe, haben wir hier unten ein einziges Gebäude in Grundriß, Aufriß und Schnitt dargestellt."

Die 1733 veröffentlichte Fassung des Briefes kommt an dieser Stelle zu einer kurzen Zusammenfassung des zweiten Teils und endet mit der Grußformel. In der Münchner Fassung dagegen hat eine zweite, flüchtige Hand den Text fortgesetzt, der vielleicht einen nicht ausgeführten dritten Teil einleiten sollte.

Darstellungsweise, Sehweise und Entwurfsvorgang sind dermaßen miteinander verquickt, daß mir die vollständige Übersetzung der Angaben über Baurisse angebracht schien. Auch der Leser, der keine Architekturzeichnungen der Renaissance vor Augen hat, kann an der umständlichen Ausdrucksweise ermessen, wie neuartig rein orthogonale Darstellungen um 1500 noch waren.

Was ist denn das Neue? Grundriß, Aufriß, Schnitt finden wir doch schon im Musterbuch des Villard de Honnecourt. Der anonyme Verfasser betont, er beschreibe ein wissenschaftliches Verfahren, das sich von der routinemäßigen Praxis einerseits, dem Verfahren der Maler andererseits unterscheide. Die Maler aber wenden seit dem 15. Jahrhundert ein zentralperspektivisches Verfahren an, das ebenfalls eine wissenschaftliche Grundlage besitzt, also mehr als eine bloße Technik ist. Die Projektion von Körper und Raum auf die Bildebene setzt neue Denkformen voraus, sie ist nicht einfach eine Verbesserung der durch Erfahrung gewonnenen Perspektive. Erwin Panofsky nennt sie deshalb eine „symbolische Form".

Mit Recht hat Wolfgang Lotz in seinem Aufsatz über *Das Raumbild der italienischen Architekturzeichnung der Renaissance* (1956) hervorgehoben, daß zwischen 1450 und 1520 der Wandel der Darstellungsweise Auskunft über den Wandel der Raumkonzeption gibt. In der Tat ist der Schnitt erst im 16. Jahrhundert systematisch entwickelt worden. Der orthogonale Schnitt setzt den perspektivischen Schnitt voraus, den wir bei Filarete angetroffen haben und den vor allem Leonardo da Vinci liebte. Der perspektivische Schnitt, der gleichsam ein aufgeschnittenes Modell darstellt, führt dem Betrachter einen Gegenstand vor; der orthogonale Schnitt läßt ihn den Raum selbst konstruieren; die Malerei der Hochrenaissance versetzt den Betrachter in den Bildraum hinein.

Als Demonstrationsmittel war auch den Architekten die Perspektive fast unentbehrlich. Die große und einflußreiche Ausnahme ist Andrea Palladio mit seinem Traktat *I quattro libri dell'architettura* (1570), wo die einzige Perspektive eine Zimmermannskonstruktion veranschaulicht. Bessere Veranschaulichung erscheint auch unserem Briefsteller unentbehrlich. Er fährt deshalb fort:

„Außer den drei vorgeschlagenen und beschriebenen Darstellungsweisen haben wir einige Gebäude auch perspektivisch dargestellt, um noch vollständiger dem Wunsch derer zu genügen, welche die künftigen Bauaufnahmen sehen und in allen Teilen verstehen möchten. Wir haben dafür Beispiele ausgesucht, die perspektivistische Darstellung erfordern, damit das Auge die Anmut der Form sehen und beurteilen kann, die in der schönen Proportion und der Symmetrie der Gebäude hervortritt, die auf den maßstäblichen Zeichnungen nicht erscheinen. Denn das Volumen der Körper läßt sich auf einem Plan nicht zeigen, wenn sich diejenigen Teile, die entfernter sind, nicht in dem Maße verkürzen, in welchem sie das Auge natürlicherweise sieht; diesem Erfordernis genügen die Strahlen der Sehpyramide, deren Basis auf dem Gegenstand, deren Spitze im Auge selbst liegt; je kleiner der Winkel an der Spitze, desto kleiner erscheint der Gegenstand und, entsprechend dem Winkel, auch höher, tiefer, weiter links oder rechts."

Der anschließende, teilweise unleserliche Text beschreibt offenbar das Distanzpunktverfahren. Ich nehme den Faden einige Zeilen weiter unten wieder auf: „Wir haben diese und die anderen zur Perspektive gehörenden Regeln in den perspektivischen Zeichnungen befolgt, während wir die architektonischen Maße nur auf den drei ersten Darstellungsweisen anbrachten. An Hand der perspektivischen Zeichnungen aber wäre es unmöglich oder mindestens äußerst schwierig, das Dargestellte auf die eigentlichen Formen so zu reduzieren, daß sie sich messen ließen; freilich sehen wir im Grunde genommen die Maßverhältnisse ebenfalls. Obwohl die perspektivische Darstellungsweise die des Malers ist, ist sie also auch dem Architekten nützlich."

Hier wird vollends deutlich, daß Zentralperspektive und orthogonale Projektion als zwei gleichwertige, wissenschaftliche und objektive Darstellungsverfahren angesehen werden, doch mit verschiedenen Vorteilen: anschaulich, aber nur mittelbar maßstäblich die eine, maßstäblich, aber unanschaulich die andere. Die Abwicklung als maßstabgetreue Darstellung der Mauern und Wände von Rundbauten bleibt außerhalb der Betrachtung und erst recht die Darstellung gänzlich schiefer Bauten, weil Unregelmäßigkeit nur als Unvollkommenheit erfaßt und deshalb unterdrückt wird. Vielleicht führen uns weitere

Lücken genauer auf das, worauf es dem Briefsteller ankommt. Die Konstruktion von Mauer, Gewölbe und Dach übergeht er, ebenso die seit jeher übliche Kombination verschiedener Horizontalschnitte im Grundriß, wo nach seiner Definition keine Fenster anzugeben wären, wohl aber gemäß der weiteren Beschreibung, wonach die Fenster aus dem Grundriß in den Aufriß übertragen werden müssen. Ähnliches gilt für die Gewölbeformen.

Aber, wie gesagt, die neuen Darstellungsweisen stehen ja nicht nur im Dienste der archäologischen Vermessung, sondern auch im Dienste der Propaganda für eine neue, sich intellektuell gebärdende Architektur, die sich auch Bühne und Malerei erobert:

„Wie dem Maler die Kenntnis der Architektur nützlich ist, um die Verzierungen mit korrekten Maßen und Proportionen anzubringen, ebenso bemüht sich der Architekt um die Kenntnis der Perspektive, weil er mit diesem Verfahren das ganze Bauwerk und seine Verzierungen besser ersinnt.“ Ob der Ausdruck „besser ersinnt“ (meglio immagina) darauf hindeutet, daß perspektivische Darstellung eine Entwurfshilfe sein kann, welche die Einbildungskraft führt, ist unklar. Wenn ja, dann geht es eher um die Anordnung der Verzierungen als um ihre Erfindung, wie die Fortsetzung zeigt:

„Von den Verzierungen muß nicht viel gesagt werden. Alle leiten sich von den fünf Ordnungen her, welche die Alten anwandten, nämlich dorisch, ionisch, korinthisch, toskanisch und attisch. Von diesen ist die dorische die älteste; sie wurde von Doros, König von Achaia, gefunden, als er in Argos einen Junotempel baute; hernach in Ionien beim Bau des Apollotempels, indem man den dorischen Säulen die Proportionen des Mannes gab, so daß (diese Ordnung) ohne weitere Verzierungen Symmetrie, Kraft und schönes Maß erhielt. Aber am Dianatempel änderte man die Form, indem man die Säulen nach Maß und Proportion der Frau ordnete und mit vielen Verzierungen an Kapitellen und Basen sowie am Stamm oder Schaft zusammenfügte, alles in Nachahmung der fraulichen Gestalt. Diese (Ordnung) nannten sie ionisch. Diejenigen (Säulen) aber, die man korinthisch nennt, sind schlanker und zierlicher, weil sie in Nachahmung der jungfräulichen Anmut und Feinheit geschaffen wurden; ihr Erfinder war Kallimachos aus Korinth, weshalb man sie korinthisch nennt. Über ihren Ursprung und ihre Form schreibt weitläufig Vitruv, auf den wir die verweisen, die mehr darüber wissen möchten.“ Im anschließenden Satz ist ein Wort der Münchner Handschrift, die allein den Abschnitt über die antiken Säulenordnungen enthält, nicht sicher zu lesen; ich verzichte deshalb auf eine Übertragung ins Deutsche. Der Briefsteller fährt fort:

„Wir setzen die Kenntnis Vitruvs voraus. Es gibt noch zwei weitere Arten, außer den drei oben beschriebenen. Die attische hat vierkantige Säulen, während die toskanische der dorischen recht ähnlich sieht; dies wird im Fortgang der Darlegung, wie wir sie beabsichtigen, deutlich werden. Man wird übrigens auch viele Gebäude finden, die aus mehreren Arten zusammengesetzt sind, zum Beispiel ionisch und korinthisch, dorisch und korinthisch, toskanisch und dorisch, vor allem an den Tempeln, und zwar entsprechend dem, was dem Künstler geeignet schien, das Aussehen des Gebäudes mit seiner Bestimmung in Einklang zu bringen."

An dieser Stelle bricht der Text unvermittelt ab. Unser Briefsteller versucht, die Säulenlehre des Vitruv zum Verständnis der römischen Denkmäler zu benutzen, die beträchtlich vielfältiger sind. Er zieht deshalb jene Stelle bei Vitruv heran, wo die Mischung der Tempeltypen der Anpassung an die Vielfalt der Kultformen dient (Buch IV, Kapitel 8). Er überträgt sie aber auf die Säulenordnung, um zum Beispiel die in Rom verbreitete Kompositordnung als Zusammensetzung aus der ionischen und der korinthischen zu erklären. Solche Zwitter lehnt er nicht ab; vielmehr erklärt er ihr Vorkommen ikonologisch: Die Säulenordnungen sind ihm Bedeutungsträger; sie zeigen die Bestimmung eines Gebäudes an. Da aber die Zahl der Bauaufgaben viel größer ist als die Zahl der Säulenordnungen, konnte die Mischung die Abstufung verfeinern.

Die Theoretiker des 15. Jahrhunderts schenkten dem Ausdrucksgehalt der Säulenformen und -proportionen noch wenig Aufmerksamkeit. Aus Theorie und Praxis gewinnt man zuweilen den Eindruck, die dorische und die ionische Ordnung seien als Vor- und Sonderformen betrachtet worden. Filarete, der ein ikonologisches, fast schon ideologisches Konzept vorschlägt, geht von der korinthischen Form aus, stuft aber die Proportionen ab. Erst im 16. Jahrhundert werden die Säulen zu „Vokabeln", wie Erik Forssman in seinem Buch über den Gebrauch der Säulenordnungen (1961) formuliert hat. Ebenfalls Forssman verdanken wir die Einsicht, daß Bramante gleich zu Beginn des Cinquecento die entscheidenden Schritte tut. Sein Tempietto bei San Pietro in Montorio, Rom (Abb. 13), ist nicht nur das erste große Beispiel für die Verwendung dorischer Säulen in der Renaissancearchitektur, sondern auch ihrer ikonologischen Bedeutung. Der Rundbau steht an der Stelle, wo nach der Legende der Heilige Petrus gekreuzigt worden ist. Welche Säulenordnung aber konnte passender sein als die dorische, von der Vitruv schreibt (Buch I, Kapitel 2): „Der Minerva, dem Mars und dem Herkules werden dorische Tempel er-

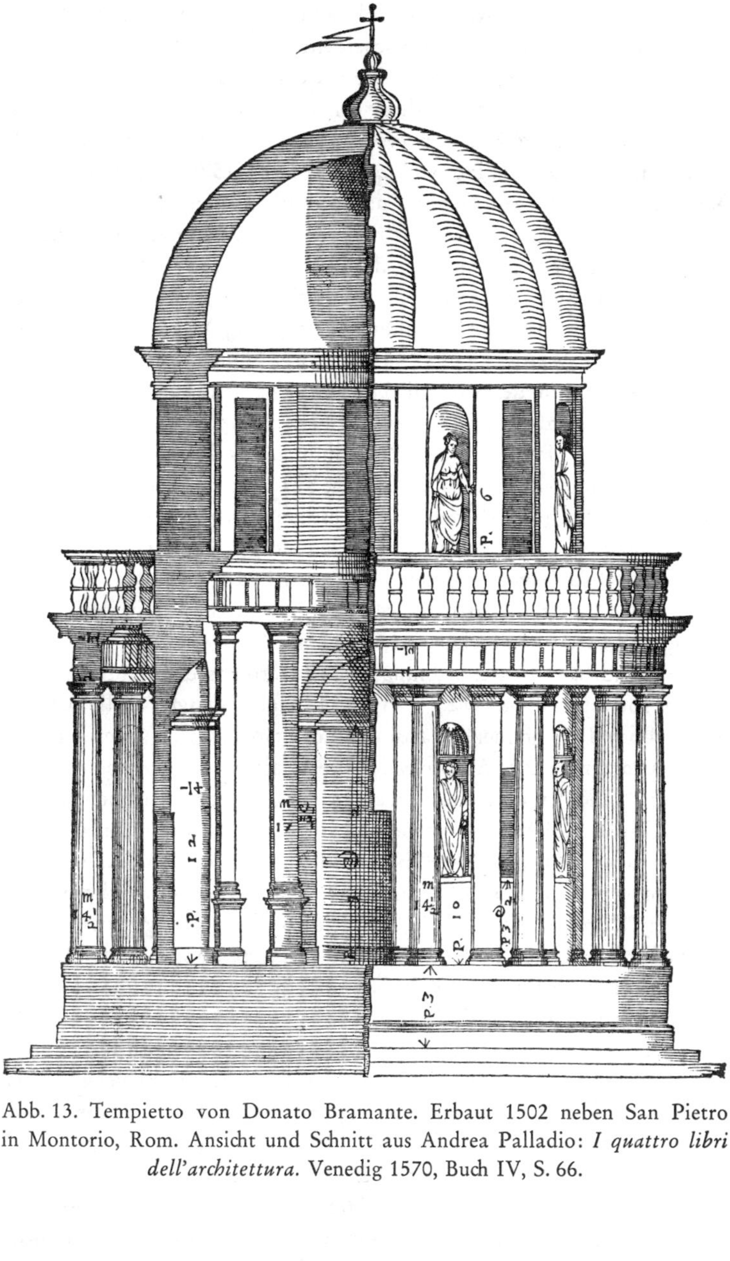

Abb. 13. Tempietto von Donato Bramante. Erbaut 1502 neben San Pietro in Montorio, Rom. Ansicht und Schnitt aus Andrea Palladio: *I quattro libri dell'architettura.* Venedig 1570, Buch IV, S. 66.

richtet werden, denn es ist angemessen, daß diesen Göttern wegen ihres mannhaften Wesens Tempel ohne Schmuck gebaut werden." Das in unserem Zusammenhang Entscheidende ist die „Übertragung der vitruvianischen Götter-Ikonographie ins Christliche" (Forssman, 1961, S. 20). Man kann die Berühmtheit von Bramantes kleiner Rundkirche im 16. Jahrhundert gar nicht überschätzen. Sebastiano Serlio (Buch III, 1540) und Andrea Palladio (*I quattro libri,* 1570) bildeten sie als Beispiel eines dorischen Tempels neben antiken Tempeln ab.

Die neue Benutzung der Säulen als Vokabeln bedingte einen gleichsam philologischen Umgang mit der Formensprache. Mit einer gewissen Schärfe betont der Briefsteller, daß sich alle Verzierungen in der Architektur von den fünf Ordnungen herleiten. Wie kommt er aber zur Fünfzahl? Vitruv kennt zwar nur drei Säulenordnungen, spricht aber daneben von der toskanischen und der attischen Bauart, allerdings nicht so, daß diese als ebenbürtige Säulenordnungen erscheinen. Die sprachliche Parallele der Bezeichnungen – lauter geographische Namen – konnte aber dazu verführen, aus dem bei Vitruv Gelesenen und dem in den römischen Ruinen Geschauten zwei weitere Ordnungen zu machen. In den späteren Säulenbüchern hat zumeist die von Alberti „italisch", von anderen „lateinisch" oder „römisch" genannte Kompositordnung die attische verdrängt, weil diese mit ihren vierkantigen Stützen keine eigentliche Säulenordnung ist.

Der Ausdruck „Säulenordnung" selbst verdient eine Untersuchung. Vitruv spricht von „genera", und nur an einer einzigen Stelle heißt es (Ende Buch I) „commensus aedificiorum et ordines et genera singula symmetriarum". Die Autoren des Mittelalters bevorzugen „opus", „modus", „mos" und „genus", wenn sie eine Bauart benennen wollen. Alberti liebt „columnatio" neben „genus" und „ordo"; „ordo" kann bei ihm aber auch „Geschoß" bedeuten. Filarete braucht für die Säulenarten gerne „modo" und „misura". Martini weist möglicherweise mit dem Wort „specie" auf die Parallele zu den Gattungen der Naturgeschichte hin. Unser Brief aber dürfte der erste sein, der „ordine" als Synonym für „maniera" und neben „opera" an vorderste Stelle setzt und von den „cinque ordini" spricht.

Wir dürfen die Vielfalt der Ausdrucksweise nicht leichtfertig übergehen. Synonym sind die im Brief über Denkmalpflege verwendeten Wörter „ordine", „maniera" und „opera" nur, solange sie mit „dorico", „ionico" usw. verbunden sind. Sonst aber unterscheiden sie sich um 1500 in Inhalt und Geltungsbereich. „Maniera" kann wertneutral und wertend gebraucht werden (Handschrift; Manier), ebenso „ordine" (System; Gegenteil von Unordnung), „opera" dagegen nicht.

Verschieden ist aber auch der Geltungsbereich der drei Wörter: „maniera“ sagt man von Menschenwerk, „opera“ und „ordine“ auch von der Schöpfung. Mit Quadranten und Feldern läßt sich das graphisch so darstellen:

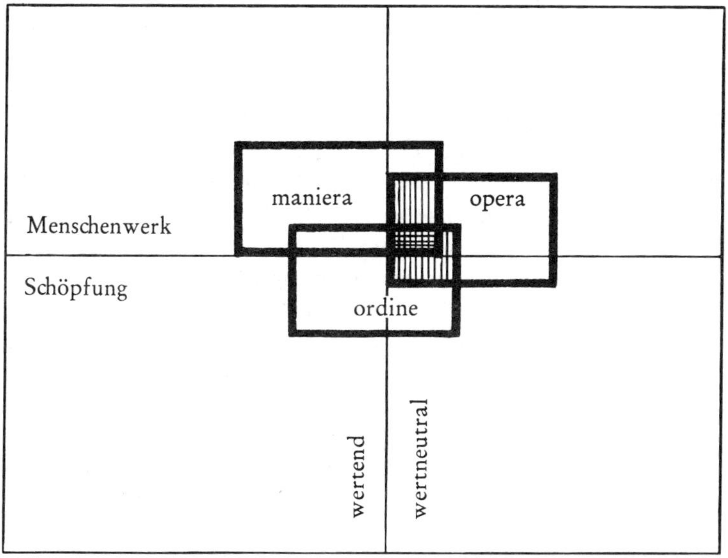

Wo die Wortfelder einander überlappen, sind die Wörter austauschbar, ohne deswegen schon dasselbe zu heißen. „Opera“ bedeutet immer noch Werk und Erscheinungsweise zugleich (im Gegensatz zu „fabrica“), „maniera“ unwillkürliche und willentlich gewählte Erscheinungsweise, „ordine“ Wesens- und Erscheinungsart.

Wenn sich im Verlauf des 16. Jahrhunderts „ordine“ gegenüber diesen und weiteren Synonymen durchsetzt und mit Wörtern desselben Stammes wie deutsch „Ordnung“ auch auf andere Sprachen übergreift, dann zeigt sich darin die dogmatische Verhärtung der Architekturtheorie, die in anderen Denkbereichen ihre Entsprechung findet.

Für die Theoriebildung des 16. Jahrhunderts ist es fernerhin wichtig, daß „ordine“ weit mehr als die Säulen mit ihren Basen und Kapitellen umfaßt. Auch bei Vitruv umfassen die „genera“ mehr als bloß die Säulen; zu einem weitreichenden Formenkanon jedoch werden die Ordnungen erst in den Lehr- und Musterbüchern des Cinquecento. Wiederum kann man in dem Brief über Denkmalpflege Ansätze finden. Die Formglieder, auf die es bei der archäologischen Aufnahme und in der Architekturdarstellung ankommt, werden mehrmals aufgezählt, nämlich: Säule, Pilaster, Architrav, Fries, Kranzgesims, Tür- und Fensteröffnung, Fensterrahmen, Bogen, Gewölbe. Es fehlen die Baluster, die man ohne starke Übertreibung eine Neuerfindung der Renaissance nennen kann und denen Martini einen eigenen Abschnitt widmet, die Karyatiden, Perser und Atlanten, die Cesariano illustriert, und die Hermenpfeiler, die später alle systematisiert und eingeordnet werden, wie Erik Forssman in seiner Dissertation über *Säule und Ornament* (1956) gezeigt hat.

Ich habe das besprochene Dokument als *Brief über Denkmalpflege* vorgestellt. Es mag nützlich sein, sich am Ende daran zu erinnern, daß die archäologische Aufnahme der antiken Bauten Roms der Auftrag war, über den der Verfasser einen Zwischenbericht erstattet und der ihn über Vermessungstechnik und Architekturdarstellung zu Form und Anwendung der Säulenordnungen führt. Manfredo Tafuri hat in den *Scritti rinascimentali di architettura* (1978, S. 407) unterstrichen, daß an der Wende vom 15. zum 16. Jahrhundert die kulturelle Vorherrschaft der Toskana von derjenigen Roms abgelöst wird, der politisch denkende vom kosmopolitisch denkenden Intellektuellen, die humanistische Architektur von einer antihumanistischen, die sich in den Dienst der Gegenreformation stellt.

2. Serlio und Vignola

Mit Serlio betreten wir zwei neue Schauplätze der Ausbreitung des Vitruvianismus: Venedig und Frankreich. Sebastiano Serlio (1475 – um 1554) wurde in Bologna geboren. Er begann die Laufbahn als Perspektivemaler, wandte sich 1514 nach Rom, um sich bei dem jüngeren Kollegen Baldassare Peruzzi weiterzubilden, wurde aber im Jahre 1527 vom Sacco di Roma vertrieben. Er hielt sich nun die meiste Zeit in Venedig auf, reiste von dort auch nach Istrien und Dalmatien, um römische Ruinen zu vermessen, und begann, neben einer oft unterschätzten Architekturpraxis sein großangelegtes, auf sieben Bücher veranschlagtes Werk zu schreiben.

Dieses Werk war von Anfang an für die Verbreitung durch den Druck berechnet. Venedig mit seinen ausgezeichneten Pressen war dafür günstig. Hier war schon 1499 das erste illustrierte Buch über Architektur gedruckt worden, wie Filaretes Traktat romanhaft eingekleidet, nämlich die *Hypnerotomachia Poliphili,* gewöhnlich Francesco Colonna zugeschrieben, die 171 Holzschnitte zählt.

Buchhändlerische Überlegungen ließen es Serlio geraten scheinen, sein Architekturlehrbuch und -musterbuch in Lieferungen zu veröffentlichen. Als erstes ließ er 1537 Buch IV mit Regeln und Beispielen der Säulenordnungen drucken. Für das dem französischen König Franz I. gewidmete Exemplar erhielt Serlio 300 Dukaten. Das 1540 erschienene Buch III mit vorbildlichen Bauten aus Antike und Renaissance versah er mit einer gedruckten Widmung an den französischen König. 1540 oder 1541, mit etwa 65 Jahren, wurde er als Maler und Architekt des Königs nach Frankreich berufen, gewann aber als Berater nur geringen Einfluß und als Architekt bloß wenige Aufträge; die Klage darüber liest man in Buch VII. Erhalten ist das Schloß Ancy-le-Franc bei Tonnerre. In Fontainebleau, dem ehrgeizigsten Bau- und Dekorationsunternehmen im italienischen Stil, gab nach dem Tod des Rosso Fiorentino der Maler Francesco Primaticcio den Ton an, der Vignola mitnahm. Gleichzeitig kehrte Philibert de l'Orme von seinen Studien in Italien nach Frankreich zurück und ließ sich in Paris nieder. Nach Franz' I. Tod im Jahre 1547 übernahm er die Bauleitung in Fontainebleau. Serlio aber begleitete den Kardinal Ippolito d'Este nach Lyon. Dort veröffentlichte er 1551 auch ein im ursprünglichen Plan nicht vorgesehenes Buch, das man deshalb *Extraordinario libro* nennt. Er starb in Fontainebleau, wahrscheinlich 1554.

Für die Verbreitung des Vitruvianismus über die Grenzen Italiens hinaus hat Serlio das Entscheidende geleistet. Er lieferte das erste illustrierte Lehr- und Musterbuch der Architektur, das gedruckt wurde; seine „Bücher" waren „der Extrakt, auf den die Praktiker gewartet hatten" (Forssman, 1956, S. 62); er war es, der die fünf Säulenordnungen in ein leicht faßliches System brachte; er verbreitete die Kenntnis bedeutender antiker und moderner Bauten und Entwürfe; er war selbst ein unerschöpflicher Erfinder von Formen und Formkombinationen. Zahlreiche Neuauflagen, Raubdrucke und Übersetzungen beweisen den Ruf, den er bis ins 17. Jahrhundert genoß. Die Gesamtausgaben beschränken sich oft auf Buch I–IV; vollständige schieben das „außerordentliche" als sechstes Buch vor das Schlösserbuch.

Der Aufbau der Bücher ist lehrbuchmäßig straff. Buch I: Planimetrie, einschließlich der sieben Proportionen für Vierecke (Erstdruck 1545), Buch II: Stereometrie, Perspektive und Szenographie (Erstdruck 1545), Buch III: Bauten aus Antike und Renaissance, oft in Grundriß, Aufriß, Schnitt und mit Einzelheiten dargestellt (Erstdruck 1540), Buch IV: die Säulenordnungen, ferner Fenster, Portale und Hausfassaden nach Serlios eigener Erfindung (1537), Buch V: der Kirchenbau, ebenfalls nach Serlios Entwürfen (1547), Buch VI: Wohnbau (Münch-

Abb. 14. Römisch-dorisches Rustikaportal, entworfen von Serlio. Aus Sebastiano Serlio: *Regole generali di architettura (Libro quarto).* Venedig 1537, folio XXVI recto.

ner Handschrift 1966 veröffentlicht, New Yorker 1978), Buch VII: Schlösser, Innenarchitektur, Restaurierung (1575), Buch VIII: Festungsbau, unvollendet und ungedruckt.

Eine moderne Gesamtausgabe fehlt noch; aus den Vorarbeiten zu einer solchen hat Tancredi Carunchio 1975 einen Aufsatz veröffentlicht. Von Buch VI gilt die Münchner Handschrift als Reinschrift für den Druck, die New Yorker als frühere, wohl in Frankreich entstandene Fassung. Die Einleitung zum Faksimile dieser Version, verfaßt von James S. Ackerman, gibt die neueste Einführung in Serlios Theorie, der Einleitungsband von Marco Rosci zum Faksimile der Münchner Version die umfassendste.

Um zu zeigen, wie Serlio der Verbreiter des Vitruvianismus werden konnte und Vitruvs Lehre zeitgemäß erweiterte, übersetze ich aus dem zuerst erschienenen Buch IV (1537) mit dem Titel *Regole generali di architettura sopra le cinque maniere de gliedifici* den Begleittext zum bossierten oder rustizierten Portal dorischer Ordnung (Abb. 14).

„Man kann in der dorischen Ordnung verschiedenartige Portale machen. Den meisten Menschen gefallen seit eh und je das Neue und Dinge, die noch nicht zu sehr abgenutzt sind, besonders aber die, welche besser befriedigen, und endlich solche, die, obgleich gemischt, in den einer Ordnung gesetzten Grenzen bleiben, wie es bei dem nebenstehenden Portal der Fall ist. Hier sind nämlich die Säulen, der Fries und die übrigen Glieder unterbrochen und bedeckt von Rustikawerk. Trotzdem sieht man daran die ganze festgesetzte Form mit all ihren Proportionen: Die Öffnung ist doppelt so hoch wie breit; die gesamte Breite wird nun durch sechseinhalb geteilt, wovon die Laibungspfeiler je einen Teil, die Säulen aber doppelt soviel erhalten. Die einzelne Säule mit dem Kapitell wird nach dem früher gegebenen Maß vierzehn Modul hoch sein; unterhalb des Kapitells aber mißt diese Säule dreizehneinhalb Teile, und jede der Binden, welche die Säule mit Rustika gürten, sei eineinhalb Teile, ausgenommen die unten die Basen bedeckenden Binden, die zwei Teile hoch sein sollen. Die fünf Abschnitte der Säule, die den Säulenkörper zeigen, werden einen Teil hoch sein, und so sind die vierzehneinhalb Teile ausgegeben. Auf die Säulen wird man dann den Architrav, den Fries und das Kranzgesims mit dem Giebel setzen und dabei die früher gegebene Regel beachten. Der Keilsteine, welche die genannten Glieder überlagern, werden sieben sein, und sie sollen in der Mitte der Portalöffnung zusammenlaufen. Der Architekt ist jedoch frei, die Keilsteine wegzulassen und statt dessen mit der Triglyphen- und Metopenreihe weiterzufahren wie auf dem Portal von Blatt VI. Obgleich ich nun gesagt habe, zur

Festung gehöre die reine Rustika, so lobe ich doch im Innern einer Festung die hier gezeigte gemischte Art wegen der Abwechslung. Am Außenbau aber ist diese Art ungeeignet, weil das hohe Relief leicht von Artilleriegeschossen weggeschlagen wird. Übrigens glaube ich, daß dieses Portal auch dem Haus eines Kriegsmannes gut anstünde, es sei Stadtpalast oder Villa."

Heinrich Wölfflin hat die „klassische" Renaissance einen „ganz schmalen Grat" genannt, und um den Wandel des geistigen Klimas zu kennzeichnen, nennt man die Zeit jenseits dieses schmalen Grates gerne den Manierismus. Serlios Verhältnis zu Regel und Ausnahme, zu Gesetz und Erfindung spiegelt die neue Situation. Er richtet sich nach dem Geschmack des Publikums, er weiß, daß es stets Neues verlangt, aber dieses nur in Schranken erträgt. So formuliert er im Vorbeigehen ein Grundanliegen der Kunsttheorie: das Gleichgewicht zwischen Konvention und Innovation.

Die römisch-dorische Ordnung Serlios ist in allen Teilen klar proportioniert. Das Rustikawerk, das hinzutritt, hält sich an das Modulsystem, ja unterstreicht es sogar. Antike Vorbilder waren für die Renaissancearchitekten die Porta Maggiore in Rom, ursprünglich monumentale Überführung einer Wasserleitung, später Stadttor, und das Tor der Acqua Vergine, dieses von dorischer Ordnung. Bossenquader kennt übrigens auch das Mittelalter an Festungsbauten. „Opus rusticum", das „bäurische Werk", wie die alten Übersetzer schreiben, ist das nur grob zubehauene Steinwerk, die Rohform: auch die ungeschlachte, die natürliche Form. Zu ihren von Serlio anerkannten Großmeistern gehörte Giulio Romano (vgl. Amedeo Belluzzi über dessen Porta Giulia in Mantua, 1977).

Serlio kommt es zunächst auf die Rechtmäßigkeit der Rustika an, die er in der Antike gefunden hat, dann auf den Gegensatz von Kunst und Natur (Buch IV, 1537, folio X verso). In dem übersetzten Begleittext zum dorischen, rustizierten Portal wägt Serlio die Verwendung der Mischung ab: Rustika paßt zur Festung, dorisch ist männlich; das Portal wäre also an der wohnlichen Innenseite einer Festung oder am Haus eines Kriegsmannes angebracht. In Buch VII (1575, S. 68) heißt es von einem toskanischen rustizierten Kaminentwurf, er sei einer „persona robusta" angemessen, als ob jeder Hausbesitzer sämtliche Kamine seiner Figur anpaßte. In solcher Pervertierung der Architekturikonologie spiegelt sich vielleicht auch ein neues Verhältnis zum Bauherrn.

Der Pragmatismus in Theorie und Entwurf hat Serlio die Kritik der nächsten Generation eingetragen, wenigstens in Italien. Für Giovan

Paolo Lomazzo (*Idea del Tempio della Pittura,* 1590, Kapitel IV) ist er nur noch der Plagiator, der unter falschem Namen das Werk des Peruzzi herausgegeben hat.

Auch Vignola, eine Generation jünger, schrieb und zeichnete für einen großen Leserkreis; aber er geriet nie in das Kreuzfeuer der Kritik. Jacopo Barozzi (1507–1573), nach seinem Geburtsort in der Provinz Modena meist „il Vignola" genannt, trat um 1520 in Bologna in die Malerlehre, betrieb 1537–1540 im Auftrag der Accademia Vitruviana Antikenforschungen in Rom, zog um dieselbe Zeit wie Serlio nach Fontainebleau, war aber schon 1541 zum Architekten von San Petronio in Bologna gewählt worden; dieses Amt übte er von 1543 bis 1550 aus. Seine berühmten Bauten fallen in die zweite Jahrhunderthälfte. In Rom sind es neben anderen: der Tempietto di Sant'Andrea an der Via Flaminia, die Palazzina della Vigna bei der Villa Giulia, die Chiesa del Gesù, in Piacenza der Palazzo Farnese, in Caprarola der viel berühmtere, einer fünfeckigen Festung aufgepfropfte Farnesepalast mit den mächtigen Treppenrampen. Vignola starb 1573 in Rom und wurde im Pantheon bestattet.

Im Katalog zur Gedächtnisausstellung von 1973–1974 (erschienen 1975) hat Maria Walcher Casotti ihre ausgreifenden früheren Studien zusammengefaßt. Ein grundlegendes Kapitel über Vignolas Traktate enthält ihr Vignola-Buch von 1960.

Vignola hat zwei Traktate geschrieben und illustriert: *Regola delli cinque ordini di architettura* (1562) und *Le due regole della prospettiva prattica* (1583, herausgegeben von dem Mathematiker Egnatio Danti). Wir beschäftigen uns nur mit dem kurzen Säulenbuch, das unzählige Ausgaben erlebte.

Vignola leitet die Proportionen der Säulenordnungen nicht mehr von den musikalisch-harmonischen Streckenverhältnissen oder der Menschengestalt ab, wie das seine Vorgänger als Vitruv-Interpreten getan hatten. Er setzt diese Lehre nur noch voraus, um sich dann unbeirrt den römischen Denkmälern zuzuwenden. In der Vorrede schreibt er: „In Anbetracht dessen, daß allen unseren Sinnen eine gewisse Proportion gefällt, während, was außerhalb davon, mißfällt, wie die Musiker in ihrer Wissenschaft mit guten Gründen deutlich genug beweisen, habe ich mir vor einigen Jahren die Mühe genommen, die genannten fünf Ordnungen der Architektur auf eine kurze, leicht und schnell anwendbare Regel zurückzuführen; dabei bin ich wie folgt vorgegangen: Um zum Beispiel die dorische Ordnung auf eine solche Formel zu bringen, ging ich von jener des Marcellus-Theaters aus, da sie von jedermann am meisten gelobt wird. Diese dorische Ordnung habe ich zur Grundlage meiner Regel gemacht. Zuerst vollendete ich die Hauptteile; wenn aber irgendein ganz kleines Glied nicht so ganz der Zahlenproportionierung gehorchen wollte, was durch die Unregelmäßigkeit der Steinhauerarbeit oder durch andere Zufälle in diesen Kleinigkeiten recht häufig vorkommt, dann paßte ich das der Regel ein, ohne mich freilich je auch nur um ein Quentchen von der Autorität anderer dorischer Ordnungen zu entfernen, die ebenfalls für schön angesehen werden und von denen ich die anderen Einzelheiten nahm, soweit ich die dorische Ordnung des Marcellus-Theaters ergänzen mußte."

Vignolas Säulenregeln haben also eine dreifache Grundlage: 1. die aus Vitruv bekannte Proportionen- und Modullehre, und zwar den Prinzipien, nicht den Zahlenrezepten nach; 2. die antiken Denkmäler, die Vignola im Hinblick auf Wiederholbarkeit und Übereinstimmung mit der Modullehre untersucht; 3. die „communis opinio", die gleichsam von selbst die Auswahl aus den Denkmälern besorgt.

Ich glaube, daß die meisten Beurteiler Vignolas, auf Manierismusprobleme konzentriert, den theoretischen Gehalt seiner knappen Einleitung unterschätzen. M. Walcher Casotti (1960, S. 168; 1975, S. 39) schreibt von Vignolas Traktat, er sage uns nichts über die ästhetischen Theorien seines Verfassers. Wenn wir aber Serlios und Vignolas Anrufung der neuen Autorität Publikum zusammenstellen, läßt sich die cartesianische Wendung des Denkens voraussehen, die zur Geschmacksästhetik führt.

Serlio und Vignola ist auch gemeinsam, daß sie Säulenbücher herausgegeben haben, Serlio zwar nur als Auftakt zu einem vielgliedrigen Traktat, gleichsam als erste Lieferung, aber doch auch als ein selbständiges Werk. Darin hat die Manierismusforschung zu Recht formalistische Einseitigkeit gesehen. Wenn Forssman die Säulen „Vokabeln" genannt hat, könnte man die Metapher fortsetzen und Serlios Säulenlehre ein Wörterbuch mit idiomatischen Wendungen nennen, Vignolas Säulenlehre ein Rechtschreibebuch. Für Manfredo Tafuri sind Vignolas Ordnungen „invarianti lessicali" (*J. Barozzi*, 1967, S. 391).

Gemessen an den hochgemuten Anfängen des Vitruvianismus erscheint Vignolas Lehre dürr. Albertis klares Latein, Filaretes Unterhaltsamkeit, Martinis systematische Fragestellung und Entwurfsarbeit, der Brief über Denkmalpflege aus dem Kreis der römischen Hochrenaissance: sie alle atmen Aufbruchstimmung. Anders zur Zeit des Manierismus. Um noch einmal Tafuri zu zitieren (*L'idea*, 1967, S. 370): „La teoria non anticipa più", die Theorie nimmt die Praxis nicht mehr vorweg, weil die Praxis die Theorie eingeholt hat, von der Säulenordnung bis zur Stadtgründung. Damit erhält sie eine andere Aufgabe. Anders gesagt, wir müssen von nun an die Architekturtheorie in andersgearteten Schriften suchen, in Schriften vor allem, die sich an einen breiten Leserkreis wenden, weil sie als Druckschriften auf den Markt kommen.

Auswahl und Darstellung des Stoffes müssen auch unter diesem Gesichtswinkel gesehen werden. Francesco di Giorgio Martinis *Trattati* sind umfassende Abhandlungen, die sich an Intellektuelle richten, die Sache in Wort und Bild vom Grundsätzlichen her angehen und mit unzähligen Zitaten aus Schriften der Antike prangen. Serlio richtet sich an eine breite Käuferschicht von Architekten und Bauherrn. Er gehört zu den Vätern des illustrierten Lehrbuchs. Er wählt aber nicht für den ganzen Stoff dieselbe Methode. Für die Säulenordnungen gibt er „Regeln", im übrigen aber Muster: Idealentwürfe, geschönte Pläne moderner Bauten und ergänzte für antike Denkmäler. Bei ihm wie bei anderen Architekturtheoretikern, die es ihm nachtaten, war die Veröffentlichung eigener Entwürfe und Bauten als Muster natürlich auch Selbstpropaganda. In Vignolas Beschränkung auf die „Regeln" der Säulenordnungen wie in Serlios Wahl von Mustern für den eigentlichen Entwurf steckt die Antwort auf die Frage, welche die Kunsttheoretiker des Cinquecento beschäftigt hat: Wieweit ist Kunst lernbar?

Lernbar waren in der Architektur als Kunst Darstellungsweise und Säulenordnungen; Vignola, selbst ein glänzender Entwerfer, hat nur über diese Gegenstände geschrieben.

3. Philibert de l'Orme

De l'Orme stimmt in vielem mit den italienischen Theoretikern überein, schreibt aber in einer anderen Umwelt und für ein anderes Publikum. Am deutlichsten wird das dort, wo er das neue Berufsbild des Architekten propagiert.

Philibert de l'Orme (um 1510–1570) wurde als Sohn eines Steinmetzen in Lyon geboren. Diese Stadt war damals der größte Börsenplatz Europas und ein Anziehungspunkt für gebildete Humanisten. De l'Orme scheint in seiner Jugend neben der Ausbildung zum Steinmetzen eine literarische Bildung genossen zu haben. Vermutlich im Jahre 1533, wenn nicht schon früher, reiste er nach Rom. Hier vermaß er zahlreiche antike Denkmäler und Fragmente, ohne im übrigen für das Schaffen der Zeitgenossen blind zu sein. Er verkehrte im Kreis des Kardinals Jean du Bellay und befreundete sich wohl dort mit François Rabelais, dem nachmals berühmten Verfasser des Romanzyklus über Gargantua und Pantagruel, der als Sekretär und Arzt von Kardinal du Bellay in Rom weilte. Als de l'Orme 1536 den Rückweg nach Lyon antrat, reiste er wahrscheinlich über Florenz, Mantua, Venedig, Verona und Mailand. 1540 zog ihn du Bellay nach Paris.

Seine berühmtesten Bauten sind das Château d'Anet mit seiner Schloßkapelle und das Château des Tuileries in Paris, das 1871 ausbrannte und von dem Fragmente im heutigen Parc des Tuileries stehen. Auch vom Château d'Anet stehen nur noch Teile.

De l'Orme wurde unter König Heinrich II. (gest. 1559) Hofarchitekt, fiel aber unter dem Nachfolger in Ungnade. Schon lange hatte ihm anmaßendes Auftreten zahlreiche Feinde verschafft, die seinen Sturz ersehnten. In diese Zeit fällt die Niederschrift seiner theoretischen Werke. Das erste ist ein Traktat über kostensparende Holzgewölbe; dieser erschien 1561 in Paris unter dem Titel *Nouvelles inventions pour bien bastir et à petits fraiz*. Das zweite Werk ist ein umfassender, neun Bücher zählender Architekturtraktat. Er erschien 1567 unter dem Titel *Le premier tome de l'architecture*, da ihm ein zweiter Teil über die Weltharmonie der Proportionen folgen sollte; der Tod nahm aber dem Verfasser die Feder aus der Hand. In den späteren Drucken des Architekturtraktats sind stets die *Nouvelles inventions* angehängt. Das so entstandene Gesamtwerk *Architecture* erschien 1568, 1576, 1626 und 1648.

Buch I und II behandeln praktische Fragen, zumal das Verhältnis zwischen Bauherr und Architekt, auf das ich näher eingehen werde. Buch III und IV sind Arithmetik und Geometrie und ihrer Anwendung auf Planung und Ausführung gewidmet. Die Bücher V bis VII bringen die Säulenordnungen, die beiden letzten Türen, Fenster, Kamine und andere Verzierungsstücke.

Der sicherste Führer durch Philibert de l'Ormes Leben, Bautätigkeit und Theorie ist immer noch Anthony Blunts Monographie von 1958. Ich benutze wie er die Ausgabe von 1648, die auch nachgedruckt worden ist (1894, 1964).

De l'Ormes Buch ist das Buch eines seiner Ämter entsetzten, aber sich seines überragenden Könnens bewußten alten Mannes. Als Schriftsteller steht er durch seine Gelehrsamkeit und Vertrautheit mit antiken Autoren nicht weit von Rabelais und Montaigne. Allein, was für die Generation de l'Ormes in Italien schon selbstverständlich war, das gelehrte und sozial gehobene Künstlertum, erreichte er in Frankreich als erster Architekt. Gleich zu Beginn der *Architecture* berichtet er, daß er sein Werk auf Wunsch des Königs Heinrich II. begonnen habe. Er saß einst mit dem König bei Tisch – wie Filarete mit seinem Herzog – und begann von seiner Erfindung für ein wohlfeiles Holzgewölbe zu erzählen, als ihm die anderen Tischgenossen das Wort abschnitten, weil sie die Spannweite seiner Holzgewölbe für unglaubwürdig hielten. Kurz danach erhielt de l'Orme Gelegenheit, die Erfindung am Jeu de Paume der Königinmutter zu erproben. Der König, von dem Erfolg befriedigt, hieß ihn seine Erfindung veröffentlichen (folio 4 verso – 5 recto). De l'Orme rät den Architekten, sich Könige und Prinzen als Bauherren zu suchen, weil Architekten den höchsten Ruhm durch große Bauten erreichten.

Der Katalog der Wissenschaften, in denen ein Architekt bewandert sein muß, ist bei de l'Orme kleiner als bei Vitruv, den er sehr oft zitiert, aber größer als bei Alberti, den er von den modernen Architekturtheoretikern am häufigsten nennt. Er umfaßt die Philosophie, die Mathematik, die Medizin, die Geschichte und die Perspektive. Die Geschichtskenntnisse sollen wie bei Vitruv dazu dienen, bestimmte Formen zu begründen, die Perspektive, dem Auftraggeber das Projekt vor Augen zu führen. Rechtskenntnisse hält de l'Orme in bewußtem Gegensatz zu Vitruv nicht für notwendig; solche seien Sache der Werkmeister und Baubeamten; denn der Architekt habe einen viel größeren und ehrenhafteren Beruf (folio 10 recto).

Mit Berufung auf Vitruv und Alberti empfiehlt de l'Orme den Architekten das Studium der Rhetorik, damit sie ihre Projekte auch sinngemäß und sinnfällig beschreiben und verteidigen können; aber sogleich warnt er vor Schönrednern und eleganten Projektzeichnern, die nichts von Architektur verstehen (folio 10 verso). Auch Musik figuriert auf dem Verzeichnis der Wissenschaften, die ein Architekt beherrschen sollte; doch die Begründung lautet einseitiger als bei Alberti und seinen Nachfolgern, wo es auch um die Analogie der musikalischen und geometrischen Proportionen und Harmonien ging; de l'Orme verlangt Musiktheorie im Hinblick auf die Akustik in Kirchen, Gerichtssälen und Theatern (folio 11 recto). Die unbekümmerte Zusammenstellung erinnert an Gottfried Sempers berühmten Satz im Streit um die protestantische Nikolaikirche in Hamburg im Jahre 1845: „Schall ist Schall, er mag geistlich oder weltlich sein."

De l'Orme will den gebildeten Architekten aber nicht zum reinen Theoretiker machen. Er soll zwar zum Beispiel nicht selbst die Werkleute auszahlen, wohl aber genaue Kostenberechnungen anstellen (folio 12 verso und 13 recto). Stabilität und hygienisch gute Verhältnisse sind für ein Haus wichtiger als die schönsten Proportionen und Verzierungen (folio 14 recto). Heutzutage scheint, behauptet de l'Orme, das Gegenteil üblich zu sein (folio 19 verso). Da machen sich Maler, Bildhauer und Schreiner als Architekten breit, die von der Ausführung eines Bauwerks keinen Deut verstehen (folio 21 verso). Natürlich gibt es unter solchen Leuten ausgezeichnete Kritiker mit einem natürlichen Instinkt; aber Kritik ist eines und Bauen ein anderes (folio 22 recto). Der Architekt muß genug von Stein und Steinschnitt verstehen, um den Bau zu leiten; meist aber ist es anders und, sagt de l'Orme mit einem französischen Sprichwort, « la charette conduit les bœufs » (der Wagen zieht die Ochsen, folio 81 recto). Immer wieder kommt er darauf zurück, daß er mit dem besten Willen nicht alles durch Worte und Zeichnungen erklären könne, daß man seine Bauten ansehen gehen solle, daß man die Dinge in der Hand gehabt haben müsse, kurz: daß nur Praxis den Meister mache (z. B. folio 124 recto).

Philibert de l'Orme vereinigte das hervorragende Können eines spätgotischen Steinmetzen mit den neuen Darstellungs- und Berechnungsmethoden der Stereometrie und entfaltet sein Können und Wissen mit sichtlichem Behagen: Keine Gewölbedurchdringung, keine Auskragung, keine Treppe, deren Steinschnitt ihm zu schwierig wäre; er tadelt sogar die Wendeltreppe im vatikanischen Belvedere, weil sich Bramante mit Backsteingewölben und geraden Stützen begnügte, während de l'Orme daraus ein Steinmetzenkunststück mit Durchdringung von Gewölbe und Arkaden gemacht hätte, das selbst die berühmte Wendeltreppe der Abteikirche von Saint-Gilles übertreffen sollte (folio 124 verso).

Gerade das neue Berufsbild des bloß entwerfenden Künstlerarchitekten sollte zum Niedergang des Steinmetzenhandwerks führen, und da de l'Orme die ersten Anzeichen sieht, kämpft er dagegen, indem er gegen die Schönredner und Schönfärber wettert und dem Steinschnitt viele Kapitel widmet.

Immer wieder warnt er auch die Auftraggeber vor Architekten, die zu sinnlosen Neubauten raten, weil ihnen Umbauten zu schwierig scheinen, und dem Bauherrn Dinge einreden, die er nicht bezahlen kann und die unnütz sind. Es ist ein deutlicher Reflex der Alberti-Lektüre, wenn de l'Orme die ägyptischen Pyramiden verurteilt; statt Paläste zu bauen, wäre es manchmal gescheiter, Krankenhäuser, Asyle und Schulen zu stiften (folio 129 verso und 130 recto).

Hier wie auch im Folgenden scheinen sowohl Albertis Begriff der „mediocritas“ als auch Vitruvs Begriff des „decor“ auf. De l'Orme wird geradezu heftig, wo er Bauherrn niederen Standes davor warnt,

Abb. 15. Der schlechte Architekt. Holzschnitt nach Zeichnung von de l'Orme. Aus Philibert de l'Orme: *Architecture.* Rouen 1648, folio 328 recto.

die Könige und Fürsten nachzuahmen. Er geißelt solche Hybris und prophezeit gerechte Strafe.

De l'Orme hat nicht nur in bewegten Worten, sondern auch im wörtlichen Sinn ein Berufsbild entworfen, das voll von emblematischen Anspielungen steckt (Abb. 15). Den schlechten Architekten karikiert er wie folgt (folio 327 verso): „Wahrhaftig, der schlechte Architekt gleicht der Darstellung eines Mannes, wie ich ihn hier nachstehend abbilde. Er ist gekleidet wie ein Weiser, sieht aber erhitzt und atemlos aus, als ob er unter großen Anstrengungen den Schritt beschleunigte; und nun findet er auf seinem Weg einige blanke Ochsenschädel, welche einen groben, schwerfälligen Geist bedeuten, ferner verschiedene Steine, die ihn stolpern lassen, und Dornbüsche, die seinen Rock festhalten und zerreißen. Der dargestellte Mann hat keine Hände, um zu zeigen, daß seinesgleichen nichts anzufassen weiß. Auch hat er keine Augen im Kopf, mit denen er sonst gute Unternehmungen wahrnehmen und beurteilen könnte; ebenso fehlen ihm die Ohren, mit denen man sonst die Stimmen der Weisen hört und anhört; nicht weniger fehlt im die Nase, weil er ja keinen Riecher für das Wohlgeratene haben muß. Kurz gesagt, er hat in seinem Gesicht nur einen Mund, um damit zu schwatzen und üble Nachrede zu führen, darüber die Kopfbedeckung der Weisen und überhaupt die Kleidung der Weisen, um sich als großer Gelehrter zu gebärden und die Miene eines Biedermannes aufzusetzen, damit man groß von ihm denke, gute Meinungen von ihm hege und ihn für angesehen halte. Der Leser möge glauben und sich vergewissern, daß solche Männer nicht allein die wahrhaft klugen Architekten hassen, sondern alle rechtschaffenen Menschen, ja geradezu die Tugenden selbst. Aus Angst jedoch, ihrer Fehler wegen verjagt zu werden, schwärzen sie unentwegt die anderen Architekten bei ihren Bauherren an, um deren Vertrauen und schließlich die Aufsicht über das kritisierte Werk zu gewinnen – alles durch Verleugnung und Verdächtigung. Ich habe es erfahren, daß dies der Grund für manches Unheil ist, das nicht allein dem Architekten, sondern auch dem Bauherrn und dem Bau widerfährt."

De l'Ormes Berufsbild wäre nicht vollständig, wenn wir nicht den lehrhaften Ton erwähnten, mit dem er sich an die Jugend wendet. So betont er (folio 87 recto), daß Bücherwissen bei weitem nicht das Vergnügen und die Sicherheit verschaffe, die man aus den selbst erprobten oder auf dem Bauplatz vorgezeigten Dingen zieht. Später erzählt er (folio 125 recto), wie er sich beim Bau von Schloß Anet Steinmetzen herangezogen habe, die imstande waren, die schwierigsten Werkstücke auszuführen. Er scheint indessen zuweilen auch mit Steinmetzen üble

Erfahrungen gemacht zu haben; denn er warnt davor, Profilschablonen zu entwenden, statt sie abzuzeichnen oder nach dem ausgeführten Werkstück zu skizzieren (folio 156 recto). De l'Orme bildet zahlreiche Aufnahmen nach antiken Werkstücken ab, aber nicht, um jede Erfindungskraft zu ersticken, sondern im Gegenteil, um Anregung zu weiteren Erfindungen zu geben (folio 213 recto): « Ainsi que le jeune apprentif les contre-faisant avec le crayon, ou la plume, en fait les desseings, pour trouver de luy-mesme quelques bonnes inventions, apres en avoir designé plusieurs. »

Die Entwurfslehre Philibert de l'Ormes steht vielleicht noch mehr als sein Berufsbild unter dem Zeichen des Stilwechsels von der Gotik zur Renaissance. De l'Orme überschätzte sich nicht, wenn er sich zu den ersten Renaissancearchitekten Frankreichs zählte. Mit ihm begann eine bis ins 19. Jahrhundert nicht mehr abbrechende Reihe von französischen Architekten, die sich in Italien an den Denkmälern der Antike und des 16. Jahrhunderts die Anregung holten. Die erste Erwähnung der Renaissance geschieht freilich unter negativem Vorzeichen. Sie ist für de l'Orme die große Verführerin zum Luxus und zum Bankrott. Der Bauherr, sagt er, in der Begierde, was ihn schön dünkt zu haben und die schönen Häuser der Fürsten nachzuahmen, überschlägt seine Mittel nicht und verschwendet sein Vermögen. Das begann, schreibt er (folio 7 recto), vor 25–30 Jahren. Rechnet man vom Erscheinen der ersten Ausgabe der *Architecture* (1567) 25 Jahre zurück, so kommt man auf das Jahr 1542. Ich brauche lediglich daran zu erinnern, daß seit 1541 Serlio, Vignola und Primaticcio in Fontainebleau weilten, um die Bedeutung dieses Satzes klarzumachen. De l'Orme war ja selbst an Schloß Fontainebleau tätig und berichtet davon auch in seinem Traktat (folio 85 recto und 125 recto). Von Sebastiano Serlio sagt de l'Orme (folio 202 verso): „Er war es, der den Franzosen durch seine Bücher und Zeichnungen Kenntnis von der Antike und verschiedenen schönen Erfindungen gab. Er war ein guter, aufrechter Mann; so habe ich ihn gekannt, und als das verdient er genannt zu werden, da er zur Verfügung stellte und veröffentlichte, was er von der Antike gesehen, vermessen und gelernt hatte."

Vor dem Hintergrund von Fontainebleau schildert de l'Orme seine eigene Rolle nach der Rückkehr aus Italien, 1536, und nach seiner Übersiedlung nach Paris, 1540 (folio 142 verso): Die Werkleute seien an die französische Bauart (la mode françoise) gewöhnt gewesen, als er für den Kardinal du Bellay das Schloß Saint-Maur bei Paris zu bauen begann. „Nun aber ist diese barbarische Machart (façon) bei den Werkleuten ausgetrieben, die alsbald diejenige besser fanden, welche ich vor mehr als 30 Jahren nach Frankreich gebracht und ihnen vorgezeigt hatte."

Der Steinmetzensohn kann indessen den Stolz auf sein Können nicht verbergen und beschreibt in aller Umständlichkeit und mit allen Fachwörtern die gotische Wölbung mit Kreuzrippen und Rippennetzen. Wer heute eine gewisse Kenntnis der Architektur habe, benutze diese Wölbungssysteme nicht mehr; aber er wolle diese « mode françoise » nicht verachten, denn sie basiere auf einer hervorragenden Kenntnis des Steinschnitts (folio 107 recto). Das ist alles andere als ein Lippenbekenntnis; de l'Orme hat seine Beherrschung der Gotik unter Beweis gestellt. Im Jahre 1548 erhielt er den Auftrag, die aus dem 14. Jahrhundert stammende Schloßkapelle von Vincennes bei Paris zu vollenden. Die Vollendung des bereits begonnenen Gewölbes war dabei eine nur technische Leistung, da sich de l'Orme genau an die bestehenden Gewölbe halten konnte. Anders war es bei der Westempore, die er nach dem Prinzip der Konformität so geschickt einbaute, daß sie nur ein guter Kenner der französischen Gotik als Werk des 16. Jahrhunderts zu erkennen vermag (vgl. Blunt, 1958, S. 76 und Taf. 50 a).

De l'Orme hat die Renaissance schon in der Jugend kennengelernt und verfügt deshalb frei und unbekümmert über den neuen Formenschatz. Da ist nichts von der Ängstlichkeit des Konvertierten, der sich an ein Dogma klammert. Er stützt sich zwar immer wieder auf Vitruv, widerspricht ihm aber auch zuweilen und behauptet schlechtweg, der konfuse Aufbau von Vitruvs *Zehn Büchern* mache es wahrscheinlich, daß dieser sein Werk nicht richtig habe vollenden können oder daß der Text verstümmelt überliefert sei. Er nahm sich sogar vor, eine bereinigte Vitruv-Ausgabe zu schaffen.

Für die harmonischen Proportionen gilt ihm nicht Vitruv als erste Autorität, sondern die Heilige Schrift, die bekanntlich zahlreiche Baubeschreibungen enthält. Schon 1525 hatte der Venezianer Francesco Giorgi einen Folianten über die Harmonie des Weltalls veröffentlicht, „in welchem christliche Lehre und neuplatonische Weisheit verschmolzen waren und der alte Glaube an die mystische Kraft gewisser Zahlen neu bestärkt wurde" (Wittkower, 1969, S. 84). „Während Francesco Giorgi die Bibel als Beweismittel für die Geltung des pythagoräisch-platonischen Systems musikalischer Proportionen gebrauchte, versuchte Philibert de l'Orme, der französische Architekt, der mit dem Kreis in Venedig in Verbindung stand, systematisch die im Alten Testament enthüllten Proportionen in die Praxis umzusetzen: ‚les divines proportions venues du ciel' " (ebd., S. 98 f.). Um 1600 sollte dann der

Spanier Giovan Battista Villalpando in seinem Ezechielkommentar die Verschmelzung biblischer und pythagoräischer Zahlenharmonien fortsetzen.

De l'Orme erwähnt den Namen von Francesco Giorgi nicht; es darf aber als sicher gelten, daß er dessen *Harmonia Mundi*, die 1544 in Paris nachgedruckt wurde, kannte und im geplanten zweiten Band seiner *Architecture* besprechen wollte.

Bemerkenswert ist seine Antwort auf die Frage, warum die Säulenordnungen der Antike untereinander nicht übereinstimmen. Nach seiner Meinung kam es den alten Römern nicht so sehr auf die Maßverhältnisse an als auf die Maße selbst und das Verhältnis zum Bau. Anders gesagt: Eine korinthische Säule muß anders proportioniert sein, je nachdem sie klein oder groß gebildet, tief oder hoch angebracht ist. Als Kronzeugen ruft er die drei verschiedenen Arten von korinthischen Säulen des Pantheons auf, die er selbst vermessen hat und die er im Traktat mit den Meßzahlen vorstellt (folio 186 verso und passim). Um dieselbe Zeit, da de l'Orme dies in Frankreich schrieb, verfocht in Italien, mit Berufung auf Michelangelo, Giorgio Vasari die Meinung, das Pantheon sei von drei aufeinanderfolgenden Architekten gebaut worden (*Vite,* hrsg. von Milanesi, IV, S. 512).

Die Zahl der Säulenordnungen läßt sich nach de l'Orme beliebig erweitern, und der Erfindungsgabe des Architekten sind keine anderen Grenzen gesetzt als die menschlichen und göttlichen Proportionen. Er hat selbst zwei neue Säulenordnungen vorgeschlagen: die „französische" Ordnung und die Baumstammordnung (Abb. 16).

Das Prinzip der Baumstammordnung hat schon Alberti beschrieben; Martini hat Baumstammsäulen in zwei Varianten gezeichnet; Bramante errichtete vier Baumstammsäulen in Sant'Ambrogio in Mailand; spätgotische Architekten verwandelten Pfeiler und Profile in entästete Stämme und Zweige. Um eine Erfindung handelte es sich also nicht, wohl aber um die erste bildliche Darstellung in einem gedruckten Traktat. De l'Orme beruft sich ausschließlich auf Natur und Geschichte: „Warum sollte es nicht erlaubt sein, frage ich den Leser, in Nachahmung der Natur selbst uns der ersten Form der Säulen zu bedienen, die aus Bäumen gezogen ist (folio 217 verso)?" Ja, er sieht als Vorhalle eines Hauses einen kleinen Säulenwald vor sich.

Aber auch für die „französische" Ordnung stützt sich de l'Orme auf die Autorität der Natur. Die Baumstammsäule bildet in Stein nach, was die Natur in Holz vorgebildet hat; bei der französischen Säule geht es um die Natur der Sache, um das von der Natur gegebene Baumaterial. Frankreichs beste Steinbrüche sind Kalksteinbrüche, aus denen

Abb. 16. Baumstammsäule. Aus Philibert de l'Orme: *Architecture.* Rouen 1648, folio 213 recto.

man nur selten Monolithsäulen gewinnen kann. Überdies trägt der Stein weniger, wenn er im Bau anders liegt als in der Natur, wenn er, wie der Franzose sagt, „en délit" verwendet wird. Es ist deshalb natürlich, Säulenschäfte aus Trommeln zusammenzusetzen. Die „Erfindung" de l'Ormes besteht darin, die Fugen unter Schaftringen zu verstecken. Er hätte sich für diese „Erfindung" auch auf die Schaftringsäulen der heimischen Frühgotik oder auf die Rustikabänderung manieristischer Säulen berufen können. Aber erst die Ableitung aus den in Frankreich von der Natur gegebenen Steinen gibt ihm das Recht, seine Erfindung „französische" Ordnung zu nennen (folio 216 verso). Sein Nationalgefühl steht in der Tradition Albertis, der das Kompositkapitell „capitulum italicum" tauft, und der Toskaner, die sich einer eigenen Ordnung rühmen. Der Anreiz zur „Erfindung" nationaler Ordnungen ist schon in Vitruvs Terminologie angelegt.

Die französische „Ordnung" ist keine Ordnung im Sinne der bei Vignola bereits fixierten Begriffsscheidung, da sie in allen Proportionen und mit allen Kapitellen verwendet werden kann, ganz wie Serlios „opera rustica". Wir können umgekehrt schließen, daß für de l'Orme das Wort „ordre" ein weiteres Bedeutungsfeld abdeckte als das italienische „ordine" seiner Zeitgenossen. Dieser läßt sich oft mit „System" übersetzen, jenes eher mit „Anordnung".

Die Erfindung einer nationalen Ordnung hat von de l'Orme bis ins 18. Jahrhundert die französischen Künstler nicht mehr losgelassen; sie bildete den Auftakt zur „Nationalisierung" historischer Baustile im Historismus. Voraussetzung solcher Bemühung blieb stets, daß man den Formen eine Bedeutung beimaß und sie als Bedeutungsträger einsetzte. De l'Orme gehörte zu denjenigen, die Vitruvs Charakterisierung der Säulenordnungen auf moderne Bauaufgaben anwandten. Als er 1564 für die Königin Katharina von Medici die Tuilerien zu bauen begann, wählte er für das Erdgeschoß die ionische Ordnung. Er gibt dafür zwei Gründe an (folio 155 verso): Erstens war die ionische Ordnung noch etwas Ungewohntes, und er wollte ein Exempel statuieren; zweitens schickte sich die ionische Ordnung als die weibliche, in den Proportionen und im Schmuck hohen Frauen und Göttinnen nachgebildete Ordnung für den Palast der Königin und Königinmutter. Philibert de l'Orme, sagt Forssman (1956, S. 83), „dürfte uns das erste gedruckte Beispiel dafür geliefert haben, wie ein Architekt außerhalb Italiens sich der klassischen Ordnungen als Ausdrucksmittel bediente".

Von den bisher betrachteten Theoretikern ist Philibert de l'Orme der erste, der in einem vollständigen Architekturtraktat auf den Städtebau verzichten zu können glaubt. Darin spiegelt sich nicht so sehr etwas spezifisch Französisches als etwas Zeittypisches. Städtebau stand seit dem späten 15. Jahrhundert im Zeichen des Mars. Die universalen Geister der Hochrenaissance, darunter Leonardo, Michelangelo und Albrecht Dürer, der 1527 eine Befestigungslehre veröffentlicht hat, beschäftigten sich eingehend mit der Kriegsbaukunst. Mehr und mehr traten aber die Berufe, die Martini noch mühelos vereinigt hatte, auseinander.

Dagegen beherrscht Philibert de l'Orme Steinmetzen- und Zimmermannshandwerk und betrachtet mindestens das erste als Teil der Architektenausbildung. Er steht damit in der mittelalterlichen, nördlich der Alpen oft bis ins 19. Jahrhundert fortgesetzten Überlieferung, die vom bloß entwerfenden Architekten verlangt, daß er eine Grundschulung als Bauhandwerker genossen habe. Palladio, ein genauer Zeitgenosse des Franzosen, dachte anders.

4. Palladio

Wie bei seinen Altersgenossen Vignola und de l'Orme halten sich bei Palladio Theorie und Praxis die Waage. Sein Name ist mit einem Stil und einer Baugattung verknüpft: Palladianismus nennt man die von ihm erreichte und verbreitete unerhörte Einschmelzung des Antikenverständnisses in die Baupraxis; die Gattung der Villa, das freistehende Privathaus, verdankt seinem Schaffen einen unerschöpflichen Vorbilderschatz. Beides, Stil und Baugattung, wurden durch seine *Quattro libri* bekannt.

Das Schrifttum über Palladio ist umfangreich: Lionello Puppi hat es in seiner Monographie aufgeführt und kritisch verarbeitet, in der deutschen Ausgabe von 1977 mit Nachträgen bis zum Vorjahr. Ursel Bergers Dissertation über Palladios Frühwerk (1978) war 1975 abgeschlossen und konnte seither Geschriebenes nur teilweise einbeziehen. Als Handbuch kann Martin Kubelíks kenntnisreicher deutschsprachiger Katalog zu der 1973 zusammengestellten Wanderausstellung dienen ([3]1975). Zur Einführung in Palladios Praxis und Theorie empfehle ich Erik Forssmans palladianisch-knapp gehaltenes Buch mit dem Titel *Palladios Lehrgebäude* (1965).

Andrea Palladio (1508–1580) wurde als Sohn des Piero dalla Gondola, eines Müllers, in Padua geboren und deshalb in seiner Jugend Andrea di Piero genannt. Seinen Humanistennamen finden wir seit 1540. Er wurde 1521 in eine Steinmetzenlehre gegeben, wechselte von Padua nach Vicenza über und wurde möglicherweise schon früh als Entwerfer und Bauführer eingesetzt. Um 1537–1538 machte er sich als

Architekt selbständig. In den 1530er Jahren zog ihn der Diplomat, Humanist und Dichter Giangiorgio Trissino in seine Nähe, der selbst das Bruchstück eines Architekturtraktates verfaßt hat und den Palladio 1541 und wiederum 1545–1547 auf Romreisen begleitete. Palladio nahm vor allem antike Bauten auf und ergänzte seine Sammlung durch fremde Aufnahmen. 1549 fuhr er erneut nach Rom, 1550 starb sein Gönner Trissino. In diesem oder den folgenden Jahren lernte Palladio einen anderen Diplomaten und Humanisten kennen, Daniele Barbaro, der eben von England zurückgekehrt war und sich die Aufgabe stellte, den Vitruv neu zu übersetzen; Palladio wurde dabei sein Mitarbeiter, nicht nur als Illustrator, sondern auch beim Kommentar, wie Barbaro dankbar anerkennt. 1554 besuchten Barbaro und Palladio Rom, 1556 erschien die Vitruvausgabe, die alle früheren in den Schatten stellte, um 1557 begann Palladio den Bau der Villa Barbaro in Masèr (Datierung und Autorschaft umstritten). Die Brüder Daniele und Marcantonio Barbaro stellten auch eine wichtige Verbindung zur Führungsschicht Venedigs dar, der Palladio immer größere Aufträge verdankte, bis er 1570 zum architektonischen Berater der Lagunenrepublik ernannt wurde. Er starb 1580, wahrscheinlich in Vicenza.

Hier soll nur von Palladios Architekturtraktat die Rede sein, genauer: von seinem theoretischen Gehalt. Die bei Palladio besonders brennende Frage, wie sich Theorie und Praxis zueinander verhalten, kommt dabei zu kurz.

Der Architekturtraktat, *I quattro libri dell'architettura,* zuerst 1570 in Vorabdrucken erschienen und im gleichen Jahre zu einem Band zusammengefaßt, sind ein Fragment. Buch I behandelt Material, Mauerkonstruktion und Säulenordnungen, Buch II Stadt- und Landhäuser nach Palladios Entwürfen sowie Rekonstruktionen antiker Häuser nach den Schriftquellen, Buch III ausgewählte Kapitel des Städtebaues und öffentliche Bauten in Antike und Gegenwart, Buch IV antike Tempel in Bauaufnahmen und Rekonstruktionen, frühchristliche Zentralbauten und Bramantes Tempietto (Abb. 13, S. 107).

Palladio wollte außerdem behandeln: „Theater, Amphitheater, Triumphbögen, Thermen, Aquädukte und schließlich Stadtbefestigungen und -tore" (Buch I, S. 6). Alvise Cornaro, wie Trissino ein bedeutender Humanist des Veneto, schrieb in den 1540er Jahren in seinem eigenen, ebenfalls unvollendeten Architekturtraktat (nach Berger, 1978, S. 20): „Ich werde nichts über Theater, Amphitheater und Thermen schreiben, auch nicht, wie man eine neue Stadt anlegt, denn dies kommt nie vor, und jene Baugattungen sind nicht mehr in Übung, wohl aber von dem göttlichen Vitruv und dem großen Leon Battista

Alberti hinreichend behandelt worden." Daß Palladio einen Teil der „libri dell'antichità", die von langer Hand vorbereitet waren, und das Buch über Stadtbefestigungen zurückstellte, dürfte ähnliche Gründe haben; außerdem wurde das Festungswesen zunehmend ein Sonderfach.

Palladio, in den 1540er Jahren vor allem Architekt von Privathäusern, mag damals an ein Musterbuch zu dieser Bauaufgabe gedacht und einige der erhaltengebliebenen Entwürfe im Hinblick auf das geplante Buch gezeichnet haben; 1541 wäre auch eine für beide Männer anregende Begegnung mit Serlio möglich; im Vitruvkommentar von 1556 verspricht Barbaro das baldige Erscheinen eines „libro delle case private" des Palladio (Berger, 1978, S. 62–92).

Das Bruchstück, das dann 1570 veröffentlicht wurde, war immer noch umfassend und eindrücklich genug, um Palladios Ruhm durch Europa und durch die Jahrhunderte zu tragen. Einsicht in Wesen und Umfang des Palladianismus gewinnt man aus Rudolf Wittkowers *Palladio and Palladianism* (1974), einer Sammlung von zumeist früher veröffentlichten Studien, ferner aus der Jahresschrift *Bolletino del Centro internazionale di studi di architettura ‚Andrea Palladio'*.

Eine vollständige französische Übersetzung der *Quattro libri* erschien 1650, eine auf Band I und II beschränkte deutsche 1698, die erste vollständige englische 1721. Auch in französischer und englischer Übersetzung erschienen zuvor nur Bruchstücke: die *Quattro libri* zum Säulenbuch verkümmert. Ich benutze im Folgenden die Erstausgabe von 1570, die seit 1945 immer wieder nachgedruckt worden ist, und übersetze selbst.

Im Gegensatz zu vielen Vorgängern betrachtet Palladio den Vitruv nicht als schlechthin gültige Autorität, sondern als Schlüssel zum Verständnis der antiken Architektur, die ihm mehr Vorbild als Autorität ist. Bezeichnenderweise fehlt deshalb die immer wieder abgeschriebene, umgeformte und umgedeutete Liste von Kenntnissen, die Vitruv dem Berufsbild des Architekten zugrunde legt. Vieles, was wir von Palladios Berufsideal erfahren, erfahren wir aus Hinweisen auf die eigene Tätigkeit; dabei verschweigt Palladio seine handwerklichen Anfänge, obwohl die ersten drei Bücher zahlreiche handwerklich-konstruktive Kenntnisse vermitteln. Die Betonung liegt vielmehr auf dem Gleichgewicht zwischen Antikenstudium und Bauaufträgen. In der Widmung der beiden ersten Bücher an den Grafen Giacomo Angarano schreibt Palladio (Buch I, S. 3):

„Seit meiner Jugend habe ich an den Dingen der Architektur große Freude gefunden. Deshalb habe ich nicht nur in langjährigem, anstrengendem Studium die Bücher derer gelesen, die diese edle Wissenschaft mit glücklichem Ingenium um hervorragende Lehren bereichert haben, sondern mich auch einige Male nach Rom sowie anderen Städten Italiens und des Auslandes begeben, wo ich die Überreste vieler antiker Bauten mit eigenen Augen gesehen und eigenhändig ausgemessen habe. Was davon bis in unsere Zeit aufrechtsteht, bietet durch die Zerstörungen ein Schaustück barbarischer Roheit, in den gewaltigen Ruinen aber auch ein deutliches und erhabenes Zeugnis der römischen Tugend und Größe. Das feuerte mich zu den besten Studien an, das schulte mich, das lenkte alle meine hoffnungsvollen Gedanken in diese eine Richtung, und so stellte ich mir die Aufgabe, die notwendigen Anleitungen für jedes edle Talent niederzuschreiben, das schön und elegant zu bauen wünscht, ferner manche der Bauten im Bild zu zeigen, die von mir an verschiedenen Orten errichtet (ordinate) worden sind, ebenso alle antiken Bauten, die ich bisher gesehen habe." Er bekennt sodann, daß ihm der Himmel bei den Aufträgen für die Privathäuser günstig gewesen sei, die er im Zweiten Buch behandelt, und er glaubt sagen zu dürfen, darin in die Dinge der Architektur soviel Licht getragen zu haben, daß es in Zukunft leicht sein werde, den Bauten die wahre Schönheit und Eleganz der Alten zu geben.

Der Ausdruck „Dinge der Architektur" (cose di architettura) erinnert an Albertis Ausdrucksweise „res aedificatoria", und in der Tat ist Alberti der einzige Architekturtheoretiker, den Palladio neben Vitruv als Führer nennt (Buch I, S. 7); außer diesen erwähnt er Daniele Barbaro (Vitruvkommentar) und Pietro Cataneo (Säulen).

Zur Legende vom Künstler gehört es, daß Palladio keine Lehrer nennt, sondern sich als Naturtalent darstellt. Das Vorwort zum Ersten Buch (S. 5) hebt an mit dem Satz: „Von der natürlichen Neigung geleitet, gab ich mich schon in meinen ersten Jahren dem Studium der Architektur hin: stets war ich der Meinung, daß die alten Römer mit großem Abstand diejenigen übertrafen, die nach ihnen kamen, und zwar wie in vielen anderen Dingen so auch in der Architektur. Darum wählte ich mir als Meister und Führer Vitruv, den einzigen antiken Architekturschriftsteller, und begann Untersuchungen über die Ruinen antiker Bauten."

Palladio anerkennt die Verdienste bedeutender Architekten seiner Vätergeneration um die Wiedergeburt der Architektur und nennt: Donato Bramante, Michelangelo, Jacopo Sansovino, Baldassare Peruzzi, Antonio da Sangallo d. J., Michele Sanmicheli und Sebastiano Serlio, von den Generationsgenossen unter anderen Vignola und Giorgio Vasari (Buch IV, S. 64). Gleichwohl sieht er sich selbst als Pionier, auch darin ein Mitbegründer der neuzeitlichen Legende vom Künstler. Der entscheidende Satz leitet das Kapitel ein, wo Palladio die von ihm erbauten Stadtpaläste vorstellt (Buch II, S. 4):

„Ich bin sicher", schreibt er, „von allen denen für waghalsig gehalten zu werden, welche die nachfolgenden Werke sehen und wissen, wie schwer es hält, neue Gepflogenheiten einzuführen, vor allem aber beim Bauen, wo sich jeder als Fachmann betrachtet. Ich habe indessen Edelleute von solch vornehmer, großzügiger Gesinnung und ausgezeichneter Urteilskraft gefunden, daß sie an meine Vernunftgründe glaubten und jenes frühere Bauen ohne Anmut und ohne jede Schönheit aufgaben. In Wahrheit kann ich Gott nicht genug danken (dem wir bei all unserem Tun dankbar sein sollten), weil er mir die große Gnade gewährt hat, manches von dem anwenden zu dürfen, was ich unter unsäglichen Mühen auf langen Reisen mit vielem Fleiß gelernt habe." Palladio erscheint als Pionier der „usanza nuova" im Palastbau, vielleicht darf man einschränken: im Palastbau des Veneto, auf das sich Palladios Architekturpraxis beschränkte, wenn wir von wenigen Ausnahmen absehen, so von den unbekannten Aufträgen des Herzogs Emanuel Philibert von Savoyen, dem Buch III und IV gewidmet sind.

Palladio hofft, daß dieser Gönner sein Werk „zum Vergnügen" (per sollazzo) lesen werde, sofern ihm die Staatsgeschäfte Zeit ließen. Er wendet sich jedoch überhaupt an Bauherren und Architekten zugleich. Bezeichnend dafür ist ein Satz aus dem Vorwort zum Dritten Buch, das Städtebau und öffentliche Bauten behandelt: „In diesen haben die Fürsten ein breites Feld, um aller Welt die Größe ihrer Gesinnung bekannt zu machen, die Architekten aber die günstige Gelegenheit zu zeigen, wie schöner und erstaunlicher Entwürfe (inuentioni) sie fähig sind." Privaten Bauherren verspricht Palladio von schönen Bauten ewiges Andenken (Buch I, S. 5). Seine Vicentiner Gönner und Auftraggeber nennt er „studiosissimi di quest'arte".

Offen bleibt die Verantwortung für die Bauaufsicht. Keinen Zweifel dagegen läßt Palladio an der Mitverantwortung des Architekten an der Wahl des Bauplatzes und am Raumprogramm. Es sei die Aufgabe des weisen Architekten, gewissenhaft den Bauplatz eines Gutshofes auszuwählen (Buch II, S. 45). Auch die Sorge um Bequemlichkeit wird dem Architekten übertragen, zumal die Beratung im Raumprogramm (Buch II, S. 3). Er soll auch die Rendite bedenken, die sich durch den Einbau von Geschäftslokalen in Privatpalästen erhöhen läßt (Buch II, S. 12; ähnlich Buch III, S. 25). Schließlich gehört in die Verantwortung des Architekten das Schickliche, das Palladio im Kapitel

Del decoro ò convenienza behandelt (Buch II, S. 3): „Man muß, wie ich gesagt habe, nach Möglichkeit auf den Stand des Bauherrn sehen, aber nicht so sehr auf sein Vermögen als auf die Baugattung, die ihm ansteht; dann wählt man das Raumprogramm und disponiert so, daß die Teile zum Ganzen und zueinander passen; schließlich bringt man den Schmuck an, der sich zu schicken scheint. Freilich muß sich der Architekt mehr dem Willen dessen fügen, der bezahlt, als dem, was sich eigentlich gehört."

Wer bezahlt befiehlt: Dadurch liegt die letzte Verantwortung beim Bauherrn, dem Palladio ans Herz legt, einen tüchtigen Architekten zu suchen (Buch IV, S. 3).

Zuweilen wird die Ideologie der Gesellschaft sichtbar, für die Palladio baut und schreibt. Aufschlußreich ist das Lob der Casa di Villa (Buch II, S. 45): „Stadthäuser bringen dem Edelmann gewiß Glanz und Bequemlichkeit; denn er wohnt da in all der Zeit, die er auf die Verwaltung der Republik und die Führung seiner eigenen Geschäfte verwendet. Nicht geringer sind aber vielleicht Nutzen und Freude, die er aus den Case di Villa schöpft, wo er die übrige Zeit verbringt, um seine Besitzungen zu sehen und zu verschönern sowie tätig und kundig den landwirtschaftlichen Ertrag zu fördern; in den Case di Villa behält der Körper auch leichter seine Gesundheit und Kraft, weil man sich da zu Fuß und zu Pferde übt; der Geist aber, durch die Aufregungen der Stadt ermüdet, erholt und tröstet sich und kann sich dem Lesen und der Betrachtung hingeben. An ähnliche Orte pflegten schon die Weisen des Altertums sich häufig zurückzuziehen." Als „Casa di Villa" bezeichnet Palladio das Herrenhaus eines Gutshofes. Die Schilderung des Landlebens klingt wie eine Zusammenfassung aus den Briefen des jüngeren Plinius, in denen er – ein einflußreicher Beamter – die Flucht aus Rom auf die Landgüter preist und damit eine Lebensform der Oberschicht im Veneto rechtfertigt. Antikisierende Bau- und Lebensform gehen Hand in Hand.

Im Zeitalter der Gegenreformation ist es auch nicht mehr möglich, unvermerkt von den antiken Tempeln zu den christlichen Kirchenbauten überzugehen, wiewohl das Wort „tempio" noch immer beide Bereiche deckt. Palladio preist die besondere Gnade Gottes, der die Christen aus der Dunkelheit befreit und vom Aberglauben erlöst hat (Buch IV, S. 5), und fährt fort: „Die Fassaden der Tempel sollen so gemacht werden, daß sie über den größten Teil der Stadt blicken, damit die Religion als Wächterin und Beschützerin über die Bürger gesetzt erscheine." Er schreibt auch, ohne die Religion könne sich die Kultur (Civiltà) nicht aufrechterhalten (Buch III, S. 6).

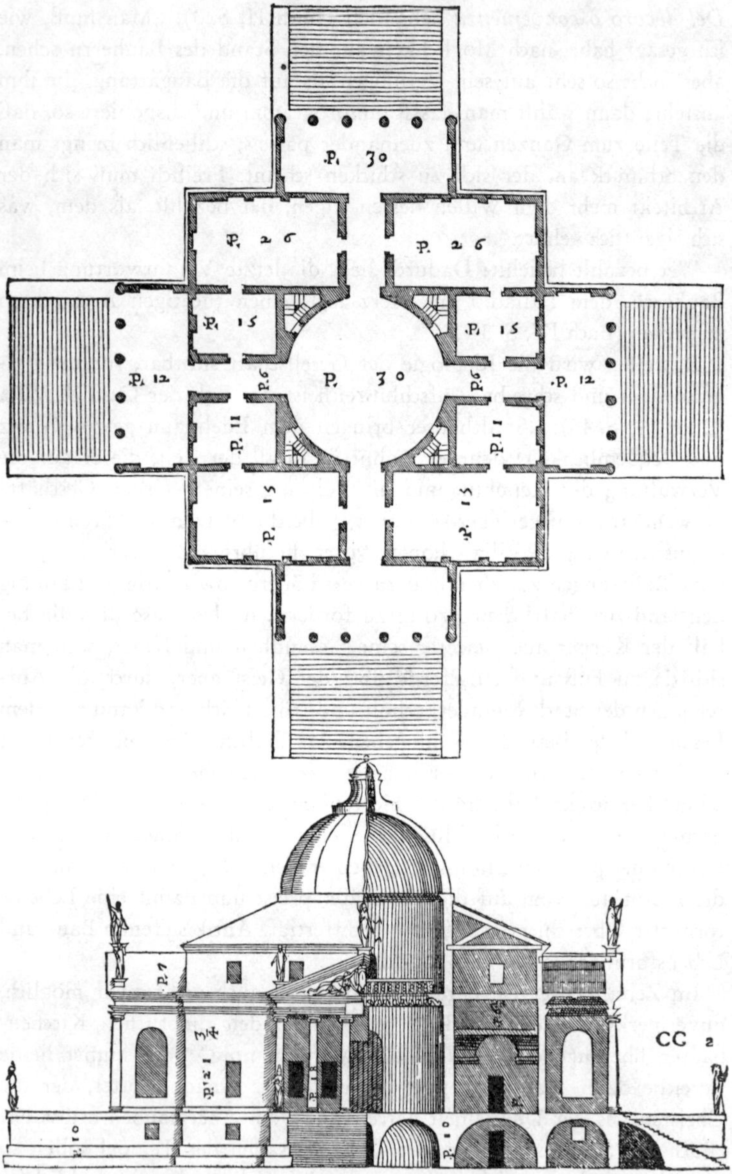

Abb. 17. Villa Rotonda (auch Villa Capra) bei Vicenza von Palladio (Bauzeit umstritten). Aus Andrea Palladio: *I quattro libri dell'architettura.* Venedig 1570, Buch II, S. 19.

Man sagt Palladio nach, er habe Formen, die bis dahin dem Kirchenbau vorbehalten waren, auf den Profanbau übertragen. Ist die Villa Rotonda (Abb. 17) mit Kuppelrotunde, Podium, vier Freitreppen und vier Tempelfronten nicht ein schlagendes Beispiel? Um Palladio zu verstehen, müssen wir untersuchen, in welcher Rangfolge er die Formen gesehen und wie er diese Rangfolge begründet hat.

Viele Renaissancetheoretiker fanden den Schlüssel für das Verhältnis von Makrokosmos und Mikrokosmos in den vitruvianischen Figuren des Mannes im Kreis und im Quadrat, der organische und geometrische Schönheit versöhnt. Palladio deutet die Metapher vom gotterschaffenen Menschen ins Hierarchische um (Buch II, S. 3): „Wie Gott, der Gebenedeite, unsere Körperglieder so angeordnet hat, daß die schönsten an sichtbarster Stelle sind und sich die weniger anständigen verbergen, so wollen wir selbst es beim Bauen halten: Wir plazieren die wichtigen und ansehnlichen Teile gut sichtbar, die weniger schönen dagegen verstecken wir nach Möglichkeit vor unseren Augen."

Palladio betrachtet den Makrokosmos als eine vollendete Maschine (Buch IV, S. 3); diese „questa bella machina del Mondo" – zeigt sich besonders in den wechselnden Jahreszeiten und in der „süßen Harmonie ihrer gemessenen Bewegung": „Wir können nicht zweifeln, daß die kleinen Tempel, die wir bauen, jenem gewaltigen Tempel gleichen müssen, den Gottes unendliche Güte mit einem einzigen Wort erschaffen hat, daß wir gehalten sind, in unseren Tempeln allen Schmuck anzubringen, dessen wir fähig sind, daß wir sie in der Weise und mit solchen Proportionen errichten sollen, daß alle Teile zusammen eine süße Harmonie in die Augen der Betrachter tragen und jeder Teil für sich seiner Bestimmung angemessen diene."

Unter dem Gesichtspunkt der Bewegung sieht Palladio auch die Kreisform (Buch IV, S. 6): „Tempel werden rund, quadratisch, sechseckig, achteckig und so fort gebaut, in Formen also, die im Kreis beschlossen sind; auch kreuzförmig und in verschiedenen anderen Formen und Figuren, welche die Menschen erfinden. Lob verdienen alle, die sich durch schöne, angemessene Proportionen und durch eine elegante, wohlgeschmückte Architektur auszeichnen. Die schönsten und regelmäßigsten Formen aber, von denen die anderen ihre Maße ableiten, sind Kreis und Quadrat." Kreisförmige Tempel hätten die Alten für Sol und Luna gebaut, weil diese sich um die Welt drehten, ebenso für Vesta als Göttin der Erde, „weil die Erde bekanntlich rund ist". Auch die Säulenordnungen seien Göttern und Göttergruppen zugeordnet gewesen. „Wir aber, die wir nicht mehr die falschen Götter haben, wählen die vollendetste und erhabenste Form der Tempel, weil nur diese sich schickt. Da aber die Kreisform allein unter allen Formen einfach, einheitlich, ausgeglichen, stark und geräumig ist, bauen wir die Tempel rund [...]; denn diese Form, wo sich das Entfernteste überall gleich weit vom Mittelpunkt entfernt befindet, ist aufs höchste geeignet, die Einheit, die Unendlichkeit, die Einheitlichkeit und die Gerechtigkeit Gottes zu zeigen."

Palladio selbst hat für den Grundriß der Kirche San Giorgio Maggiore in Venedig die Kreuzform gewählt; denn Langhaus und Querhaus „stellen mit der Form des Kreuzes vor den Augen der Betrachter jenes Holz dar, an dem unser Heiland hing" (Buch IV, S. 7). Das Kreuzesholz, nicht der Gekreuzigte selbst, stellt sich im kreuzförmigen Kirchenbau dar; auch hier also ein Verzicht auf den Anthropomorphismus des Quattrocento, der dann nach Palladio wieder aufleben wird.

In der Beschreibung des Pantheons wiederholt Palladio den Gedanken, daß Kreis und Kugel die „figura del Mondo" seien (Buch IV, S. 73). Bei der Beschreibung der Villa Rotonda wird dagegen die Wahl der Kuppelrotunde für den Hauptsaal nicht begründet, wenn man davon absieht, daß Palladio den Rang seines Auftraggebers, eines kirchlichen Würdenträgers, geflissentlich hervorhebt. Freilich war die Kreisform für Räume von Palastbauten im Entwurfswesen schon lange geläufig, wie man bei Martini sehen kann (Abb. 11, S. 86).

Palladio kennt andere Abstufungen. Einem Kirchenbau gebührt kostbares Material. Dieser Forderung steht indessen Palladios Auffassung gegenüber, daß sich die weiße Farbe für Kirchen am besten schicke, jedenfalls besser als Malereien, welche die Andacht zerstreuen. Schließlich sollen die Kirchen größere Säulen erhalten, als andere Bauten sie erheischen (Buch IV, S. 7). Immer stehen in der Argumentation die Andacht der Gläubigen und die sichtbare Hierarchie der Baugattungen vor der Ehre Gottes.

Im Gegensatz zu Philibert de l'Orme, der die ionische Ordnung am Palais des Tuileries damit begründet, daß der Königin und Königinmutter die weibliche Ordnung gebühre, referieren die *Quattro libri* nur Vitruvs Zuordnungen an die Götter und Heroen und den Grundsatz „di seruare il Decoro" (Buch IV, S. 6). Dagegen fehlt jede Begründung der Säulenwahl bei Palladios eigenen Entwürfen. Diese selbst verraten freilich, daß Palladio mit der reichen korinthischen Ordnung, aber auch mit Kolossalordnungen sparsam umging und an Privathäusern gerne die ionische Ordnung sah, „die zwischen Dorisch und Korinthisch die Mitte hält" (ebd.). Für die schönste und regelmäßigste hält er die Kompositordnung (Buch I, S. 44).

Palladios besondere Liebe gilt der Tempelfront. Schon in Daniele Barbaros Vitruvausgabe zeigt sich das von Palladio rekonstruierte antike Haus von einer Tempelfront geschmückt. Ebenso rekonstruiert Palladio in den *Quattro libri* das antike Landhaus nach Vitruvs Beschreibung mit einer Tempelfront. Gestützt darauf schreibt er (Buch II, S. 69): „In allen Landhäusern (fabriche di Villa) wie auch in einigen Stadtpalästen habe ich im Gegensatz zu den Alten das Frontispiz auf die Vorderseite gesetzt, wo die Hauptportale sind; denn solche Frontispize zeigen den Eingang des Hauses an und unterstreichen Größe und Pracht des Werkes; dadurch gewinnt die Vorderfront an Bedeutung. Außerdem kommen Frontispize sehr gelegen für das Anbringen von Insignien und Wappen der Bauherren, die man in der Mitte der Fassade anzubringen pflegt. Solche Frontispize verwendeten auch die Alten, wie man an den überkommenen Tempeln und anderen öffentlichen Gebäuden sieht [. . .]. Wahrscheinlich entnahmen sie Erfindung und Begründung der Frontispize den Privatbauten, das heißt den Häusern." Aus dieser wie auch aus anderen Stellen läßt sich erkennen, daß Palladio mit „frontispicio" nicht die ganze Tempelfront, sondern nur den Tempelgiebel bezeichnet. Die Tempelfront als Ganzes nennt er „frontispicio sopra loggie"; sie bieten einen herrlichen Anblick, weil sie den Mittelteil gegenüber den Flanken hervorheben (Buch II, S. 48 und 77). Auch Portikusflügel, die Herrenhaus und Ökonomiebauten verbinden, tragen in Palladios Augen zum Schmuck bei (Buch II, S. 46).

Hinter Palladios Ableitung der Tempelfront aus dem Hausbau steht die Theorie Vitruvs, der die Entstehung der Architektur aus dem Hausbau schildert. In seinem erhellenden Büchlein über die Villa Foscari hat Erik Forssman Palladios Bedürfnis nach Legitimation so umschrieben (1973, S. 37): „Er wünschte an seinen Villen als Front einen monumentalen Portikus zu haben und erfand deshalb einen antiken Vorläufer. Das ist typisch für seinen gesamten ‚Klassizismus', der nicht imitativ, sondern kreativ ist."

Palladio spricht ausführlicher als andere Theoretiker über die Säulenzwischenräume. Vitruv nennt einen Bau mit Interkolumnien von $2^1/_4$ Modul „eustylus", den Schönsäuligen (Buch III, Kapitel 3). Palladio folgt Vitruvs Empfehlung; auch er betrachtet einen Zwischenraum von $2^1/_4$ Säulendicke zwischen den Säulen als den schönsten (Abb. 2, S. 24). Anders als Vitruv verknüpft er jedoch Säulenproportion und Interkolumnium zu einem System: Je dicker die Säulen, desto größer dürfen die Zwischenräume sein.

Vitruvkommentar, Antikenstudium und modernes Systemdenken fließen unmerklich zusammen, wie folgender Satz zeigt (Buch I, S. 16):

Ordnung	Höhe der Säule in Ø	Interkolumnium in Ø
toskanisch	7	4
dorisch	7 1/2	2 3/4
ionisch	9	2 1/4
korinthisch	9 1/2	2
komposit	10	1 1/2

„Die Interkolumnien wurden von den Alten nicht größer als drei Säulendurchmesser gemacht, außer bei der toskanischen Ordnung, wo sie hölzerne Architrave legten und deshalb sehr breite Interkolumnien machen konnten; sie gingen umgekehrt nicht unter anderthalb Durchmesser, und dieses Zwischenraums bedienten sie sich vor allem bei sehr großen Säulen. Den höchsten Beifall fanden Zwischenräume von 2 1/4 Durchmessern, und diese nannten sie die schöne und anmutige Art der Interkolumnien. Man muß darauf hinweisen, daß zwischen den Interkolumnien und den Säulen selbst ein entsprechendes Maßverhältnis bestehen soll.“ Diese Maßverhältnisse überliefert Vitruv (Buch III, Kapitel 3); Palladios Leistung besteht darin, die Interkolumnien mit den Säulenordnungen zwar nicht als erster, aber gültig verbunden zu haben. Für die Kombination von Korinthia und Systylos beruft sich Palladio auf dasjenige römische Denkmal, das in der Renaissance am höchsten bewundert wurde: das Pantheon (Buch IV, S. 37).

Die genannten Verhältniszahlen beziehen sich ausschließlich auf Kolonnaden. Säulenarkaden, wie sie Spätantike und Frührenaissance liebten, vermeidet Palladio. Das einzige Beispiel in den *Quattro libri*, die Kirche Santa Costanza in Rom, ist so beschrieben und illustriert, daß der Unkundige das Arkadensystem nicht erkennt, und wird überdies mit der Bemerkung abgewertet, „dieser Tempel sei nicht in der guten Zeit gemacht worden, sondern unter der Regierung der letzten Kaiser“ (Buch IV, S. 86). Dagegen unterwirft Palladio die von Theaterbauten bekannte Säulenbogenstellung durch alle Ordnungen hindurch einem ebenfalls straffen System; aufs sorgfältigste ist hier auch der Steinschnitt eingezeichnet.

Das Verhältnis zwischen Säulendicke und Säulenzwischenraum steht bei Palladio in einem umfassenden System von Proportionen. Auf diesen gründet die Schönheit (Buch I, S. 6 f.): „Die Schönheit ergibt sich aus der schönen Form und aus der Entsprechung zwischen dem Ganzen und den Teilen, den Teilen untereinander und diesen zum Ganzen, dergestalt, daß die Gebäude einen vollständigen und vollendeten Körper zeigen, wo ein Glied zum anderen paßt und alle Glieder zu dem notwendig sind, was man beabsichtigt."

Wittkower hat als erster hervorgehoben, daß Palladio nicht nur die Proportionen von Wand und Volumen, sondern auch die Abfolge der volumetrischen Verhältnisse beobachtet und in ein System bringt; er spricht mit einem glücklichen Ausdruck vom « Fugato » in Palladios Proportionssystem (1969, S. 102). Dieser empfiehlt für Innenräume (sale, stanze) sieben Grundrißformen: Kreis („selten"), Quadrat und Rechtecke $1 : \sqrt{2}$, 3 : 4, 2 : 3, 3 : 5, 1 : 2 (Buch I, S. 52). Hier wie bei den vielfältigen Berechnungen für die Raumhöhe hält sich Palladio eng an Vitruv (Buch VI, Kapitel 3). Auch das „Fugato" ist dort vorgezeichnet.

Dank der Vielfalt der Raumhöhenberechnung ist es möglich, bei verschiedenem Grundriß gleiche Decken- oder Gewölbehöhen zu wahren, ohne aus dem Proportionssystem zu fallen, „woraus sich für das Auge Schönheit und für die Geschoßteilung Vorteile ergeben" (Buch I, S. 54). Wo die Rechnung gleichwohl nicht aufgeht, weiß Palladio andere Auskunftsmittel, so die „Sale di quattro Colonne", zumeist quadratische Räume, in denen vier wandnahe Säulen mit ihren Gebälken eine Art Umgang formen und so einen wohlproportionierten Mittelraum schaffen (Buch II, S. 36 und 54). Noch häufiger scheidet Palladio Halbgeschosse aus oder zieht den Hauptsaal durch zwei Geschosse (Abb. 17, S. 134). Der Zylinder des Kuppelsaals in der Villa Rotonda erhält so ein Verhältnis von 30 Fuß Durchmesser zu 40 Fuß Höhe, und diese wird durch den Konsolenkranz der Ringbrüstung halbiert. Die Maße, auf die es Palladio ankommt, sind angegeben oder leicht auszurechnen. Das Beispiel der Villa Rotonda zeigt nach kurzem Nachrechnen, daß bald die Mauerdicke mitgerechnet, bald die lichte Weite angegeben ist, damit das Proportionssystem leicht ablesbar bleibt; ähnliche Abweichungen zeigen die Bauten selbst (Forssman, 1973, S. 34).

Die Verbindung von Raumproportionen zum „Fugato" wird von Palladio nirgendwo erklärt. Wittkower (1969, S. 106) stützt sich in seiner Interpretation der in den *Quattro libri* angegebenen Zahlen auf den folgenden Satz (Buch II, S. 4): „Doch die großen Räume sollen so auf die mittleren bezogen sein und diese auf die kleinen, daß, wie schon gesagt, ein Teil des Gebäudes dem anderen entspricht, damit der ganze Organismus (corpo dell'edificio) eine Übereinstimmung der Glieder aufweist, die ihn vollkommen schön und anmutig macht." Auch anderswo ist von der Bedeutung der Raumfolge die Rede. Treppen sollen in weite, schöne, schmuckvolle Räume führen (Buch I, S. 60). Die Räume sollen durch Enfiladen miteinander verbunden sein, damit man durch alle Türen hindurch von einem Ende des Hauses zum anderen sehen kann (Buch I, S. 55).

Darin ist auch die perspektivische Wirkung angesprochen, auf die Palladio auch sonst aufmerksam macht. In der Beschreibung der Villa Rotonda wird nicht nur deutlich, daß ihre Lage Albertis Vorstellung von der „villa suburbana" im allgemeinen genau entspricht, sondern darüber hinaus, wie Palladio mit seinem Entwurf die herrliche Lage vor den Toren der Stadt Vicenza ausnutzt (Buch II, S. 18; vgl. Abb. 17, S. 134): „Die Lage gehört zu den anmutigsten und lieblichsten, die man finden kann. Das Haus liegt auf einer bequem zugänglichen Kuppe, deren eine Seite der schiffbare Fluß Bacchiglione benetzt, während die andere von den anmutigsten Hügeln umgeben wird, die wie ein großes Theater aussehen und wo die Kulturen von ausgezeichneten Früchten und allerbesten Trauben überquellen. Um nun von allen Seiten des Hauses aus den schönen Blick zu genießen, der bald enger, bald weiter ist, bald nur vom Horizont begrenzt wird, erhielten alle vier Fronten Loggiavorbauten." Überhaupt gewähren Landhäuser, die an einem schiffbaren Fluß gebaut werden, einen schönen Anblick, ebenso Landhäuser in erhöhter Lage, wo man sie von weitem sieht; in Tälern verborgene dagegen sind „ohne jede Würde und Majestät" (Buch II, S. 45). Auf Straßen, die von Stadt zu Stadt führen, erheitert uns der wechselnde Anblick der Landschaft. In der Stadt selbst gewährt den schönsten Anblick eine gerade, breite, reinliche Straße, die auf beiden Seiten von prächtigen Gebäuden gesäumt ist. Gleicherweise erfreuen uns auf Landstraßen schattige Baumreihen (Buch III, S. 7).

Im Gegensatz zu vielen Zeitgenossen sieht Palladio die Aufgabe des Urbanisten eher in der Verschönerung und praktischen Verbesserung der Stadt als in Neugründungen. Von diesen sollte vielleicht in dem geplanten Buch über das Festungswesen die Rede sein, das nicht erschienen ist. Das Trauma der Städtebauer im Cinquecento, die Artillerie, erscheint in den *Quattro libri* nur im Zusammenhang mit der Traglast von Brücken (Buch III, S. 12).

Auf den ersten Blick wird Palladios Entwurfslehre stark von antiken Normen bestimmt. Die Antike überwiegt auch in den Abbildungen der *Quattro libri*. Genaue Prüfung zeigt jedoch, daß Palladio dem tatsächlich oder vermeintlich aus der Antike geschöpften System zuliebe oft von Vitruv und den Denkmälern abweicht. Wo diese im Widerspruch stehen, gibt er dem Zeugnis der Denkmäler den Vorrang (Buch I, S. 15 und 31; IV, S. 23), oder er verbessert nach eigenem Gutdünken (Buch I, S. 26 und 55; II, S. 69; III, S. 32). Schwerer wiegt auf der anderen Seite der Versuch, nicht nur Formenlehre und Syntax der antiken Architektur zu übernehmen, sondern einen ganzen Baukomplex nach der Antike auszurichten, wie das Palladio ausdrücklich vom Convento della Carità in Venedig bezeugt (Buch II, S. 29).

Berühmt ist Palladios Kapitel über die *Mißbräuche*, weil er sich darin nicht auf Vitruv und die antiken Denkmäler, sondern auf die Natur beruft. Insofern ist dieses Kapitel sein wichtigster Beitrag zur allgemeinen Kunstlehre (Buch I, S. 51 f.). Hier steht der bedeutsame Satz, der zur gemeinsamen Grundlage der bildenden Künste nicht mehr das Zeichnen erklärt, sondern die Nachahmung der Natur. Palladio schreibt: „Ich stelle fest, daß die Architektur, da sie wie die anderen Künste die Natur nachahmt, nichts duldet, was sich von dem entfremdet und entfernt, was die Natur ausmacht." Nachdem er die Säulenform aus dem Holzbau abgeleitet hat, fährt er fort: „Wenn man auf die Natürlichkeit achtet, wird man sie überall erkennen. Man muß hingegen jede Bauart tadeln, die sich von dem löst, was uns die Natur der Dinge lehrt, und von der Einfalt, die man in den von ihr geschaffenen Dingen erblickt: Wer sich gleichsam eine andere Natur schafft, verläßt die wahre, gute und schöne Bauweise."

Schon aus dieser Stelle wird klar, daß der Begriff „natura" ein weites Bedeutungsfeld deckt: „natura naturans", „natura naturata" und „natura rerum", also mindestens Schöpfer, Schöpfung und Geschöpf. Jan Białostocki hat 1963 über die Verwendung des Begriffs in der Kunstliteratur der Renaissance einen glänzenden Aufsatz geschrieben, der eine weitere Einordnung von Palladios Sätzen erübrigt. Zu den Mißbräuchen, die Palladio tadelt, gehören die Vorboten des Barocks: Kartuschen (sehen biegsam aus), gesprengte Giebel (ein Dach soll Regen ableiten), weit vorspringende Gesimse (wirken bedrohlich) und gebänderte Säulen, „denn je monolithischer und kräftiger sich Säulen zeigen, desto besser scheinen sie für die Wirkung geeignet, die man von ihnen erwartet, nämlich den Überbau sicher und fest zu machen". Das ist nicht nur eine Absage an Philibert de l'Ormes „französische Ordnung", von der ich nicht weiß, ob sie Palladio gekannt hat, sondern auch an die italienische Praxis des Cinquecento. Den Gebrauch der Rustika in der Antike hat Palladio besonders sorgfältig untersucht, offenbar um den „abusi" zu steuern (Buch I, S. 14 und 60; II, S. 12 und 66; III, S. 22).

Palladio wollte mit seinen *Quattro libri* ein geläutertes und systematisches Bild der antiken Architektur und ihrer „Anwendung" verbreiten. Im Kapitel über die Mißbräuche kommt die Abwendung von der guten antiken Architektur zur Sprache, die auch andere Kritiker auf den Plan ruft und die zur Verteidigung des Vitruvianismus zwingt.

V. VERTEIDIGUNG DES VITRUVIANISMUS

1. Der Streit um San Petronio in Bologna

Der Streit um die Vollendung der Hauptstadtkirche San Petronio in Bologna gehört in das architekturtheoretisch ergiebige Gebiet der Domvollendungen. Genau wie in Mailand ging es um die stilgerechte Vollendung eines im 14. Jahrhundert begonnenen Kirchenbaues.

Die Bauakten der Basilica Petroniana, zu großen Teilen schon 1840 von Giovanni Gaye veröffentlicht, sind seither nach verschiedensten Gesichtspunkten ausgeschöpft worden. Anton Springer hat 1858 den Streit als Klassenkampf gesehen und seine Darstellung unter dem bezeichnenden Titel *Der gotische Schneider von Bologna* in der politischen Zeitschrift *Grenzboten* veröffentlicht. In seiner Baumonographie von 1913 hat Angelo Gatti das Tauziehen zwischen der Stadtgemeinde und dem päpstlichen Stuhl hervorgehoben, der in die Selbstverwaltung eingriff. Erwin Panofsky (*Das erste Blatt,* 1930) war angetan von der bewußten Stildiskussion. Paul Frankl (*The Gothic,* 1960) analysierte die ihm bekannten gotisierenden Fassadenentwürfe des 16. Jahrhunderts. Richard Bernheimer (1954) und Werner Oechslin (*Carlo Francesco Dotti,* 1971) führten die Untersuchung der bolognesischen „Gotik" ins 17. und 18. Jahrhundert weiter. Rudolf Wittkower hat das Nachleben gotischer Architekturformen in Italien als eine bisher unterschätzte Nebenströmung dargestellt, mit Schwerpunkt im 17. Jahrundert (*Gothic versus Classic,* 1974). James S. Ackerman (1967) und John Harris (1971) fanden bisher unbekannte Entwürfe Palladios zu San Petronio; Ackerman sprach dabei die Vermutung aus, die Gegenreformation habe die Wiederbelebung der Gotik begünstigt. Die gegenteilige Auffassung vertritt neben anderen Lionello Puppi in der Besprechung von Palladios Gutachten zum Mailänder Dom (*Palladio,* 1977, S. 397). Um den Anhang nicht zu beschweren, führe ich dort nur einen Teil der genannten Schriften auf, da man die ältere Literatur ohnehin in der jüngeren verzeichnet findet, und um die Nachprüfung der nachfolgenden Schilderung an den italienischen Quellen zu erleichtern, beschränke ich mich mit einer Ausnahme auf die, welche Gaye veröffentlicht hat.

Zwei der Architekten, die wir bereits als Theoretiker kennengelernt haben, treten im Streit um San Petronio in Bologna als Kritiker und Polemiker auf: Vignola und Palladio. Sie erscheinen hier nicht mehr als die berühmten Verbreiter des Vitruvianismus, sondern als seine Verteidiger.

1390, kurz nachdem der Grundstein zum Dombau von Mailand gelegt worden war, beschloß der Rat der Sechshundert den Bau der Kirche San Petronio in Bologna. Der Wille, alles Dagewesene zu übertreffen, war offenbar größer als die Mittel. Nur das Langhaus wurde vollendet.

Der erste Architekt des Baues, Antonio di Vincenzo, der auf Studienreisen nach Florenz und Mailand geschickt wurde, um die dortigen Dome zu studieren, schuf im Jahre 1390 ein Modell von über 18 m Länge. Das Fassadenprojekt wurde in einem Wandbild des Palazzo Comunale dargestellt. Das Modell ging 1406 zugrunde, das Fresko 1423. Jacopo della Quercia begann den unteren Teil der Fassade mit Skulpturen zu schmücken, starb aber 1438, bevor er das Werk vollendet hatte. 1440 konnte das Mittelschiff mit einer vorläufigen Flachdecke geschlossen werden.

Die erste Aufgabe, die sich im 16. Jahrhundert stellte, war die Vollendung der Fassade vor dem fünfschiffigen Langhaus (Abb. 18). Anders als bei den mehrfach erwähnten Gutachten und Entwürfen für den Tiburio des Doms von Mailand ging es also nicht um statische, sondern fast ausschließlich um stilistische Fragen. In dem sich entzündenden Streit benutzten alle Parteien Argumente aus der Architekturtheorie des Vitruvianismus. Auf der einen Seite steht die schon von Alberti erhobene Forderung, einen Bau auch über Generationen hinweg nach einem und demselben Plan zu vollenden, nach welchem er begonnen wurde (Buch IX, Kapitel 11), auf der anderen Seite die neue Formensprache mit ihrer von Vitruv, den antiken Denkmälern und dem Grundsatz des „Natürlichen“ gestützten Schönheitsnorm.

Die tiefe Verachtung, welche die Architektengeneration Vignolas und Palladios für die gotische Architektur hegte, wurde von der Schicht ihrer Auftraggeber geteilt. Soweit die Bauakten ein Urteil zulassen, kam die Gegnerschaft von den Ortsansässigen.

Als ersten Zeugen rufe ich den Architekten von San Petronio, Ercole Seccadenari, auf, der sich gegen die 1521 entstandenen Projekte Baldassare Peruzzis wandte; dieser wollte sich zwar in den gotisierenden Varianten seiner Entwürfe an das Bestehende anpassen, aber nicht auf eine starke Horizontalgliederung in „Ordnungen“ verzichten. Seccadenari schrieb darauf: „Diese Zeichnungen sind nach meiner Meinung

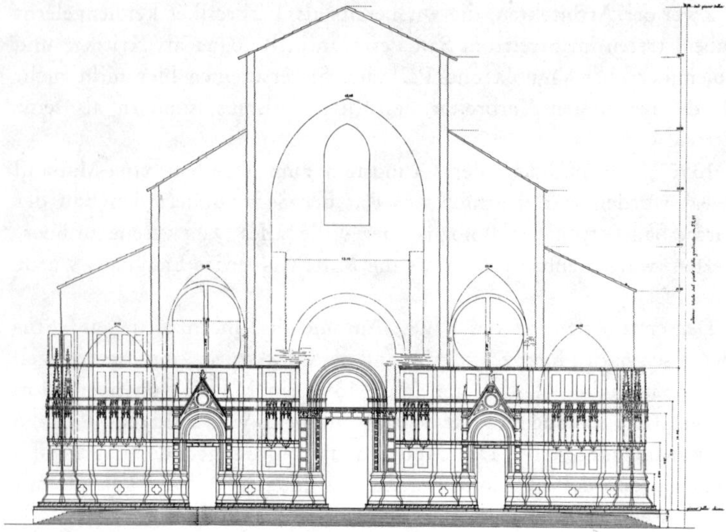

Abb. 18. San Petronio in Bologna, begonnen 1390. Aufriß der Westfront aus Angelo Gatti: *La Basilica Petroniana*. Bologna 1913, Taf. I.

und nach dem Urteil aller Bologneser Architekten für San Petronio nicht geeignet; denn sie haben keine Konformität mit der Form dieses Gebäudes" (Gaye, II, S. 153). Hier fällt das berühmte Stichwort „conformità", mit welchem das Problem seit Panofsky bezeichnet wird und das wir schon in den Mailänder Gutachten angetroffen haben.

Vignola arbeitete zwischen 1543 und 1546 an Plänen für San Petronio, als einer von zwei bestallten Architekten der Kirche. Von seiner Hand haben sich zwei einander ähnliche Entwürfe für die Fassade erhalten. Man darf sie zu den Kompromissen zwischen Anpassung an das gotische Schiff und die bereits verkleideten unteren Fassadenteile einerseits und Renaissance-Formgefühl andererseits rechnen. Auf die Kritik seines Kollegen Giacomo Rannucci antwortete Vignola mit einer Verteidigungsschrift (Gaye, II, S. 358–363). Sie datiert vom Februar 1547.

Rannucci hatte dem Vignola hauptsächlich vorgeworfen, die geplanten Lanzettfenster in Okuli verwandelt zu haben. In seiner Antwort berief sich Vignola unter anderem auf einen Entwurf Baldassare Peruzzis von 1521. Die theoretisch weitaus ergiebigste Stelle betrifft den siebenten Vorwurf Rannuccis. Ich übersetze Vignolas Antwort:

„Was den siebenten Punkt betrifft, so sagt er, daß ich gegen die Meinung und Absicht des ersten Architekten (del primo fondatore) Okuli in Fenster und Fenster in Okuli verwandle. Darauf antworte ich: Wenn man die ganze Anordnung der Fassade so proportioniert haben will, wie es die gute Architektur verlangt, sieht man, daß die Öffnungen nicht an ihrem gehörigen Ort sitzen; denn die Okuli, die den Seitenschiffen entsprechen, durchstoßen die erste Ordnung der Fassade, deren Höhe 46 Fuß beträgt; desgleichen bricht das Fenster über dem Portal des Mittelschiffs die zweite Ordnung auf und sprengt auch den Giebel der Kirche. Es scheint mir deshalb kein Fehler zu sein, das Fenster durch einen Okulus und die Okuli durch Fenster zu ersetzen, um die genannten Unterbrechungen zu vermeiden. Ich glaube, wenn jener erste Architekt noch am Leben wäre, könnte man ihn ohne Mühe zur Erkenntnis und zum Zugeständnis der Fehler bringen, die er zu seiner Zeit begehen mußte und welche nicht die seinen sind, da in jener Zeit die gute Architektur noch nicht wiederhergestellt und ans Licht gebracht war wie in unseren Jahrhunderten."

Das ist in der Tat der springende Punkt: Antonio di Vincenzo und die Architekten des 15. Jahrhunderts rechneten wohl nicht mit einer strengen Stockwerkteilung, sondern mit gestaffelten Geschossen, und mit aller Wahrscheinlichkeit hätte Antonio die Fassade an Vignolas Stelle vertikal gegliedert; aber die Frage war, ob sich Vignolas Horizontalgliederung mit der sonst gotischen Kirche vereinbaren ließ und ob seine gotischen Details: Spitzbogenfenster, Rosette und Giebel mit Maßwerkfüllung nebst gotisierenden Fialen, für die „conformità" genügten.

Im Jahre 1568 wurde Francesco Morandi il Terribilia zum leitenden Architekten von San Petronio ernannt. Auch Terribilia hatte sich immer wieder gegen fachmännische und unfachmännische Gutachten und gegen Plankonkurrenten zur Wehr zu setzen; er starb erst 1604. Kaum war Terribilia eingesetzt, als die Grafen Fabio und Giovanni de' Pepoli dafür sorgten, daß Palladio als Gutachter eingeladen wurde. Giovanni de' Pepoli war Vorsteher der Baubehörde von San Petronio. Der Briefwechsel mit dem berühmten Architekten zieht sich von seinem ersten Augenschein im Jahre 1572 bis zum Jahre 1579. Anfänglich offenbar zur Diplomatie bereit, um zu Einfluß oder einem Auftrag zu kommen, verhärtete sich Palladio mehr und mehr.

In dem ersten, vom Juli 1572 datierten Brief sagt Palladio, daß ihm die Entwürfe von Domenico Tibaldi und Terribilia gefielen und daß sie das Beste getan hätten, wenn man nicht auf die bereits ausgeführten Fassadenteile verzichten wollte, die von „opera todesca" (gotisch) seien. Von dieser Art seien viele Bauten: San Marco und die Frarikirche in Venedig, der Mailänder Dom, die Certosa von Pavia, der Santo in Padua, die Dome von Orvieto, Siena und Florenz nebst vielen anderen Kirchen und Profanbauten. Erst am Schluß wendet er den alten Architektentrick an, um ins Geschäft zu kommen: Er macht statische Bedenken geltend und bemerkt dann in einer Nachschrift, die eher nach berechneter Gleichgültigkeit als nach Vergeßlichkeit aussieht: wenn man sich dazu verstehe, Teile der bisherigen Fassadenverkleidung abzubrechen, sei er bereit, ein eigenes Projekt auszuarbeiten; „aber ich mache Euer Gnaden darauf aufmerksam, daß die Sache eine Menge kosten wird" (Gaye, III, S. 322 f.).

In Palladios Aufzählung von Bauwerken der „deutschen" Bauart wird unmißverständlich klar: Die mittelalterliche Architektur ist ihm so zuwider, daß er sich die Mühe nicht nimmt, Romanisch und Gotisch zu unterscheiden. Anders läßt sich nicht erklären, warum er San Marco in Venedig, den Mailänder Dom und sogar die Certosa in Pavia in einem Atemzug nennt. Eine ähnliche Haltung zeigt sein Gutachten nach dem Brand des Dogenpalastes.

Eine Zeitlang arbeiteten Palladio und Terribilia zusammen. Im Winter 1577/78 erhoben jedoch die einheimischen Architekten gegen Palladios Projekt Bedenken. Dieser antwortete darauf in einem Brief an Giovanni de' Pepoli. Ich übersetze mit großen Auslassungen (Gaye, III, S. 396–402):

„Euren Brief konnte ich nicht eher beantworten, da ich teils auswärts, teils krank war. Euer Gnaden werden mir deshalb verzeihen. Was die Argumente jener ehrenwerten Architekten betrifft, wovon Ihr mir schreibt [. . .], so antworte ich kurz darauf, obgleich ich nicht gehalten bin, auf Vorwürfe zu antworten, die hinter meinem Rücken erhoben und von Leuten gemacht wurden, die ich nicht kenne und denen der Mut fehlt, ihren Namen zu nennen. Auch glaube ich, sie würden in meiner Gegenwart nicht so kühn argumentiert haben. Immerhin findet sich in meinem Entwurf nichts, was ich nicht mit schlagenden Gründen aufrechterhalten könnte, teils auf die Autorität der Antike gestützt, teils auf moderne, aber von guten Architekten stammende Beispiele."

Als erstes wird Palladio vorgeworfen, es sei widersinnig, korinthische und komposite Ordnungen auf die deutsche zu setzen. Palladio antwortet darauf: „Auch mit Rustika und Dorika gehören Korinthia und Komposita nicht zusammen; dennoch haben die Alten sie aufeinandergesetzt, und zwar so, daß die glatten und anmutigen auf den solideren und schwerfälligeren stehen, worin sie die Natur nachahmten, die Mutter und Meisterin aller guten Dinge, welche die Bäume oben mit Blüten und Blättern schmückt, während sie gegen den Boden stark und stämmig werden." Palladio zitiert hier fast wörtlich den Vitruv, aber ohne ihn als Autorität aufzurufen; dies ist für sein Verhältnis zu den drei Autoritäten Vitruv, antike Bauten und Natur bezeichnend. Bei Vitruv heißt es in der Anweisung zum Bau zweigeschossiger Kolonnaden an Marktplätzen (Buch V, Kapitel 1): „Die oberen Säulen muß man deshalb um 1/4 kleiner als die unteren machen, weil die unteren eine Last zu tragen haben und deshalb stärker sein müssen als die oberen. Außerdem auch deswegen, weil man das Wachstum in der Natur nachahmen muß; z. B. ist jeder schlank gewachsene Baum, die Tanne, die Zypresse, die Kiefer, an den Wurzeln dicker, wird dann nach der Höhe zu fortschreitend immer dünner und wächst in natürlicher, gleichmäßiger Verjüngung bis zur Spitze. Wenn also das Wachstum in der Natur das so erfordert, ist hinsichtlich der Höhe und Dicke mit Recht bestimmt, daß das Obere schwächer als das Untere gemacht wird." Von diesem Grundsatz aus kann es Palladio verstehen, daß in der Antike zuweilen die korinthische unmittelbar auf die dorische Ordnung gesetzt wurde (*Quattro libri*, Buch I, S. 15). Damit ist für Palladio zwar das Problem der richtigen Proportionierung der Fassadengeschosse gelöst, nicht aber das der Konformität. Er fährt deshalb fort: „Überhaupt darf man die unterste Ordnung in Wahrheit nicht mehr ‚deutsch' nennen; denn, wie man auf der Zeichnung sieht, sind so viele Ornamente hinzugefügt worden, daß man gewiß sagen darf, alles Deutsche sei verschwunden. Ähnlich ist man an der berühmten Kirche der Santa Casa in Loreto verfahren, die ebenfalls deutsch war, aber durch einen weisen Architekten gute Ornamente erhielt und dadurch zu einem schönen und gefälligen Werk wurde."

Palladio beruft sich hier auf Donato Bramante, der laut Vasari den Umbau der Santa Casa geplant hat. Bramantes Schaffen erscheint auch in den *Quattro libri* in Wort und Bild als Wiederbeginn der guten Architektur.

Der vierte der Vorwürfe gegen Palladio ist nicht zuletzt der Wortwahl wegen aufschlußreich. Es geht um die Frage, ob die Portale mit gotischen Wimpergen oder mit flachen Dreieckgiebeln bekrönt werden sollen. Die Bologneser sagen, man habe die Portale gemäß der deutschen „Ordnung", die recht schön sei, begonnen, und es wäre tadelnswert, wenn sie nun in einer anderen „Manier" vollendet würden. Palladio antwortet wie immer von der Vorstellung aus, die Fassade müsse eine Geschoßgliederung bekommen und die Waagrechten sollten ungebrochen durchlaufen: „Wenn sie es wissen, dann sollen sie es deutlich sagen, wo der Fehler liegt; ob die Giebel zu spitz oder zu stumpf sind, ob die Gesimse im Verhältnis zu den darunterliegenden Körpern zu klein oder zu groß wirken oder was sonst falsch ist; ich aber glaube, sie haben sich das Urteil verdorben; auch weiß ich nicht, bei welchen deutschen Autoren sie je die Architektur beschrieben gefunden haben, wo doch Architektur nichts anderes ist als das Verhältnis der Glieder in einem Körper, nämlich das richtige Verhältnis des einen zu den anderen und der anderen zu dem einen, mit solcher Entsprechung gemäß der Symmetrie, daß sich Würde und Schicklichkeit harmonisch ergeben. Aber die deutsche Manier verdient nicht den Namen Architektur, sondern den Namen Wirrwarr, und Wirrwarr muß der Lehrmeister meiner ehrenwerten Gegner gewesen sein anstatt der guten Architektur."

In Punkt 5 verteidigt Palladio die Veränderungen am Hauptportal, diesmal mit Berufung auf Vitruv, namentlich auf seinen Begriff der „eurythmia" und seine Vorschriften über die Umrahmung von Tempeltüren (Buch IV, Kapitel 6). Hätten die Gegner dort nachgelesen, würden sie den Mund halten.

Palladio fand die Lösung schließlich nicht in einer stärkeren Anpassung an die bestehenden Teile, sondern in einer Kontrastlösung, indem er eine Tempelfront zu bauen empfahl. Die Idee einer Säulenvorhalle ging offenbar von dem Grafen Giovanni de' Pepoli aus (Gaye, III, S. 401). Der Vorschlag – noch ohne Zeichnung – wurde zur Begutachtung nach Rom gesandt. In seinem 1578 datierten Bericht nach Bologna rät Camillo Bolognino, der Bologneser Gesandte in Rom, von einem Portikus ab, indem er von zwei Gesichtspunkten ausgeht (Gaye, III, S. 409–412): „Wir können die Kirche San Petronio als Bau für sich betrachten oder als Teil der Umgebung, in der sie steht." Gegen einen Portikus spricht städtebaulich, daß er den Platz einengt. Der Vorteil, mit einem Portikus die anschließenden Arkadengänge fortsetzen zu können, wiegt dagegen nicht schwer. Für den Bau selbst lehnt Bolognino die Autorität der antiken Tempel ab und sagt: „In dergleichen Dingen muß man eher den Stil (stilo) der heutigen Gebäude befolgen, und zwar um so mehr, als er in den neueren Tempeln ziemlich verschieden von dem ist, welchen die Alten anwandten." Meines Wissens liegt hier das früheste Auftreten des Etymons „Stil" in der Architekturtheorie vor, und die Verbindung mit dem Zeitwort „usare" deutet an, daß es sich beim Stil um etwas Verfügbares, Anwendbares handelt. Es scheint mir auch bemerkenswert, daß das vielleicht erste Vorkommen des Wortstammes „Stil" in der Architektur im Zusammenhang mit der Stilnachahmung steht. In einem Brief von

1579, in welchem er auf den bereits vorgebrachten Argumenten beharrt, wiederholt Bolognino, „quel stilo de' tempii antichi" eigne sich nicht für moderne Kirchen (Gaye, III, S. 426).

„Stilo" oder „stile" und die entsprechenden Wörter im Französischen, Englischen, Deutschen und so fort lösten allmählich die Konkurrenzwörter in Kunsttheorie und Kunstgeschichtsschreibung ab, sooft man ein wertneutrales Wort brauchte. Damit war ein Schritt in Richtung einer alle Künste umfassenden Theorie getan, die einen gemeinsamen Wortschatz voraussetzt (vgl. Germann, 1974, S. 11–26).

Nach diesem Hinweis auf die Wortgeschichte kehren wir zum Inhalt von Camillo Bologninos Gutachten zurück. Zu den Seltsamkeiten der Architekturgeschichte gehört es ja, daß die Tempelfront, von Palladio vielfach an Villenfassaden angebracht, im Kirchenbau der Renaissance nur selten als Portikus erscheint, in der Regel aber den Kirchenfronten mit Pilastern oder Halbsäulen bloß vorgeblendet wird. Palladios Rundkirche in Masèr, Tempietto genannt, gehört zu den seltenen Ausnahmen und ist als Gedächtnisstätte für die Familie Barbaro ein gattungsgeschichtlicher Sonderfall. Mitten im Kampf für und gegen eine Tempelfront an San Petronio kamen in Mailand die Instruktionen für den Kirchenbau des Kardinal-Erzbischofs Karl Borromäus heraus, der grundsätzlich einen „porticus" empfahl (1577). Es war unvermeidlich, daß diese Empfehlung in Bologna sofort als Waffe benutzt wurde und daß man sich im Zeitalter der Gegenreformation gerne auf das Vorbild der großen altchristlichen Basiliken stützte: San Paolo fuori le mura, San Giovanni in Laterano und Alt-St.-Peter (Gaye, III, S. 415 f.).

Im Januar 1579 machte sich Andrea Palladio erneut ans Entwerfen und wog seinerseits Argumente für die Fassadenlösung und für die Portikuslösung gegeneinander ab (Gaye, III, S. 417 f.): „Ich würde sagen, daß eine Fassadenlösung gewiß eine sehr schöne Sache wäre; Vitruv beschreibt von dieser Art Tempel einige sehr schöne Beispiele, und ich selbst habe manche gesehen. Es ist aber auch wahr, daß in der Antike die meisten Tempel Säulenvorhallen aufwiesen, und zwar nicht nur an der Front, sondern ringsherum. Vitruv legt auf die Portiken großen Wert und unterrichtet über ihre Proportionen. Da es scheint, daß in neuerer Zeit der Bau eines Portikus nicht mehr üblich ist, wäre ein solcher heutzutage etwas Neues. Aus diesem Grund und weil gewiß etwas Herrliches entstehen würde, nicht zu sprechen vom praktischen Nutzen, von der Großartigkeit und von der Pracht, die ein Portikus brächte, lasse ich mich vielleicht doch allmählich dazu verleiten, die Meinung derjenigen zu unterstützen, die den besagten Portikus wünschen. Ich habe mich bereits an die Entwurfsarbeit gemacht."

Zwei Wochen später hob Palladio im Begleitbrief zu den Plänen hervor, daß die Säulen seiner Tempelfront zum Teil in der Flucht der vier Arkadenreihen des fünfschiffigen Langhauses stünden und so den Schub auffingen und daß die Interkolumnien dieselben seien wie am Portikus von Santa Maria Rotonda in Rom (Gaye, III, S. 418 f.). In den *Quattro libri* nannte Palladio denselben Bau „Pantheon hoggi detto la Ritonda“ (Buch IV, S. 73); erst jetzt, in der Kontroverse, erinnerte er sich daran, daß das Pantheon bereits fast tausend Jahre als Kirche gedient hatte – ein Argument, das dem Mittelalter ganz geläufig war.

Das Argument kam zu spät und stand auch bloß zwischen den Zeilen. Bolognino schrieb aus Rom (Gaye, III, S. 421): „Mir schien es gut, daß es in unserem Fall nicht unziemlich wäre, dem Typus des Tempels ohne Portikus zu folgen, wiewohl dieser von den Alten selten befolgt wurde. Dagegen haben wir das Beispiel vieler Kirchen, die in Italien und im Ausland für unsere wahre Religion errichtet worden sind.“ Das war eine andere Art des Denkens. Nicht das Vorbild der Antike, sondern katholisches Präjudiz galt. Papst Gregor XIII., um seine Meinung befragt, sprach sich ebenfalls gegen die Portikuslösung aus und riet auch von der Wölbung des Mittelschiffes ab, indem er auf die Flachdecken von San Giovanni in Laterano, Santa Maria Maggiore und Santa Maria in Aracoeli hinwies (Gaye, III, S. 422). Auf erneute Rückfrage des Grafen Pepoli empfahl die Kurie, „man möge bei der Vollendung die Fassade nicht gänzlich ‚alla Todesca‘ bearbeiten“, vielmehr sei ein Vorgehen vorzuziehen, bei dem die Fassade „teils etwas Deutsches habe, um das Begonnene zu begleiten, teils auch etwas Modernes“ (Gaye, III, S. 434).

Damit war man, im Todesjahr Palladios 1580, grundsätzlich wieder an derselben Stelle angelangt wie um 1520. Nun erinnerte man sich in Bologna daran, daß die Mailänder vor einer ähnlichen Aufgabe standen, und bat 1582 ihren Dombaumeister Pellegrino Pellegrini um ein Gutachten (Gaye, III, S. 446–448). Pellegrini hatte jahrelang in Bologna gelebt und sich einen Namen als Maler gemacht. In seinem Gutachten teilte er die Architekten nach den ihm vorgelegten Entwürfen für San Petronio in drei Klassen ein: „Die einen versuchen, mehr als ihnen bewußt ist, der deutschen Ordnung zu folgen, in welcher der Bau begonnen ist; die anderen beabsichtigen, diese Ordnung zu ändern und die antike Architektur zu befolgen, und dann gibt es Entwürfe, die eine Zusammensetzung aus der genannten modernen und barbarischen Architektur einerseits und der antiken andererseits darstellen.“ Pellegrini will sich die Hände nicht verbrennen und schreibt, wenn es nicht ärgerlich und kostspielig wäre, schon Bestehendes zu zerstören, würde er eine Lösung „a forma de architettura antica“ befürworten. „Aber wenn man sich wegen der erwähnten Schwierigkeiten von der deutschen Ordnung nicht trennen will, sähe ich es gerne, daß man soviel wie möglich die Vorschriften dieser Architektur beachtete, die immerhin vernünftiger sind, als man gemeinhin denkt, statt die eine Ordnung mit der anderen zusammenzusetzen, wie man es getan hat.“

Schon Gaye hat in einer Fußnote bemerkt, daß Pellegrini gegenüber der bisherigen Diskussion einen entscheidenden Schritt tat, indem er den „ordine Todesco“, die deutsche Ordnung, als etwas Geregeltes betrachtete, als „Ordnung“ im Doppelsinn des Wortes. Im allgemeinen bleibt der Tenor in der italienischen Kunsttheorie des 16. und 17. Jahrhunderts gotikfeindlich, und das drückt sich oft in Wortspielen aus. Giorgio Vasari (Ausgabe Milanesi, I, S. 137): „più tosto confusione o disordine si può chiamare“; Filippo Baldinucci in seinem *Vocabolario* (1681, S. 113): „Ordine Gottico [...] senza alcuna regola, ordine, e misura.“

Der Streit um die Fassade verebbte und wurde von einer neuen Sturmflut abgelöst. Diesmal ging es um die richtige Höhe des Mittelschiffgewölbes. Nach kurzem Schwanken zwischen Flachdecke und Gewölbe gewannen die Befürworter eines Gewölbes die Oberhand, da sie das alte Argument auf ihrer Seite hatten, die Absicht des ersten Architekten von San Petronio zu vollziehen. Der nun anhebende Streit betraf die Frage, wie hoch und steil das Gewölbe zu errichten sei. Gegenüber standen sich: der Architekt der Kirche, immer noch Terribilia, und der Schneidermeister Carlo Carazzi, genannt Cremona. Wittkower hat in seinem Buch *Gothic versus Classic* (1974, S. 68 f.) hervorgehoben, daß sich der Anhang des Schneiders aus verschiedenen Gesellschaftsschichten zusammensetzte.

Cremona berief sich auf den Vitruv-Kommentar des Cesare Cesariano von 1521, in welchem das gleichseitige Dreieck als Proportionsfigur an Hand des Querschnitts durch den Mailänder Dom erklärt und als „Germanica symmetrie“ bezeichnet war. (Wir haben oben, Teil II, Kapitel 3, gesehen, wie es sich nach dem heutigen Stand der Kenntnis damit verhält.) Nach Cremonas Vorschlag hätte San Petronio eine Scheitelhöhe von ungefähr 50 m erhalten, während der Kölner Dom nur 43 m lichte Höhe aufweist.

Aus Terribilias Antwort vom Jahre 1589, die ein hervorragendes Dokument zur Architekturtheorie am äußersten Ende der Renaissance darstellt, seien folgende Punkte hervorgehoben.

Terribilia sieht in der Gotik etwas Systematisches, obgleich mit Vorbehalt, und hält sie für eine verdorbene korinthische Ordnung. Wörtlich (Gaye, III, S. 491): „Die Kirche von San Petronio ist ein Bauwerk der sogenannten deutschen Architektur, wie jedermann sieht, welche Architektur die korinthische Ordnung nachahmt. Und wer sie genau, Stück für Stück, betrachtet, wird sie zunächst ein schönes Werk von einiger Ordnung finden; wer sie aber nach den guten Regeln der Griechen und Römer beurteilt, wird nicht leugnen können, daß sie in Sachen Stabilität und Schönheit einige Fehler enthält." Man könne aber, fährt Terribilia fort, diese Fehler nur beheben, indem man sich an den ursprünglichen Stil halte; es sei deshalb notwendig, die Kirche mit Spitzbogen zu wölben, „per la perpetuità e per lo stile usato in simile fabriche". Nur so könne man die Verrücktheit vermeiden, „di ponere un capello Italiano sopra un habito Tedesco", einen italienischen Hut über einem deutschen Gewand zu tragen (Gaye, III, S. 492).

Terribilia geht dann dazu über, zwischen allgemeinen Architekturregeln und besonderen Regeln zu unterscheiden (ebd., S. 497). Allgemeine Regeln seien alle jene, die sich auf Solidität und Zweckmäßigkeit beziehen, also auf die beiden ersten „Ziele" der Architektur nach Vitruv, „firmitas" und „utilitas". Die speziellen Regeln aber seien zeitbedingt: „Das sind jene Teile, die sich allmählich ändern, entsprechend den Zufällen oder dem Geschmack verschiedener Völker." Auffällig ist das Wort „gusto" (Geschmack), das später die normative Ästhetik aufweichen sollte. Aber auch die besonderen Regeln sind nach Terribilia der „necessità naturale" unterworfen. Da die Regeln der deutschen Baukunst nicht überliefert sind – Cesarianos Triangulationsregel bezieht sich nur auf den Dom von Mailand –, muß man sie aus den besten Beispielen dieses Stils ableiten. Die Proportion ist eine Funktion von Statik (fortezza) und Ästhetik (gratia); so proportioniert die Natur auch den menschlichen Körper.

In Mailand aber, sagt Terribilia (Gaye, III, S. 500), wollte der Dombaumeister einen großen Menschen mit langen Beinen und hohen Schultern nachahmen; in Bologna dagegen war ein kleiner, zierlicher Mensch das Vorbild, wie man leicht an den schlanken, niedrigen Pfeilern sehen kann, auf die kein hohes Gewölbe gehört, weil sonst ein Scheusal entstünde.

Kaum hatte Terribilia freie Hand bekommen und ein Joch gewölbt, riefen seine Gegner Papst Clemens VIII. als Schiedsrichter an und erreichten 1594 ein Bauverbot. Erst in den Jahren 1648–1659 wurde das Langhaus – auf einer mittleren Scheitelhöhe von 43 m – gewölbt. Die Fassade blieb trotz vieler neuer Anläufe unvollendet. Der letzte Wettbewerb zur Gewinnung von Fassadenentwürfen wurde im Februar 1933 ausgeschrieben.

In der Schilderung des Streites habe ich die Frage des historischen Bewußtseins völlig ausgeklammert; ebenso wurde auf die eingereichten Fassadenentwürfe nur soweit eingegangen, als es das Verständnis der Streitschriften erheischte. Dagegen hoffe ich gezeigt zu haben, wie sich Kritik und Replik weitgehend im Rahmen der vitruvianischen Theorie hielten. In diesen Rahmen paßt auch das Konzept der Stilreinheit, welches weit über dasjenige der Konformität hinausreicht. Nachdem die fünf kanonischen Ordnungen von Serlio, Vignola und Palladio strenge Regeln erhalten hatten, schien eine Mischung von „Ordnungen" nicht mehr möglich. Die „deutsche Ordnung" oder „gotische Ordnung" aber ließ sich nicht einfach als „Unordnung" abtun, wenn man sich ernstlich um Konformität bemühte. So versuchte man, ihr im System der „Ordnungen" einen Platz zu geben, und eine der Lösungen war, sie ihrer Blattkapitelle und der zierlichen Glieder wegen in die Nähe der korinthischen Ordnung zu rücken. Die großen „Interkolumnien" – die Pfeilerabstände der Arkaden – und der immer noch als roh empfundene Charakter gotischer Architektur erschien anderen eher dem Toskanischen verwandt, so, um bei den Akten von San Petronio in Bologna zu bleiben, dem Architekten Guido Antonio Costa im Jahre 1653.

Für über hundert Jahre wurde in Bologna aber auch das Schicksal der Tempelfront als monumentale Kirchenfassade besiegelt, gegen das antike Vorbild, aber mit Vitruvs Begriff des Schicklichen, den sich die Kurie neu zurechtlegte.

2. Scamozzi

Vincenzo Scamozzi (1548 oder 1552–1616) wurde in Vicenza als Sohn eines Baumeisters geboren, war aber selbst nach Schulung und Bekenntnis ein Intellektueller. Er nannte sich im Jahre 1580 „studiosus architecturae", 1602 „huomo libero" und 1615 „Cittadino del Mondo" (Lionello Puppi, *Vincenzo Scamozzi,* 1967, S. 319 f.). Diesen Weltbürger haben seine Vaterstadt Vicenza mit dem überwältigenden Erbe Palladios und seine Hauptwirkungsstätte Venedig zweifellos mehr geprägt als eine vergleichsweise spät im Leben, 1599–1600, unternommene Reise durch Ungarn, Böhmen, Polen, Deutschland, Frankreich und zurück durch die Schweiz nach Venedig. Von der Rückreise hat sich glücklicherweise Scamozzis Notizbuch mit Zeichnungen von Bauten und Bemerkungen erhalten (vgl. Wittkower, *Gothic versus Classic,*

1974, S. 85–88). Er kannte auch Rom und Florenz und viele andere italienische Städte.

Sein bekanntestes Werk sind die Procuratie Nuove in Venedig, begonnen 1586; sein Projekt von 1606 für den Dom von Salzburg war zu ehrgeizig, um ausgeführt werden zu können. Wie die meisten der bisher betrachteten Architekturtheoretiker gehörte er zu den angesehenen Architekten seiner Zeit. Nach dem vorzeitigen Tod seiner sechs Kinder errichtete er ein Architekturstipendium, dessen Nutznießer seinen Namen zu tragen hatten. Der bekannteste ist Ottavio Bertotti Scamozzi, der 1776–1783 eine Bearbeitung von Palladios *Quattro libri* herausgab.

Ähnlich wie bei Palladio verzögerten sich Niederschrift und Drucklegung von Scamozzis theoretischem Hauptwerk so sehr, daß es Torso blieb. *L'idea dell'architettura universale*, in Venedig 1615 erschienen, ist in zwei Teile aufgespalten, die eigene Seitenzählung, Register und Widmungen erhalten haben; Teil I ist dem Erzherzog Maximilian von Österreich gewidmet, Teil II dem Großherzog von Toskana, Cosimo II de' Medici. Jeder Teil sollte aus fünf Büchern bestehen, bricht aber nach dreien ab.

Der Aufbau der *Idea* geht vom Allgemeinen zum Einzelnen, kehrt also Palladios Reihenfolge um. Buch I behandelt die Stellung der Architektur unter den Künsten und Wissenschaften und das Berufsbild des Architekten, Buch II Städte- und Festungsbau, Buch III Wohnbauten in Antike und Gegenwart, mit zahlreichen Beispielen aus Scamozzis Praxis, Buch IV, nicht erschienen, sollte die öffentlichen Bauten enthalten, Buch V, ebenfalls nicht erschienen, die kirchlichen Bauten. Der zweite Teil beginnt mit Buch VI, dieses enthält Säulen- und Proportionslehre, Buch VII handelt von den Baumaterialien, Buch VIII bringt die Konstruktionslehre. In Buch IX sollten Ausbau und Dekoration, in Buch X Umbau und Renovation folgen.

Scamozzi hat den Ruf eines langweiligen und schwerfälligen Schriftstellers. Zweifellos eignet ihm nichts von der intellektuellen Neugier eines Martini, von der temperamentvollen Frische eines de l'Orme, von der zuchtvollen Knappheit eines Palladio. Aber er bot das bisher vollständigste Lehrbuch, er faßte die älteren Traktate zusammen, selbst ungedruckte wie die Filaretes und Martinis, und er lieferte mit seinen Abbildungen vielerlei praktische Vorlagen. Der letzte Vorzug überwog für die Nachwelt, so daß oft nur diejenigen Teile übersetzt wurden, die Vorlagen enthielten; so umfaßt die erste fremdsprachige Ausgabe, die holländische von Cornelis Danckertsz (1640), nur Buch VI (Säulen- und Proportionslehre), die nächste, wiederum holländische (1658–1661), Buch III und VI, dazu aber die Abbildungen der übrigen Bücher; denn 1655 erwarb der Verleger Danckert Danckertsz sämtliche Druckstöcke, „van Scamozzi met zijn eygen handt geteeckent". Schlosser zählt insgesamt 17 Neuausgaben, Übersetzungen und Bearbeitungen auf, wozu noch die von ihm nicht erwähnten ältesten holländischen kommen, so daß wir Scamozzi zu den bekanntesten Architekturschriftstellern des Vitruvianismus zählen dürfen.

Die Erstausgabe von 1615 wurde 1964 nachgedruckt; ich übersetze nach dieser.

Das Wort „idea" kommt bei Vitruv nur ein einziges Mal vor (Buch I, Kapitel 2): „Die Formen der Disposition, die die Griechen Ideen nennen, sind folgende: Ichnographia, Orthographia, Scaenographia." „Idea" hat in diesem Zusammenhang keine philosophische, sondern eine überwiegend technische Bedeutung. In Scamozzis Titel ist aber auch die Anspielung auf die Titel zweier Schriften enthalten, Giovan Paolo Lomazzos *Idea del tempio della pittura* (1584) und Federico Zuccaris Buch *L'idea de' scultori, pittori e architetti* (1607); Zuccari hat eine neuplatonische Kunstlehre von langem Nachhall entwickelt. Die Architektur ging eigene Wege. Scamozzis Titel läßt sich kaum anders übersetzen als mit „Abriß der gesamten Baukunst". Der holländische Übersetzer von 1658 fand „voorbeelt" richtig.

Scamozzis Berufsbild versteht man am besten, wenn man seine Ansicht über die Stellung der Architektur unter den Künsten und Wissenschaften kennt. Scamozzi – wortgläubig – betrachtet Architektur von vornherein als Wissenschaft; denn Vitruv definiert die Architektur gleich zu Beginn des ersten Kapitels im ersten Buch als „scientia". Deutlicher als in der *Idea* kommt das zum Ausdruck in der Einleitung der im Jahre 1600 von Scamozzi besorgten Serlio-Ausgabe, die mit den Worten beginnt: „Die Architektur ist nach Vitruvs Definition eine Wissenschaft." (Man findet den Text wiederabgedruckt in der Anthologie von Lionello Puppi, *Scittori vicentini,* 1973.) In der *Idea* erscheint die Architektur in dem immer noch gegenwärtigen mittelalterlichen System der freien und der mechanischen Künste, am Rande der allmählich festen Zahl der bildenden Künste und an der Spitze der sich ebenfalls konstituierenden Wissenschaften. Scamozzi schreibt (Teil I, S. 2): „Die Künste können einerseits eingeteilt werden in lehrende, freie, angewandte oder mechanische, andererseits in nachahmende, technische und praktische." Malerei, Miniaturmalerei und Skulptur „ahmen die Natur nach", haben aber auch „disegno" und „proportioni" gemeinsam.

Die Architektur dagegen hält Scamozzi für die ehr- und preiswürdigste aller Wissenschaften; zu ihren Vorzügen gehören ihr Denkgebäude (e sublime nella speculatione), ihr Gegenstand, ihre nachvollziehbare Methode, ihre Wichtigkeit im öffentlichen Leben; sie allein verschönert die ganze Welt; ja, sie ist eigentlich ein Teil der Moralphilosophie (Teil I, S. 5 f.). In der nicht immer folgerichtigen Darlegung Scamozzis heißt es dann aber wenig später (Teil I, S. 11): „Das Ziel des Architekten ist es, zu erfinden und zu zeichnen.“ Damit wird Architektur wieder in die Nähe der bildenden Künste gerückt, die er „arti imitatrici“ nennt, „dove interviene il Disegno“. Der Entwurfsvorgang zerfällt in „Erfindung“ und „Zeichnung“; „disegnare“ bedeutet bei Scamozzi den mechanischen Teil des Aufreißens. Dies wird deutlich in der Forderung, der Architekt müsse höchste Geschicklichkeit im Zeichnen, Sicherheit in der Hand, Leichtigkeit im Strich, Feinheit im Lavieren haben, um anderen seine Vorstellungen zu verdeutlichen – „per spiegar ad altri i concetti del suo animo“ (Teil I, S. 25).

Architektur gehört nicht zu den nachahmenden Künsten (Teil I, S. 41): „Während es für die Maler, die Bildhauer und ebenso für viele andere Künstler, die sich innerhalb der Zeichnung bewegen, ein leichtes ist, vielerlei Formen zu finden, indem sie beinahe immer entweder die Natur selbst oder die Kunst nachahmen, wo sie sozusagen ständig vorgegebene Formen vor Augen haben, ist es beim Architekten gerade umgekehrt: unablässig forscht er nach Formen, aber auf ganz andere Weise als die übrigen Künstler; denn er kann sich eigentlich weder der natürlichen noch der künstlichen Formen bedienen, sondern sucht und findet mit seinem Geist eine dritte Gattung von Formen, die zwischen beiden liegen, sich dienstbar zeigen für Dauerhaftigkeit, Bequemlichkeit und Zweckmäßigkeit und von großer Anmut und Schönheit begleitet werden.“ Aus der Fortsetzung des Textes erhellt, daß wir hier an geometrische Grundformen zu denken haben.

Um den Platz der Architektur im Gefüge der Künste und Wissenschaften noch besser zu sichern, zieht Scamozzi den Vergleich: Malerei/Poesie – Architektur/Rhetorik. Die Kunstlehre von der Malerei berief sich damals gerne auf das Gedicht *De Arte Poetica* (auch *Ad Pisones*) des Horaz. Dieser hatte in einem berühmten Vers Poesie und Malerei verglichen („ut pictura poesis“, Vers 361), in einem weniger berühmten Vers Maler und Dichter („pictoribus atque poetis / quidlibet audendi semper fuit aequa potestas“, Vers 9 f.). Diesen zweiten Vers führt Scamozzi an (Teil I, S. 43) und erklärt: Wie dem bildenden Künstler und dem Dichter gleiches Recht zustehe, etwas zu wagen, so könne der Architekt mit dem Redner verglichen werden; wo dieser verschiedene Stile (colori Retorici) anwende, um zu überzeugen, wende jener die Säulenordnungen an, die sich im gegebenen Falle am besten schickten.

Scamozzi verfügt nicht über ein klares Begriffssystem. Bei der Übersetzung von Vitruvs Fachwörtern ergeht es ihm ähnlich wie seinerzeit dem Cesariano, der Vitruvs Fachwörter bald als Fremdwörter erklärt, bald sie mit Lehnübersetzungen vertauscht. So beläßt Scamozzi „dispositione" und „distributione", übersetzt aber „symmetria" mit „corrispondenza" und „eurythmia" mit „venustà". Schließlich erklärt er „decor" (das Angemessene, das Schickliche) als das, was Majestät, Anmut und Schönheit bringt – „rende maestà, gratia, e bellezza" (Teil I, S. 8). Die von Vitruv formulierten Ziele der Architektur, „firmitas", „utilitas" und „venustas", übersetzt er mit den dafür längst eingebürgerten Wörtern „perpetuità", „comodo" und „bellezza" (Teil I, S. 6). Wenn man Scamozzis Verhältnis zur Sprache und namentlich zu dem Wechselspiel zwischen Latein und Italienisch durchschaut, wird man auch dem Titelwort „idea" kein zu großes Gewicht beimessen.

Gerne kehrt er zu der mittelalterlichen Metapher von Gott, dem höchsten Architekten, zurück (Teil I, S. 9 und 39). Wie Filarete schreibt er es Gottes Gnade zu, daß der Mensch zum Erfinder wurde; die Architekturgeschichte beginnt mit Adam (Teil I, S. 221). Dann aber folgt nicht das jüdische Altertum, auf das sich gelegentlich sogar Palladio beruft (Gaye, III, S. 401), sondern das griechische und römische. Griechenland ist die „Hebamme der Tugend und der schönen Künste", die höchste Zivilisationsstufe aber erreichte erst Rom. Heute steht Italien an der Spitze (Teil I, S. 9 f.). Aus der sicheren Überlegenheit heraus vermag Scamozzi andere Völker und ihre Bauten zu betrachten. Wenn ihm in seinem Reisetagebuch die Abteikirche von Saint-Denis, die Kathedrale von Meaux, die Kathedrale von Toul und die Stadtkirche von Saint-Nicolas-de-Port Bewunderung entlocken, dann als Bauten anderer Völker und Zeiten, nicht als Gegenstände der Nachahmung. „Wir müssen den Schluß ziehen, daß die Tür zur Gotik nie zugeschlagen wurde und daß die Würdigung einzelner gotischer Bauten auch auf dem Höhepunkt des Dogmatismus möglich blieb, soweit dabei keine Grundsätze verletzt wurden", sagt Wittkower (*Gothic versus Classic*, 1974, S. 87 f.).

In einem hohen Maße hält Scamozzi die Architektur für lernbar. Er blickt dabei auf die vorangehenden Generationen keineswegs mit dem kummervollen Blick des Epigonen zurück, der viele Kunstschriftsteller nach Leonardo, Michelangelo, Raffael und Tizian kennzeichnet, sondern glaubt offenbar an einen ständigen Fortschritt der Menschheit (Teil I, S. 9). Wissen und Erfahrung gelten ihm viel. Mehr noch als Palladio betont er den Fleiß und die Mühen, die er für das Studium der Architektur und Wissenschaften im allgemeinen aufgewandt hat (Teil I, S. 4): „45 Jahre lang haben wir studiert, gezeichnet, Reisen unternommen [...] und nun nach Verlauf von 25 Jahren 10 Bücher über Architektur zusammengestellt." Er kennt und nennt zahlreiche Architekturtheoretiker: Alberti, Filarete, Martini, Serlio, Vignola, de l'Orme, Palladio, Pietro Cataneo, Jacopo Sansovino (dessen ungedruckten Traktat er als einziger erwähnt), Hans Blum, Jacques Androuet du Cerceau und Jan Vredeman de Vries sowie die Vitruvkommentare (Teil I, S. 18).

In einer nur schwer zu übersetzenden Satzfolge wägt er Erfahrung und Erfindung ab (Teil I, S. 46): „Man sieht also, daß die Erfahrung mehr der Kunst dient als der Erfindung; diese aber ist letzten Endes der vornehmste Teil in Sachen Kunst. Aber man beachte, daß die Erfindungen einfach und eingänglich sein und sich weitgehend an gerade Linien halten müssen." Und nun folgt eine Warnung, die sich ähnlich Palladios Kapitel über die „abusi" gegen Verirrungen wendet: „Wir müssen deshalb Erfindungen meiden, die in irgendeiner Weise gebogene und gekrümmte Linien, stumpfe oder spitze Winkel und sonstwie falsche oder verkrümmte Ecken haben, ebenso wie solche Formen, die halb nach innen, halb nach außen gekehrt sind, vor allem aber an den Hauptfassaden."

Mit dem Ausdruck „c'hanno una parte all'indentro, e l'altra all'infuori" mag Scamozzi auf nordische Vorlagewerke anspielen, etwa Wendel Dietterlins *Architectura von Außtheilung, Symmetria und Proportion der fünff Seulen* (1593–1594); denn hier finden wir Beschlagwerk, Rollwerk, gesprengte und hälftig nach außen gekehrte Giebel sowie mancherlei Verschlingungen und Verknotungen. Darüber hinaus – Scamozzi handelt ja von den Erfindungen – mag die Originalitätssucht überhaupt aufs Korn genommen sein.

Scamozzis Abbildungstafeln sind so angelegt, daß sie den Entwurf einengen. Bezeichnend dafür ist die Tatsache, daß er die fünf Säulenordnungen nicht mit Einzelsäulen wie Serlio und Vignola, sondern wie Palladio in einem Zusammenhang vorstellt; Palladio zeigt Kolonnaden, um von vornherein Säulenproportionen und Interkolumnien zu koppeln, Scamozzi dagegen Wandsäulen mit vorgekröpftem Gebälk. Bezeichnend ist auch seine Koppelung von idealen Raumformen und Deckentypen: Tonne, Mulde, Spiegel, Kuppel, Voluten mit und ohne Stichkappen (Abb. 19). In den meisten Grundrissen ist die Deckenform

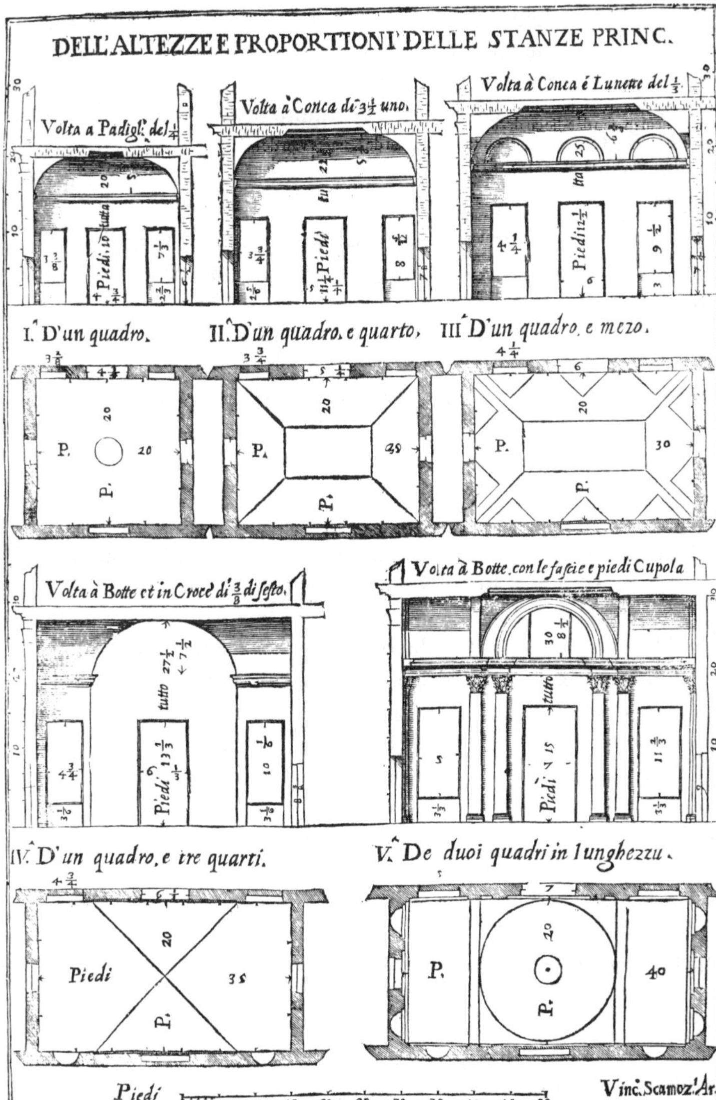

Abb. 19. Innenraumproportionen im Wohnbau. Aus Vincenzo Scamozzi: *L'idea dell'architettura universale.* 2 Teile, Venedig 1615, Teil I, S. 310.

angedeutet. Zur dogmatischen Verhärtung gehört der Verzicht auf das von Vitruv empfohlene Rechteck mit dem Breiten-Längen-Verhältnis $1 : \sqrt{2}$; eine systemwidrige irrationale Zahl ist damit ausgeschaltet, und das, obgleich Scamozzi sonst das ganze Gepäck der Renaissancetheorie mitschleppt. Die Reihe der empfohlenen Verhältnisse lautet (Teil I, S. 310): 1 : 1 (d'un quadro), 1 : 1¼ (d'un quadro, e quarto), 1 : 1½ (d'un quadro, e mezo), 1 : 1¾ (d'un quadro, e tre quarti), 1 : 2 (de duoi quadri in lunghezza).

Scamozzis Nüchternheit zeigt sich auch bei den Beispielen, die er für die Meisterung unregelmäßiger Grundrisse bei Stadtpalästen abbildet (Teil I, S. 260 f.). Während Palladio in entsprechenden Fällen diejenigen Räume mit den Fußmaßen versieht, für die er kanonische Formen und Proportionen gefunden hat, die unregelmäßigen aber unbeziffert läßt, überzieht Scamozzi die ganze Abbildung mit einem Koordinatennetz, dank welchem der Betrachter sämtliche Maße ablesen kann; er gibt auch die Straßenneigung, die Kaminschlitze und die Dachzerfallungen an, die bei unregelmäßigen Grundrissen besonders schwierig zu lösen sind.

Ähnliche Nüchternheit zeigt sich in Scamozzis idealem Stadtgrundriß (Teil I, S. 166 f.). Er schlägt einen zwölfeckigen Festungsstern vor; das System beruht aber weder auf dem Zwölfstrahl noch auf dem Schachbrett, sondern auf rechteckigen Häuserblöcken. Scamozzi lobt seine praktischen Grundstückformen und die Schönheit der geraden Straßen; denn er ist, wie erwartet, ein Gegner gewundener Straßen. Er empfiehlt die lange befolgte Regel, die Straßen sollten so breit wie die Bebauung hoch sein. Als einer der ersten Urbanisten nennt er die damals aufkommenden Kutschen. Im allgemeinen sieht er aber den Städtebau mehr unter dem militärischen Gesichtswinkel; selbst den Lärm, den Pferde und Wagen auf dem Pflaster verursachen, scheut er nur, weil er taktische Bewegungen verrät (Teil I, S. 169 f.). Am Rande sei angemerkt, daß die 1592 nach dem radialkonzentrischen System angelegte venezianische Garnisonstadt Palmanova im Friaul heute nicht mehr als Werk von Scamozzi gilt.

Scamozzis *Idea* ist nicht zuletzt im Buch über Städtebau (Teil I, Buch II) eine wichtige kulturgeschichtliche Quelle, weil der weitgereiste Architekt viele Beobachtungen mitteilt.

Ich habe darzustellen versucht, wie Scamozzi die Architektur aus dem Zusammenhang der bildenden und nachahmenden Künste herauszulösen bestrebt ist, um sie an die Spitze der Wissenschaften zu stellen. Ich deute das dahin, daß er das Problem der Künstlerpersönlichkeit ausklammern will, damit die Architektur als etwas Lernbares erscheint.

Scamozzi, nur wenig älter als die Brüder Carracci, ist jedenfalls wie diese Maler in seiner Architekturpraxis ein Eklektizist. In seiner Theorie scheint er sich vom Eklektizismus der bildenden Künste abzusetzen, wenn er sagt (Teil I, S. 3), die nachahmenden Künste ahmten die Natur und die anderen Künste nach. Der Satz läßt verschiedene Auslegungen zu; er kann eine Anspielung auf den Eklektizismus sein, auf das wählerische Nachahmen der großen Meister des Cinquecento, das die Malereitraktate seiner Zeit beobachten und beschreiben. Diese Auslegung wird von der schon übersetzten Stelle gestützt, wo Scamozzi sagt, daß Maler und Bildhauer fast stets die Natur selbst oder die Kunst nachahmten, wo sie sozusagen ständig vorgegebene Formen vor Augen hätten (Teil I, S. 41).

Seltsamerweise ist gerade das auch eine der Stellen, wo Scamozzi die Architektur von den übrigen Künsten abhebt. Im Gegensatz zu anderen Kunsttheoretikern seiner Zeit thematisiert er den Eklektizismus nicht. Aber das Bewußtsein, daß der Spielraum für eigene Erfindungen klein geworden ist, spiegelt sich eben in dem Rat, Erfindungen als Geheimnis zu hüten (Teil I, S. 45). Der Rat mag aus den Schriften des Kriegsingenieurs Francesco di Giorgio Martini geschöpft sein; bei Scamozzi, dem Eklektizisten, bekommt er einen anderen Sinn.

3. Wotton

Nach dem schweren Foliowerk Vincenzo Scamozzis nimmt der Leser gerne das nur 133 Seiten zählende Oktavbändchen über Architektur des englischen Diplomaten, Dichters und Gelehrten Sir Henry Wotton zur Hand. Mit dem Format ändert der Adressat. Wotton schreibt als Liebhaber ausdrücklich für Bauherren, enger noch, für die Erbauer von Landsitzen, und er schreibt belesen, gescheit, witzig und elegant.

Henry Wotton (1568–1639) wurde in Boughton Hall in der Grafschaft Kent geboren, genoß eine sorgfältige Erziehung, verbrachte die Schuljahre in Winchester und Oxford und ging dann auf eine sechsjährige Bildungsreise, die ihn nach Heidelberg, Wien, Venedig, Rom und Genf führte. Dreimal war er Gesandter Englands in Venedig: 1604–1611, 1616–1619 und 1621–1623. Zurückgekehrt, bekleidete er das einträgliche und verantwortungsvolle Amt eines Provost of Eton College. Als Vorsteher der angesehensten Internatsschule Englands verfaßte er ein Werk über Erziehung.

Von Wotton stammt das Bonmot, das ihn um ein Haar aus der Laufbahn geworfen hätte: „Ein Diplomat ist ein ehrlicher Mann, der ausgesandt wird, um für sein Land zu lügen."

Wotton war ein Kunstkenner, der für sich und andere italienische Gemälde kaufte. Offenbar behagte es ihm in Venedig. Die *Elements of Architecture* schrieb er, ungewiß über seine Zukunft, unmittelbar nach seiner Rückkehr aus Italien im Winter 1623/24; sie wurden sofort gedruckt. Vor venezianischem Hintergrund ist Wotton der Nutznießer von Daniele Barbaros Vitruvausgabe und Palladios *Quattro libri,* während ihm Scamozzis Werk offenbar entging. Vor englischem Hintergrund fällt die Veröffentlichung seiner Schrift in die Jahre, da Inigo Jones dank königlichen und anderen Aufträgen Palladianismus nach England trug; Inigo Jones besaß übrigens seit 1601 Palladios *Quattro libri* und seit 1617 *L'idea dell'architettura universale* von Scamozzi.

Über die Anfänge der englischen Architekturschriftstellerei unterrichtet umfassend Johannes Dobais dreibändiges Werk über die Kunstliteratur Englands (Bd. I, 1974, S. 357–376), wo Sir Henry neun Seiten gewidmet sind, ferner die Einleitung zum Faksimile-Nachdruck der *Elements* (1968), die Frederick Hard verfaßt hat. Nach Dobai (I, S. 458) sind von Wottons Architekturtraktat über 20 Ausgaben erschienen, darunter zwei lateinische und eine spanische. Ich folge der Erstausgabe.

Wotton behandelt im ersten Teil Bauplatz und Bau, im zweiten Teil die Ausstattung des Hauses, die Anlage des Gartens und Kriterien der Architekturkritik. Das Buch enthält keine Abbildungen. Es beruht, wie der Untertitel sagt, auf den besten Autoren und Beispielen; das zweite gilt vor allem für Gartenanlagen.

Für einen gebildeten Mann seines Zeitalters war es noch fast selbstverständlich, einen antiken Schriftsteller als Autorität zu nehmen (Vorwort): „Unser hauptsächlichster Meister ist Vitruv, und so werde ich ihn oft zitieren. Er hatte das Glück zu schreiben, als das Römische Reich seinem Gipfel nahe war oder doch als Augustus, der Vitruv begünstigte, beabsichtigte, die Monarchie in Schranken zu halten (wenn ich nicht irre). Dies, sage ich, war sein günstiges Geschick; denn in Zeiten des Wachstums und der Ausbreitung werden die Künste gewöhnlich in Unternehmungen ertränkt. Unglücklich aber ist es umgekehrt, daß er sich beim Schreiben so schlecht ausdrückte, wie er es tat, und das ausgerechnet in der Blütezeit gewandtester Federn. Sein dunkler Stil brachte ihm ein seltsames Schicksal. Obwohl von seinen Landsleuten in der Praxis am besten befolgt, wurde er nach der Wiederbelebung und Verfeinerung der guten Literatur, welche die Verwüstungen und Wirren des Mittelalters entzivilisiert hatten, am besten oder doch am frühesten von Fremden verstanden. Von den Italienern nämlich, die ihn zur Hand nahmen, fehlte den Grammatikern die Kenntnis der Mathematik und den Mathematikern vielleicht die der Grammatik, bis ein Mann kam, der beide hinlänglich vereinigte: der Florentiner Leon Battista Alberti, den ich für den ersten gelehrten Architekten jenseits der Alpen halte. Aber Alberti befleißigte sich mehr, selbst ein Autor zu werden, als den Meister zu erläutern." Wotton rühmt sodann die *Annotationes* zu Vitruv, die der Franzose Guglielmus Philander 1544 in Rom veröffentlicht hat, sowie Übersetzung und Kommentar des Walter Ryff (Rivius), gedruckt 1548. Er benutzt aber auch Daniele Barbaros Ausgabe und zitiert ferner von den Architekturtheoretikern: de l'Orme, Vasari, Vignola und Palladio. Alle diese Autoren sind ihm keineswegs unumstößliche Autoritäten, sondern bloß Führer durch das Gebiet der Architektur; selbst seinem Meister Vitruv will Wotton nur in Sachen Proportion und Methode folgen (S. 2).

Bloße Vorschriften versucht Wotton durch einen rationalen Gedankengang zu ersetzen, wie schon der erfrischende Anfang seines Textes zeigt (S. 1): „In der Architektur wie in allen angewandten Künsten (Operatiue Arts) muß das Ziel die Anwendung (Operation) leiten. Das Ziel ist, gut zu bauen. Dafür müssen drei Bedingungen erfüllt sein: Bequemlichkeit, Sicherheit und Freude (Commoditie, Firmenes, and Delight)."

Die Selbständigkeit Wottons gegenüber Vitruv zeigt sich in der veränderten Reihenfolge, da „firmitas" an die zweite Stelle rückt wie in Palladios *Quattro libri,* 1570 (S. 6). Es mag sein, daß Palladio und Wotton die Bequemlichkeit als erste Bedingung nennen, weil dieses Kriterium vom Bauherrn oft besser beurteilt werden kann als vom Architekten.

Zu Wottons undogmatischer Denkart gehört es, daß er das Verhältnis zwischen dem Bauherrn und dem Architekten nicht in Regeln faßt, sondern nur im Vorbeigehen berührt. So macht er sich über die Fachliteratur lustig und mag dabei das erste englische Säulenbuch vor Augen gehabt haben, *The First and Chief Groundes of Architecture* (1563) von John Shute (S. 42 f.): „Ich brauche nichts weiter über die Säulen und was dazugehört zu sagen, wovon die Architekten in ihren Büchern soviel Aufhebens machen, als ob allein die Fachwörter Architrav, Fries, Karnies und dergleichen genügten, um das Magisterexamen abzulegen." Das Wortspiel mit "master", einem Wort, das im Englischen sowohl den Handwerksmeister als auch den akademischen Magistertitel umfaßt, bleibt unübersetzbar. Jedenfalls verteidigt hier ein akademisch Geschulter den Vitruvianismus als umfassende Architekturtheorie gegen bloßen Wort- und Regelkram, der sich auf Vitruv beruft.

Parallel zu Scamozzi und mit aller Wahrscheinlichkeit unabhängig von ihm weist Wotton dem Architekten einen Platz im überkommenen, nun allmählich verblassenden System der freien und der mechanischen Künste an. Malerei und Bildhauerei betrachtet er als "Semiliberall Arts" (S. 121). Anders die Architektur: Zu Beginn des Abschnitts über Baumaterialien schreibt er (S. 11 f.): „Der spekulative Teil solcher Kenntnis gehört zu den freien Künsten. Doch um den Beruf des Architekten und meine nachstehenden Ausführungen vom allfälligen Vorwurf der Unehrlichkeit zu befreien, muß ich hier daran erinnern, daß Wahl und Beschaffung der verschiedenen Baumaterialien eher die Aufgabe eines zweiten Aufsehers (superintendent) über die unteren Werkleute ist, den Vitruv (Buch VI, Kapitel 11), wenn ich unseren Autor recht verstehe, ‚officinator' nennt und an der angeführten Stelle ausdrücklich vom Architekten unterscheidet, dessen Ruhm auf Entwurf und Idee (Designement and Idea) für das ganze Werk beruht und dessen höchster Ehrgeiz es sein wird, die Form als das Vornehmere über die Materie triumphieren zu lassen."

Mehr als sonst ist diese Übersetzung eine Interpretation; der Passus beginnt nämlich im Englischen mit den Worten "though the Speculative part of such knowledge be liberall", was ich auch auf das jüngere System der freien Berufe hätte beziehen können. Das im nächsten Satz folgende Wort "profession" spricht für diese Lösung, aber der Gegensatz Form/Materie weiter unten gehört wieder zum älteren Gedankengut. Um das Problem verständlich zu machen, hole ich etwas weiter aus. Für die Italiener des 15.–17. Jahrhunderts und noch darüber hinaus ist „disegno" die gemeinsame Grundlage der Künste; die meisten Theoretiker brauchen das Wort im Doppelsinn von „Entwurf" und „Zeichnung", etwa so, wie „schreiben" für Deutsche „formulieren" und „schriftlich festhalten" oder „schriftlich mitteilen" bedeutet. Dem entspricht nicht so sehr ein Berufsbild als eine Berufspraxis, in der ein bildender oder „zeichnender" Künstler leicht von einem Fach zum anderen wechselt und gerade dafür Ruhm genießt. Filarete, Goldschmied und Bronzegießer, arbeitete als Architekt und Militäringenieur, Francesco di Giorgio Martini war Maler und Bildhauer, ehe er Ingenieur und Architekt wurde, Leonardo ist als Universalgenie jedem Geschichtskundigen gegenwärtig, aber auch Michelangelo beherrschte nicht nur Skulptur und Malerei, sondern auch Architektur und die Festungsbaukunst, und Raffael darf als Architekt nicht unterschätzt werden. Serlio und Vignola waren zuerst Architekturmaler; Pellegrino

Pellegrini, der Mailänder Dombaumeister, begann und endete als angesehener Figurenmaler. Die Liste ist alles andere als vollständig, und die Fortsetzung ins 17. Jahrhundert würde noch mit einem so großen Bildhauernamen wie dem Gianlorenzo Berninis prangen. Doch selbst in Italien überwiegt der Spezialist. Palladio und Scamozzi sprechen zwar in ihren Traktaten nicht von der handwerklichen Ausbildung, die sie allem Anschein nach genossen haben, waren aber von Anfang an im Bauwesen tätig. Nimmt man zu diesen beiden Architekten aus Venezien den Franzosen Philibert de l'Orme, der mit Stolz die Kunst des Steinschnitts fortsetzt und verwissenschaftlicht, dann ahnt man schon, daß die „arti del disegno" ein Konzept der Kunstzentren Florenz und Rom sind (vgl. Wolfgang Kemp, *Disegno,* 1974).

Für Wottons Blickrichtung bot das Disegno-Konzept, das unter seinen Gewährsleuten Vasari vertrat, keine sonderliche Anziehung. Mit Inigo Jones hatte er zwar den aus der Malerei kommenden Designer-Architekten vor Augen, sooft er nach England zurückkehrte, aber Wotton ging es nicht darum, das Berufsbild des Architekten zu zeichnen, sondern die Beschäftigung eines freien Mannes mit Architektur zu rechtfertigen, er sei Liebhaber oder Berufsmann. Unter diesem gesellschaftlichen Rechtfertigungsbedürfnis entstand die Bezeichnung „freie Berufe" für Ärzte, Anwälte, Schriftsteller, Architekten und Künstler, im Englischen "liberal professions". Diese Einstufung des Architekten setzte sich in England durch und begünstigte den allmählichen Berufswechsel von nachmals einflußreichen englischen Architekten wie Sir Christopher Wren, der zuerst Mathematiker und experimentierender Naturwissenschaftler war, und Sir John Vanbrugh, der als Offizier und Stückeschreiber begann.

Sir Henry Wotton möchte die Architektur vor Regelkram bewahren. Die Wahl des Bauplatzes und die Situierung der Teile gehorchten Regeln, welche die Architekten als Berufswissen behandelten (a piece of their Profession), während sie doch in Wahrheit von anderen Wissensgebieten entlehnt seien; denn zwischen den Künsten und den Wissenschaften gebe es eine Art Brüderschaft wie zwischen Menschen und einen gegenseitigen Austausch von Grundsätzen (S. 2).

Über das Verhältnis zwischen Auftraggeber und Architekt handelt Wotton nur mittelbar. Großen Wert legt er darauf, daß die Entscheidungen nicht auf Grund von Zeichnungen, sondern vor genügend großen, aber farb- und schmucklosen Modellen getroffen werden; der Rat stammt von Alberti (Buch II, Kapitel 1), aber Wotton beruft sich auf Philibert de l'Orme (S. 64–66). Eigenständiger ist hingegen sein Abschnitt über Architekturkritik (S. 115–122). Er folgt zuerst Vasari, der seine Einführung in die Architekturtheorie mit einem Kapitel über Architekturkritik schließt (Ausgabe Milanesi, Bd. I, S. 145–148); in diesem empfiehlt er den Vergleich zwischen dem Bauwerk und dem menschlichen Körper und führt diesen Vergleich am Beispiel eines Palastes bis in alle Teile und Glieder durch. Dann folgt Wotton seinem „Meister“ Vitruv, indem er dessen sechs ästhetische Grundbegriffe auf vier zusammenstreicht: „eurythmia“, „symmetria“, „decor“ und „distributio“. In seiner Auslegung erscheint „eurythmia“ als „die angenehme Harmonie zwischen Breite, Länge und Höhe aller Räume eines Bauwerks, welche Harmonie, wo sie vorhanden ist, jeden Betrachter durch die geheime Macht der Proportion augenblicklich fesselt“ (S. 118 f.). „Symmetria“ dagegen bezeichnet die angemessene Fügung (conueniencie) der Teile zum Ganzen (S. 119).

„Ordinatio“ und „dispositio“ hält Wotton nicht für Kriterien, sondern für Stufen des Entwurfsprozesses (S. 118): „Vitruv versteht unter ‚ordinatio‘ nichts anderes als eine gute Wahl von Typus und Größenordnung (Modell or Scale) für das ganze Bauwerk, unter ‚dispositio‘ lediglich die saubere und umfassende Darstellung der ersten Idee oder Entwurfszeichnung, Dinge also, die vielleicht mehr des Künstlers als des Kritikers Sache sind.“

Wottons Liebhaberstandpunkt drückt sich noch deutlicher in seiner Bewertung von Architekt und Kritiker aus (S. 115): „Ich möchte glauben, es sei beinahe schwieriger, ein guter Zensor als ein guter Architekt zu sein; denn das Schaffen wird von reiflichen Überlegungen gelenkt, während das Urteilen dem sicheren Extemporieren entspringen muß.“

Sein eigenes Urteil ist dort am unabhängigsten, wo er als Weitgereister über fremde und eigene Sitten und Unsitten befindet. Vignolas Palazzo Farnese in Caprarola, ausgezeichnet durch einen fünfeckigen Grundriß und einen kreisrunden Innenhof, erscheint ihm bei aller Achtung für die Lichtführung und die Benutzung der Resträume als Werk der Neuerungssucht (S. 19). Verfehlt dünken ihn Wohnbauten von sechs oder sieben Stockwerken (S. 21), wie er sie in französischen Städten gesehen haben mag. Auf die englische Architektur des 16. Jahrhunderts dürfte der Vergleich zwischen einem fensterreichen Haus und dem Argus der Heraklessage gemünzt sein; ein solches Haus ist im nördlichen Klima zu kalt, im südlichen zu heiß; überdies schwächen die Fenster den Mauerverband und sind selbst schwach, da sie aus ungleichartigen Materialien wie Holz, Eisen, Blei und Glas bestehen (S. 56). Häuser sollen gleichwohl hell sein, Kirchen jedoch düster, weil das die Andacht fördere – ein Gedanke, der, wie gesagt, von Alberti stammt (S. 55).

Nördliche Gastlichkeit und südliche Grandezza werden in den folgenden Beobachtungen gegeneinander ausgespielt (S. 72–74): „Was nun die Anordnung der Wohnräume betrifft, nehme ich mir die Freiheit, eine Sitte zu tadeln, die in ganz Italien herrscht, obwohl ohne antikes Vorbild, soweit ich aus Vitruv ersehe. Die Sache, die ich meine, ist die: Sie teilen die Häuser so ein, daß man leicht von einem Ende zum anderen sehen kann, wenn alle Türen offen sind, was auf alle Zimmer ein unerträgliches Servitut legt, mit Ausnahme des letzten, wo niemand hingelangt, der nicht die anderen Zimmer durchschritten hat, es wäre denn, die Wände wären genügend dick für Geheimgänge. Aber schlimmer noch: In jeden Raum führen mindestens drei Türen, eine unmögliche Sache in kalten und windreichen Gegenden und davon unabhängig eine Schwächung des ganzen Bauwerks. Bei uns also, die wir keiner Kühlung bedürfen, kann ich das genaue Gegenüberliegen der Türöffnungen nicht empfehlen. Es hat keinen anderen Grund als den albernen Ehrgeiz, dem Besucher unsere ganze Einrichtung auf einen Blick zu zeigen." Nach diesem Angriff auf das von Palladio gepriesene System der Enfilade folgt ein weiterer Angriff auf eine weitere italienische Gewohnheit (S. 73 f.): „Die italienischen Paläste haben einen zweiten Mangel – eine Torheit kommt selten allein –, der zwingend aus der Dienstbarkeit der Zimmer folgt. Man muß nämlich ebenso viele große Gemeinschaftsräume machen, wie Stockwerke sind. Diese Säle sind gewöhnlich düster, ein Fehler, der sich kaum vermeiden läßt, da sie in der Mitte des Hauses übereinander angebracht sind; außerdem sind sie so geräumig, daß man weitere Galerien und Zufluchtsstätten braucht. Das alles habe ich bei den Italienern oft mit nicht geringem Staunen beobachtet; denn ich kenne keine Nation, die von Natur aus so eingezogen und zurückhaltend ist wie die italienische, aber auch keine Wohnungen mit weniger Rückzugsmöglichkeit, so daß zwischen ihrem Wohnen und ihrem Dasein ein Widerspruch herrscht."

Denjenigen, die von ihm nun Muster erwarten, in Zeichnungen oder wenigstens Beschreibungen, entgegnet Wotton, daß er sich als Theoretiker (speculative Writer) mit Richtlinien begnügen dürfe: „Das übrige muß dem Scharfsinn des Architekten überlassen werden, der oft zu erfinderischen Hilfsmitteln greift, wenn er gegen Platznot kämpft."

Man könnte erwarten, daß Wottons Geschichtsbild sich von dem der Italiener unterscheidet, da England wohl unter römischer Herrschaft stand, aber sich die englische Geschichte dann verschieden genug von der Italiens abspielte. Das ist jedoch nicht der Fall. Wotton weist bereits auf die spätere einseitige Beurteilung der Gotik als „Spitzbogenstil" (pointed style) voraus, wenn er das italienische Geschichtsbild ausgerechnet bei der Besprechung der Bogenformen antönt. Die Spitzbogen sind in seinen Augen die Erfindung der Goten oder der Langobarden und sollen zusammen mit anderen Hinterlassenschaften des barbarischen Zeitalters vor Sachverständigen verborgen werden (S. 51).

Soweit ich sehe, hat man Wottons bemerkenswerte Kritik an Vitruv bisher übersehen oder nicht ernstgenommen. Denn obgleich Sir Henry zweifellos zu den Verteidigern des Vitruvianismus gegenüber dem Mißbrauch der *Zehn Bücher* als Regelsammlung gehört, ist er selbst keineswegs unkritisch. Vitruv spricht an einigen Stellen von optischen Korrekturen, die der Architekt an den kanonischen Maßen vornehmen muß, wo sich Säule und Gebälk dem Auge stark verkürzt zeigen. Wotton stellt aber verschiedene Widersprüche fest, und als auffälligsten diesen: Nach Vitruvs Regel werden hochgelegene Bauglieder erhöht; Vitruv selbst aber setzt fest, daß im zweigeschossigen Portikus die oberen Säulen um ein Viertel kürzer zu wählen sind als die unteren (S. 40). Rund 50 Jahre später sollte Claude Perrault in seinem Vitruvkommentar behaupten, das Auge sei geübt genug, die scheinbaren Verkürzungen richtig abzuschätzen.

Wotton wäre nicht Engländer, wenn er nicht auch die Anlage von Gärten berührte (S. 109): „Zuerst muß ich einen gewissen Gegensatz zwischen Hausbau und Gartenbau feststellen; denn wie Bauwerke regelmäßig sein sollten, so sollten Gärten unregelmäßig sein oder mindestens in eine sehr wilde Regelmäßigkeit gebracht werden.“ Wenig später spricht er auch von einer “delightfull confusion”. Aus den Schilderungen wird aber klar, daß Wotton nicht ein Vorläufer des englischen Gartens ist, sondern daß sich seine Vorstellungen noch innerhalb des ästhetischen Konzepts der Vielfalt (variety) bewegen, so daß er handkehrum „einen langen, geraden bemoosten Weg von beträchtlicher Breite“ loben kann (S. 111).

Die Architekturtheoretiker unterscheiden sich in der Beschreibung einer idealen Lage und Aussicht eines Landsitzes zwar nur wenig, aber zeittypisch. Das Muster sind Plinius' d. J. Briefe, in denen er seine Villen beschreibt. Alberti nimmt den Faden auf (bes. Buch V, Kapitel 17); aus Palladios Schilderung der Villa Rotonda, deren Aussicht er als „molto grande Theatro“ bezeichnet, habe ich übersetzt, und nun mag es angezeigt sein, Wottons barocke Variante folgen zu lassen (S. 4 f.): „Einige der Vorschriften für den Bau von Landhäusern wiederum mögen ‚optisch‘ genannt werden. Ich verstehe darunter die Eigenschaften eines gutgewählten Prospektes. Diesen nenne ich ‚Krongut des Gesichts‘. Denn wie es ein Herrschaftsgebiet der Fürsten gibt, über das sich der Besitzer freut, wenn er die Grenzen abschreitet, so gibt es gleichermaßen ein Herrschaftsgebiet der Augen: eine ausgedehnte, beherrschende, ja, ich möchte sagen, besitzergreifende Wahrnehmung, die keine enge Umschreibung duldet, sondern von Weite und Vielfalt lebt. Ich finde freilich, daß die guten Autoren unermeßliche und unbegrenzte Ausblicke, welche die Aufmerksamkeit auf die entferntesten Gegenstände ziehen, verurteilen, als ob sich dadurch ein Teil der Schaulust, von der wir sprechen, verlöre."

"Royaltie of Sight", "vsurping Sence", "vaste and indefinite viewes": Wotton bedient sich nicht allein einer neuartigen Metaphorik, sondern sieht auch mit anderen Augen als die Theoretiker des 15. und 16. Jahrhunderts. Dies wird erst recht deutlich im zweiten Teil seiner Schrift, wo er ausführlich über Malerei und Bildhauerei handelt.

Dobai (I, S. 369 f.) hat hervorgehoben, daß Wotton für die Architektur dasselbe geleistet hat wie über ein halbes Jahrhundert zuvor die Bücher von Paolo Pino und Lodovico Dolce für die Malerei: einen Leitfaden der Kritik für Liebhaber. Die Bedeutung der *Elements of Architecture* für England ermißt man daraus, daß sich die englische Fachliteratur noch lange mit Übersetzungen und Bearbeitungen festländischer Architekturtraktate begnügte.

4. Bellori

Rom war und blieb im 17. Jahrhundert das Wallfahrtsziel der Künstler und vieler Kunstliebhaber. Claude Lorrain und erst recht Nicolas Poussin sind ohne Romaufenthalt undenkbar. 1666, ein Jahr nach dem Tode Poussins, unterschrieb der französische Minister Jean-Baptiste Colbert die Gründungsurkunde der französischen Académie de sculpture, peinture, architecture mit Sitz in Rom. Bellori, ein Freund Poussins, widmete den ersten Teil seines Hauptwerks, das mit der Lebensbeschreibung Poussins endet, dem französischen Minister.

Giovanni Pietro Bellori (1613–1696), geboren und gestorben in Rom, gilt als der bedeutendste Kunstschriftsteller seines Jahrhunderts. Sohn eines Landwirts, wurde er in jungen Jahren in das Haus des Literaten, Numismatikers und Kunstsammlers Francesco Angeloni aufgenommen, der ihn als apostolischer Protonotar und Sekretär des Kardinals Ippolito Aldobrandini auch gesellschaftlich einführen konnte. Von 1652 an erscheint Bellori als Sekretär der Congregazione dell'Accademia di San Luca, 1664 hielt er vor dieser Künstlerakademie die Vorlesung mit dem Titel *L'idea del pittore, dello scultore e dell'architetto, scelta dalle bellezze naturali superiore alla natura,* 1670 ernannte ihn Papst Clemens X. zum „Commissario delle antichità di Roma e suo distretto“, 1672 erschien sein literarisches Hauptwerk: *Le vite de' pittori, scultori et architetti moderni,* genaugenommen der erste, zu Lebzeiten des Verfassers allein erschienene Teil; der zweite Teil wurde erst 1942 erstmals gedruckt. Der erste Teil der *Vite* wurde 1728, 1821, 1931, 1967 neu aufgelegt; die historisch-kritische Ausgabe von Evelina Borea und Giovanni Previtali erschien 1976. Die genannte Vorlesung über die *Idee* des Künstlers, die den Lebensläufen als Einleitung dient, wurde mehrmals gesondert herausgegeben und auch ins Deutsche (1939) und ins Englische (1947) übertragen.

Im Gegensatz zu älteren Vitenwerken wählt Bellori bewußt eine geringe Zahl von Künstlern zur Darstellung aus. Im ersten Teil sind es genau zwölf, im zweiten, unvollendeten drei. Ebenso bewußt interpretiert er einzelne Werke im Sinne seiner klassizistischen Doktrin. Die Architektur vertritt namentlich Domenico Fontana, Architekt des Papstes Sixtus V. und nach dessen Tod des Vizekönigs von Neapel. Belloris Bedeutung für die Geschichte der Architekturtheorie liegt indessen nicht so sehr in der Würdigung von Fontanas Werken als in der Eingliederung der Architektur in die allgemeine Kunstlehre. Sie steht teils im Vorwort, das als Überschrift die Anrede „Lettore“ trägt, teils in der Einleitung mit dem Titel *L'idea del pittore, dello scultore e dell'architetto.*

Im Vorwort entwickelt Bellori den Gedanken, die bildenden Künste hätten verschiedene Schicksale erlitten. Bei Raffael bewundert er die „letzte Vollendung“. Die Bildhauerei könne sich auch seit der Renaissance der Künste nur weniger Statuen rühmen, und selbst die Werke Michelangelos blieben hinter der Antike zurück. „Die Architektur aber, durch den Eifer weniger Architekten wie Bramante, Raffael und Michelangelo Buonarroti neu aufgerichtet, fiel bald wieder hinab und sank bis zur heutigen Verdorbenheit.“ In diesem düsteren Bild erscheint als Lichtblick die Wiederherstellung der Malerei durch Annibale Carracci.

Theoretisch ergiebiger als das Vorwort ist die als Einleitung abgedruckte Akademievorlesung von 1664 über das Wesen der künstlerischen Idee. In zwei Worten zu sagen, was Bellori darunter versteht, ist angesichts von Erwin Panofskys Buch *„Idea“, ein Beitrag zur Begriffsgeschichte der älteren Kunsttheorie* (1924) und der jüngeren Fachschriften zu diesem Begriff freilich fast vermessen.

Es mag schon aus Belloris Geschichtsbild im Vorwort erhellen, daß er ein apologetischer Schriftsteller ist. Er verteidigt den Idealismus gegen den Naturalismus des Malers Michelangelo da Caravaggio und seiner Nachfolger. Die Idee des Schönen liegt dem Bauplan der Natur zugrunde; der Künstler erfaßt sie aber nicht, indem er die Natur nachahmt, sondern indem er sie beobachtet und die zugrundeliegende Idee sucht. So kann die Kunst die Natur sogar übertreffen. Diese Kunsttheorie ist ausdrücklich elitär, wie die folgenden streitbaren Sätze beweisen: „Höhere Geister aber erheben die Gedanken zur Idee des Schönen, werden von ihr allein gepackt und betrachten sie als etwas Göttliches; dagegen bezieht das Volk das Ganze auf den Gesichtssinn, lobt das nach der Natur Gemalte, weil es nichts anderes kennt, würdigt statt der schönen Formen, die es nicht versteht, die schönen Farben, wird der Eleganz überdrüssig, billigt das Neue, verachtet die Vernunft, folgt unbegründeter Meinung und entfernt sich von der Wahrheit der Kunst, von der Basis, auf welcher sich das geweihte Standbild der Idee erhebt.

Wir haben schon oben bemerkt, daß die antiken Bildhauer mit dem Wunder der Idee vertraut waren; es bleibt noch zu sagen, daß das Studium der vollkommensten antiken Skulpturen notwendig ist, denn sie führen uns gleichsam zur bereinigten Ausgabe des Schönen in der Natur (perché ci guidino alle bellezze emendate della natura). Mit dem gleichen Ziel muß man das Auge auf die Betrachtung der anderen hervorragenden Meister lenken."

Wir stoßen auf einen Gedanken, den unter den Architekturtheoretikern bereits Scamozzi kurz andeutet und der sich schon zu seiner Zeit voll entwickelt hat: daß die bildenden Künstler ihre Formen aus Natur und Kunst beziehen; freilich ist für Bellori nicht die vorgeprägte Form das Entscheidende, sondern die vollkommene Vorform „Idee". Bisher fanden wir als gemeinsame Grundlage der Architektur, der Skulptur und der Malerei entweder den schillernden Begriff des „disegno" oder den wandelbaren Begriff der Natur. Bei Bellori liegt nun das Gewicht auf der Idee des Schönen; jedenfalls entfallen in seiner Kunstlehre Vitruvs Kategorien der „firmitas" und der „utilitas".

In Anschluß an die oben übersetzte Stelle wendet sich Bellori der Architektur zu: „Was die Architektur betrifft, so glauben wir, daß der Architekt eine edle Idee entwerfen und seinen Sinn dergestalt festigen muß, daß dieser ihm als Gesetzbuch und Rechtfertigung diene (gli serva di legge e di ragione). Die Erfindungen des Architekten bestehen in der Ordnung, in der Einteilung sowie im rechten Maß und im Einklang des Ganzen und der Teile. Im Hinblick auf Dekoration und Ornamente der Ordnungen darf er gewiß sein, die Idee schon gefestigt zu finden, gesichert durch die Beispiele von Architekten der Antike, die dank langer Studien ihrer Kunst den Maßstab gaben. Die Griechen setzten nämlich die Bezeichnungen und die besten Proportionen der Ordnungen fest; diese, von den gelehrtesten Jahrhunderten und durch die Einstimmigkeit von Generationen von Sachverständigen bestätigt, wurden zu Gesetzen einer wundervollen Idee und höchsten Schönheit, und zwar je eine für jede Art, die man deshalb nicht umkrempeln kann, ohne sie zu zerstören. Diejenigen aber, die sie durch Neues verändern, ach, entstellen sie auch; denn wie nahe steht die Häßlichkeit der Schönheit, wie nahe berühren die Laster die Tugenden! Diese traurige Feststellung bestätigt sich im Sturz des Römischen Reiches, mit dem auch die Künste niedersanken und am tiefsten von allen die Architektur. Denn die Bauleute der Barbaren verachteten die griechischen und römischen Vorbilder und Ideen ebenso wie die schönsten Denkmäler der Antike und tobten sich jahrhundertelang in den verschiedensten phantastischen Ordnungen dermaßen aus, daß durch rohe Unordnung die Architektur selbst zur Mißgestalt wurde.

Bramante, Raffael, Baldassare Peruzzi, Giulio Romano und zuletzt Michelangelo erhoben die Architektur aus heroischen Ruinen zur ursprünglichen Idee und Gestalt, indem sie den antiken Gebäuden die elegantesten Formen entnahmen. Und heute? Anstatt für die unübertreffliche Weisheit jener Männer Dankbarkeit zu zeigen, werden sie zugleich mit den Alten verachtet, mit dem Vorwurf, der eine habe den anderen ohne Ingenium und ohne Erfindung kopiert. Jedermann heckt in seinem Kopf auf seine Weise eine neue Idee oder Larve der Architektur aus und stellt sie öffentlich zur Schau – Menschen, die nichts von Architektur verstehen und sich dennoch die Bezeichnung ‚Architekt' anmaßen. Sie verunstalten die Gebäude und selbst die Städte, sie schänden alte Erinnerungen, sie toben sich aus in Winkelhäufungen, Formsplittern, Linienverrenkungen und verunzieren Basis, Schaft und Kapitell der Säulen mit Stuckfirlefanz und bröckligem Krimskrams oder zerstören die Proportionen. Vitruv freilich verdammt dergleichen Neuerungen und hält uns den Spiegel der besten Beispiele vor.

Doch die guten Architekten bewahren die ausgezeichnetsten Formen der Ordnungen; die Maler und die Bildhauer wählen die elegantesten natürlichen Schönheiten, vervollkommnen die Idee. So zeigt sich in ihren Werken ein Fortschritt, und sie bleiben der Natur überlegen, worin, wie wir gezeigt haben, der höchste Wert dieser Künste liegt."

Es ist jedem Kenner des römischen Barocks klar, daß Bellori die Architektur eines Borromini, ja selbst eines Bernini verabscheut; da sie während der Niederschrift seiner Viten noch am Leben waren, übergeht sie Bellori mit Schweigen. Neuerungen, zumal in der Architektur, sind ihm zuwider. Die Stelle bei Vitruv, auf die er sich beruft (offenbar Buch VII, Kapitel 5), handelt von Wandmalerei. Aber es ist bezeichnend, daß Vitruv als Autorität angerufen wird, wo es gilt, den Vitruvianismus zu verteidigen. Bellori lehnt sich auch an Vitruv an, wenn er den Spielraum der Erfindung absteckt, allerdings mehr dem Wortlaut als dem Gedankengang nach; denn für Vitruv ist Erfindung „die Lösung dunkler Probleme und die mit beweglicher Geisteskraft gefundene Entdeckung von etwas Neuem" (Buch I, Kapitel 2).

Der Formenschatz der Antike ist für Bellori unantastbar, und die Entwurfsarbeit liegt außerhalb des Vergleichs mit den anderen Künsten oder doch außerhalb von Belloris Verständnis für Architektur. Domenico Fontana, der einzige Architekt, tritt in den *Viten* vor allem mit seinem technischen Meisterstück, der Wiederaufrichtung des vatikanischen Obelisken auf, die ebenso abgebildet ist wie eine andere, in der Capella Sistina von Santa Maria Maggiore ausgeführte Ingenieurleistung.

Zugleich mit dem Naturalismus, der Malerei und Skulptur bedroht, versucht Bellori die Natur als Lehrmeisterin in Schranken zu weisen, darin wahrhaft antivitruvianisch. Verschwunden ist die Analogie zu baulichen Urformen und zum menschlichen Körper als Abbild des Kosmos, verschwunden auch die Analogie zwischen musikalischen und architektonischen Proportionen. Vor die Natur schiebt sich die Antike: eine mehr nur literarische Antike als Lehrmeisterin der Malerei, eine denkmälerreiche Antike als Lehrmeisterin der Bildhauerei und eine durch die großen Meister des römischen Cinquecento bereits zurechtgemachte Antike als Lehrmeisterin der Architektur.

Bald sollte sich in Frankreich, das unter Ludwig XIV. in Politik und Kunstleben die Führerrolle zu übernehmen bereit war, die Frage stellen, ob die Künste im Zeitalter des Sonnenkönigs die Vorbilder aus dem Zeitalter des Augustus nicht endlich zu übertreffen vermöchten. Die Meinungen waren geteilt, und die Parteien lieferten sich die literarische Schlacht der « Querelle des anciens et des modernes ».

5. François Blondel und Claude Perrault

Die Architekturtheorie kennt nichts, was der Architekturpraxis des Hochbarocks entsprechen würde. Guarino Guarinis *Architettura civile,* die diesen Anspruch am ehesten erfüllt, erschien erst nach des Verfassers Tod: die Tafeln allein 1686, das ganze Werk sogar erst 1737, ohne daß sich genau bestimmen ließe, in welchem Maße der Text überarbeitet wurde. Aber selbst dieses Werk bietet keine umfassende, einheitliche und begründete Architekturtheorie des Barocks. Als Propagandamittel der barocken Formen dienten nicht Texte, sondern Bilder: Stiche von Projekten, von Festarchitekturen, von Bühnenbildern, von Idealbauten. Werner Oechslin hat das in vielen Einzelstudien eindringlich nachgewiesen, allerdings mit dem Schwerpunkt im 18. Jahrhundert.

Die zeitgenössischen Theoretiker thematisierten Barockarchitektur als Innovationsproblem. Um die Mitte des 16. Jahrhunderts wurden Neuerungen in der Formensprache noch freudig begrüßt. In seinem Buch *Renaissance und Barock* (1888, S. 9) hat Heinrich Wölfflin darauf aufmerksam gemacht, daß in Vasaris Vitenwerk und anderswo die Beiwörter „capriccioso", „bizzarro" und „stravagante" sich gerne zu „bello" gesellen. Erfindungsreiche Maler und Zeichner veröffentlichen Stichwerke unter entsprechenden Titeln: Jacques Callot die *Capricci* (1617 ff.), Giambattista Braccelli *Bizzarie di varie figure* (1624).

Es ist wohl ebenso kunstlandschaftlich wie zeitbedingt, daß zu den frühen Kritikern Palladio gehört, der alle Neuerungen verurteilt, die ihm unnatürlich scheinen (1570, Buch I, Kapitel 20), gefolgt von Scamozzi, der über die Geringschätzung der Antike klagt (1615, Buch I, Kapitel 22).

Man könnte personalisierend sagen, im Barock werde die Architekturtheorie in die Verteidigung gedrängt. Wir erfassen den Sachverhalt jedoch besser, wenn wir in der Architekturtheorie ein Instrument sehen, das angesichts der Neuerungswut zur Verteidigung des Vitruvianismus eingesetzt wird, zum mindesten aber zur Begrenzung und Lenkung der Innovation. Damit ändert sich auch der Charakter der Quellen. Es ist kein Zufall, daß wir Anfänge der Architekturkritik als Gegenwartskritik im eleganten Büchlein des Edelmannes Henry Wotton und in der Programmrede des Akademiesekretärs Bellori gefunden haben, während im 17. Jahrhundert Scamozzi fast allein den in der Renaissance üblichen Typus des vielbeschäftigten und angesehenen Architekten vertritt.

Wir dürfen auch nicht außer acht lassen, daß sich im 17. Jahrhundert die Denkstrukturen veränderten. Die Architekturtheorie, die sich bisher auf Autoritäten gestützt hatte, mußte die Herausforderung einer neuen philosophischen und naturwissenschaftlichen Denkweise annehmen, wenn sie wirksam bleiben wollte. Dies läßt sich am besten am Streit zwischen François Blondel und Claude Perrault zeigen, weil ähnliche Herkunft und ähnliche Aufgaben es unwahrscheinlich machen, daß sie verschiedene gesellschaftliche Ziele verfolgten. Angemessen scheint mir deshalb die „werkimmanente" Interpretation, wie sie Wolfgang Herrmann 1973 in seiner eindringlichen Monographie *The Theory of Claude Perrault* geleistet hat. Françoise Fichet, der wir den jüngsten Kommentar verdanken, richtet das Augenmerk auf das Innovationsproblem und auf berufsständische Fragen (Einleitung zu ihrer Anthologie, 1979). Mit dem Blondel-Perrault-Streit befassen sich übrigens drei 1972 gedruckte deutschsprachige Dissertationen, die weder von Herrmann noch von Fichet angeführt werden (Brönner, Hernandez, Kambartel).

Seit den Tagen, da italienische Künstler in Fontainebleau arbeiteten und französische Architekten wie Philibert de l'Orme in Italien Studienreisen unternahmen, war der Austausch von Künstlern und Ideen rege. 1665 berief Colbert den Bildhauer und Architekten Gianlorenzo Bernini nach Paris, wo seine Hauptaufgabe die Projektierung eines neuen Louvrebaues war. Colbert wollte aus dem Pariser Stadtschloß das Regierungszentrum der von ihm organisierten absolutistischen Macht formen. Freilich gehörte der Louvrebau zu Colberts unglücklichen Unternehmungen: Der König hielt sich selten und ungern in Paris auf und machte Versailles, das einstige Jagdschloß, zum Sitz des Hofes. Welch phantastische Vorstellungen Colbert von der Louvreplanung hegte, zeigt ein Bericht des Dichters und Generalkontrolleurs der königlichen Bauten Charles Perrault in seiner *Parallèle des anciens et des modernes* (Band IV, 1697, S. 273 f.): „Colbert", heißt es dort, „schlug nämlich seiner Majestät vor, nach Vollendung des Louvre die große Zahl von Appartements nicht französisch auszustatten, sondern nach der Mode aller Nationen der Welt: italienisch, spanisch, deutsch, türkisch, persisch, indisch, chinesisch, und nicht allein in der genauen Nachahmung all der Ornamente, mit denen diese Nationen das Innere ihrer Paläste verschönern, sondern auch durch genaue Nachforschung über ihre Möbel und besonderen Bequemlichkeiten, so daß alle Fremden das Vergnügen hätten, bei uns gleichsam ihr eigenes Land und alle Herrlichkeiten der Welt in einem einzigen Palast vereinigt anzutreffen."

Wer diese Worte hört, muß glauben, Colbert habe Frankreich, nein: den Louvre, für den Nabel der Welt gehalten, wohin alle Völker pilgern müßten. Überhaupt kann man sich von dem Selbstbewußtsein Frankreichs um jene Zeit kaum einen genügenden Begriff machen. Colbert aber wollte die Größe Frankreichs in der Architektur verewigen. Der Louvrebau bot ihm auch den Anlaß, 1671 einen Wettbewerb für die Erfindung einer „französischen Ordnung" auszuschreiben. Der Gedanke dazu tauchte auf, als das dritte Geschoß des Louvrehofes zur Debatte stand und man sich darüber stritt, ob das Gesindegeschoß ein

Abb. 20. Porte Saint-Denis, Paris, von François Blondel, begonnen 1673. Aus François Blondel: *Cours d'architecture.* 2 Teile, 2. Aufl., Paris 1698, II, S. 620.

Vollgeschoß oder eine Attika sein sollte. Die meisten Lösungen zeigten nichts anderes als emblematisch abgewandelte korinthische oder komposite Kapitelle, wie sie ähnlich Charles Le Brun an der Spiegelgalerie in Versailles verwendet hatte. Philibert de l'Ormes Vorschlag war längst veraltet, nur der Grundgedanke lebendig geblieben.

Im Jahre 1671 wurde auch der Bau der Porte Saint-Denis beschlossen, die triumphbogenartig den Erfolg von Ludwigs XIV. Rheinfeldzug würdigen sollte. Sie ist das Hauptwerk des Architekten François Blondel (Abb. 20). Von diesem Jahr an wurde der König auch „Ludovicus Magnus" genannt, zuerst auf einer Gedenkmünze, dann auf Blondels Triumphbogen. Schließlich wurde 1671 die Académie royale d'architecture gegründet.

Die Bauakademie hatte zunächst den Auftrag, eine allgemeingültige Doktrin aufzustellen, entsprechend den Schwesterakademien; ferner sollten darin Architekturstudenten unterrichtet und zu Staatsdienern herangezogen werden; endlich erhielt die Akademie mehr und mehr Aufträge für künstlerische und statische Gutachten, so daß sie nach einigen Jahren eine Art oberster Baubehörde war. Nur ihre Mitglieder durften den Titel « architecte du Roi » tragen; um ihre Unabhängigkeit als Gutachter zu wahren, wurden sie vom Unternehmertum ausgeschlossen. Den Unterricht erteilte Blondel als Direktor der Akademie selbst, und zwar in einer zweimal die Woche abgehaltenen Vorlesung. Mit der Druckfassung dieser Vorlesung, Teil I von 1675, Teil II–V von 1683, als 2 Bände paginiert, wollen wir uns befassen. Eine angeblich erweiterte, in Wirklichkeit wohl nur mit neuem Titelblatt versehene Ausgabe erschien 1698.

Wer war dieser Blondel? Es gibt einige Architekten dieses Namens, und leicht verwechselt man François Blondel mit dem um zwei Generationen jüngeren Jacques-François Blondel, der ebenfalls Professor an der Académie royale d'architecture wurde und seine Vorlesungen veröffentlichte.

François Blondel (1617–1686) stammte aus einer Familie mit einem Verdienstadelstitel, betrat die militärische Laufbahn, wurde 1656 als hoher Offizier Lehrer am Collège de France, bereiste als Begleiter von Ministersöhnen und in diplomatischen Missionen Nordeuropa bis hinauf nach Lappland und von den mittelmeerischen Ländern Italien, Griechenland, die Türkei sowie Ägypten, wirkte von 1664 an als Hafen- und Festungsingenieur am Atlantik und auf den Antillen, beschäftigte sich mit dem römischen Kalender und verglich in einer Schrift die Kunst Pindars und Homers. Er gehörte zu den Gründungsmitgliedern der 1666 gegründeten Académie des sciences und wurde Ende 1671 zum Direktor der damals gegründeten Académie d'architecture erkoren: das Bild eines zuverlässigen Staatsdieners und vielseitig gebildeten Mannes. Seine Haltung der Kunst gegenüber bekennt die letzte Randbemerkung seines *Cours d'architecture*: „Genie allein genügt nicht; es muß gestützt werden durch die Kenntnis der Regeln und ihrer umsichtigen Anwendung" – « Le génie seul ne suffit pas, il faut qu'il soit aidé de la connaissance des règles & de la science de les discerner. »

Doch wie soll es Regeln für die gute Architektur geben, wenn sich Vitruv, die Denkmäler des alten Roms und die Vorschriften der Renaissancearchitekten widersprechen? Die großen Unterschiede zwischen Vitruvs Vorschriften und den römischen Denkmälern erklärt Blondel dadurch, daß Vitruv die Regeln der griechischen, noch weniger entwickelten Architektur überliefert hat (Préface, S. 4); außerdem hält er

Vitruv für übertrieben subtil in den von ihm empfohlenen optischen Korrekturen, worin er Scamozzi folgt.

Überhaupt warnt er seine Studenten (II, S. 169): „Man muß zwar viel Verehrung für die Antike haben, aber man muß sie ohne Befangenheit haben." Der Satz fällt im Zusammenhang mit dem „Kostümstreit". Er hält sogar einen Fortschritt der Künste für möglich; dabei sieht er als treibende Kraft nicht einen übersinnlichen Weltgeist, sondern den Ehrgeiz der mächtigen Völker (I, S. 2). Er glaubt, das Zentrum der Künste und Wissenschaften sei in ständiger Bewegung und habe nach Athen und Rom jetzt endlich Frankreich erreicht, das die Antike bereits in einigen Bauten an Größe und Schönheit übertreffe (Discours, S. 8).

Auch die Natur gilt Blondel nicht fraglos als Richtschnur; wer gedrehte Säulen als tragendes Glied verurteilt, weil sie widernatürlich seien, müßte auch das korinthische Kapitell ablehnen, dessen Urform – eine von Blättern umrankte Urne – keine Lasten zu tragen vermöchte; aber beide Formen hätten Gewohnheit und Autorität für sich (II, S. 30 und 766). Im Grundsatz der Naturnachahmung sei Vitruv etwas zu streng (II, S. 61), „und wenn man ihn in seiner ganzen Härte befolgen wollte, dürfte man keinen Giebel unter ein Gebälk setzen; denn diejenigen Teile, welche das Gebälk darstellen, dürften naturgemäß nirgendwo sonst gesetzt werden als an den Längsseiten eines Bauwerks, und umgekehrt könnten die Giebel, welche die Frontispizform ergeben, nur an den Schmalseiten vorn und hinten gemacht werden. Man sieht, daß diese zu verschiedenen Fronten gehörenden Formen naturgemäß nie vereinigt werden dürften. Wer also die Regel in aller Strenge befolgte, müßte die Giebelrahmung auf die nackte Mauer setzen."

Der Grundsatz sei an sich richtig; denn (I, S. 62): „Die großen Architekten haben sich von der Natur nur entfernt, um sie zu vervollkommnen." Das ist das Gedankengut, mit dem auch Bellori arbeitet, obgleich mit anderem Tenor: Blondel sucht das Einverständnis mit dem Strom der Überlieferung; wo sich dieser Strom zu teilen droht, vermittelt er, wo Vermittlung versagt, beruft er sich auf eine imaginäre Mehrheit guter Architekten. Wir finden deshalb schon in der Widmung das verräterische Wort „Geschmack" (mauvais goust: Epistre au Roy, S. 2), und das Bekenntnis zu den „größten Meistern" (ebd., S. 3). In der Vorrede erklärt Blondel dementsprechend, er werde die Säulenordnungen nicht nach Vitruv unterrichten, dessen Regeln sich bedeutend von dem Geschmack abhöben, den wir in den schönsten Überresten der Antike beobachteten, sondern nach Vignola, Palladio und

Scamozzi, deren Vorschriften am besten mit diesen übereinstimmten und welche die allgemeinste Zustimmung gefunden hätten (Préface, S. 4).

Um Blondels Geschmack kennenzulernen, gehen wir die Liste der barocken Neuerungen und der Bauten durch, die er ablehnt. Er warnt vor der Verkröpfungswut (II, S. 14 und 72), hält gebauchte und kannelierte Säulen für unnatürlich (II, S. 18), verurteilt das ionische Kapitell Michelangelos, „der unter denjenigen, die für gute Architektur Geschmack zu besitzen glauben, wenig Autorität hat“ (II, S. 38); er rät überhaupt davon ab, „die Neuerungen, welche die Modernen eingeführt haben, nachzuahmen“ (ebd.), entscheidet sich in der Triglyphenfrage für Regelmäßigkeit (II, S. 91), läßt de l'Ormes dorisch-komposites Gebälk nur in Grotten oder über nackten Rustikamauern zu, weil es ihn zwar großartig, aber regelwidrig dünkt (II, S. 135); er bedauert, daß der Dreiecksgiebel, der wohl einst den Tempeln vorbehalten war, durch die Schmeichelei der Architekten auf Kaiserpaläste und schließlich auf jede Baugattung übertragen wurde, und verlangt, daß sie wenigstens der Dachneigung entsprechen (II, S. 138 f.); er wettert gegen Kartusche, Sprenggiebel und verkröpfte Giebel, er findet harte Worte für den (fast unmerklichen!) Ausgleich der Säulendimensionen an Berninis St.-Peters-Kolonnaden (II, S. 246) und verabscheut die Werke Borrominis und Guarino Guarinis unvollendet gebliebene Theatinerkirche Sainte-Anne in Paris (II, S. 250).

Man sieht: Blondel neigt zur Autoritätsgläubigkeit, verrät aber auch erhebliche Duldsamkeit und beweist Gespür für den Bedeutungsverlust der Formen.

Drei Fragen entzweiten ihn mit Claude Perrault:

1. Die Natur des Schönheitssinns
2. Der Prozeß der Wahrnehmung
3. Die Regelung der Innovation.

Wir wenden uns nun Blondels Gegenspieler zu. Claude Perrault wurde als dritter von fünf Brüdern geboren, deren letzten, Charles, ich schon als Dichter und Generalkontrolleur der königlichen Bauten vorgestellt habe. Claude studierte in Paris Medizin, wurde 1651 Professor der Physiologie, 1653 Professor der Pathologie, 1666 wie Blondel Mitglied der Académie des sciences, 1667 Mitglied der Beratergruppe für die Ostfassade des Louvre und offizieller Vitruvübersetzer. Unklar ist, ob Perrault der Académie d'architecture angehörte; jedenfalls nahm er zuweilen an ihren Beratungen teil und fand dort Gesprächspartner. Seine allgemein anerkannte Vitruvübersetzung kam

1673 heraus, mit teilweise völlig neuen Rekonstruktionszeichnungen und Kommentaren versehen, die sowohl die umfassende Kenntnis der vitruvianischen Literatur als auch die Denkweise des Naturwissenschaftlers verraten. Es waren namentlich diese Kommentare, die Aufsehen erregten und in denen Blondel Gefahr für die Doktrin witterte.

Um das Bild zu vereinfachen, stütze ich mich ausschließlich auf diese, und zwar in der 2. Ausgabe von 1684, die eine Duplik auf Blondels *Cours d'architecture* (1675–1683) darstellt.

Perrault, als Naturwissenschaftler auf der Suche nach Gesetzen, versucht zu erklären, warum die vitruvianischen Autoritäten in Fragen der Proportionierung uneins sind, zumal bei den Säulenordnungen, und kommt zum folgenden Schluß (*Vitruve,* 1684, S. 105, Anm. 7): „Die Proportionen sind durch eine Übereinstimmung der Architekten festgelegt worden, die, wie Vitruv selbst bezeugt, die gegenseitigen Werke nachahmten und den Proportionen folgten, welche die ersten gewählt hatten, und zwar nicht, weil sie eine positive Schönheit besaßen – eine zwingende und überzeugende Schönheit, welche die anderer Proportionen übertroffen hätte wie die Schönheit eines Diamanten die Schönheit eines Kiesels –, sondern nur deshalb, weil sich diese Proportionen in Bauwerken vorfanden, die außerdem positive und überzeugende Schönheiten aufwiesen wie die Schönheit des Materials und die der trefflichen Ausführung und die kraft ebendieser Schönheiten zur Billigung und Hochschätzung der Schönheit zugehöriger Proportionen führten, obwohl diese Schönheit nichts Positives hat. Diese Art der Hochschätzung aus Verquickung und Gewöhnung findet sich in fast allen Dingen, die gefallen, obwohl man es nicht glaubt, weil man sich keine Gedanken macht."

Perraults Begründung ist zweistufig. Die Erklärung, Proportionen seien bloße Übereinkunft, befriedigt ihn nicht; denn warum sollten sich die Architekten gerade auf diese und keine anderen Proportionen geeinigt haben? Er setzt also noch einmal an und findet den tieferen Grund in der damals von verschiedenen englischen und französischen Denkern ausgearbeiteten Assoziationsästhetik, die er als erster auf Architektur anwendet (Herrmann, 1973, S. 56).

Der Schönheitssinn ist demnach nichts Angeborenes, sondern etwas Angewöhntes. An anderer Stelle schreibt Perrault (*Vitruve,* 1684, S. 12, Anm. 13): „Obgleich auch die Schönheit in gewisser Hinsicht eine positive Grundlage hat, nämlich die vernünftige Angemessenheit und Zweckmäßigkeit jedes Teiles, so bleibt es doch wahr, daß sich nicht jeder fähig fühlt, selbst zu entdecken und wahrzunehmen, was alles zu dieser Angemessenheit gehört; man beruft sich deshalb zuerst auf das

Urteil und die Billigung derjenigen, die man für erleuchtet und bewandert hält." Das ist nicht, wie man glauben könnte, ein Auftakt zum Funktionalismus, sondern nur eine Anwendung der Unterscheidung von « beauté positive » und « beauté arbitraire » auf die Anwendung der gegebenen Säulenordnungen und Interkolumnien.

Wie antwortet Blondel auf diese neue Vorstellung vom Schönheitssinn? Es fällt zunächst auf, daß er statt « beautez positives » lieber « beautez naturelles » schreibt (Préface, S. 3). Mit einem Analogieschluß karikiert er Perraults Beispiel für Assoziationsästhetik; wenn Material und Ausführung zu den positiven Schönheiten gehörten, an die sich Proportionen willkürlich angliedern ließen, müßten wir auch den Mißgesang schöner Stimmen schön finden (II, S. 772 f.). Blondel arbeitet weiterhin mit Analogien. Ist, so fragt er, das Wohlgefallen an guter Küche, das Miterleben von Leidenschaften in Poesie und Rhetorik, der Wohlklang musikalischer Akkorde natürlich oder gewohnheitsmäßig? Von der Antwort hänge auch das Urteil über die Proportionen in der Architektur ab (II, S. 765 f.). Um zu belegen, daß die Schönheit gewisser Proportionen naturgegeben sei, beruft er sich in der Tradition des Vitruvianismus auf die Harmonien der Musik (II, S. 768 f.). Er widerlegt mit einem bemerkenswerten Beispiel die vielgehörte Behauptung, der Gesichtssinn sei weniger empfindlich als das Gehör; ein geschultes Auge erkenne auch kleinste Abweichungen. An der Gartenfront des Palais des Tuileries wurde eine Säule von Jean Goujon bewundert, bis man sie zusammen mit der ganzen Fassade zurückarbeitete, damit alles wieder weiß aussehe; doch damit zerstörte man ihre Schönheit (II, S. 83): „Denn die geringe Änderung, welche das Zurückarbeiten bewirkte, stahl das gewisse Etwas an Richtigkeit, das die Ursache des überraschenden Wohlgefallens gewesen war." Das „gewisse Etwas" (ce je ne sçay quoy) – ein beliebter Ausdruck – bezeichnet gewissermaßen die Toleranz, die dem Genie gewährt wird.

Aber, wie gesagt, es bedarf eines geschulten Auges. Auch hier gilt die Musikanalogie (II, S. 170): „Da es mit Ausnahme der Musikverständigen wenige gibt, die an der Mehrstimmigkeit Gefallen finden, die doch nicht verfehlen kann, jenen Einklang und jenen Wohlklang zu erzeugen, die von selbst bewundert werden, so ist es auch nicht erstaunlich, daß es Leute gibt, denen die gotischen Bauten gefallen, weil sie sich daran gewöhnt haben, und daß es umgekehrt wenige gibt, die imstande wären, mit Genuß zu kosten, was es an Bewundernswertem in der harmonischen Mischung der zahlreichen Teile gibt, aus denen sich ein schönes Gebäude zusammensetzt und die sich in der Architektur zur schönen Wirkung vereinen." Polyphone Musik bedarf nach Blondel der Kenntnisse; sie ist nicht selbstverständlich, obgleich ihre Schönheit im einzelnen natürlich ist. Gewöhnung kann irreleiten, und – das ist die Implikation – zum differenzierten Musik- und Architekturgenuß braucht es Anleitung. Den als konservativ verschrienen Blondel durchzuckt ein weit in die Zukunft weisender Gedanke: der Gedanke an die Notwendigkeit der Kunsterziehung.

Wenn die Schönheit gewisser Proportionen tatsächlich naturgegeben ist, konnte sie nie ganz verlorengehen. Als natürliche Proportionen der Giebel wählte man in der Gotik den Steilgiebel, der dem Steildach der Häuser in nördlichen Ländern entspricht, von dem die Schneemassen abgleiten (II, S. 139). Ja, die gotischen Bauten folgen oft den Proportionsregeln der guten Architektur, so häßlich ihre Ornamente sein mögen (II, S. 774). Als Beispiel zeigt und erläutert Blondel im Anschluß an Cesariano (1521) den Dom von Mailand (Abb. 21). Dann schließt er, wohl nicht ohne Nationalstolz (II, S. 778): „Man nehme sich die Mühe, nach dem gegebenen Beispiel die Hauptmaße an den Fassaden der Kathedralen Notre-Dame in Reims, Notre-Dame in Paris, Saint Paul's in London und derjenigen von Straßburg sowie aller Bauten, welche dieselben Proportionen aufweisen, zu untersuchen, und man wird sehen, daß diese deren Schönheit ausmachen und der Grund für das Wohlgefallen sind, das man bei ihrem Anblick empfindet."

Überzeugt davon, daß die Schönheit gewisser Proportionen naturgegeben sei, empfiehlt Blondel die induktive Methode, wie er sie selbst nennt (II, S. 769–771). Dies etwa ist sein Gedankengang: Die gesamte Physik hat auf Grund von Erfahrungswerten feste Regeln gefunden, ebenso die Musik. Warum soll die Architekturtheorie nicht von schönen Bauten ausgehen, um zu einem sicheren und beständigen Gesetz (principe stable & constant) zu gelangen? Perrault, der Blondels Voraussetzung ablehnte, suchte die „festen Regeln" auf demselben Weg, blieb sich aber des „konventionellen" Charakters solcher Regeln bewußt. Und er wäre wohl auch mit Blondels Verteidigung der Regelmäßigkeit einverstanden gewesen, wenn er sie auch anders begründet hätte als der ehemalige Feldmarschall Blondel. Dieser schreibt (II, S. 785, Rand): „Die Schönheit, welche die Proportionen in einem Bauwerk entstehen lassen, sind nicht minder natürlich als die, welche Zucht und Ordnung (l'ordre & l'arangement) in einer Schlachtordnung und in der Musik bewirken."

Perrault war als Naturwissenschaftler kaum zu widerlegen, wo es um den Prozeß der Wahrnehmung ging. Er stellte bei seinen Vitruvstudien fest, daß die sogenannten optischen Korrekturen bei den Mo-

Abb. 21. Querschnitt und Querhausaufriß des Mailänder Doms mit Proportionsfiguren. Aus François Blondel: *Cours d'architecture*. 2 Teile, 2. Aufl., Paris 1698, II, S. 777.

dernen eine viel bedeutendere Rolle spielten als bei Vitruv (*Vitruve*, 1684, S. 3, Anm. 6). Warum eine hochgelegene Säulenordnung erhöhen, wenn das Auge fast stets das perspektivisch Verkürzte selbst entzerrt, geschult durch "trial and error" (ebd., S. 204, Anm. 3), gestützt durch den Vergleich von Luft- und Linienperspektive (ebd., S. 81, Anm. 24). Tiefer in die Problematik führt die Bemerkung, daß jede Korrektur notwendigerweise standortbezogen sei (ebd., S. 176, Anm. 10). Brönner (1972, S. 112–114) hat mit Recht hervorgehoben, daß Perrault im Gegensatz zu anderen Theoretikern für den Entwurf perspektivische Darstellungen empfiehlt (*Vitruve*, 1684, S. 10, Anm. 7) und damit unausgesprochen die Betrachtung des Bauwerks von verschiedenen Standorten oder doch von einem beliebigen Standort aus.

Wir haben schon gesehen, daß auch Blondel nicht viel für Vitruvs « subtilitez d'Optique » übrighat (II, S. 44; ähnlich II, S. 143). Dem Grundsatz optischer Korrektur indessen widerspricht er nicht (II, S. 257, 312 und 703–726). Für Architekturtheorie und Stilgeschichte ist es bemerkenswert, daß Blondel vor allem darauf hält, daß Formen nicht überschnitten werden, sondern als Ganzes erscheinen (II, S. 706 bis 708). Diese Forderung kommt aus einer Schicht des Denkens, gegen die sich Perrault verschließt.

Den Kern der Meinungsverschiedenheiten hat Herrmann (1973, S. 93) so umrissen: „Was ein Wortstreit um ein abstruses Problem scheinen könnte, erweist sich als ein tiefgreifender Konflikt: als Zusammenprall zwischen den Künstlern, die sich eifersüchtig ein gewisses Maß an Freiheit zu wahren suchen, und dem Naturwissenschaftler, Experten auf anderen Gebieten, dem es um die übergreifende Struktur der Architekturtheorie geht und der sich bemüht, in einem wichtigen Teil der Architekturlehre eine Unstimmigkeit zu beheben, die ihm nebensächlich und sinnlos vorkommt." Optische Korrektur erscheint in dieser Sicht als theoretische Rechtfertigung des „gewissen Etwas" jenseits der Regeln.

Uneins waren sich Blondel und Perrault schließlich über die Kontrolle der Innovation. Gegenstand war Perraults Louvrekolonnade. Lassen wir diesmal zuerst Blondel als den Angreifer sprechen. Er behandelt die Louvrekolonnade unter dem Titel „Gekuppelte Säulen" (II, S. 228): „Ich weiß nicht, was die Architekten des letzten Jahrhunderts, die wir immerhin als die Wiederhersteller der Architektur verehren, veranlaßt haben mag, in den meisten ihrer Bauwerke das Kuppeln von Säulen und Pilastern einzuführen, das an antiken Gebäuden so selten praktiziert wurde, wenigstens in denjenigen, die man nach Aussage der nämlichen Architekten wirklich geschmackvoll nennen darf." Blondel will ihre Autorität nicht erschüttern (II, S. 229): „Da die Architektur damals eben erst wiedergeboren wurde, wagten es diese großen Menschen vielleicht nicht, sich unvermittelt der Praktiken zu entledigen, an die man seit langem gewöhnt war. Sie sahen an den gotischen Bauten ganze Gruppen von Säulen, die sich eng um die Pfeiler scharten, um trotz ihrer extravaganten Höhe Kraft zum Stehen zu finden."

Blondels Vorstellung von einem Fortschritt der Architektur läßt sich auf Vervollkommnung zurückführen. Das zeigt sich deutlich an seiner Besprechung des Wettbewerbs für eine „französische Ordnung", an der sich auch Perrault beteiligt hat (II, S. 249 f.): „Die meisten Entwürfe sind voll von Extravaganzen und gotischen Chimären oder faden [emblematischen] Anspielungen; die übrigen bewegen sich innerhalb der Grenzen jener Säulenordnung, die man die offene Kompositordnung oder italische Ordnung nennen muß und die alle antiken Beispiele umfaßt, die nicht gänzlich den vier Ordnungen entsprechen, deren Regeln uns Vitruv gegeben hat." Den heutigen Architekten ist die Abwandlung der Kompositordnung erlaubt wie den Römern die Abwandlung der griechischen Ordnungen; „denn wir sehen, daß die meisten Dinge, die sie hinzugefügt oder abgewandelt haben, für die Schönheit nicht wesentlich sind und die rechten Maße nicht ändern." Blondel läßt sich deshalb auch nicht von Perraults Behauptung verführen, gleichsam einen nationalen Interkolumnientypus geschaffen zu haben (II, S. 233): „In seinen gelehrten Kommentaren zu Vitruv hat Monsieur Perrault zugunsten gekuppelter Freisäulen noch ein weiteres Argument vorgebracht, das höchst subtil ist. Er sagt, daß zu den von Vitruv überlieferten fünf Interkolumnientypen ein sechster Interkolumnientypus erfunden wurde, um den Geschmack unserer Nation zu befriedigen, welche das Licht und die Weite (dégagements) liebt, obschon dem etwas Gotisches anhafte und obwohl der Geschmack der Alten, welche stets enge Säulenabstände vorzogen, ganz verschieden war."

Auch Blondel liebäugelt zuweilen mit der gotischen Architektur. Doch ob er die Wimperge vom nordischen Steildach ableitet, von dem die Schneemassen abzurutschen vermögen, oder ob er die Fassadenproportionen der Kathedralen untersucht: stets geht es ihm um das Fortwalten des Natürlichen und Naturgegebenen im barbarischen Zeitalter. Nie aber würde er gotische Architektur zu den Autoritäten gezählt haben. Das tat nun freilich auch Perrault nicht; vielmehr gewinnt man selbst aus Blondels Zusammenfassung den Eindruck, sein Gegenspieler wolle nur auf die Verwurzelung des französischen Geschmacks für « dégagements » hinweisen – eine Argumentation, die im 18. Jahrhundert begierig aufgegriffen wurde. Für Blondel war es ein leichtes, aus Perraults eigenem Hinweis auf die Verwandtschaft zwischen der noch immer verachteten gotischen Architektur und der Louvrekolonnade rhetorischen Gewinn zu schlagen; zur Theorie trug das nichts bei.

Wichtiger ist die Kontroverse um das Maß der Freiheit in der Erfindung. Vitruv schreibt die Erfindung verschiedener Formen und Typen einzelnen Architekten zu. Hermogenes erfand den „Pseudodypteros", eine Tempelform, die vortäuscht, von einer doppelten Säulenreihe umgeben zu sein, indem die einzige Säulenreihe vom Kernbau (Cella) so weit abgerückt ist, als wäre sie die äußere von zwei Reihen. Es geht also bei dieser Erfindung genau um ein « dégagement ». Perrault berief sich für die Erfindung eines sechsten Interkolumnientypus auf den griechischen Architekten; aber Blondel entgegnete, mit Berufung auf Hermogenes könne jede Regellosigkeit verteidigt werden (II, S. 235): „Wenn man die gute Architektur wieder in Gang bringen will, muß man die Kaprize aufhalten."

Die Architekten der Renaissance haben zwar Säulen gekuppelt, nie aber Freisäulen. Da sich Perrault auf keine Autorität berufen kann, muß seine Erfindung grundsätzlich beurteilt werden. Es liegt in der Tradition des Vitruvianismus, große Achsabstände nur bei hölzernen Gebälken zuzulassen, nicht aber bei Steinbalken, weil diese brechen. Schon Philibert de l'Orme hat freilich gezeigt, wie man bei geringer Werksteingröße ein Gebälk aus Keilsteinen zusammensetzen kann. Als solche „scheitrechten Bögen" sind auch die Gebälkstücke zwischen den weit auseinanderliegenden Auflagern der gekuppelten Säulen an der Louvrefront konstruiert, unter Zuhilfenahme von Eisenbewehrung, die mit der Zeit rostet und den Stein sprengt (II, S. 236 f. und 434). Es wird also dem Stein etwas abgetrotzt, das gegen Vitruvs erstes Gebot verstößt, die Solidität. Die Geschichte hat Blondel recht gegeben: Bereits im Jahre 1757 mußte das Kolonnadengebälk völlig erneuert werden. Doch das berührt das Grundsätzliche nicht; denn bei fachgerechter Ausführung – die Eisenklammern müssen mit Blei vergossen werden – hält das System, wie die weitere Geschichte beweist.

Perrault ging auf zwei Argumente ein (*Vitruve*, 1684, S. 79, Anm. 16). Ich behandle sie in verkehrter Reihenfolge. Perrault schreibt: „Der größte Vorwurf, den man gegen unseren Pseudosystylos erheben zu müssen glaubt, ist der, daß man sagt, es hafte ihm etwas Gotisches an. Ich habe das in den Anmerkungen zur ersten Ausgabe der Vitruvübersetzung zugegeben. Doch angenommen, daß das Gotische im allgemeinen und hinsichtlich all dessen, woraus es sich zusammensetzt, nicht die schönste Bauart wäre, würde ich gleichwohl meinen, es sei im Gotischen nicht alles abzulehnen. Das Licht in den Gebäuden und die bequemen Durchgänge, um die es geht, sind Dinge, in denen sich die Gotiker freilich von den Alten unterscheiden; aber gerade darin ist nun das Gotische nicht zu tadeln." Blondel hat sich in der Tat mit diesem Argument nicht ernstlich auseinandergesetzt.

Die grundsätzliche Meinungsverschiedenheit lag im Innovationsproblem: „Das Hauptargument, mit dem man ficht", schreibt Perrault, „beruht auf einem Vorurteil und auf der falschen Annahme, es sei nicht erlaubt, von der Praxis (usage) der Alten abzuweichen, daß alles, was nicht ihre Bräuche (manières) nachahmt, als bizarr und als kapriziös gelten müsse und daß man dieses Gesetz der Nachahmung der Alten als unverletzlich hüten müsse, weil man sonst einer Lässigkeit (licence) die Tür öffne, welche in sämtlichen Künsten zur Regellosigkeit führe." Und der Naturwissenschaftler weist auf die unbestreitbaren Fortschritte hin, deren sich andere Wissenschaften und Künste rühmen dürfen. Auch in der Architektur, so glaubt Perrault, muß sich von der Überlieferung lösen, wer den Fortschritt will.

Es ist aus dem Abstand von 200 Jahren seltsam zu sehen, wie Blondel und Perrault auf der Grundlage der gleichen Prämisse zu ganz verschiedenen Folgerungen gelangen, nämlich auf der Prämisse fußend, die Künste und die Wissenschaften verhielten sich grundsätzlich gleich. Blondel, wie wir gesehen haben, zieht den Fortschritt der Naturwissenschaften heran, um zu zeigen, daß sich durch ständiges Messen und Beobachten immer genauere Gesetze ableiten lassen. Der Fortschritt der Kunst wird dabei in einer Art Verfeinerung der Kunstregeln gesehen. Perrault dagegen hält die Erfindungskraft der Menschheit für unverbraucht und mißt deshalb den Kunstregeln der Antike und den Kunstleistungen der Antike nur die Bedeutung eines Ausgangspunktes zu; denn er sieht mit Recht einen Zusammenhang zwischen dem Fortschritt der Naturwissenschaften und ihrer Befreiung vom Autoritätsdenken.

Perrault hat seine Überzeugung von der Konventionalität der Architekturformen durch die Assoziationsästhetik eingeschränkt. Er hat sie nie bis zu der Formel „Schön ist, was gefällt" getrieben. Blondel freilich hat ihm solchen Relativismus unterschoben (II, S. 169): „Es ist wahr, die Geschmäcker sind sehr verschieden in bezug auf das, was man das Schöne nennt, und zwar sowohl in der Architektur und den Schwesterkünsten der Bildhauerei und der Malerei als auch in den anderen Geisteskünsten; denn es gibt Menschen, die jede wirkliche Schönheit in der Natur leugnen. Sie versichern, daß allein die Gewöhnung bewirke, daß uns eine Sache mehr als die andere gefällt – nach dem Beispiel jener Mütter, die an ihren Kindern nichts Mißgestaltetes sehen, wie häßlich sie sein mögen, und jener Nationen, welche die Engel mit rasierten Köpfen und langen Ohren malen. Andere finden nur schön, was der Mehrheit gefällt, und ihrer Ansicht nach genügt es, daß ein Werk, aus welcher Epoche es auch stamme, die Betrachter befriedige, um Beifall zu finden."

Allein, für den hier in lächerlicher Verzerrung dargestellten Relativismus fehlten die Voraussetzungen – Voraussetzungen, die uns heute selbstverständlich sind, die indessen erst nach dem Federkrieg zwischen Blondel und Perrault erarbeitet wurden. Dieser Federkrieg kann nämlich als Auftakt zu der umfassenden kulturellen Standortbestimmung gesehen werden, die man als die « Querelle des anciens et des modernes » kennt. François Blondel gehörte zu den « anciens », Claude

Perrault zu den « modernes ». Wortführer der « modernes » in der nachher vor allem unter den Literaten ausgetragenen Fehde war Charles Perrault, der schon zweimal genannte Bruder des Arztes und Architekten. Er brach den Streit vom Zaun, als er 1687 in der Académie française sein Gedicht *Le siècle de Louis le Grand* vortrug. Nicolas Boileau, sein Gegenspieler, erhob sich am Ende der Sitzung und erklärte, es sei eine Schande, daß sich die Akademie ein solches Gedicht überhaupt nur anhöre.

In seinem Buch *Parallèle des anciens et des modernes,* dessen erster Band 1688, also bereits in dem folgenden Jahr erschien, behandelte Charles Perrault dann die Frage des Fortschritts durch alle Künste und Wissenschaften hindurch. Dabei zeichnet sich ein Gedanke ab, der Blondels und des Architekten Perrault Argumentationen durchkreuzte und noch immer Verbreitung genießt: der Gedanke nämlich, daß einerseits die Geschichte der Künste in Wellen verlaufe, daß die Künste bald aufstiegen, bald abstiegen, bald da, bald dort ihren Höhepunkt erreichten und daß deshalb das Zeitalter Ludwigs XIV. tatsächlich das des Augustus übertreffen könnte; daß andererseits die Wissenschaften unbegrenzt verbesserungsfähig seien und daß es hier und nur hier wahren Fortschritt gebe. In diesem Gedanken vollzieht sich auch erstmals die Trennung der Wissenschaften und der Künste, und diese beiden Systeme überlagern nun das ältere der freien Künste, deren Rang zu erreichen ein Ziel der Renaissancearchitekten gewesen war.

In dieser neuen Organisation der Begriffe rückt die Architektur von der Mathematik und von den Naturwissenschaften weg und nähert sich sowohl Dichtung und Redekunst als auch den anderen bildenden Künsten. Paul Oskar Kristeller hat diese Organisation das „moderne System der Künste" genannt.

VI. ABBAU DES VITRUVIANISMUS

1. Cordemoy

Vitruv wurde auch im 18. Jahrhundert viel gelesen, oft in der Übersetzung von Claude Perrault, dessen Begriffsklärungen, Rekonstruktionszeichnungen und Kommentare unentbehrlich schienen. Aber das im 15. Jahrhundert aufgebaute, im 16. Jahrhundert verfeinerte und über ganz Europa verbreitete, im 17. Jahrhundert zur Bändigung der Innovationslust benutzte System des Vitruvianismus verblaßte rasch. Erik Forssman hat darüber einige bemerkenswerte Seiten geschrieben (*Dorisch, jonisch, korinthisch*, 1961, S. 112–125).

Cordemoy gehört nicht zu den bedeutenden Architekturtheoretikern seines Jahrhunderts. Aber indem er eng an François Blondel und Claude Perrault anknüpft und wie diese Polemik liebt, ist er ein Hauptzeuge des Gesinnungswandels im 18. Jahrhundert. Emil Kaufmann ist in seinem Buch *Architecture in the Age of Reason* (1955) über Cordemoy noch schweigend hinweggegangen; doch wenige Jahre später haben sich drei Autoren mit ihm beschäftigt: Robin D. Middleton in seiner Studie *The Abbé de Cordemoy and the Graeco-Gothic Ideal* (1962–1963), Michael Petzet in seiner Dissertation über Jacques-Germain Soufflot (1961) und – am Rande – Dorothea Nyberg in einem Aufsatz über den Architekturtheoretiker Michel de Frémin (1963).

Auch Middleton hat über J.-L. de Cordemoy wenig mehr herausfinden können, als was das Titelblatt seines *Nouveau Traité de toute l'architecture* (1706) und einige polemische Sätze der hier benutzten zweiten Ausgabe verraten (1714, Nachdruck 1966). Cordemoy war Kanoniker von Saint-Jean in Soissons und Prior in La Ferté-sous-Jouarre; er hielt sich für einen guten Zeichner, begabten Liebhaber in Malerei und Skulptur, doch vor allem für einen nicht unerfahrenen Architekten; « j'ay conduis quelque morceau d'Architecture qu'on a trouvé assez passable » (S. 136). Dieses Selbstlob wird aber auch den heutigen Leser nicht darüber hinwegtäuschen, daß der Abbé nur als Architekturkritiker kompetent war. Es mag deshalb bloß der kaufmännischen Überlegung des Druckers zuzuschreiben sein, daß der Untertitel des Traktats die Unternehmer und die Handwerker als Käufer anspricht. Cordemoy selbst wendet sich im « Advertissement » an die Schüler und

Anfänger. Die Abbildungen stehen ganz in der Tradition der Säulenbücher; nicht ein einziges vollständiges Gebäude ist abgebildet. Besser bewandert in der Kirchengeschichte als in der Architekturtheorie, hat Cordemoy seine Kenntnisse kaum über François Blondels *Cours d'architecture* und die Schriften Claude Perraults hinaus ausgedehnt; von Scamozzi kennt er offenbar nur das vierte Buch (Säulenordnungen), das 1685 auf französisch erschienen ist.

Der *Nouveau traité* enthält drei Teile. Im ersten Teil, *De l'ordonnance*, behandelt Cordemoy die Säulenordnungen, im zweiten Teil, *De la Disposition ou distribution*, entgegen unseren Erwartungen, immer noch die Formenlehre (Interkolumnien, Modulsysteme, Giebel, Portale u. a. m.), im dritten Teil, *De la bienséance*, Bauteile und Baugattungen. In der Ausgabe von 1714 folgen Auseinandersetzungen mit Amédée-François Frézier, dem königlichen Ingenieur und bekannten Fachmann des Steinschnitts; sie schließt mit Glossar, Register und Kupfertafeln.

Man kann Cordemoys Anliegen in einem Satz zufammenfassen: Er propagiert im Namen des guten Geschmacks das Ideal der Kolonnade. Er beruft sich dabei vor allem auf Berninis Kolonnade vor St. Peter in Rom (S. 110 und 144 f.) und Perraults Louvrekolonnade (S. 51, 58, 76, 88, 93, 97, 100, 111, 121, 139, 141, 144); diese nennt er „den schönsten Portikus der Welt" (S. 100). Seltsamerweise erwähnt er die Schloßkapelle von Versailles nie, obgleich sie zum Teil seinem Ideal entspricht; erst 1710 vollendet, war sie freilich zur Zeit der Niederschrift von Cordemoys Traktat noch im Bau. Mit der Vorliebe für Peristyle, Portiken oder Kolonnaden – Cordemoy braucht als eleganter Schriftsteller alle Synonyme – stellt er ein frühklassizistisches Ideal auf, das dann bald an bedeutenden Pariser Bauten verwirklicht wird: an der Fassade der Kirche Saint-Sulpice, in der Kirche Sainte-Geneviève (jetzt Panthéon), an der Platzfront der Concorde.

Cordemoy schwärmt von tragenden Freisäulen: „Säulen sind zu nichts anderem geschaffen, als etwas zu tragen" (S. 128); es gehöre „zum Wesen der Säulen, daß sie frei stehen und von der Mauer genügend entfernt sind" (S. 129). Die ganze römisch-kaiserzeitliche, die ganze Renaissance- und Barockarchitektur werden in wenigen Sätzen verurteilt (S. 97): „Aber diese Säulenordnungen darf man nie als bloßes Relief anbringen, wie es die schlechte Gewohnheit will. Das zeugt von schlechtem Geschmack und verstößt gegen den Bonsens. Die Säulen sind keineswegs dazu geschaffen, in den Mauern eingesperrt oder an sie angelehnt zu werden, es wäre denn, sie stünden um der Symmetrie willen gegenüber von Freisäulen." Außerdem rät Cordemoy von Säulenstühlen ab (S. 57): „Ich bin recht einig mit der Antike, daß unter die Säulen niemals Piedestale gesetzt werden sollen, wenn man darum herumgehen muß. Nichts ist großartiger und majestätischer, so glaube ich, als mehrere Reihen von Säulen zu sehen, deren Basen unmittelbar auf dem Pflaster oder Boden liegen." Wo man Säulenstühle verwendet, verbinde man sie durch eine Mauer oder eine Balustrade, damit ein zusammenhängender Stylobat entsteht.

Aus der Vorliebe für frei stehende Säulen folgt zwingend das Verbot von Kolossalordnungen (S. 92 f.): „Als feststehende Maxime muß man sich indessen vor Augen halten, daß jedes Geschoß seine eigene Säulenordnung hat und daß eine und dieselbe Ordnung nicht mehrere Geschosse umfassen darf. Man darf wohl sagen, daß diese Art, mehrere Räume in eine große Ordnung einzusperren, etwas sehr Dürftiges und Armseliges hat. Es scheint dann nämlich so, als ob man einen verlassenen und in Ruinen liegenden Palast betrachtete, in dem sich Leute eingenistet haben, welche die Appartements zu groß fanden und sie in Halbgeschosse unterteilten, um Platz zu sparen. Zudem ist es gewiß, daß weder Säulen noch Pilaster dazu geschaffen sind, etwas an ihrem Schaft zu tragen; das aber scheint man sie tun zu lassen, wenn sie von einer Plinthe gekreuzt werden, die doch den Beginn eines neuen Stockwerks anzeigt."

Säulenarkaden sind für Cordemoy keine Alternative zu den von ihm verschmähten Pfeilerbogenstellungen. Vitruv kenne sie nicht (S. 256 f.). Bögen seien ursprünglich selten gewesen (S. 100): „Rundbogenportale kannte die Antike nur bei Triumphbögen, großen öffentlichen Durchgängen und Stadttoren." Tonnengewölbe und Kuppeln sollen auf Kolonnaden ruhen (S. 109 und 204). Das Lob gotischer Kirchenbauten gilt nicht ihren Bögen, sondern den schlanken Stützen und großen Fenstern (S. 110, 166 und 197).

Um Anwendungsbereiche für Kolonnaden ist Cordemoy nicht verlegen. Die Louvrekolonnade hat das Beispiel für ihre Anwendung an Palästen gegeben, und wenn er auch viele Einzelheiten tadelt, so ist er doch mit den gekuppelten Säulen vollkommen einverstanden und erfindet für die rhythmische Kolonnade à la Perrault den griechischen Namen Dyostýlos, in Analogie zu den von Vitruv überlieferten Interkolumniennamen (S. 51–53). Nach einer unfachmännischen Beurteilung der statischen Verhältnisse führt er für den Dyostylos zwei verschiedene Argumente ins Feld (S. 52 f.): „Was uns aber dazu bestimmen muß, diese neue Anordnung der Säulen zu befolgen, ist die Tatsache, daß sie jedermann gefielen, sobald man sie gekuppelt sah. Die wahren Proportionen sind nämlich Dinge, die man von selbst liebt, und was man so liebt, birgt die wahre Schönheit. Man darf annehmen, daß sie schon in der Antike gefallen hätten, wenn man auf den Gedanken gekommen wäre, sie so anzuordnen. Immerhin scheint die Geschichte von Simson (Buch der Richter, Kapitel 16) zu zeigen, daß zu jener Zeit Säulen gekuppelt wurden; als er nämlich die Philister unter den Trümmern des Festsaals begraben wollte, konnte er ohne Mühe zwei Tragsäulen umarmen und zu Boden reißen."

Lange hält sich Cordemoy bei zweigeschossigen Portiken auf, die nach Vitruvs Beschreibung die antiken Plätze umgaben, und bei Kolonnaden entlang den städtischen Hauptachsen (S. 125): „Rings um die Plätze ließen die Griechen und die Römer gewöhnlich einen weiten doppelten Portikus laufen, den eine Terrasse abschloß. Sie hatten recht; denn da die Plätze oft für Schauspieler dienten, waren diese Portiken und Terrassen eine Art Amphitheater oder ständige Tribüne für eine Unmenge von Zuschauern. Ich würde ihre Nachahmung empfehlen, da unsere Plätze ungefähr denselben Zwecken dienen. Ich weiß wohl, daß man heutzutage den oberen Portikus wegläßt, um für die angrenzenden Gebäude Raum zu gewinnen, und daß man der Überzeugung ist, daß er den Wohnräumen Licht wegstiehlt, auch wenn man ihn schmal hält. Doch angenommen, dem wäre so: würde der Anstand nicht gleichwohl verlangen, daß man der Öffentlichkeit und der Großartigkeit der Städte ein Opfer bringt?"

Mit Säulengängen könnte man auch die Verkehrsnot lindern (S. 126 f.): „Mindestens muß man zugeben, daß der untere Portikus unentbehrlich ist und daß es nichts Großartigeres gibt. Man sollte ihn sogar verlängern und entlang allen Hauptstraßen der Stadt fortsetzen, wo die Kutschen und sonstiges Gedränge die Fußgänger allzusehr behindern. Wo es Portiken gäbe, könnte man sich hineinflüchten und wäre überdies beim Gehen vor Regen und schlechtem Wetter geschützt. Die Portiken müßten 8–10 Zoll über dem Straßenpflaster erhöht sein, damit es den Kutschern unmöglich wäre, die Passanten mit ihren Kutschen zu belästigen, wie sie es in Paris jeden Tag unverschämt und ungestraft tun. Gut, wird man sagen, aber wie sollen die Kutschen und andere Wagen in die Höfe der großen Häuser gelangen? Auf der Höhe jeder Einfahrt müßte eine flache Rampe die Niveaudifferenz zwischen Portikus und Straße ausgleichen, doch so, daß die Schräge erst außerhalb der Säulenflucht begänne und die Fußgängerebene ununterbrochen fortliefe. In gewissen Abständen müßte man Prellsteine setzen, welche die Fußgänger nicht stören würden, aber eine sichere Schranke gegen Kutscher wären, die sich sonst erdreisten könnten, über die Rampen in die Portiken einzufahren."

Auf seinem eigensten Feld ist der Abbé de Cordemoy, wenn er vom Kirchenbau spricht. Für das Äußere verlangt er Portiken über die ganze Fassadenbreite; dabei hat er nicht einen Giebelportikus vor Augen, wie ihn Palladios Tempelfrontprojekt für San Petronio in Bologna darstellt, sondern Terrassenportiken vom Typus der Vorhalle auf der Hofseite der Eglise de la Sorbonne in Paris (S. 112). Für solche Portiken spricht nach Cordemoy auch das Andenken an den früheren Kirchenbau, wo sich Ungetaufte und Büßende in einer gedeckten Vorhalle aufhielten (S. 111). Doch seine Vorstellungen reichen viel weiter. Er beklagt, daß die neueren französischen Kirchen alle dem Vorbild des St.-Peters-Doms in Rom folgen (S. 109): „Sie werden im großen und ganzen alle nach demselben Muster gebaut. Sie sind zusammengesetzt aus einer großen Anzahl von massiven Arkaden, deren ebenso massive Pfeiler mit Pilastern verblendet werden. Oft sieht man sogar die Bögen, welche die Vierung formen, eine Kuppel von kreisrundem Grundriß und großer Höhe tragen. Da man nun, seitdem man mit Recht auf die gotische Architektur verzichtet hat, nichts Besseres sehen konnte, hat man sich an diese Art von Schönheit gewöhnt. Wenn man freilich achtgibt, wird man sie eigentlich nicht mehr schön finden. Wäre die Kirche des Val-de-Grâce [in Paris], die doch fraglos als die am besten gebaute, leichteste und am besten angeordnete gilt, die wir von dieser Sorte haben, nicht unendlich schöner, wenn man anstelle all dieser unnötigen und schwerfälligen Arkaden, dieser Pilaster und breiten Pfeiler, die viel Platz und Licht verschlingen, Säulen aufgestellt hätte, um das Gebäude, so wie es ist, zu tragen? Wäre die schöne Kuppel nicht noch schöner, wenn sie statt auf vier Bogenstellungen, über denen sie ins Leere ragt, auf einer Kolonnade ruhte?"

Am Schluß des Abschnitts über Kirchentypen wiederholt Cordemoy, daß er für das schönste in der Welt eine Kirche im Geschmack des Louvreportikus halte, während er in den üblichen Pfeilerarkadenkirchen nur Schwerfälligkeit, Mutlosigkeit und Unfruchtbarkeit zu erkennen vermöge (S. 111). Dem Ideal der Kühnheit und Leichtigkeit setzte Frézier in seiner Kritik die technischen Grenzen entgegen, über die er vorzüglich Bescheid wußte. In seinen Entgegnungen, die zuerst im *Journal de Trévoux* erschienen und in der zweiten Ausgabe des *Nouveau traité* wiederabgedruckt wurden, holte Cordemoy weit aus, um mit Quellenschriften zu belegen, daß zur Zeit Konstantins d. Gr. und wenigstens bis zur Zeit des hl. Gregor von Tours Kolonnadenkirchen die Regel waren. Die Beweise sind vielfach unzulänglich; merkwürdig bleibt die Tatsache, daß sich die Theoretiker erst jetzt darauf besannen, in den konstantinischen Basiliken antike Kirchen als Muster zu besitzen. Die Praxis der Renaissance kennt eine bedeutende Ausnahme: Als Säulen-Architrav-Basilika behandelte Giulio Romano den Dom Santi Pietro e Paolo in Mantua, dessen Bau im gleichen Jahre 1545 wie das Konzil von Trient begann, vielleicht in bewußter Erinnerung an die heroischen Zeiten des frühen Christentums. Bei Cordemoy ist dieser Gedanke nur angedeutet (S. 137): „Wenn man Bramante und Michelangelo etwas vorwerfen dürfte, wäre es das: Sie haben vielleicht nicht ihr Möglichstes getan, um in Neu-St. Peter, der Hauptkirche der Christenheit, nachzuahmen, was die ersten Gläubigen sorgsam behütet und bewahrt haben: die Kolonnaden."

Die Vorliebe für Kolonnaden ist bei Cordemoy in umfassenderen Idealen aufgehoben: Einfachheit, geschlossene Form und konstruktive Kühnheit.

Aufschlußreich ist das Verhalten Cordemoys, wenn diese Ideale miteinander in Widerspruch geraten (S. 7): „Von diesen drei Ordnungen ist die dorische die massivste; sie hat dafür eine angenehme Einfachheit, die sich auf alle ihre Teile erstreckt." Massivität steht für unseren Abbé im engsten Zusammenhang mit konstruktiver Mutlosigkeit, wie wir bereits beobachten konnten. Ähnlich heißt es vom ionischen Gebälk (S. 72): „Es ist einfach, es ist schön und von einer Leichtigkeit, die zu dieser Ordnung paßt." Und in Verteidigung der Kolonnade schreibt Cordemoy (S. 88): „Man glaubt, daß Pfeiler die Sache stabiler machen und daß einfache Säulen nicht ausreichen, um einen Architrav aus mehreren Steinen zu tragen. Aber diese Arkaden und Pfeiler sind nicht nur unnötig, sondern wirken auch dürftig und kleinmütig (peu hardi) und vervielfachen ohne Not die Baukosten." In diesen wenigen Sätzen erscheint « simple » noch keineswegs als feststehender ästhetischer Begriff; das Beiwort wird auch nie zu « simplicité » substantiviert; aber es läßt sich zeigen, daß – in Frankreich wenigstens – der Gedanke längst da war, ehe Johann Joachim Winckelmann dafür die einprägsame Formel „edle Einfalt und stille Größe" ersann.

Die Barockarchitektur liebt offene Formen. Dazu gehören im wörtlichen Sinne unten oder oben gesprengte Giebel und verkröpfte Gebälke, aber auch unübersichtliche Formen wie gewundene und rustizierte Säulen. Cordemoy lehnt sie allesamt ab (S. 66 f. und 70). Daß er gleichermaßen Halbsäulen ablehnt, geht über Theorie und Praxis seiner Zeit hinaus. Er macht sogar ausdrücklich darauf aufmerksam, daß Vitruv nicht einmal dort von Halbsäulen spricht, wo sie in der Antike angewandt wurden: beim Theaterbau; die einzige Stelle, wo Vitruv von Wandsäulen gesprochen haben könnte, seien die „ägyptischen Säle" (S. 257 f.). Es ist natürlich auch anderen Theoretikern nicht entgangen, daß Vitruv meist von Freisäulen spricht; aber in diesem Punkt spielten sie den Theoretiker nie gegen die Denkmäler aus.

Bezeichnend für Cordemoys Freude an konstruktiver Kühnheit ist die Episode aus der Louvreplanung, die er erzählt (S. 139): „Am Portikus des Louvre haben die Architrave eine Spannweite oder Länge von mindestens 14 Fuß. Als Monsieur Perrault dem König den Entwurf zeigte, schrien die meisten Kenner, das sei eher eine Theaterdekoration als eine Sache, die sich wirklich ausführen ließe." Cordemoy wünscht vor allem den Architekten von Kirchenbauten „genügend Kühnheit und Eifer, um etwas Neues zu machen, das zu gefallen weiß", statt bloß die Kühnen nachzuahmen (S. 108). „Kühnheit" (hardiesse) gesteht er sogar dem Petersdom zu; aber in den Nachfolgebauten sieht er nur „Schwerfälligkeit, Mutlosigkeit und Unfruchtbarkeit" (de la pesanteur, peu de hardiesse & beaucoup de stérilité) (S. 108 und 111). Es ist ebendiese Kühnheit, die Cordemoy und viele seiner Zeitgenossen in den gotischen Kirchen bewundern, auch wenn sie ihnen zuweilen übertrieben vorkommt (S. 242). Robin Middleton hat deshalb Cordemoys Kolonnadenideal das "Graeco-Gothic Ideal" genannt. Der Vorwurf der Sterilität, den Cordemoy gegen den Kirchenbau des 17. Jahrhunderts in Paris erhebt, weist darauf hin, daß er die Architekturtheorie nicht ausschließlich als Instrument der Restriktion benutzt, sondern als Propagandamittel für dieses neuartige Ideal.

Der Vitruvianismus anerkennt drei Autoritäten: Vitruv selber, die antiken Denkmäler und die Natur. Dazu treten schon bei Vignola und noch deutlicher bei Blondel und Perrault Tradition und Konsens. Bei Cordemoy finden wir zwei neue Instanzen: « bon sens » und « bon goût ». Das sind überhaupt „Schlüsselbegriffe des kunsttheoretischen Denkens in Frankreich von der Spätklassik bis zum Ende der Aufklärung"; Peter-Eckhard Knabe hat sie in seiner Dissertation (1972) auf breiter Basis untersucht.

Den Begriff „Geschmack", dem wir gelegentlich schon bei Blondel begegnet sind, definiert Cordemoy in seinem Glossar wie folgt (S. 243): „Geschmack im allgemeinen ist ein auserlesenes Gefühl, das gewisse Personen besitzen und mit dem sie unfehlbar die Anmut, die Eleganz, das Schöne und das Ausgezeichnete in der Natur erkennen. In Architektur, Malerei, Bildhauerei und Poesie ist der Geschmack nichts anderes als dasselbe Gefühl, das einen dazu befähigt, in den Dingen der Natur das Vernünftigste, Wahrste und Vollkommenste auszuwählen, um dann in den Werken unbefangen (naïvement) die Idee davon auszudrücken. Personen, denen diese Eigenschaft fehlt, haben einen schlechten Geschmack. Die wahrgenommene Idee wird oft mit dem Geschmack gleichgesetzt; man sagt deshalb auch, ein Werk sei von gutem Geschmack oder, wenn man die Idee nicht gewahren kann, es sei von schlechtem Geschmack."

Der Artikel « goût » ist der einzige kunsttheoretische in Cordemoys Glossar. Man hat den Eindruck, daß sein Verfasser in der Nußschale einer Begriffsbestimmung ein ganzes System darstellen möchte. Jedenfalls verklammert er hier Natur und Kunstwerk durch die „Idee", welche er ähnlich wie Bellori versteht. Der Geschmack selbst erscheint als angeborene, aber nur wenigen Menschen geschenkte Instanz, die das System regelt. In denselben Vorstellungskreis gehört die Bemerkung, der Künstler müsse seine Werke « naïvement » schaffen. Freilich sieht Cordemoy den guten Geschmack auch als kritische Instanz; er beruft sich dann auf die « personnes de bon goût » oder auf die « gens de bon goût » (S. 66 und 117).

Eine benachbarte Instanz ist der « bon sens ». Wenn man den Ausdruck nicht als „Bonsens" eindeutschen will, muß man sich mit Umschreibungen wie „unbefangene Vernunft", „gesunder Menschenverstand", „Schicklichkeit" behelfen. Beispiel (S. 97): Von der Verwendung der Säulenordnungen als Relief sagt Cordemoy: « Cela est de mauvais goût & contre le bon sens. » Gegen den Bonsens und die gute Architektur verstößt es, wenn Säulen oder Pilaster einander durchdringen (S. 63). Untrennbar ist der Bonsens vor allem mit dem „decor", dem Schicklichen oder, wie man in Frankreich gerne sagt, mit der « bienséance » verbunden. So gleich zu Beginn des dritten Teils in Cordemoys Traktat, *De la bienséance* (S. 85): „Es wäre zum Beispiel gegen den Bonsens, wenn geräumige und großartige Portiken die Markt- und die Fleischhallen säumten oder wenn prächtige Vestibüls und Salons dazu dienten, in die Läden der Kaufleute zu führen. Es ist wohl kaum nötig festzuhalten, daß darin nichts Schickliches läge." Der Bonsens ist nicht ein seltenes Geschenk wie der gute Geschmack, sondern eine allgemein zugängliche Instanz.

Vor dieser Instanz, die gelegentlich mit der « raison » gleichgesetzt wird, haben sich Vitruv und die antiken Denkmäler zu bewähren. Unter diesem Blickwinkel wird man Cordemoys Sätze zur Entasis lesen (S. 61): „Man muß sich hüten, die Säulen oben und unten dünner werden zu lassen, wie es einige der Modernen gemacht haben, deren Geschmack nicht wählerisch ist. Vitruv selbst scheint diese Bauchung zuzulassen. Sie findet sich indessen in keinem der am meisten gebilligten Bauwerke der Antike. Man sieht im Gegenteil, daß die meisten Säulen dieser ausgezeichneten Bauwerke sich von unten an verjüngen.

In der Tat will es die Vernunft, daß die Säulen, als Stützen geschaffen, so gestaltet werden, daß sie möglichst fest sind." Mit diesem Urteil folgt Cordemoy vielen Theoretikern des 16. und 17. Jahrhunderts. Dagegen entfernt er sich von der Tradition (z. B. Palladio, Buch IV, S. 90), wenn er für das korinthische Kapitell Akanthuslaub vorzieht (S. 68): „Die Praxis hat bei den korinthischen Kapitellen den Lorbeer- und Olivenblättern den Vorzug vor den Akanthusblättern gegeben, die, wie mir scheint, richtiger waren. Da nämlich Akanthus mit biegsamen Stengeln und Blättern wächst, folgt er den Voluten viel natürlicher als die starren Lorbeer- und Olivenzweige. Es berührt seltsam, daß man bald einmal nicht mehr für das Natürliche ist. Immer will man die Natur und den Bonsens nötigen, und so liebt man diese wirren Haarwickel und gezwungene Zusammenstellung unzähliger spitzer Oliven- und Lorbeerblätter mehr als die einfachen und unbefangenen (naïfs) Umrisse, welche so gefällig und natürlich das Akanthuslaub formen."

Antike Portale verjüngen sich nach oben. Cordemoy weiß das, tut aber die Trapezform mit den folgenden Worten ab (S. 77): „Wir sind an eine so bizarre Gestalt keineswegs gewöhnt, und man kann auch die Vernunftgründe nicht erraten, welche die Antike dazu führte." Immer spielt er nach Bedarf die eine Autorität gegen die andere aus, ohne sie in eine Rangfolge zu setzen. Wenn er die auch von Blondel berührte Frage aufnimmt, ob man Frontispize an beliebiger Stelle anbringen dürfe, spielt er Vitruv gegen das Pantheon aus, welches doch bisher als Inbegriff antiker Architektur gegolten hatte; er verwirft die Ädikulen im Inneren des Pantheons und schreibt (S. 157 f.): „Dieses Gebäude ist nach Vitruvs Ableben gebaut worden. Übrigens darf man nicht glauben, daß alles, was aus der Antike übriggeblieben ist, den Stempel der Vollkommenheit trägt. Allem Anschein nach stammen diese Kapellen und die Attika, die man im Innern sieht, von einem anderen als dem Hauptarchitekten des Pantheons, der einen besseren Geschmack besaß, und zweifellos hat sich jener zweite Architekt bereits den Mißbräuchen ergeben, die Vitruv den Malern seiner Zeit vorgeworfen hat." Cordemoy spielt damit auf dieselbe Stelle an wie Bellori und nimmt die schon im 16. Jahrhundert erörterte Meinung auf, das Pantheon sei nicht aus einem Guß.

Blondel und Perrault sind sich darüber einig, daß die Kunstformen aus der Natur abgeleitet sind; aber sie glauben auch zu wissen, daß sich die Formen, einmal ausgearbeitet, verselbständigen dürfen. Dem Abbé de Cordemoy dagegen erscheinen Giebel, die kein Wasser abzuleiten haben, als etwas Unnatürliches, das zu vermeiden ist. Sein Naturbegriff ist blaß und verschwommen, und es ist wohl kein Zufall, daß er wohl den Ursprung der Säulenordnungen im Holzbau kennt, aber die mythische Urhütte mit keinem Wort berührt. Er kommt auch nicht auf den Gedanken, das Urbild der Kolonnaden in Baumreihen zu sehen, obgleich er „lange und schöne Baumalleen" liebt (S. 87).

Allein, es konnte nicht ausbleiben, daß der Begriff der Natur, der im 18. Jahrhundert in vielen Lebensbereichen einen zuverlässigen Maßstab zu setzen versprach, auch von den Architekturtheoretikern neu überdacht wurde.

2. Laugier

Marc-Antoine Laugier (1713–1769) war ein Literat. Er wurde in der Provencestadt Manosque geboren, trat mit 14 Jahren in das Jesuitennoviziat in Avignon ein. Seine Ausbildung wurde in Lyon, Besançon und Marseille vervollständigt. Bereits mit 21 Jahren wurde er nach Paris gesandt; von 1749 an predigte er vor dem König. Seine literarische Laufbahn begann er mit dem 1753 zuerst anonym veröffentlichten *Essai sur l'architecture*. Es war nicht zu vermeiden, daß der Name des Verfassers bald bekannt wurde; die zweite Auflage von 1755 erschien unter dem Namen und mit dem Bekenntnis zur Ordenszugehörigkeit des Jesuitenpaters (Nachdruck 1966 und 1979). Der *Essai* wurde bereits 1755 ins Englische und 1756 ins Deutsche übertragen. Laugier setzte die literarische Tätigkeit mit einer Kritik des « Salon » von 1753, einer Verteidigung der französischen gegen die italienische Musik (1754), einer zwölfbändigen Geschichte der Republik Venedig und mit den *Observations sur l'architecture* (1756) und weiteren Titeln fort, welche die Spannweite und Wendigkeit dieses Geistes ahnen lassen.

In demselben Jahr 1756, da die *Observations* erschienen, wechselte Laugier vom Jesuitenorden zu den Benediktinern über. Die Gründe sind nicht bekannt. Jedenfalls lebte er von nun an als „Abbé" und Schriftsteller in Paris, in den Jahren 1760–1763 als Diplomat in Bonn und dann wieder in Paris.

Laugiers *Essai* ist von Wolfgang Herrmann in derselben Weise untersucht worden wie das architekturtheoretische Schrifttum Claude Perraults; die Darstellung greift jedoch bei Laugier bedeutend weiter aus, so daß seine Monographie das Standardwerk zur französischen Kunsttheorie des 18. Jahrhunderts geblieben ist, obgleich es schon 1962 veröffentlicht wurde.

Der *Essai sur l'architecture* ist ein Taschenbuch von etwas über 300 Seiten und 10 Tafeln mit Säulenordnungen, Giebelformen und

Ädikulen. Der Text ist in sechs Kapitel gegliedert. Er beginnt mit den Prinzipien der Architektur, behandelt sodann die Säulenordnungen, die vitruvianischen Ziele der Architektur, « solidité », « commodité » und « bienséance », den Kirchenbau, die Verschönerung der Städte, die Verschönerung der Gärten und, in der Ausgabe von 1755, eine Widerlegung von Amédée-François Fréziers Kritik sowie ein Glossar. Die Verwandtschaft des Aufbaues mit dem Traktat des Abbé de Cordemoy ist offenkundig, und Laugier macht auch kein Hehl daraus, daß Cordemoy seinen Geschmack und seine Denkweise geprägt hat (S. xxxvi f.): „Vitruv hat uns nur gelehrt, was zu seiner Zeit praktiziert wurde, und wenn da und dort ein Funke aufglüht, der das Genie verrät, das in die wahren Mysterien seiner Kunst eindringt, dann bemüht er sich doch nicht, den Schleier zu zerreißen, der sie verbirgt; stets hält er sich von den Abgründen der Theorie fern, um uns die Pfade der Praxis zu weisen, die mehr als einmal am Ziel vorbeiführen. Mit der einen Ausnahme des Herrn von Cordemoy kommentieren die Modernen nur den Vitruv und folgen ihm vertrauensvoll auf allen Irrwegen. Ich sage, mit der Ausnahme des Herrn von Cordemoy; dieser Autor ist tiefer als die meisten und hat die Wahrheit gesehen, die ihnen verborgen blieb. Sein Architekturtraktat ist außerordentlich kurz; aber er enthält ausgezeichnete Prinzipien und wohlüberlegte Ansichten."

An anderer Stelle führt Laugier einige der Autoren auf, über die er hinausgekommen zu sein glaubt: Palladio, Scamozzi, Vignola, Blondel, nachdem er sie immerhin genau gelesen haben will (S. ix f.). An den Architekturschulen, so glaubt er, lernt man nur leere Vorurteile (S. 129).

Was Laugier die Selbstsicherheit verlieh, welche vor allem die Architekten vom Fach verärgern mußte, war die Gewißheit, eine neue rationale Architekturtheorie und Architekturkritik aufgebaut zu haben, und darüber hinaus die Überzeugung, „daß es vorzüglich Sache der Gebildeten (gens de Lettres) sei, sich über die Werke der Künstler auszusprechen, ihre Arbeit zu lenken und alles zu kritisieren, was sich von den Gesetzen der Vernunft und des Geschmackes entfernt" (S. 271).

Die Sicherheit von Naturgesetzen hoffte schon François Blondel den Regeln der Architektur zu geben. Dabei bediente er sich nicht nur der Analogie mit der Musiktheorie, sondern hofft auch, den Empirismus der Naturwissenschaften in die Architekturtheorie einzuführen. Claude Perrault hielt ihm entgegen, er nehme als Schönheitserfahrung an, was bloße Konvention über das Schöne sei. Laugier ist in einem ganz anderen Sinne vernunftgläubig. Für ihn stehen auf der einen Seite die « principes » und auf der anderen Seite die « routine », die « usages reçus » oder die « pratiques reçues ». So schreibt er zum Beispiel (S. xiii): „Für den Erfolg der Künste ist es wichtig, daß man nur duldet, was sich auf Prinzipien stützt; andernfalls wird es keine anderen Regeln mehr geben als die schiere Kaprize." Und noch schärfer antitraditionalistisch (S. xv): „Wir dürfen in den Künsten nicht mehr auf Fortschritt hoffen, wenn alles sich darauf beschränkt, das schon Gemachte nachzuahmen; Kritik, so notwendig zur Vervollkommnung, kann nur stattfinden, wenn man Regeln hat, die nicht auf dem beruhen, was ist, sondern dem, was sein soll."

Unausgesprochen wird in diesen Sätzen die Autorität der Antike abgelehnt. Es wird auch ersichtlich, daß Laugier in der zu Ende gehenden « Querelle des anciens et des modernes » zu den « modernes » gehört, zu jenem Flügel sogar, der an einen Fortschritt auch auf dem Gebiet der Künste glaubt. Für Laugier ist indessen der Begriff « principe » viel bedeutender als die Begriffe « perfection » und « progrès ».

Laugier steht durchaus in der Tradition des Vitruvianismus, wenn er die Architekturtheorie auf dieselbe Höhe bringen will, auf welcher er die Theorien der anderen Künste glaubt (S. xxxiii f.): „Mich dünkt, daß in den Künsten, die nicht ausschließlich mechanische Künste sind, die Praxis niemals genügt. Wichtig ist vor allem, daß man denken lernt. Ein Künstler muß sich über alles Rechenschaft geben können, was er macht. Zu diesem Zweck bedarf er der festen Prinzipien, die seine Urteile bestimmen und seine Wahl rechtfertigen, dergestalt, daß er nicht nur instinktiv sagen kann, ob eine Sache gut oder schlecht ist, sondern sein Urteil als ein Mann, der die Wege des Schönen kennt, zu begründen vermag.

Die Kenntnisse sind in fast allen freien Künsten sehr weit vorangetrieben worden. Eine Schar begabter Menschen hat sich damit befaßt, uns alle Feinheiten zu lehren. Es gibt gelehrte Schriften über Poesie, Malerei und Musik. Man ist in die Mysterien dieser Künste so weit eingedrungen, daß wenig zu entdecken bleibt. Wir besitzen dort durchdachte Vorschriften und abgewogene Kritiken, welche die Grenzen der wahren Schönheiten ziehen. Die Vorstellungskraft (imagination) hat Führer, die sie auf den rechten Weg bringen, und Bremsen, die sie vor Prellsteinen schützen. Gerecht sind die Urteile über das Verdienst ihrer Einfälle wie über die Unordnung bei Fehlschlägen. Falls es uns an guten Dichtern, Malern oder Musikern gebrechen sollte, so läge das nicht an der Theorie, sondern am Mangel an Begabungen.

Die Architektur ist bis heute der Kaprize der Künstler ausgeliefert geblieben, die ihr sinnlose Vorschriften gemacht haben. Sie haben die Regeln lediglich auf Grund der antiken Bauten recht zufällig festgesetzt. Sie haben deren Fehler mit ebensoviel Gewissenhaftigkeit nachgeahmt wie ihre Schönheiten; denn ihnen fehlten Prinzipien, die ihnen die Unterscheidung erlaubt hätten."

Unter solchen Umständen ist es Laugiers Absicht, nicht nur diese Prinzipien darzulegen, sondern auch „den Geschmack der Architekten zu formen" (S. xliii). Und dieses ist ihm zweifellos in hohem Maße gelungen.

Die einzige Autorität, die Laugier anerkennt, ist die Natur. Man könnte auch sagen, sein aprioristisches Kunstprinzip sei der Naturbegriff des 18. Jahrhunderts (S. 8): „Es ist in der Architektur wie in den anderen Künsten: Ihre Prinzipien beruhen auf der einfachen Natur, und in ihren Vorgängen finden wir die Regeln der Architektur vorgezeichnet." Das wäre wenig mehr als eine Vitruv- oder Palladio-Paraphrase, wenn Laugier nicht, verräterisch genug, statt von « la nature » von « la simple nature » spräche.

Nachdem er wie so viele seiner Vorgänger die Urhütte (Abb. 22) geschildert hat, die er liebevoll « la petite cabane rustique » nennt, fährt er fort (S. 9 f.): „Dies ist der Weg der einfachen Natur. Der Nachahmung ihrer Vorgänge verdankt die Kunst ihre Geburt. Die kleine ländliche Hütte, die ich soeben beschrieben habe, ist das Muster, nach welchem man alle Herrlichkeiten der Architektur ersonnen hat. Und indem man sich bei der Ausführung der Einfachheit dieses Urmusters annähert, vermeidet man wesentliche Fehler und erreicht man wirklich Vollkommenes."

Wolfgang Herrmann (1962, S. 48) hat durch Vergleiche mit den älteren Auffassungen von der Urhütte deutlich gemacht, daß Laugier sie nicht als einen fernen Mythos vorstellt, sondern als fortdauernde Norm. Im Gegensatz zu seinen Vorgängern bezieht er deshalb die Zimmermannskonstruktion, die nach Vitruvs Erklärung dem dorischen Tempel zugrunde liegt, nicht mit ein, sondern läßt nur die Urhütte als Muster gelten; denn er sucht nicht die „Natur", sondern die „einfache Natur". Man könnte erwarten, Laugier propagiere die Baumstammsäule Albertis, Martinis und de l'Ormes; aber seine Argumentation verfolgt ein anderes Ziel (S. 11): „Ich folgere deshalb: In jeder Ordnung zählen nur Säule, Gebälk und Giebel für die Komposition." Und weiter schließt Laugier (S. 10): „Es ist also leicht, diejenigen Teile, die wesentlich zur Komposition einer Ordnung gehören, von denen zu unterscheiden, die aus dem praktischen Bedürfnis eingeführt oder aus Kaprize hinzugefügt wurden. In den wesentlichen Teilen besteht die ganze Schönheit, in den dem Bedürfnis zuliebe eingeführten Teilen das bloß Erlaubte, in den aus Kaprize beigefügten Teilen das Fehlerhafte."

Abb. 22. Die vitruvianische Urhütte. Aus Marc-Antoine Laugier: *Essai sur l'architecture*. 2. Aufl., Paris 1755, S. I.

In den Formen also, nicht mehr in den Proportionen wie für den Vitruvianismus des 15. und 16. Jahrhunderts liegt die Schönheit der Architektur. Laugier spricht von den Proportionen ausschließlich im Zusammenhang mit den Ordnungen. Doch als Antitraditionalist ruft er aus (S. 99 f.): „Es wäre zu wünschen, daß unsere Künstler weit genug blickten und aus den Gliedern, die den einzelnen Ordnungen eigen sind, neue Kapitelle, Architrave, Kranzgesimse schüfen; ein weites Feld steht genialer Erfindung und Wetteifer offen. Ich glaube sogar, man dürfte zu den eingeführten Profilen, deren Zahl recht begrenzt ist, neue hinzufügen. Dabei soll man stets große Vorkragungen, zu feinteilige und zu harte Profile sowie bloßes Beiwerk vermeiden; vor allem aber muß man die schönen Proportionen studieren, von denen in erster Linie Solidität und Grazie abhängen." Aufschlußreich ist auch der Vergleich der Stichwörter „Proportion" in den Glossaren, die Cordemoy und Laugier ihren Werken beigeheftet haben. Cordemoy beginnt mit einer Definition, für die er sich auf Vitruv beruft und welche den Vergleich mit dem menschlichen Körper benutzt; dann leitet er zur Ästhetik des 18. Jahrhunderts über und schreibt: „Und aus dieser Proportion, dieser Schönheit, dieser majestätischen Erscheinung ergibt sich dieses gewisse Etwas von Wohligkeit, Grazie und Bequemlichkeit, das sich sogleich der Seele bemächtigt, ihren Zustand angenehm verändert und ihr gleichsam unwillkürlich Beifall entlockt." Anders Laugier: „Proportionen sind die Verhältnisse von Länge, Breite und Höhe. Jedes Gebäude hat seine Proportionen, jedes Glied hat die seinen, und nichts darf in dieser Sache dem Belieben anheimgestellt werden."

Neben dem Wesentlichen, das er mit dem Schönen gleichsetzt, anerkennt Laugier auch die praktische Seite der Architektur, die er unter dem Stichwort « commodité » in einem eigenen Kapitel behandelt. Er stellt den zeitgenössischen Architekten in dieser Hinsicht ein glänzendes Zeugnis aus, indem er einräumt, daß sie das wichtigste Erfordernis der « commodité », die « distribution de l'édifice » beherrschten (S. 153): „Lassen wir unseren Künstlern Gerechtigkeit widerfahren! Die Einteilung ist derjenige Teil der Architektur, den sie souverän beherrschen. Sie verstehen es, in sehr engen Raumverhältnissen die Wohnungen zu vervielfachen und in jeder Wohnung alle Arten von Bequemlichkeit einzurichten." Doch selbst dieses Lob mündet in Kritik (S. 153 f.): „Ihre diesbezügliche Geschicklichkeit bringt die Menschen auf den Geschmack für kleine Appartements. Dieser Geschmack ist an und für sich nicht schlecht. Es wäre immerhin gefährlich, wenn er allgemein würde und wenn große Herrschaften von nun an in einem Labyrinth kleiner

Zellen wohnten." Laugier fürchtet, in der ihrem Ursprung und ihrem Charakter nach bürgerlichen Wohnkultur seiner Zeit werde das herrschaftliche Große untergehen.

Es geht Laugier dabei um die Dosierung der Kunstmittel. Ihre Abstufung unterwirft er dem überkommenen Begriff der « bienséance », der ungefähr dasselbe bedeutet wie Vitruvs „decor", aber in der französischen Theorie auch die „venustas" als drittes Ziel der Architektur vertritt. Laugiers erster, definierender Satz des Kapitels über die « bienséance » heißt (S. 155): „Die Schicklichkeit erheischt, daß ein Gebäude nicht mehr noch minder Großartigkeit hat, als seiner Bestimmung gebührt." Die Architektur soll bei Privathäusern die gesellschaftlichen Verhältnisse spiegeln (S. 171): „In bezug auf die Häuser von Privatleuten will es die Schicklichkeit, daß der Schmuck dem Rang und dem Vermögen der Bewohner entspricht." Eine scharfe Zensur erhält Germain Boffrands 1747 errichtetes Findelhaus in Paris (S. 170): „Häuser, die zur Unterbringung der Armen bestimmt sind, sollen etwas von der Armut zeigen. Das neue Hôpital des Enfants-Trouvés hat eher das Aussehen eines Palastes als eines Asyls. Soviel Großartigkeit verrät entweder ein übermäßiges Stiftsvermögen oder eine verschwenderische Verwaltung; auf jeden Fall handelt es sich um eine unangebrachte Großartigkeit." Laugier schließt: „Arme soll man als Arme unterbringen. Viel Sauberkeit, viel Bequemlichkeit, kein Prunk."

Der Hofprediger Laugier fühlt sich allem Anschein nach in der Gesellschaft, die ihn umgibt, aufgehoben. Deshalb gelingt es ihm leicht, Geschmack und Prinzipien, Gefühle und Verstand, Naturgenie und Regel zu versöhnen (S. xxxix f.): „Ich habe den Geschmack der anderen konsultiert und, während ich mich dieser Prüfung unterwarf, in ihnen allen dieselben mehr oder weniger lebhaften Empfindungen wahrgenommen, abgestuft nach der Wärme, welche ihre Seele von der Natur empfangen hat. Daraus habe ich geschlossen: 1. daß es in der Architektur wesenhafte Schönheiten (beautés essentielles) gibt, die nicht von der Gewohnheit der Sinne oder bloßer Übereinkunft abhängen, 2. daß die Komposition eines Architekturwerks wie alle Werke des Geistes Kälte oder Leben, Richtigkeit oder Unordnung ausstrahlen kann, 3. daß es in dieser wie in jeder anderen Kunst des Talents und der Genialität bedarf, wie man sie nicht erwirbt, sondern von der Natur empfängt, daß sich aber Talent und Genie Gesetzen unterwerfen müssen."

Laugier ist ein Vorläufer des „empfindsamen Zeitalters". Man muß nur hören, in welche Ekstase ihn allein der Anblick einer Säulenordnung versetzt und mit welchen Worten er diese Ekstase ausdrückt

(S. 85): „Die korinthische Ordnung bildet eines jener Schauspiele, wo ein einziger Blick packt und die Seele außer sich bringt." Und über das korinthische Kapitell (S. 86 f.): „In dieser ganzen Zusammenstellung waltet eine Sanftheit, eine Harmonie, etwas Natürliches, eine Vielfalt, eine Grazie, die ich kaum auszudrücken wüßte und die einen allein der Geschmack verspüren läßt."

Laugiers Empfindsamkeit für das Schöne, das Interessante, das Abwechslungsreiche, das Neue bestimmt sein Architekturideal. Er zeigt eine unerwartete Vorliebe für die Massengliederung. Er bekennt mehrfach seine Vorliebe für Risalite, die durch überhöhte Mauern und durch die Dachform als selbständige Pavillons gekennzeichnet sind, so in einer Empfehlung, die im französischen Wortlaut wiedergegeben sei (S. 42): « Je voudrais des pavillons en avant-corps; des parties, les unes plus hautes, les autres plus basses; beaucoup d'union & encore plus de variété. »

Vielfalt gilt ihm also mehr als Einheit. Dem Wortgebrauch folgend, der sich im 17. Jahrhundert herausgebildet hat, versteht Laugier unter Symmetrie die Spiegelgleichheit, nicht die umfassende Proportionsordnung. Wenn er um der Vielfalt willen Unordnung empfiehlt, dann vermutlich eine durch Axialsymmetrie gebändigte Unordnung, so in der Kritik an den Platzanlagen von Paris (S. 165): „Der wahre Schmuck der Plätze sind die Portiken, und wenn man diese mit Gebäuden von verschiedener Höhe und Form verbindet, wird dieser Schmuck vollkommen sein. Es braucht Symmetrie, aber es braucht auch eine gewisse Unordnung, welche das Schauspiel durch Abwechslung vergrößert."

Um seinen Begriff der « variété » deutlich zu machen, zieht Laugier drei andere „schöne" Künste zum Vergleich heran: die Landschaftsgärtnerei, die Malerei und die Musik. In Frankreich machten sich zu Laugiers Zeit gerade die ersten Einflüsse des englischen Gartens bemerkbar, der von der "wilde Regularitie", die Wotton (1624, S. 109) empfohlen hatte, längst zur Asymmetrie aufgebrochen war. Laugier entwirft in Gedanken ein städtisches Straßennetz, das großen Forsten und Parks ähnelt (S. 222 f.): „Man muß eine Stadt wie einen Wald betrachten. Die Fahrwege hier entsprechen den Straßen dort, und für beide muß man Schneisen schlagen. Was die wesentliche Schönheit eines Parks ausmacht, sind die Vielzahl, die Breite, die Ausrichtung der Wege; doch das reicht nicht: Es bedarf für einen solchen Plan des Geschmacks und des Gedankenreichtums eines Le Nôtre, damit man zugleich Ordnung und Bizarrerie, Symmetrie und Vielfalt findet, hier einen Stern, da einen Dreistrahl, bald ein Ährenmuster, bald einen Fächer oder auch Parallelen, überall aber Knotenpunkte von verschiedener Zeichnung und Figur. Je mehr Auswahl, Überfluß, Kontrast, ja Unordnung die Komposition aufweist, desto mehr pikante und köstliche Schönheiten hat der Park. Man überzeuge sich doch davon, daß der Geist nicht nur in den erhabensten Dingen wirkt, nein, alles, was Schönheit haben kann, alles, was Erfindung und Zeichnung fordert, ist ein geeignetes Feld, um die Imagination, das Feuer, die Verve des Genies zu üben. Das Malerische kann sich ebensogut im Teppichbeetmuster eines Blumenparterres zeigen wie in der Komposition eines Gemäldes."

Es ist umstritten, was der Abbé Laugier vor Augen hatte, als er diese Sätze schrieb (vgl. Dora Wiebenson, 1978). Sicher führt er teils ältere, teils neuere Züge der Gartenkunst auf. Seine Begeisterung für Abwechslung macht sich in dem noch ungewohnten Wort « pittoresque » Luft. Aber da er wie Scamozzi und Cordemoy den Kutschenverkehr vor Augen hat, empfiehlt er gerade Ausfallstraßen (S. 212), von zwei bis vier Baumreihen begleitet (S. 219). Gerade Straßenführung soll den Weg abkürzen (S. 221). In Paris sind „die meisten Straßen so schmal, daß man nicht ohne Gefahr durchkommt; sie sind so gewunden, so voll von scharfen Ecken und unmerklichen Biegungen, daß sich die Wegstrecke von einem Ort zum anderen verdoppelt" (S. 222). Wir sind also weit von Albertis beschaulichem Fußgänger entfernt, der sich im Voranschreiten durch eine krumme Straße am wechselnden Anblick der Fassaden ergötzt.

Nicht weniger ärgert sich Laugier über Neuquartiere und Neustädte (S. 223): „Hier herrschen eine fade Präzision und eine kalte Uniformität, daß man sich nach der Unordnung unserer alten Städte sehnt." Jene seien so langweilig und gleichförmig, daß man die Orientierung verliere; man sollte aber in jedem Viertel etwas Neues, Einzigartiges, Packendes finden; „bei aller Ordnung im Einzelnen soll aus dem Ganzen eine gewisse Idee von Unregelmäßigkeit und Chaos resultieren, die großen Städten wohl ansteht" (S. 223 f.). Wiederum im Zusammenhang mit dem Städtebau verdeutlicht Laugier seinen Begriff der « variété » durch Vergleiche mit Erscheinungen in Malerei und Musik (S. 229): „Die Schönheit eines Gemäldes verlangt nach einer Abstufung des Lichts, die unmerklich vom Dunkelsten zum Hellsten führt, und nach einer süßen Harmonie in den Farben, die jedoch mit stolzen Gegensätzen keineswegs unvereinbar ist, die vielmehr nur noch pikanter wird, wenn im Zusammenklang eine Farbe die Ruhe stört und als Dissonanz wirkt." Laugier warnt indessen davor, Dissonanzen zu verschwenden, da man auch in der Musik die Dissonanzen nur anwende, um die wohlklingenden Akkorde zu heben (S. 244).

Welch ein Abstand zu den Musikvergleichen der Vitruvianer!

Laugiers Ideale sind vielfältiger als die des Abbé de Cordemoy; im Kirchenbau sind sie einander immerhin sehr nahe. Wie sein Vorgänger verzichtet Laugier darauf, sein Kirchenbauideal zu zeichnen. Er beschreibt eine dreischiffige Emporenhalle mit zweigeschossiger Kolonnade; die Emporen wären nicht zugänglich, sondern der Ort, wo sich das Strebewerk versteckt; das Mittelschiff erhielte Tonnenwölbung ohne Stichkappen.

Dies ist sein künstlerisches Ideal. Auf den Vorwurf Fréziers, sein Entwurf entferne sich von den frühchristlichen Vorbildern, antwortet er (S. 269): „Die ersten Jahrhunderte unserer Kirche waren sicherlich reich an tugendhaften Menschen, die uns Vorbilder sind. Aber ich glaube nicht, daß man uns je dazu verdammen sollte, zu dieser köstlichen Quelle hinabzusteigen, um dort die Vollendung der Künste zu schöpfen."

3. Lodoli

In einem chronologisch aufgebauten Buch die „funktionalistischen" Theorien des Franziskanerpaters Carlo Lodoli (1690–1761) sinngemäß anzuordnen, ist deshalb schwierig, weil er sie nicht selbst veröffentlicht hat, sondern die Verbreitung seiner Gedanken den Hörern seiner Vorlesungen überließ, die er um 1740 in Venedig für einen engen Kreis von adligen Zöglingen und einen größeren Kreis von Wissensdurstigen zu halten begann. Entgegen verbreiteter Meinung ist es ganz unwahrscheinlich, daß Laugier von Lodoli Kenntnis hatte, als er 1753 die erste Ausgabe des *Essai sur l'architecture* veröffentlichte, dagegen steht die erste Veröffentlichung von Lodolis Thesen unter dem Eindruck von Laugiers *Essai.* Als nämlich Lodolis Schüler, der galante Schriftsteller und Höfling Francesco Algarotti, im Jahre 1756 seinen *Saggio sopra l'architettura* herausgab, stellte er bereits die oft entgegengesetzten Meinungen Lodolis und Laugiers nebeneinander (vgl. Herrmann, 1962, S. 160–166). Des Grafen Algarotti Urteil über Lodoli bleibt skeptisch, und man gewinnt zuweilen den Eindruck, er verzerre seines Lehrers Auffassungen.

Dies jedenfalls war auch der Eindruck von Lodolis zweitem Schüler, der sich um die Verbreitung des Lodolianischen Gedankengutes bemühte: Als Andrea Memmo (1729–1793), ein Mann, der im Dienste der Republik Venedig hohe Ämter bekleidete und gelegentlich als Liebhaberarchitekt auftrat, den ersten Teil der *Elementi d'architettura Lodoliana* verfaßte und veröffentlichte, war der Franziskanerpater seit 25 Jahren tot, seine Papiere zum größten Teil zerstört und Memmos eigene Aufzeichnungen von Lodolis Vorlesungen unauffindbar. Immerhin verfügte Memmo über zwei Konzepte Lodolis für einen Architekturtraktat, an denen sich seine Zuverlässigkeit ablesen läßt; Edgar Kaufmann junior hat 1966 diesen Vorteil hervorgehoben und die beiden Konzepte ins Englische übersetzt.

Bemüht, Lodolis Nachwelt von der Wichtigkeit und Richtigkeit der Thesen zu überzeugen, wollte Memmo die Wirkung des ersten Teils der *Elementi,* die er 1786 veröffentlichte, abwarten, ehe er den zweiten Teil und mit diesem auch Lodolis Konzepte preisgab. Allein, er erlebte den Druck nicht mehr: Vollständig wurden die *Elementi d'architettura Lodoliana* erst in den Jahren 1833–1834 veröffentlicht, und von dieser zweiten Ausgabe erschien 1973 der Nachdruck, den ich im Folgenden benutze.

Ein nüchternes Referat über Lodolis Leben und Theorien sowie Angaben über ältere Literatur finden sich in Edgar Kaufmanns schon genanntem Aufsatz *Memmo's Lodoli* von 1966, und neuerdings beschäftigt sich Ennio Concina mit dem Franziskaner (vgl. die Zeitschrift *Arte veneta,* 1976), Lodoli kommt auch in Veröffentlichungen über Giambattista Piranesi zur Sprache (z. B. John Wilton-Ely, 1978), da er seine Jugend in Venedig verbrachte, als Lodolis Thesen in Umlauf kamen, und da er nach dem Zeugnis Memmos ein Freund des Franziskaners war (II, S. 139). Die eindringlichste Studie über Lodolis Hauptbegriffe und sein einziges erhaltenes Bauwerk verdanken wir Joseph Rykwert (1976).

Carlo Lodoli entstammte dem venezianischen Ämter- und Offiziersadel, war namentlich in den Sprachen und in der Physik bewandert, wurde von seinen Oberen schon früh als Lehrer eingesetzt und kehrte nach Aufenthalten in Rom und oberitalienischen Städten mit 30 Jahren nach Venedig zurück. Aus wenig vermögender, aber angesehener Familie stammend, gebildet und witzig, verkehrte er in den Salons, in denen sich eine internationale Gesellschaft tummelte, erhielt ehrenvolle Ämter wie das des Bücherzensors (1736 bis um 1748) und war als Erzieher der Patriziersöhne geschätzt. Der Pater litt unter der Elephantiasis Graecorum, einer Art von übelriechendem Aussatz, der ihn zeitweilig im Kloster festhielt und offenbar misanthropisch-sarkastisch machte (*Lebensabriß,* I, S. 39–125).

Aus Memmos Schilderung von Padre Carlos Persönlichkeit dürfen wir schließen, daß dieser aus seiner Beschäftigung mit den Naturwissenschaften einen Fortschrittsglauben gewann, den er auch auf die Künste ausdehnte. Diesem Glauben entsprach seine Gemäldesammlung

(I, S. 78 f.): „Der arme Klosterbruder, der er war und als den er sich selbst bezeichnete, hätte sich den Ankauf von Gemälden der berühmtesten Künstler nicht leisten können, die leider für den, der über keine Reichtümer verfügt, jene horrenden Summen kosten, die es uns oft vorziehen lassen, uns mit dem bloßen Anschauen von Gemälden in fremden Häusern zu begnügen. Der Padre sann deshalb darauf, sich eine Sammlung zu schaffen, die sich von den üblichen unterschied, aber vielleicht nützlicher war, indem er sich vorstellte, seine Bilder sollten den stufenweisen Fortschritt der bildenden Kunst von ihrer Erneuerung in Italien bis zu den Tizian, Raffael, Correggio, Buonarroti und Paolo [Veronese] zeigen. Er begann deshalb seine Sammlertätigkeit mit irgendeinem alten Überbleibsel eines byzantinischen (greco) Malers, wie sie in Venedig leicht zu finden sind."

Seinen Fortschrittsglauben übertrug der Padre auch auf die Architektur, in deren Geschichte er sich offenbar auskannte. Nur fand er hier keinen eindeutigen Fortschritt. Sein Ausgangspunkt war dabei nicht ästhetisch, sondern baustatisch. Baustatik, zumal Materialuntersuchungen waren damals im Schwang. Wieweit Carlo Lodoli mit seinen eigenen Festigkeitsversuchen selbständig war, läßt sich auf Grund von Memmos Angaben wohl kaum überprüfen (vgl. Hans Straub, *Die Geschichte der Bauingenieurkunst*, [3]1975). Sicher ist aber, daß er seine ausgedehnten Kenntnisse nutzbringend anzuwenden versuchte, indem er nach eigenen Experimenten Festigkeitstabellen aufsetzte und zu Händen der venezianischen Architekten und Bauhandwerker mit den ihnen geläufigen Mundartwörtern erklärte; diese Tabellen blieben nach Memmos Zeugnis ungedruckt und gingen mit dem übrigen Nachlaß Lodolis zugrunde (I, S. 315).

Um den Ansatzpunkt Lodolis besser zu verstehen, müssen wir auf den Mimesiskomplex der älteren Architekturtheorie zurückblicken. Die einseitige Beschäftigung mit den Säulenordnungen durch viele Theoretiker, aber auch das im 18. Jahrhundert zum Durchbruch gelangende Bestreben, für die bildenden Künste eine übergreifende Theorie zu entwerfen, führte zu einer Verarmung des vitruvianischen Gedankengutes. Architektur, als nachahmende Kunst aufgefaßt, verengte sich auf Gestalt und Anwendung der Säulenordnungen, die man in freier Umdeutung verschiedener Vitruvstellen von der gleichsam natürlichen Urhütte ableitete. Den Vitruvkommentatoren und -lesern blieb immerhin bewußt, daß es verschiedene Urhütten und Urbehausungen überhaupt gab oder gegeben hatte, aber der Europazentrismus trübte den Blick.

Höchstens ein mehr mythisch gesehenes als wissenschaftlich beschriebenes China war seit Ende des 17. Jahrhunderts als Alternative zur eigenen Kultur gegenwärtig. Die chinesische Gartenkunst wurde als Vorbild der neuen englischen Gartenkunst verklärt, und die Pagode bot das Beispiel einer fremdartigen Holzarchitektur. Eine andere Alternative zeigte sich im gotischen Kirchenbau, dessen Anfänge man seit dem 16. Jahrhundert aus einer primitiven Holzbauweise abzuleiten versuchte.

Die Herleitung der antiken Architekturformen aus dem Holzbau vermochte manche ihrer Eigentümlichkeiten zu erklären, war jedoch ein untaugliches Mittel, Gestalt und Anwendung dieser Formen einzuschränken. Der Padre Lodoli warf das Kartenhaus der Mimesistheorie mit der Forderung zusammen, neue Architekturformen aus dem Steinbau zu entwickeln, genauer gesagt, aus dem jeweils verwendeten Material.

Dieser Grundgedanke beherrscht die beiden Konzepte zu dem Architekturtraktat, den er nie geschrieben hat. Nach dem ersten Konzept (II, S. 51–58) hätte das Werk mit einer „Prüfung der verschiedenen Hypothesen über die in verschiedenen Klimata und aus verschiedenen Materialien und Konstruktionen errichteten Urbauten“ begonnen. In Buch I, § 2, plante Lodoli die Behandlung der fünf Ordnungen und den Nachweis, daß aus ihrer Anwendung im Steinbau Schäden entstehen. Im folgenden Paragraphen gedachte Lodoli, die Notwendigkeit einer neuen Verfassung der Architektur darzulegen, um sie aus ihrer „Gefangenschaft“ zu befreien. In Buch II sollte die Architektur als Wissenschaft behandelt werden, die sich auf Geometrie, Mechanik, Statik, Steinschnitt und andere Zweige von Mathematik und Physik stützt. Erst in Buch V wäre Lodoli zu Proportion und Symmetrie (im Sinne Vitruvs) gekommen, angewandt auf Bauteile und Baugattungen, in Buch VI sodann zur „utilitas“ und in den Büchern VII und VIII zur Formenlehre.

Lodoli bringt indessen Vitruvs drei Ziele – „firmitas“, „utilitas“, „venustas“ – in ein neues System. Er unterscheidet zwischen primären und sekundären Zielen. Als primär bezeichnet er Solidität und Proportioniertheit, als sekundär Bequemlichkeit und Verzierung. Aufschlußreich ist die Inhaltsangabe von Buch VIII, § 1: „Von den Teilen und Gliedern der sonst abzulehnenden antiken Systeme, die man gerne in die neue Verfassung der Architektur aufnehmen wird, darunter diejenigen, welche sich in Stein, Marmor, Holz, Backstein und Metall ausführen lassen, im Gegensatz zu denjenigen, die zu einem einzigen und keinem anderen Material passen. Wie nämlich jedes Naturprodukt seine Bestimmung hat, die es zu dem macht, was es ist, so muß auch ein Bauwerk eine Bestimmung haben, um wesentlich das zu sein, was es sein soll, eins mit seinem Sein, gemäß dem Archetypus der gestellten Bauaufgabe."

Das zweite Konzept (abgedruckt II, S. 59–62) bringt neue Begriffe, vor allem „funzione" und „rappresentazione". Beide sind nicht leicht zu übersetzen. Hören wir, wie Lodoli selbst im Konzept zu Buch II diese Begriffe verstanden wissen will, die er in die Architekturtheorie eingeführt hat: „‚Funzione' eines zum Bau geeigneten Werkstoffes ist die vielfältige und unterschiedliche Aktion, die der Werkstoff selbst bewirkt, falls er demonstrativ angewandt wird, nämlich gemäß seinen Eigenschaften und gemäß der gestellten Aufgabe; ‚funzione' versöhnt stets untereinander die Solidität, die Proportioniertheit und die Bequemlichkeit. ‚Rappresentazione' ist der individuelle und vollständige Ausdruck des Werkstoffes, falls er gemäß geometrisch-arithmetisch-optischen Vernunftgründen für die gestellte Aufgabe eingesetzt wird."

Aus beiden Begriffsbestimmungen erhellt, daß Lodoli die Formgebung durch Optimierung des Materialeinsatzes zu lenken gedenkt. Durch Wörter wie „dimostrativamente" und „espressione" macht er klar, daß sein Ziel nicht banaler Utilitarismus ist, sondern eine ästhetische Norm für Architektur. In der ersten Ausgabe von Memmos *Elementi* umrahmt die folgende Devise das Kupferstichbildnis Lodolis: „Devonsi unire fabrica e ragione, e sia funzione la rapresentazione"; nach Memmos Zeugnis in der zweiten Ausgabe hat sie Lodoli selbst verfaßt (II, S. 49). Wir dürfen daraus schließen, daß Materialgerechtigkeit im Mittelpunkt seiner Lehre stand.

Der Padre war nicht traditionsfeindlich. Wenn er im ersten Konzept zu seinem Traktat die antiken Bauformen dem neuen Kriterium der Materialgerechtigkeit zu unterwerfen gedachte, so ging er im zweiten Konzept noch weiter, indem er gute Beispiele aller Zeiten und Völker aufführen wollte, einschließlich der gotischen und der modernen Architektur.

Lodolis Architekturgeschmack wird in den folgenden Worten Memmos deutlich (II, S. 18): „Wie viele Male hörte man ihn nicht die großartige Einfachheit des Pantheons rühmen, wie oft bezeugte er nicht, daß er Palladio den meisten anderen Architekten vorziehe, weil er seine Bauten für die reinsten und lieblichsten hielt." Doch in seinem Geschichtsverständnis konnten die antiken Bauten nicht mehr Vorbilder sein, sondern nur noch bewundernswerte Denkmäler. Nach Memmo äußerte der Padre, „daß die Bauten der Römer, die noch aufrecht stehen, nicht nur wertvoll sind, weil sie uns deren Geschichte lehren, sondern auch, weil wir in ihnen die Großartigkeit jener unsterblichen Nation bewundern" (ebd.). In einer für die Denkweise des 18. Jahrhunderts charakteristischen Wendung konnte er auch sagen, „daß die Wahrheit älter sei als die orientalischen Völker, die Griechen, ihre Säulenhallen und ihre Urhütten“ (II, S. 117), wobei er unter der Wahrheit die Materialgerechtigkeit verstand.

Er machte sich keineswegs anheischig, selbst einen neuen, dem Material Stein entsprechenden Formenschatz zu erfinden (II, S. 116): „Lodoli genügte es, den Zweifel darüber ausgeräumt zu haben, daß man die Sache auch in der Architektur besser machen könne als in der Vergangenheit, da doch die Modernen die Alten dank dem Geist der Kritik in verschiedenen Künsten und Wissenschaften übertroffen hätten; er selbst war es zufrieden, wenn andere zu dem Fortschritt beitrugen, und zwar um so mehr, als er selbst nicht von der Architektur lebte.“ Überdies pflegte er denjenigen, die von ihm einen steingerechten Formenschatz verlangten, zu entgegnen, „daß keine einzige Kunst, erschiene sie heute noch so einfach und leicht, mit einem Streich vollkommen geworden sei, sondern daß es dazu Jahrhunderte brauche“ (II, S. 131).

Es scheint mir notwendig, das Geschichtsbewußtsein Lodolis zu unterstreichen, um seinen Funktionalismus von demjenigen des 19. Jahrhunderts abzuheben, noch mehr aber von demjenigen des 20. Jahrhunderts. Die Theoretiker des 19. Jahrhunderts legten sich meist auf ein historisches Vorbild fest, in welchem sie das Postulat der Materialgerechtigkeit ganz oder annähernd erfüllt sahen; das war am häufigsten die Hochgotik, seltener der frühchristliche Rundbogenstil. Die Theoretiker des Funktionalismus im 20. Jahrhundert dagegen verwarfen das Anknüpfen an historische Formen. Während aber Lodoli fast ausschließlich von der „firmitas“ ausging, spielte in der neueren Architekturtheorie die „utilitas“ eine größere Rolle; überdies verschärften im 19. und 20. Jahrhundert neue Baumaterialien, neue Bauaufgaben und neue Arbeitsprozesse die Auseinandersetzung mit der Tradition.

Es ist nicht leicht herauszufinden, wie sich Lodoli selbst mit den überlieferten Bauformen auseinandersetzte, da der belesene Memmo seines Lehrers Gedankenfäden weiterspann. Als er seine *Elementi* niederschrieb, war die griechische Architektur im Gespräch, die durch Abbildungswerke bekannt wurde (vgl. Dora Wiebenson, 1969), und Memmo erwartete sehnsüchtig Seroux d'Agincourts Werk über die Kunst des Mittelalters (II, S. 141). Welches aber auch immer Lodolis eigene Kenntnisse waren, seine neuen Grundsätze mußten das Geschichtsbild verändern. Jedenfalls war er davon überzeugt, daß man aus der Geschichte lernen könne (I, S. 291 f.): „Der Padre Lodoli glaubte, wenn Vitruv etwas aufgeweckteren und weiterblickenden

Geistes gewesen wäre, hätte er, um die Geschichte der Architektur zu schreiben, notwendigerweise auf Reisen gehen müssen, um das antike Etrurien, die Königreiche von Neapel und Sizilien sowie Griechenland und Ägypten kennenzulernen, ja alle Orte, wo zu seiner Zeit noch in großer Zahl die wertvollsten Denkmäler erhalten waren, und vielleicht hätte er sich erleuchten, durch irgendeinen Weisen auf neue Wege führen und sich belehren lassen, daß dort, wo man die ersten Bauten aus Stein oder Backstein errichtete, niemand die Urhütte nachahmte. Denn angesichts der wahren Geschichte der Architektur vermöchte niemand ohne Vorbehalt zu sagen, daß die Architektur eine nachahmende Kunst sei, und noch viel weniger, daß sie jenes erste hölzerne Artefakt nachzuahmen habe."

Lodoli stellte auch die folgende Betrachtung an (I, S. 293 f.): „Wenn die Chaldäer, die Ägypter, die Phönizier oder die Etrusker nach den Griechen und Römern durch große Eroberungen und heroische Taten hervorgetreten wären, dann hätten die Italiener der Neuzeit (da ja zu Brunelleschis Zeit niemand originell dachte) nicht die fünf Ordnungen nachgeahmt, sondern die Pyramiden, die Obelisken, ihre plumpen Kapitelle; sie hätten überall Sphingen statt Karyatiden, Hieroglyphen statt Metopen, Triglyphen und Mutuli sowie Mumien und Krokodile statt schöner Statuen und edler Vasen angebracht."

Der Padre Lodoli oder wenigstens sein Interpret Memmo entwirft hier ein Geschichtsbild, das spielerisch zum ästhetischen Relativismus führt; er lockert das Erdreich verhärteter Meinungen, um die Saat des Zweifels zu säen. Das Ziel ist nicht Stilpluralismus, sondern eine von der Geschichte unabhängige ästhetische Norm. Indem die Urhütte als Artefakt entlarvt wird, wird auch der Glaube zerstört, sie könne als naturgegebene Norm gelten. Gegen die vermeintliche Natura naturata wird die Natur der Sache ausgespielt.

Wie sieht nun Lodoli die Verwirklichung seiner neuen Vorstellungen von Architektur? Der Bericht Memmos über einen noch vorhandenen Umbau am Pilgertrakt seines eigenen Klosters, San Francesco della Vigna in Venedig, hilft als reine Zweckarchitektur kaum weiter, zeigt aber wenigstens, daß Lodoli bedenkenlos das Gewohnte dem Zweckmäßigen opferte; so soll er einem Korridor trapezförmigen Querschnitt gegeben haben, da die Menschen an den Schultern am breitesten sind (II, S. 152–159). Aufschlußreicher ist sein Ratschlag an die Architekten (II, S. 163): „Endlich befürchtete Padre Lodoli", schreibt Memmo, „und er befürchtete es zu Recht, daß selbst dann, wenn vielen Berufsleuten die Gesetze der Statik und der Steinkunde (litologia) geläufig wären und von ihnen in der Praxis angewandt würden, das allgemeinere Wohlgefallen an den wahren Proportionen des Steins auf sich warten ließe, trotz der Beweise für die Nachteile der bisherigen Proportionen; aber wir sind es zu sehr gewohnt, sie hochzuhalten und zu lieben, und viele tun das geradezu mit blindwütiger Leidenschaft. Deshalb riet der Padre, man möge diejenigen Teile und Werkstücke der Griechen, der Römer und der neuen Architekten des guten [16.] Jahrhunderts mit Sorgfalt studieren, die zufällig der Natur des Steines entsprächen; und von diesen Vorbildern solle man dann den größtmöglichen Gebrauch machen."

Lodoli versuchte auch, sich durch Vergleiche verständlich zu machen. Er erinnerte zum Beispiel „an die venezianischen Gondeln, die dank den geheiligten Gesetzen unserer Vaterstadt in allen Teilen nicht gleitfähiger, nicht besser steuerbar, nicht solider, nicht leichter sein könnten, als sie sind, und zwar gerade deswegen, weil jedes Stück Holz eine der jeweiligen Eigenschaften entsprechende Form erhält und vernunftgemäß eingefügt wird" (I, S. 87). Er sagte auch (II, S. 80 f.): „Eine junge Dame mag zwar sagen: ‚Dieses Cembalo ist vorzüglich', und dabei das kostbare Holz, aus dem es gebildet ist, die schöne Einlegearbeit, die perlmuttbedeckten Tasten und andere nichtmusikalische Verzierungen betrachten; über den wahren Wert vermag jedoch nur der Musiker zu entscheiden; ebenso der Artillerist über Reichweite und Treffsicherheit eines Geschützes, nicht aber derjenige, der die schönen Ornamente bewundert, die der Gießer über das Rohr gestreut hat." Geradezu wie eine Vorwegnahme der Begeisterung für Bugholz- und Stahlrohrmöbel mutet es an, daß Lodoli selbst einen Stuhl mit gebogener, den Schultern angepaßter Rücklehne und konkaver Sitzfläche entwarf; aber Memmo berichtet, daß sich Lodoli an die Form eines römischen Stuhls anlehnte und daß bald darauf Stühle ähnlicher Erfindung auch in Frankreich und England hergestellt wurden, so daß Lodolis Erfindung zeittypisch scheint (I, S. 84). Mit Anspielung auf die lateinische Bezeichnung für Amtssessel nannte er den Stuhlbau „architettura curule" und stellte diese „architettura curule" zusammen mit der „architettura navale" als Vorbild der „architettura civile" hin (I, S. 85; II, S. 21). Lodoli eröffnete auch die Reihe der Theoretiker, welche den Architekten das Vorbild des Wagenbaues und der Zweckarchitektur empfahlen; er dachte dabei an römische Beispiele (I, S. 85 f. und 224).

Das Schickliche gehört nicht zu Lodolis zentralen Kategorien. Memmo glaubt indessen, ihn wiederholt gegen den Vorwurf der Ornamentfeindlichkeit in Schutz nehmen zu müssen. So schreibt er (I, S. 86): „Er wandte sich nie gegen den Luxus der großen Herren, ohne deren

Großzügigkeit, Ehrgeiz und Kaprize der Ruhm vieler guter Künstler und Handwerker verblühen würde." Wegen der scharfen Kritik an überflüssiger oder widersinniger Verzierung nannte man Lodoli und seine Anhänger „rigoristi". Lodolis eigener Standpunkt ist dabei klar (II, S. 40): „Ihm genügte es, daß sich der Stein in seiner Erscheinung nicht in Holz verwandle und daß er am Bauwerk so versetzt werde, daß jede Gefahr des Springens ausgeschlossen sei." Und (I, S. 38): „weit davon entfernt, ein erklärter Feind jeder Verzierung zu sein, wie es uns der Graf Algarotti glauben machen will, dachte der Padre Lodoli nicht im geringsten daran, auch nur eines auszuschließen, solange es nicht unpassend verwendet wurde." Über passend und unpassend scheint auch bei ihm der Mimesiskomplex entschieden zu haben. Jedenfalls behauptet Memmo (II, S. 15): „Er schloß aber alle bedeutungslosen und unangebrachten Architekturglieder aus oder solche, die etwas anzeigen, was nicht ist, zum Beispiel ein Gebälk, wo im Inneren der entsprechende Balkenboden fehlt, den das Gebälk zur Darstellung bringt."

Lodoli stützte sich dabei nach dem Zeugnis Memmos (I, S. 329–331) auf die Stelle bei Vitruv (Buch IV, Kapitel 2), wo dieser mit Berufung auf die Griechen den Zahnschnitt unter den Mutuli und in der Giebelschräge ablehnt, weil sich der Zahnschnitt von Balkenköpfen herleite und in der übertragenen Darstellung nichts erscheinen dürfe, was in der gedachten Wirklichkeit des Zimmermannswerkes nicht sein könnte. Memmo scheint die Vitruvstelle so wichtig für Lodolis Denken, daß er sie zweimal lateinisch abdruckt und eine eigene Übersetzung versucht (II, S. 120): „Ita, quod non potest in veritate fieri, id non potuerunt (antiqui) in imaginibus factum posse certam rationem habere" – „Quello che non può star nel fatto in verità, non si rappresenti."

Memmo prüft im Lichte von Lodolis Hauptthese Vitruv und große Teile der vitruvianischen Literatur, um festzustellen, daß Lodoli nicht der erste Vitruvkritiker gewesen sei (I, S. 133–152). Am liebsten aber ist es ihm, Lodoli mit Vitruv in Übereinstimmung zu finden. So enthüllt eine genaue Überprüfung von Vitruvs Wortlaut, daß sich dieser mit der vagen Angabe, „man habe geglaubt" die ursprünglichen Zimmermannsbauten nachahmen zu müssen, begnügt, wahrhaftig eine schwache Grundlage für den architektonischen Formenkanon von Jahrhunderten (I, S. 277). Überdies gerät hier Vitruv nach Memmos Auffassung in Widerspruch zu seiner eigenen Definition der Architektur (Buch I, Kapitel 1), in welcher er die richtige Anwendung aller Werkstoffe als Bedingung betrachtet, jedenfalls nach dem lateinischen Wortlaut, den Memmo wiederum abdruckt (I, S. 273–275). Lodoli und Memmo legen wie einst ihr Landsmann Scamozzi Wert darauf, daß

Vitruv die Architektur nicht als Kunst, sondern als Wissenschaft definiert („architectura est scientia"), sie aber auch zur Richterin über die anderen Künste einsetzt (cuius iudicio probantur omnia quae ab caeteris artibus perficiuntur opera); auf italienisch erscheint sie als „arte regina e capo-maestra" (I, S. 274).

Obgleich die « Querelle des anciens et des modernes » neue Ansätze zur Unterscheidung zwischen den Wissenschaften und den Künsten gebracht hatte und obgleich seit dem 15. Jahrhundert verschiedene Denker versucht hatten, für die bildenden Künste einschließlich der Architektur eine gemeinsame theoretische Grundlage zu schaffen („arti del disegno", „idea", „arti imitratrici") blieb die Architektur im 18. Jahrhundert ein widerspenstiger Außenseiter, halb Kunst, halb Wissenschaft, halb freie, halb mechanische Kunst, eine Tätigkeit jedenfalls, welche alle Systeme der geistigen Berufe sprengte.

4. Boullée

Wir kommen nicht darum herum, unseren Blick eine Zeitlang über die Grenzen der Architekturtheorie hinausschweifen zu lassen und das im 18. Jahrhundert als philosophische Disziplin betrachtete Gebiet der Ästhetik zu streifen.

„Aisthanesthai" ist ein altgriechisches Zeitwort und heißt soviel wie „wahrnehmen". Der Begriff „Ästhetik" wurde 1735 von dem deutschen Philosophen Gottlieb Baumgarten als Parallelbegriff zu „Ethik" eingeführt. Ethik ist die Lehre vom Sittlichen, Ästhetik die Lehre vom Schönen. Führende Köpfe des 18. Jahrhunderts waren nämlich davon überzeugt, das Schöne müsse von der Wahrnehmungskraft des Menschen her verstanden werden. Das führte zu einer anthropozentrischen, subjektivistischen Kunsttheorie.

Englische und schottische Denker haben Wesentliches beigetragen. Der Kunst- und Architekturhistoriker deutscher Zunge wird sich den Überblick über die englische Ästhetik des 18. Jahrhunderts und ihre Beziehungen zu den Theorien der einzelnen Künste mit Hilfe von Johannes Dobais Werk über die englische Kunstliteratur verschaffen, das ich schon mehrfach empfohlen habe.

Die Losung für eine subjektivistische Kunsttheorie gab Joseph Addison (1672–1719) in seiner berühmten Zeitschrift *The Spectator* am 3. April 1711: „Musik, Architektur und Malerei sowohl als Dichtung und Redekunst haben ihre Gesetze und Regeln nicht von den Grundsätzen dieser Künste selbst, sondern vom Bonsens (general Sense) und allgemeingültigen Geschmack (Taste of Mankind) abzuleiten. Mit anderen Worten, der Geschmack hat sich nicht nach der Kunst zu richten, sondern die Kunst nach dem Geschmack." (Vgl. Dobai, I, 1974; Zitat S. 109.) Addison weist dem Geschmack in der Ästhetik eine ähnliche Rolle zu, wie sie die Vernunft in der Ethik spielt. Er operiert dabei mit Begriffen, deren französischen Entsprechungen, « bons sens », « goût », wir schon bei Cordemoy begegnet sind. Addisons Rang liegt darin, daß er in glänzenden Formulierungen die ästhetischen Probleme des 18. Jahrhunderts exponiert hat.

Mit einem Modewort möchte man sagen, die Ästhetik des 18. Jahrhunderts habe das Bewußtsein erweitert. Wenn bisher das Harmonische, das Schöne im Mittelpunkt der Kunst- und Naturbetrachtung stand, so wurden nun neue Bereiche des ästhetischen Interesses entdeckt: das Erhabene, das Wunderbare, das Malerische, um nur drei neue Schlüsselwörter zu nennen – Schlüsselwörter, deren Bedeutung sich ständig verschob und deren Ordnung zueinander nicht ein für allemal festzulegen war.

Verfolgen wir zuerst das Aufkommen des Begriffes „Erhaben". Seine Geschichte beginnt mit einer Übersetzung. Wir besitzen aus dem 3. nachchristlichen Jahrhundert eine Abhandlung über das Erhabene in der Redekunst, die früher dem Longinus zugeschrieben wurde. Diese Schrift übersetzte der französische Dichter und Kritiker Nicolas Boileau 1674 ins Französische, und durch diese Übersetzung gewann das Wort „erhaben", französisch « sublime », englisch "sublime", neues Gewicht und neue Bedeutung. Boileau sagt schon im Vorwort (*Œuvres*, III, 1929, S. 132): „Man muß also wissen, daß Longinus unter dem Erhabenen nicht dasselbe versteht, wie die Redner unter dem erhabenen Stil, sondern das Außergewöhnliche, Wunderbare, das in einer Rede packt und im Werk eines Schriftstellers erhebt, entzückt, verklärt." Boileau findet in der neu interpretierten Kategorie des Erhabenen den gemeinsamen Nenner für das Außergewöhnliche, Wunderbare, Erhebende, Entzückende, Gefühlvolle.

Zur vollwertigen Konkurrenz des Schönen wird das Erhabene jedoch erst bei Edmund Burke (1729–1797). Sein Buch *A Philosophical Enquiry into the Origins of Our Ideas of the Sublime and Beautiful* erschien erstmals 1757 (ich übersetze nach der Ausgabe London 1958). Erst bei Burke wird aus dem Fachbegriff der Rhetorik ausschließlich ein Modus der ästhetischen Erfahrung. Burke stellt sich die Aufgabe, eine "theory of our passions" zu erarbeiten. Durch die Untersuchung der menschlichen Leidenschaften hofft er auch, Gesetze für die bildenden Künste zu finden. Unter den Begriff des Erhabenen stellt er den

Schauder, der aus hartem Kontrast oder unbegrenzter Gleichförmigkeit entsteht (S. 73): „Unendlichkeit hat den Hang, das Gemüt mit jenem angenehmen Schauder zu erfüllen, welcher die ursprüngliche Wirkung und der wahrste Prüfstein des Erhabenen ist." Erhaben scheinen Burke unendlich lange Arkadenreihen, Kolonnaden und Alleen; erhaben dünken ihn auch düstere, lichtlose Kirchenräume (S. 74, 76, 81 und 141 f.).

Fraglos gehört Burkes Aufmerksamkeit der neuen Erfahrung des Erhabenen. Wir finden aber daneben Aussagen über das Schöne, die von der älteren Kunsttheorie abweichen. Burkes Angriff auf den symmetrischen französischen Garten und auf den Proportionenkult in der Architektur (S. 101 f.) gipfelt in dem Satz (S. 109): „Schönheit und Proportion sind nicht dasselbe."

Der Kern der neuen Ästhetik besteht in der These, daß bestimmte Themen und Gegenstände bestimmte Empfindungen hervorrufen oder gewisse Assoziationen auslösen. Dabei unterscheiden die Ästhetiker kaum zwischen den Themen und Gegenständen selbst und ihrer Darstellung oder, um Begriffe des 18. Jahrhunderts zu wählen, zwischen Natur und Kunst; sie erkannten jedoch, daß die Betrachtung von Kunstwerken auf die Naturbetrachtung zurückwirkt. Eine besondere Bedeutung kam dabei der Landschaftsmalerei zu. Die Engländer des 18. Jahrhunderts sahen die Landschaft mit den Augen Salvator Rosas und Claude Lorrains. Nicht genug: Da die natürliche Landschaft und zumal die englische Parklandschaft zu saftig und zu grün war, benutzten sie einen bräunlich gefärbten Konvexspiegel, um so die Landschaft im Galerieton bewundern zu können. Der Dichter Thomas Gray (1716–1771), berühmt für seine Kirchhofballade, war einer der ersten, die einen solchen Spiegel benutzten. Da die erstrebte Wirkung die Brauntöne Claude Lorrains waren, nannte man einen solchen Spiegel ein "Claude Glass".

Damals kam das Wort „malerisch", englisch "picturesques", französisch « pittoresque » auf; denn in einem Zeitalter, da Landschaft und Architektur mit Maleraugen betrachtet wurden, konnte es für Landschaft und Architektur keinen höheren Ruhm geben, als malenswert zu sein. Seither kann man, ohne paradox zu wirken, Bauwerke und Baugruppen malerisch nennen. Zu den ersten, die sich so ausdrückten, gehörte der Abbé Laugier, in dessen *Essai* von 1753 der Leser oft auf das Wort « pittoresque » stößt ([2]1755, S. 223, 231, 242 und 276).

Mit dem Landschaftsgarten, dessen Anfänge in Frankreich Laugier preist, wurde in England ein Medium geschaffen, das der neuen Ästhetik und ihren Kategorien des Erhabenen und Malerischen entsprach.

Die neue Gartenkunst bildete eine Art Bindeglied zwischen literarischer Stimmungsmalerei, stimmungsvoller Landschaftsmalerei und Stimmungsarchitektur. Die Landschaftsgärten wurden mit Kulissenbauten, sogenannten « fabriques » ausstaffiert, welche die verschiedenen Stimmungen hervorrufen oder verstärken sollten. Dazu bediente man sich des ganzen Arsenals von Zeit- und Landschaftsstilen, von der ägyptischen Pyramide über die chinesische Pagode bis zur gotischen Turmruine und zum Schweizerhaus. Daß hier die wichtigsten Anfänge für den Stilpluralismus des 19. Jahrhunderts liegen, ist schon längst erkannt worden.

Zu den Architekten, welche die neue Ästhetik verarbeiteten, ohne vom klassischen Formenschatz zu lassen, gehörte Boullée.

Etienne-Louis Boullée (1727–1799) war der Sohn eines erfolgreichen Pariser Architekten. Zuerst als Maler ausgebildet, wandte er sich auf Wunsch des Vaters noch in den Studienjahren der Architektur zu und wurde bereits im Alter von 19 Jahren « professeur d'architecture » an der Königlichen Ingenieurschule in Paris, der Ecole des ponts et chaussées. Von 1752 an erhielt er kleinere und mittelgroße Aufträge. Von seinen Privatbauten hat sich einzig das Haus des Bankiers André-Claude-Nicolas Alexandre an der Rue de la Ville-l'Evêque in Paris erhalten, das Boullée in den Jahren 1763–1766 errichtete. Bereits 1762 wurde er in die Académie d'architecture aufgenommen.

Nach einer gerichtlichen Auseinandersetzung mit einem anderen Auftraggeber wandte sich Boullée einerseits Projekten für öffentliche Bauten, andererseits seiner Lehrtätigkeit zu. Sein Werk *Architecture, essai sur l'art* schrieb er in den 1780er und frühen 1790er Jahren. Das Manuskript, zusammen mit den bildartigen, großformatigen Entwürfen, die es illustrierten, vermachte er – unverheiratet, wie er war – 1793 der jungen Französischen Republik. Die erste Ausgabe, auf englisch trefflich kommentiert, besorgte Helen Rosenau im Jahre 1953; eine um englische Übersetzung und Würdigung von Boullées Wirkung erweiterte Neuausgabe erschien 1976. Die vollständigste Ausgabe von Boullées schriftlichem Nachlaß ist die Taschenbuchausgabe von Jean-Marie Pérouse de Montclos, die 1968, kurz vor seiner Thèse de doctorat über Boullée, erschienen ist. Die eindringlichste Darstellung von Boullées Theorie scheint mir Adolf Max Vogts Buch über Boullées Newton-Denkmal (1969) zu enthalten. Es wird die Überprüfung meiner Auslegungen und Übersetzungen erleichtern, wenn ich nicht die Seitenzahlen einer der drei Ausgaben, sondern die in allen mitgeführten Folionummern von Bouillées Handschrift zitiere.

Um die Absicht zu verstehen, die Boullée mit seinem Traktat verfolgte, übersetze ich zuerst den nur in Pérouse de Montclos' Ausgabe abgedruckten Text, den der Architekt als Vorwort zu einer posthumen Ausgabe geschrieben zu haben scheint; « Note écrite de la main de feu citoyen Boullée sur lui-même », setzte der Testamentsvollstrecker darauf.

„Der Bürger Boullée, Architekturprofessor an den Ecoles centrales, hat, von der Liebe zu seiner Kunst geleitet, sein ganzes Leben mit Forschungen zugebracht, mit denen er ihren Fortschritt zu beschleunigen hoffte. Durch das Studium der Natur ist er zu einer neuen Theorie der [stereometrischen] Körper gelangt, und durch ihre Anwendung auf die Architektur ist es ihm zu beweisen gelungen, daß auf ihnen die Grundlagen dieser schönen Kunst ruhen. Im Gegensatz zu vielen anderen Autoren hat er die Kunst im eigentlichen Sinne nicht mit der Wissenschaft verwechselt; er hat sich auch nicht damit begnügt, die Theorie darzulegen, sondern es sich zur Pflicht gemacht, zu den Empfehlungen Beispiele zu fügen; mit diesem Ziel hat er fast alle großen Aufgaben der Architektur behandelt. In seinen Schriften versucht er dadurch Licht in die Sache zu bringen, daß er die berühmtesten Denkmäler einer strengen Kritik unterwirft und selbst aufs neue die gleichen Aufgaben löst; er gibt so dem Aufgeklärten Vergleichsmöglichkeiten, die ihm ein Urteil zu bilden erlauben. Die Zeichnungen sind zahlreich; die Darstellungsweise dürfte nichts zu wünschen übriglassen; die vorliegende Anordnung hat ihm beträchtliche Kosten verursacht." In dem letzten Satz könnte ein Hinweis darauf enthalten sein, daß Boullée ein Foliowerk mit doppelseitigen Kupfertafeln plante.

Der Titel *Architecture, essai sur l'art* enthält, wie bereits klar geworden sein mag, ein Programm, das demjenigen von Lodoli und Memmo entgegengesetzt ist; Boullée handelt in seinem Traktat von Architektur als Kunst. Dies ist auch der Gegenstand des „Introduction" überschriebenen ersten Kapitels. Es folgt eine Untersuchung der Meinungsverschiedenheit zwischen François Blondel und Claude Perrault, dann Hinweise auf die Einfühlungsästhetik an Hand der einfachen stereometrischen Körper. Boullée widerlegt darauf die Musikanalogie. Der Haupttteil bringt die großen öffentlichen Bauaufgaben, die Boullée zu langen Exkursen über den Begriff des « caractère », Lichtführung, Massengliederung und ähnliche Themen veranlassen. Der Traktat endet mit Überlegungen zu einer allgemeinen Kunsttheorie. Gleichsam als Anhang dienen eine Denkschrift über die Wiederherstellung des Schlosses von Versailles und sechs Manuskriptseiten über den Architekturunterricht.

Die Projekte, die Boullées Traktat begleiten, sind Idealprojekte, von einer Größe, der die damalige Bautechnik noch nicht gewachsen war. In ihrer Darstellung als sorgfältige Federzeichnungen auf Blättern von über einem Meter Länge, mit Tinte, Aquarell und Gouache zu suggestiven Bildern ausgemalt, stehen diese Projekte zwischen den Gattungen des Architekturcapriccio, der Vedute, des Architekturbildes, der archäologischen Rekonstruktion, des szenographischen Entwurfs, des Wettbewerbsprojektes und des Schaubildes für den Bauherrn. Die Tatsache, daß Boullée die Architekturcapricci eines Piranesi verwirft (folio 77 verso), darf den Blick nicht davon ablenken, daß seine Idealprojekte in diesen für das 18. Jahrhundert charakteristischen Zwischenbereich gehören, genauso wie des Malers Hubert Robert gleichzeitige Projekte für die Louvregalerie (Ausstellung Paris 1979; vgl. auch André Corboz' Essai über Robert, 1978).

Für die französischen Idealprojekte vom Ende des 18. Jahrhunderts sind verschiedene Stichworte im Umlauf: „Megalomane Architektur" sei dargestellt, meinte die ältere Kritik, „visionäre Architektur" glaubten Boullées Wiederentdecker, „Revolutionsarchitektur" nannten sie andere, bald im Hinblick auf die demokratischen Bauaufgaben, bald im Hinblick auf die revolutionäre Reduktion des Formenschatzes auf einfachste stereometrische Körper. Schließlich trifft auch die Bezeichnung « architecture parlante » (sprechende Architektur) einen wichtigen Zug; wenn Boullée seinem Projekt für ein Newton-Kenotaph die Form der Himmelskugel gab, weil Newton mit der Gravitationslehre neue Aufschlüsse über die Sternenbahnen zu geben vermochte, dann stellte er « architecture parlante » dar.

Abbildungen von Boullées Projekten sind heute so weit verbreitet, daß ich auf eine Illustration verzichte. Ich bin auch davon überzeugt, daß die bewußt einseitige Beschäftigung mit dem Text zu neuen Einsichten verhilft.

In Boullées Architekturtheorie hängen Berufsbild und Entwurfslehre so eng zusammen wie bei keinem der bisher betrachteten Theoretiker. Ausgangspunkt ist das Motto, das er seinem Traktat vorangestellt hat: „Ed io anche son pittore" – „Auch ich bin ein Maler." Dies ist ein Zitat des Ausspruchs, den Correggio vor den Gemälden Raffaels getan haben soll. Helen Rosenau und Jean-Marie Pérouse de Montclos sehen in dem Motto den Ausdruck des wehmütigen Bedauerns über den Wechsel von der Maler- zur Architektenlaufbahn. Diese Auslegung ist ungenügend. Boullées Architekturtraktat ist keine Selbstbiographie, sondern eine kunsttheoretische Botschaft, die sich an alle Kunstliebhaber wendet (folio 70 recto). Ein Motto ist gewöhnlich ein Leitfaden für den Leser, entfaltet seinen Zweck aber erst, wenn man dem Text gefolgt ist. (In Anlehnung an Ludwig Wittgensteins *Tractatus logico-philosophicus* könnte man das Motto eine Leiter nennen, die man wegstößt, sobald man sie hinaufgestiegen ist.)

Für den heutigen Leser, der ein anderes Bildungsgepäck trägt als der des 18. Jahrhunderts, ist das Motto zunächst ein Rätsel. Wir setzen darum das Frageschema an, das wir bei der Behandlung von Liebhaberschriften nur beschränkt verwenden konnten: Berufsbild – Entwurfslehre – allgemeine Kunsttheorie. Wir haben in der vorwortartigen Notiz gesehen, daß es Boullée um « l'art proprement dit » geht. In denselben Zusammenhang gehört sein Ausruf über den Architektenberuf, der nur teilweise ein künstlerischer Beruf ist (folio 73 verso): „Oh! wieviel glücklicher ist doch das Los der Maler und der Schriftsteller! Frei und unabhängig können sie ihre Gegenstände wählen und den Eingebungen ihres Genius folgen. Von ihnen allein hängt ihr Ruf ab." Nach zwei, drei weiteren Sätzen lenkt Boullée zu seinem Motto zurück und bezieht es auf das Berufsbild.

Häufig bezeichnet Boullée die künstlerische Seite des Architektenberufs als die « poésie de l'architecture »; zuweilen versteht er darunter nur das, was Architektur zur « architecture parlante » macht. Er plant Idealentwürfe von Häusern für Künstler und Kunstliebhaber und verspricht (folio 43 recto): „In den Künstlerhäusern, die ich vorstelle, habe ich alles getan, um dem guten Geschmack und der Poesie in der Architektur zum Recht zu verhelfen, dergestalt, daß der Betrachter auf den ersten Blick die Behausung des Malers von der des Bildhauers, die des Dichters von der des Architekten unterscheiden kann." (Fast wörtlich gleich auch folio 48 recto.) Malerei und Poesie verschlingen sich in dem Satz (folio 54 recto): „Die Kunst, in der Architektur Bilder zu erzeugen, rührt von der Wirkung der Körper her, und darin besteht ihre Poesie." (Fast wörtlich gleich auch folio 148 verso.) Noch eindringlicher spricht Boullée in der « Récapitulation » von der Poesie (folio 141 verso–142 recto): „Ich habe die Architektur teilweise dadurch definiert, daß ich sagte, sie sei die Kunst, durch die Verteilung der Körper Bilder vorzustellen. Die Wirkungen der Körper beruhen auf ihren Massen. Ja, es sind ihre Massen, die auf unsere Sinne wirken, von ihnen hängt es ab, ob wir von leichten und angenehmen Formen sprechen oder schweren und massiven, von edeln, majestätischen, eleganten, schlanken [...]. Auf der Massenwirkung beruht die Kunst, einem beliebigen Werk Charakter zu geben. Das wahre Talent des Architekten besteht darin, seinen Bauwerken den erhabenen Zauber der Poesie zu verleihen."

Der gemeinsame Nenner von Architektur, Malerei und Poesie heißt für Boullée « images », auf die Sinne wirkende Bilder. Im Lichte der angeführten Stellen erscheint Boullées Motto „Auch ich bin ein Maler" als Leitsatz für ein allgemeines, konkretes, wenn auch kaum zu verwirklichendes Berufsbild und für eine hochfliegende Entwurfslehre. In der allgemeinen Kunstlehre des 18. Jahrhunderts ist das Hinübergleiten von einem Kunstbereich zum anderen und von einer Theorie zur anderen nichts Ungewöhnliches. In der Architektur berief sich Germain Boffrand in seinem *Livre d'architecture* (1745) auf die Theorie der Dichtkunst, zumal auf die Poetik des Horaz; wie sich in der Poesie der Stil nach dem Thema richte, so habe sich in der Architektur der Stil nach der Bauaufgabe zu richten; andernfalls sündige man gegen den Ausdrucksgehalt (S. 16). Man müsse einem Gebäude den richtigen Charakter geben, einem Mausoleum zum Beispiel den Charakter der Ernsthaftigkeit und der Trauer; denn das Herz des Menschen sei für Eindrücke empfänglich und werde gerührt, wenn es den Einklang von Kunstwerk und Empfindung spüre (S. 27).

Für sich selbst hat Boullée seiner hochfliegenden Entwurfslehre nachgelebt, indem er sich zunehmend Idealentwürfen für Bauten zuwandte, die einer neuen Gesellschaft bedurft hätten. Da gibt es ein Stadion, dessen Ausmaße einer modernen Olympiade genügen, da ist eine Metropolkirche, in der Soufflots Panthéon bequem Platz findet, da ist ein Opernhaus, dessen Kuppel dem heutigen Bauingenieur Kopfzerbrechen bereitet, da sind Stadttore, ein Museum, ein Justizpalast, ein Kenotaph für Newton, ein Tempel der Vernunft, in denen auf die Revolution unerfüllbare Hoffnungen gesetzt werden. Adolf Max Vogt hat diese Erscheinung so umschrieben: Boullées Werke seien gleichzeitig Architekturprojekte und Gemälde (S. 368): „Aus dem Projektwert des Entwurfs entwickelt sich ein Bildwert, der auch an sich bestehen kann, ohne Projektabsicht." Es war zu Boullées Zeiten auch nicht ungewöhnlich, daß gemäldeartige Architekturprojekte in Kunstausstellungen zu sehen waren.

Darin nun unterscheidet sich Boullées Vorstellung von der Architektur als einer künstlerisch-intellektuellen Tätigkeit, daß er – nicht in seiner Theorie, wohl aber in seinen Schaubildern – dem Entwurf eine Rolle zugesteht, die ihn weit von der älteren Kunsttheorie wegführt; wo Alberti unbemalte Modelle empfiehlt, malt Boullée suggestive Schaubilder.

Folgen wir Boullées Gedankengang! Er beginnt die „Introduction" mit folgenden Worten (folio 70 verso): „Was ist Architektur? Soll ich sie mit Vitruv als die Kunst zu bauen definieren? Nein, in dieser

Definition steckt nämlich ein grober Irrtum. Vitruv verwechselt Ursache und Wirkung. Man muß denken, um zu handeln. Unsere Ahnen bauten ihre Hütten, nachdem sie sich deren Bild ausgedacht hatten. In dieser Hervorbringung des Geistes, in dieser Schöpfung besteht die Architektur, die wir infolgedessen definieren können als die Kunst, ein beliebiges Gebäude zu produzieren und zur Vollendung zu bringen. Die Kunst des Bauens ist also nur eine sekundäre Kunst, die wir die wissenschaftliche Seite der Architektur nennen möchten. Die Kunst im engeren Sinne und die Wissenschaft, das ist es, was wir in der Architektur unterscheiden zu müssen glauben."

Die Überzeugung, daß weder François Blondel noch sein Gegenspieler Claude Perrault die Grundlagen (principes constitutifs) ihrer Kunst erkannt haben, gibt Boullée den Mut, seine eigene Theorie zu entwickeln (folio 70 recto–77 verso). Nach einem Exkurs über den zu seiner Zeit sehr beliebten holländischen Maler Philipp Wouvermans kehrt Boullée zur Architektur zurück und erklärt (folio 76 verso): „Unter Kunst verstehe ich alles, was die Nachahmung der Natur zum Ziel hat." Noch einmal die morsche Urhütte? Boullée ist weit davon entfernt; denn er betrachtet nicht die Formen der Natur, sondern die Art ihrer Wirkung.

Als seine größte Leistung betrachtet es Boullée, die Massenwirkung in den Mittelpunkt der Entwurfslehre gerückt zu haben. Er nennt das « la nouvelle théorie des corps » (folio 33 recto), « l'art de combiner les masses » (folio 47 verso), « l'idée de belles masses » (folio 48 recto) oder – mehr beschreibend – « la combination des avant et arrière-corps » (ebd.).

Boullée hat der Massengliederung ein ganzes Kapitel gewidmet. Es trägt den Titel *De l'essence des corps, de leur propriété, de leur analogie avec notre organisation* (folio 77 verso–79 verso). Darin zeigt er, daß sich die Architektur einfacher stereometrischer Körper bedienen muß, weil sie allein vom Auge leicht erfaßt werden können. Von allen einfachen Körpern steht ihm die Kugel am höchsten, nicht allein wegen ihrer vollkommenen Gesetzmäßigkeit, sondern auch deshalb, weil Licht- und Schattenspiel auf ihrer Oberfläche Abwechslung erzeugen (folio 79 verso): „Wenn uns die Abwechslung (variété) in dem gefällt, was die Körper unterscheidet, dann wird sie uns auch in den Lichteffekten gefallen."

Das Komponieren mit Licht und Schatten, bisher Domäne der Maler und Bildhauer, wird von Boullée auf die Architektur übertragen. Es geht ihm dabei nicht nur um das die Körper modellierende Licht, sondern um szenische Lichtregie (folio 53 verso–54 recto): „Es ist die

Aufgabe des Architekten, das Gemüt durch Lichteffekte zu bewegen; denn bei allen Baudenkmälern, welche das Gemüt entweder durch Düsterkeit in Schauder oder durch strahlende Helligkeit in Hochgefühl versetzen, darf sich der Künstler, der die Mittel dazu beherrscht, sagen: ‚Ich mache das Licht'."

Ganz neu war der Gedanke der Lichtregie zu Boullées Zeiten nicht. So wurde, wie wir gesehen haben, seit Alberti immer wieder empfohlen, das Innere der Kirchen dunkel zu halten, damit sich die Gläubigen sammeln können oder gar den Schauder des Göttlichen verspüren. Es ist also nicht ganz zutreffend, wenn Boullée behauptet (folio 87 recto): „Diese Art von Architektur der Schatten ist meine eigene Erfindung in der Kunst." Um deutlich zu machen, was er unter der « architecture des ombres » versteht, aber auch um zu zeigen, in welchem Sinne er Architektur als eine die Natur nachahmende Kunst betrachtet, übersetze ich eine längere Passage (folio 125 verso – 126 verso):

„Jedermann kennt die Wirkung von Körpern, die im Licht stehen; die Schlagschatten gleichen, wie man weiß, den Körpern selbst [...]. Ein Laie betrachtet ohne Aufmerksamkeit diese Wirkungen der Natur, die er zu sehen gewohnt ist und die deshalb nichts Neues bieten, was seine Neugier reizen könnte. Anders der Künstler, der immer neue Entdeckungen macht und sein Leben damit verbringt, die Natur zu beobachten.

Als ich einst auf dem Lande war, wanderte ich im Mondlicht einem Gehölz entlang. Mein Schattenbild, obgleich nichts Ungewohntes daran zu sehen war, erregte meine Aufmerksamkeit. Ich war in einer Verfassung, in der mich die Wirkung dieses Bildes schwermütig stimmte. Die als Schattenrisse auf den Boden gezeichneten Bäume machten auf mich einen tiefen Eindruck. Die Phantasie vergrößte das Bild, und so nahm ich wahr, was die Natur an düsterstem Dunkel birgt. Was sah ich? Die Schattenbilder hoben sich schwarz von fahlbleichem Lichte ab. Die Natur selbst schien Trauergewänder zu tragen. Gepackt von dem Gefühl, das ich empfand, begann ich mich von dem Augenblicke an mit der Anwendung auf die Architektur zu beschäftigen. Ich versuchte, eine Komposition aus Schattenwirkungen zu entwerfen. Um dahin zu gelangen, stellte ich mir vor, das Licht würde mir, wie ich es in der Natur beobachtet hatte, alles aufzeichnen, was meine Phantasie erzeugte. So ging ich vor, als ich diese neue Gattung der Architektur schuf.

Ich glaube mich nicht zu täuschen, wenn ich annehme, man dürfe von diesem Verfahren alles erwarten, um Grabdenkmälern ihren Charakter zu geben. Es scheint mir unmöglich, sich etwas Schwermütigeres vorzustellen als ein Denkmal mit glatten, nackten Mauern aus einem lichtschluckenden Baustoff, ohne jedes Detail, wenn dessen Verzierung einzig aus Schatten besteht, auf dem sich noch dunklere Schatten abzeichnen."

Boullées Gedanken kreisen immer aufs neue um diejenige Bauaufgabe, die seinem hochgespannten Kunstbegriff am weitesten entgegenkommt, weil ihr Zweck nicht ein praktischer ist, sondern Stimmung und Erinnerung heißt: das Denkmal.

Architektur einseitig als Kunst verstanden, mußte zu einer neuen Aufsplitterung des Berufs, zu einer neuen Arbeitsteilung führen. Die Trennung von Entwurf und Ausführung hatten die Architekturtheoretiker der Renaissance angestrebt; nun wurde der Entwurfsvorgang selbst zerlegt. Das Aufkommen der Baustatik im 17. Jahrhundert fand im Frankreich des 18. Jahrhunderts seine Entsprechung in der Gründung einer eigenen Ingenieurschule: der Ecole des ponts et chaussées, zu deren ersten Professoren im Jahre 1747 auch der 19jährige Boullée berufen wurde.

In den Kapiteln *Architecture militaire* und *Ponts* (folio 128 verso bis 131 recto) legt er dar, wie er sich die Arbeitsteilung denkt. Kriegsbaukunst gehört für ihn zum wissenschaftlichen Teil der Architektur (folio 128 recto): „Auf ihre richtige Bedeutung zurückgeführt, hat die Kriegsbaukunst keine andere Aufgabe als die Befestigung von Plätzen zur Verteidigung. Alles, was darüber hinausgeht, gehört zur Zivilbaukunst, deren alleiniges Recht es ist, in uns Empfindungen aufzuwühlen, wie sie der Anblick eines Stadteingangs, eines befestigten Tors, eines Arsenals, einer Festung usw. auslösen soll." Nehmen wir seine Beschreibung eines Festungsprojekts (folio 130 recto): „Im Ganzen zeigt sich die Festung als runder Turm, flankiert von vier eckigen Türmen in den Diagonalen [in bezug auf das Schaubild]. Zwischen den Türmen sind Kugeln hoch aufgehäuft [...]. Ich habe also versucht, durch Berge von Kriegsmunition gleichzeitig dieses Baudenkmal zu charakterisieren und die Kunst sprechen zu lassen. Es ist mein Grundsatz, durch das Gemälde der Wirklichkeit auf Erfolg zu hoffen. Was diesen herbeiführt – davon bin ich überzeugt –, ist die Kunst, die Wirklichkeit sinnfällig zu machen. Als ich diese genannten malerischen Mittel anwandte, mußte ich befürchten, das zu werden, was man theatralisch nennt, und mich von der Reinheit zu entfernen, welche die Architektur erheischt und ohne welche jede Hervorbringung ein unerträgliches Sündenmal trägt, das ich freilich vermieden zu haben glaube."

Der von Boileau aus einer spätantiken Schrift gezogene und in die Kunsttheorie des späten 17. Jahrhunderts eingebaute Begriff des Erhabenen, den Burke zu einer eigenen ästhetischen Kategorie erheben sollte, gibt auch Boullée ein Gefäß für seine vorromantische Architekturlehre, gleichgültig, durch welche Kanäle er mit der neuen Ästhetik vertraut geworden ist. Die Stelle, an der er vom Erhabenen spricht, macht uns gleichzeitig klar, daß er sein und der Architektur höchstes Ziel nicht im Entwurf, sondern in der Ausführung sah (folio 53 verso): „Das Erhabene der Architektur besteht darin, daß sie als einzige Kunst den Vorzug genießt, die Natur ins Werk zu setzen." Der Satz steht im Zusammenhang mit den Darlegungen über Lichtregie und Massenwirkung.

Die Lehre von den Säulenordnungen nimmt im Vitruvianismus einen dermaßen hervorragenden Platz ein, daß wir uns bei Boullée, dem letzten Theoretiker des 18. Jahrhunderts, den wir betrachten, nach der Stellung der Säulenlehre in seinem Denken fragen müssen. Am aufschlußreichsten sind für diese Frage Boullées Überlegungen zum Unterricht an Architekturschulen (folio 147 verso): „Die Menschen aufzuklären gelingt nur, wenn man vom Einfachen zum Zusammengesetzten fortschreitet. Die Maler lassen ihre Schüler in der ersten Stunde Augen zeichnen. Die Sprachlehrer beginnen nicht damit, ihren Zöglingen den Reichtum der Ausdrucksmittel zu zeigen. Warum also lassen die Architekten ihre Studenten als erstes die Säulenordnungen zeichnen, welche den Reichtum der Architektur darstellen?"

Boullée empfiehlt dann, mit Aufriß, Grundriß und Schnitt einer einfachen Hütte zu beginnen, mit rhetorisch geschicktem Hinweis auf Vitruvs Urhütte (folio 148 recto): „Von dieser Hütte aus wird man den Studenten schrittweise zu komplizierteren Bauaufgaben und schließlich zum Mietshaus führen. Warum? Weil ihn diese Bauaufgabe, die sorgfältige Einteilung verlangt, zur allmählichen Entwicklung von Teilentwürfen, von da zur Kunst des Kombinierens und damit zum umfassenden Verständnis führt. Nach diesem praktischen Anfang der Ausbildung wird man seinen Blick auf die eigentliche Kunst lenken. Durch die Theorie der Körper wird man dazu gelangen, ihm zu beweisen, daß die Grundlagen der Kunst, der er sich widmet, in der Natur liegen. Und durch die Anwendung der Körper auf die Kunst in einzelnen Entwürfen wird man ihn mit der Poesie der Architektur vertraut machen."

Boullée skizziert darauf das Verhältnis zur Überlieferung (folio 148 verso – 149 verso): „Nachdem der Professor seinen Schülern gezeigt hat, daß sich die Quelle des Schönen in der Natur findet und daß man an dieser Quelle schöpfen muß, wird er ihnen das Studium der Natur nach Möglichkeit erleichtern. Aber wie? Er wird ihnen die Hervorbringungen großer Männer vor Augen halten; denn durch deren Kenntnis werden sie in der Natur lesen und sehen lernen. Wir dürfen uns nicht verheimlichen, wieviel wir unseren Vätern verdanken; sie haben uns in der Tat die Schönheiten der Kunst, die eine hohe Stufe erreicht haben, vermittelt. An dieser Stelle möchte ich von den Ordnungen sprechen. Sie sind für das Genie unveränderliche Gesetze geworden, die es stets mit Bewunderung betrachtet.

Führen wir den Schülern diese unveränderlichen Gesetze vor Augen, lassen wir sie nun die Säulenordnungen zeichnen, zwingen wir sie dazu, ihre diesbezüglichen Studien zu vertiefen! Sie werden daraus nur Vorteile ziehen: Durch das Studium der Ordnungen werden sie die Kunst ihrer Anwendung lernen und damit das, was man das Schickliche nennt; sie werden sich die Kunst des Profilierens aneignen, und sie werden nach Bedarf die Profile mit den schönsten Ornamenten bereichern lernen. Sie werden die schönen Proportionen zu unterscheiden wissen, sobald sie sich mit den Interkolumnien an berühmten Baudenkmälern beschäftigt haben; sie werden in den großen Ensembles empfinden, was man unter ‹ belle ordonnance ›, ‹ beau style › usw. versteht.

Nach dieser Darlegung über das Studium der Ordnungen an Architekturschulen brauche ich wohl nicht weiter zu rechtfertigen, warum ich wünschte, daß man den Unterricht mit dem abschließt, womit man ihn zu beginnen gewohnt ist.“

Boullée hat eine ganze Generation von Architekten unterrichtet, die ihn liebte und verehrte. Nach dem Lehrbuch zu schließen, das sein Schüler Jean-Nicolas-Louis Durand im neuen Jahrhundert herausgab, hat Boullée seinen Unterricht selbst so gestaltet, wie er ihn in seinen *Réflexions* beschreibt.

VII. ENDE DES VITRUVIANISMUS

1. Durand

Jean-Nicolas-Louis Durand (1760–1834), in Paris als Sohn eines Schuhmachers geboren, wurde von Gönnern, die seine Begabung erkannten, gefördert, wechselte von der Skulptur zur Architektur über, trat bei Boullée als Zeichner ein und erhielt von diesem die Mittel, um die Architekturschule der Académie royale d'architecture zu besuchen. Seine Architektenlaufbahn, 1788 mit dem Bau eines Hauses in der Rue du Faubourg-Poissonnière, Paris, begonnen, endete in der Revolutionszeit mit erfolgreichen, aber nie ausgeführten Wettbewerbsentwürfen, die er zusammen mit einem Freund und Partner verfaßte. Er tat auch Kriegsdienst. Von 1795 bis 1830 wirkte er als Architekturprofessor an derselben Technischen Hochschule, die bei seiner Berufung Ecole centrale des Travaux publics, vom zweiten Semester an Ecole polytechnique und nach der Restauration der Monarchie Ecole royale polytechnique hieß.

Im Gegensatz zu seinem Lehrer Boullée, der von der Ausbildung der Bauingenieure zur Ausbildung der Architekten hinüberwechselte, blieb Durand der Ausbildung der Bauingenieure (ingénieurs civils) treu, mehr noch, er machte daraus ein Bekenntnis. Seine Veröffentlichungen stehen im Zusammenhang mit seinem Unterricht; es sind Lehrbücher und Mustersammlungen. Der *Précis des leçons d'architecture données à l'Ecole royale polytechnique* erschien 1802–1805 in zwei Bänden, wurde bis 1840 mehrmals neu aufgelegt und 1831 unter dem Titel *Abriß der Vorlesungen über Baukunst* auf deutsch herausgegeben.

Die fast nur im Tafelteil überarbeitete französische Ausgabe aus der Restaurationszeit wurde 1975 verkleinert und in einem Band nachgedruckt. Ich benutze diese am leichtesten zugängliche Ausgabe, deren Seitenzahlen mit der ersten annähernd übereinstimmen.

Eine Monographie über Durand wird von Antonio Hernandez vorbereitet, der sich schon 1968 über Durand und die Anfänge einer funktionalistischen Architekturtheorie geäußert hat. Die jüngste Studie ist die in polnischer Sprache veröffentlichte von A. Rottermund (1976). Der ausgreifende Aufsatz von Richard Chafee über das Architekturstudium an der Ecole des Beaux-Arts (1977) berührt auch die Ecole polytechnique und Durands Unterricht.

Durands Nachruhm als Theoretiker beruht auf drei Leistungen: Er gilt als Begründer der rationalistischen Architekturtheorie, hat die Entwurfslehre systematisiert und ersann mit den « formules graphiques » eine didaktisch wirksame Darstellungsweise.

Sein Lehrgang umfaßte ursprünglich drei Teile (vgl. I, S. 30); Band I enthält deren zwei. Auf eine lange, theoretisch ergiebige Einleitung folgen im ersten Teil die *Elemente*, nämlich Material, Einzelformen und Proportionen, im zweiten Teil die *Komposition* aus Elementen und Teilen sowie Empfehlungen für den Entwurfsprozeß, im dritten Teil die *Baugattungen* in hierarchischer Ordnung. Später wurde der Lehrgang gekürzt und abgeändert, um die Studenten im Anschluß an die Vorlesungen vermehrt zeichnen zu lassen und sie so in der Komposition zu schulen. Dieser Abänderung entspricht ein dritter, im Nachdruck von 1975 enthaltener Band mit dem Titel *Partie graphique des cours d'architectures faits à l'Ecole royale polytechnique depuis sa réorganisation; précédée d'un sommaire des leçons relatives à ce nouveau travail* (1821).

Durands Berufsbild ist von den großen öffentlichen Bauaufgaben und den beiden Ausbildungswegen für Architekten im Staatsdienst Frankreichs geprägt (I, S. 5): „Die Architekten sind nicht die einzigen, die Bauten zu errichten haben; auch die Ingenieure verschiedener Richtung, Artillerieoffiziere u. a. m., sehen sich oft in diese Situation versetzt. Man könnte sogar beifügen, daß heutzutage die Ingenieure häufiger Gelegenheit haben, große Bauunternehmen durchzuführen als die eigentlichen Architekten. Diese bauen in der Tat oft ihr Leben lang nichts anderes als Privathäuser, während jene von Amts wegen mit dem Bau von Spitälern, Gefängnissen, Kasernen, Arsenalen, Lagerhäusern, Brücken, Häfen, Leuchttürmen und einer Fülle weiterer Bauaufgaben ersten Ranges betraut werden und überdies in entfernten Provinzen, wo die Architekten selten sind, deren Aufgaben übernehmen können. Sie bedürfen deshalb des Wissens und Könnens in der Architektur wenigstens ebensosehr wie die Architekten von Beruf."

„Wissen" und „Können" stehen bei Durand in einem Verhältnis, das aus seiner Einschätzung der Architektur überhaupt hervorgeht (II, S. 1): „Die Architektur ist gleichzeitig eine Wissenschaft und eine Kunst; als Wissenschaft verlangt sie Wissen (des connaissances); als Kunst erheischt sie Können (des talents). Das Können ist nichts anderes als die richtige und mühelose Anwendung des Wissens, und diese Richtigkeit und Mühelosigkeit erwirbt man nur durch fortgesetzte Übung und vielfältige Anwendung.“

Die richtige Anlage (disposition) ist nach Durand das Hauptziel des entwerfenden Architekten. Er richtet sich dabei nach zwei Parametern: Zweckmäßigkeit und Sparsamkeit. Bei Privatbauten hat die vorgesehene Bausumme den Vorrang, bei öffentlichen Bauten die Zweckmäßigkeit (les convenances). In einer für die erste Hälfte des 19. Jahrhunderts charakteristischen Wendung fügt Durand bei (I, S. 21): „Aus dem Gesagten ersieht man, daß – entgegen der herrschenden Meinung – die Sparsamkeit für die Architektur nicht ein Hindernis, sondern die befruchtendste Quelle der Schönheit darstellt.“

Von dieser Bewertung der Anlage aus war es natürlich, daß Durand die überlieferte Aufteilung des Unterrichts in « décoration », « distribution » und « construction »über den Haufen warf (I, S. 30). In der Hauptabsicht folgte er den Vorschlägen seines Lehrers Boullée; beide wollten den Unterricht mit einfachen Kompositionen beginnen. Wenn Durand in diesem Zusammenhang sagt (I, S. 31): « [. . .] on ne peut exécuter un édifice sans l'avoir conçu », wiederholt er Boullée fast wörtlich.

Durand kommt sodann auf die « idée générale » zu sprechen, die alles ordnen müsse. Weder « décoration », « distribution » noch « construction » können am Beginn dieser « idée générale » stehen. Es ist zu beachten, daß Durand in seiner Theorie den Begriff « distribution » (Einteilung, namentlich eines Wohnhauses) durch den umfassenderen Begriff « disposition » (Anlage) ersetzt, um die Hörer und Leser folgerichtig vom Ganzen zum Einzelnen führen zu können.

Den geistigen Prozeß, der zur Konzeption des Grundgedankens führt, betrachtet Durand als störanfällig, gefährdet, heikel, darin zugleich Erbe und Gegner der vorromantischen Genielehre (II, S. 2): „Damit ein Entwurf gut konzipiert ist, muß er aus einem Guß sein. Das gelingt nur, wenn man sich von langer Hand mit allen Teilen vertraut gemacht hat, die zur Komposition gehören; denn sonst wird die Aufmerksamkeit von den Einzelheiten abgelenkt, man verliert das Ganze aus dem Auge, und die abgekühlte Einbildungskraft vermag nur noch Schwaches oder Schlechtes zu erzeugen, ja, sie wird oft zu jeglicher Produktion unfähig.“

Nur beharrliches Üben und eine strenge Entwurfsmethode vermögen diese Gefahr abzuwehren (II, S. 4): „Im übrigen kommt die Vernunft ohne Genie aus, während dieses in die Irre geht, wenn es sich nicht von der Vernunft führen und erleuchten läßt.“

Welchen Platz räumt Durand den alten Autoritäten neben der Vernunft ein? Was gelten ihm die Antike, Vitruv, die Vitruvianer, was gilt ihm die Natur und wie versteht er sie? So hätten wir die Frage im 18. Jahrhundert stellen dürfen; im 19. Jahrhundert müßte sie eher so lauten: Mit welchen der alten Autoritäten läßt sich die souveräne Vernunft ein, welche Namen gibt sie diesen Autoritäten? Und die Antwort wird dann lauten: Die Vernunft des Architekten ergründet die Natur der Sache und nimmt auf Sehgewohnheiten Rücksicht. So kann Durand nach einem kurzen Überblick über die Säulenordnungen, die er stark vereinfacht, sagen (I, S. 58): „Diese Formen und Proportionen der hauptsächlichen Glieder der Säulenordnungen beruhen auf der Natur der Sache selbst, auf der Beobachtung der Gewohnheiten, die man sich beim Betrachten der antiken oder der den antiken nachgemachten Ordnungen aneignet, sowie auf der Aufmerksamkeit, die man den Proportionen schenken muß, um das Auge nicht durch Unbestimmtheit zu ermüden."

Durand steht also auf derselben Linie wie Claude Perrault, der als erster die genauere Festlegung von Form und Proportion der Säulenordnungen auf Sehgewohnheiten zurückgeführt hat. Beiden gemeinsam ist auch die Suche nach einer vereinfachten Konvention. Aber bei Durand tritt die Säulenlehre ganz in den Hintergrund.

Um bei der Säulenlehre zu bleiben: Durand folgt Cordemoy und Laugier darin, daß er nur Freisäulen duldet (I, S. 74): „Welches auch die Bauaufgabe sei, so dürfen Säulen nur angewandt werden, um Portiken und Galerien zu formen; infolgedessen muß der Abstand zwischen Säulen und der Wand, vor der sie stehen, mindestens gleich groß sein wie der Abstand zwischen den Säulen selbst." Das kommt einer Verurteilung zahlreicher römisch-kaiserzeitlicher Bauten gleich; aber handkehrum kann Durand sich wieder auf die Tradition berufen und schreiben (I, S. 77): „Dies ist die einfache und natürliche Art, in der Säulen, Mauern usw. in den schönsten Gebäuden Ägyptens, Griechenlands und Roms, sodann in den interessantesten Hervorbringungen der Palladio, Scamozzi, Serlio usw., schließlich in den Bauten und Entwürfen der besten Architekten von heute angeordnet sind." Ägypten und Griechenland, nun nicht mehr bloß durch vage Schilderungen, sondern umfassende Tafelwerke bekannt, durch Bühnenbilder auch dem großen Publikum gegenwärtig – Mozarts „Zauberflöte"! –, haben seit den 1760er Jahren das Formenarsenal der europäischen Architekten bedeutend erweitert; auch Pompeji und gotische Architektur gehören zum Bilder- und Bildungsschatz. Bezeichnenderweise spricht Durand nicht von der pompejanischen Wandmalerei, sondern von einer Kaserne in Pompeji (meint er die Gladiatorenkaserne?), die er als Vorbild hinstellt (II, S. 73). Große Bedeutung mißt er nicht nur den archäologisch zuverlässigen Ausgrabungen in den Vesuvstädten, sondern auch den oft phantasievollen Rekonstruktionen von Bauten des alten Rom bei, wie sie Palladio, Pirro Ligorio, Giambattista Piranesi geschaffen haben (II, S. 101), darin noch ganz der vorrevolutionären und revolutionären Zeit Frankreichs verhaftet. Gotische Bauten dienen ihm als Beweis dafür, daß es nicht auf die Einzelformen (décoration) ankommt, weder bei den Kirchen (II, S. 40) noch bei den Rathäusern (II, S. 50), sondern auf die Anlage im Ganzen. Mittelmeerische und europäische Architektur erscheinen in Durands *Précis* als ein großer Schatz, aus dem sich beliebig wählen läßt (Abb. 23), freilich ohne daß Durand mit bestimmten historischen und regionalen Stilen bestimmte Vorstellungen verbände.

Durand und seine Zeitgenossen lesen Vitruv nicht mehr mit den Augen der Vitruvianer. Die Archäologen unter ihnen legen seine *Zehn Bücher* als Geschichtsquelle aus; für viele Architekten sind sie ein antiquiertes Lehrbuch. Durand selbst zitiert angeblich den Vitruv über zwei volle Seiten, um den behaupteten Zusammenhang der Säulenordnungen mit menschlichem Körper und Urhütte zu entkräften, scheut sich aber nicht, eine freie, stark kürzende Bearbeitung zu benutzen, Claude Perraults *Abrégé des dix livres d'architecture de Vitruve* (1674). Im Wortlaut dagegen zitiert Durand des Abbé Laugiers Schilderung von der Entstehung der Urhütte; man kann sich vorstellen, daß die elegant stilisierte Erzählung des Literaten aus der Zeit Ludwigs XV. bei Durands Studenten mitleidvolles Lächeln oder Lachstürme hervorgerufen hat (I, S. 9 f.).

Durand ist ein polemischer Schriftsteller; er setzt die Theorie nicht zur Verteidigung der Tradition ein, sondern zu ihrer Überwindung. Wir müssen nun zum rationalistischen Kern seiner Theorie vorstoßen. Die Einleitung beginnt mit folgenden Überlegungen (I, S. 3): „Die Architektur ist die Kunst, alle öffentlichen und privaten Bauten zu komponieren. Von allen Künsten ist die Architektur diejenige, deren Hervorbringungen am teuersten sind." Nach einem Ausfall gegen die Unsummen, die Schloß Versailles verschlungen hat, lenkt Durand auf die Bedeutung der Architektur für die Gesellschaft (I, S. 4): „Die Architektur ist indessen nicht nur die kostspieligste Kunst, sondern auch diejenige, deren Gebrauch am beständigsten und allgemeinsten ist." Dann folgt ein Gedankengang, der vollkommen vitruvianisch ist: „Die Architektur ist in der Tat von allen Künsten diejenige, die dem Menschen die unmittelbarsten, größten und zahlreichsten Vorteile verschafft. Der Mensch verdankt ihr seine Erhaltung, die Gesellschaft ihr Dasein, alle Künste ihre Geburt und Entwicklung. Den Unbilden der

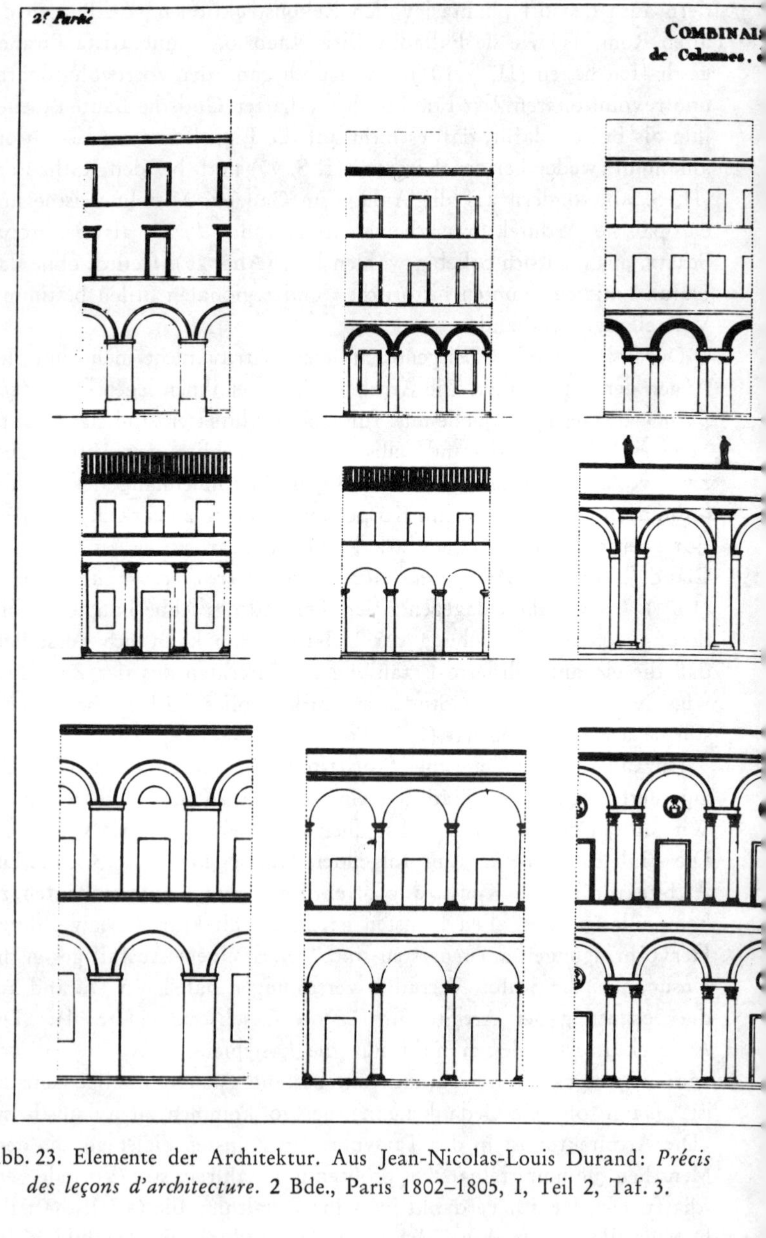

Abb. 23. Elemente der Architektur. Aus Jean-Nicolas-Louis Durand: *Précis des leçons d'architecture.* 2 Bde., Paris 1802–1805, I, Teil 2, Taf. 3.

Planche 3.
TICALES.
Croisées. &c. &c.
Gravé par C. Normand

Natur ausgesetzt, ausschließlich im Kampf gegen Not, Gefahren und Schmerz begriffen, weit davon entfernt, alle Vorteile der Gesellschaft zu genießen, wäre das Menschengeschlecht ohne die Architektur vielleicht fast ganz von der Erdkugel verschwunden."

Daraus schließt Durand (I, S. 6): „Es wird nicht schwer sein, das Ziel der Architektur zu entdecken. Nach dem, was wir oben gesehen haben, kann sie kein anderes haben als die Nützlichkeit für die Öffentlichkeit und den Einzelnen, die Erhaltung und das Glück der Individuen, der Familien und der Gesellschaft."

Architektur wird als Optimierungsprozeß gesehen (I, S. 6): „Zweckmäßigkeit (convenance) und Sparsamkeit (économie), das sind die beiden Mittel, welche die Architektur natürlicherweise anwendet, und die Quellen, aus der sie ihre Grundsätze schöpft, die einzigen, die uns in Studium und Ausübung dieser Kunst leiten können. Damit ein Gebäude zweckmäßig sei, muß es vor allem solid, gesund und bequem sein." Sogar Symmetrie und Regelmäßigkeit betrachtet Durand – in offenkundiger Selbsttäuschung – als Gebote des Sparsinns (I, S. 8): „Es ist kaum nötig beizufügen, daß die Sparsamkeit nicht allein die größte Einfachheit in allem Notwendigen gebietet, sondern auch alles Unnötige ächtet."

Bis dahin ist Durands Theorie rein utilitaristisch; doch geht er darüber hinaus. Wir können freilich seinem Gedankengang nur folgen, wenn wir seine Gleichsetzung annehmen, daß schön ist, was gefällt. Vom damaligen Schönheitskanon ausgehend, der die dekorationsarme griechische Architektur über die römische stellt und innerhalb der römischen die schlichte augusteische über die opulente flavische und spätrömische, erklärt Durand (I, S. 18): „Ob man die Vernunft sprechen läßt oder ob man die Denkmäler prüft: stets ergibt sich, daß das Wohlgefallen nie das Ziel der Architektur gewesen sein kann und nie die Dekoration ihr Gegenstand."

Von da aus entwickelt Durand seine eigene Schönheitslehre (I, S. 19): „Wir sind weit davon entfernt zu glauben, die Architektur vermöge nicht zu gefallen; wir sagen im Gegenteil, daß es unmöglich ist, daß sie nicht gefällt, sobald sie gemäß den wahren Grundsätzen gehandhabt wird. Hat nicht die Natur selbst das Wohlgefallen an die Befriedigung unserer Bedürfnisse geknüpft? Ist unsere höchste Lust etwas anderes als die Befriedigung der Hauptbedürfnisse? Die Architektur nun, eine Kunst, die unmittelbar eine so große Zahl von Bedürfnissen befriedigt, die uns in den Stand setzt, mühelos alle anderen Bedürfnisse zu befriedigen, die uns vor den Unbilden der Witterung schützt, die uns alle Gaben der Natur, alle Vorteile der Gesellschaft genießen läßt, eine Kunst, der alle anderen ihr Dasein verdanken – könnte diese Kunst verfehlen, uns zu gefallen?

Kein Zweifel, daß Größe, Pracht, Vielfalt, Wirkung und Charakter, die man an den Bauten wahrnimmt, ebenso viele Schönheiten sind, ebenso viele Ursachen des Wohlgefallens, das wir beim Betrachten empfinden. Aber ist es notwendig, diesen Schönheiten nachzujagen? Wenn man ein Gebäude so anlegt, daß es seiner Bestimmung zweckmäßig entspricht, wird es sich dann nicht merklich von anderen unterscheiden, die einer anderen Bestimmung dienen? Wird es nicht natürlicherweise einen bestimmten Charakter tragen, mehr noch, seinen eigenen Charakter? Wenn die verschiedenen Teile des Gebäudes, entsprechend ihrer verschiedenen Benutzung, derart angelegt werden, wie sie angelegt werden müssen, werden sie sich dann nicht natürlicherweise voneinander unterscheiden? Wird das Gebäude als Ganzes dann nicht Vielfalt zeigen? Wird das nämliche Gebäude, wenn es auf das sparsamste angelegt ist, das heißt auf das einfachste, nicht so groß und prächtig erscheinen wie nur möglich, da das Auge mit einem Blick alle Teile erfaßt? Wo also ist die Notwendigkeit, nach all diesen Teilschönheiten zu jagen?“

Die wahre Schönheit der Architektur ergibt sich für Durand von selbst aus der Natur der Aufgabe im ganzen und im einzelnen, aus der Konstruktion und aus dem sachgerecht angewandten Material. Diese Ausfächerung der funktionalistischen Ästhetik scheint sich so selbstverständlich zu ergeben, daß Durand sie nur beiläufig vornimmt. Untersuchen wir zuerst, wie in seiner Sicht aus der Natur der Aufgabe das Zweckmäßige, das Wohlgefällige und Charakteristische entstehen. Denn das Charakteristische steht in Durands Schönheitslehre noch immer im Vordergrund, während der Begriff des Harmonischen gänzlich verblaßt ist.

Den Begriff des Charakteristischen erklärt Durand an Hand römischer Theaterbauten (II, S. 64): „Welches auch die Natur der antiken Schauspiele war, Tatsache bleibt, daß die den Aufführungen dienenden, für das Vergnügen des Volkes bestimmten Gebäude mit größter Solidität errichtet und mit größter Noblesse angelegt waren, wie es sich gehört, so daß sie notwendigerweise Charakter im allgemeinen hatten, daß jedes einzelne Gebäude, für eine bestimmte Art von Aufführungen bestimmt und, wie es sich gehört, eine besondere Form aufweisend, natürlicherweise einen verschiedenen Charakter trug, daß schließlich, da jedes für seine besondere Aufgabe aufs zweckmäßigste angelegt war, jedes einzelne seinen eigenen Charakter aufweisen mußte.“ Gemeint sind die recht unterschiedlichen Anlagen von Theater, Amphitheater, Naumachie und Zirkus. Um für moderne Theater große und feuersichere Zuschauerräume zu erhalten, empfiehlt Durand eiserne Dachstühle; der zugehörige Längsschnitt zeigt, daß er die Konstruktion verkleiden und die Decke mit einem Velum bemalen würde (II, S. 66).

An einer Stelle verbindet Durand die natürliche Schönheit von richtiger « disposition » und « construction » in einer einzigen Satzfolge (I, S. 86 f.): „Die architektonische Dekoration von Sälen, ebenso wie die am Außenbau, wächst natürlicherweise aus ihrer Anlage und aus ihrer Konstruktion. Wenn man etwas hinzufügen will, kann es sich nur um Malerei, Bildhauerei oder Inschriften handeln, und dies erheischt in der Tat nicht selten die Schicklichkeit (convenance). Alles, was nutz- und bedeutungslos ist, vermehrt die Schönheit nicht, sondern zerstört sie."

Während Cordemoy und Laugier in den frühchristlichen Basiliken Roms die Kolonnaden bewundern, aber mit Tonnengewölben verbinden möchten, hebt Durand andere Züge hervor (II, S. 38 f.): „Der Dachstuhl blieb im Gegensatz zu Santa Maria Maggiore, wo ihn eine prächtige Decke verbirgt, offen sichtbar. Doch trotz der Nacktheit, die an solchen Gebäuden herrschte, trotz des Mangels an Symmetrie im einzelnen [Anspielung auf verschieden große Spoliensäulen] besaßen ihre Innenräume nicht weniger Würde und Adel als das Äußere antiker Tempel. Und warum? weil ihre Anlage ebenso einfach, sparsam und zweckmäßig war." Es erstaunt nicht, daß Durands nüchterner Geist im Gegensatz zu einer bis auf Alberti zurückreichenden, obgleich schmalen Tradition helle Kirchenräume empfiehlt (II, S. 39).

Die Geschmacksrevolution, die sich in Durands Beurteilung frühchristlicher Kirchen anmeldet, wird im Wohlgefallen an offenen Dachstühlen sichtbar. Eine sichtbare Holzkonstruktion! Wenige Jahre nach dem Erscheinen der ersten Ausgabe von Durands *Précis* sollte Karl Friedrich Schinkel in Berlin frühchristliche Kirchen mit offenem Dachstuhl zum Vorbild nehmen. Weniger auffällig, weil unausgesprochen, zeichnet sich ein anderer, aber doch ähnlicher Geschmackswandel ab: die zunehmende Vorliebe für Säulenarkaden statt Kolonnaden. Durand berührt den Unterschied überhaupt nicht; spätere Theoretiker haben indessen unterstrichen, wieviel natürlicher der Rundbogen gegenüber dem einen Balken vortäuschenden scheitrechten Bogen sei, wie ihn die großen Interkolumnien von Versammlungsräumen erforderten. San Paolo fuori le mura, von Durand als Vorbild hingestellt, ist eine Arkadenbasilika.

Wohlgefallen erwecken bei Durand auch die Deckenbalken alter Schlösser (I, S. 45): „Welch ein Unterschied zwischen dem monotonen, erschreckend kalten Anblick, den eine Gipsdecke bietet, und dem wohltuenden, packenden, abwechslungsreichen Anblick der alten, würdigen, vollen Holzdecken, deren Haupt- und Querbalken mit größter Sorgfalt gefügt und durch schöne Bemalung vor Feuchtigkeit und Insekten geschützt sind! Es genügt, unsere modernen Plafonds mit den Holzdecken zu vergleichen, die sich in einigen alten Schlössern erhalten haben, um zu erkennen, wie man sich in dieser Sache auf der Jagd nach Schönheit in Wirklichkeit von ihr entfernt hat."

Auch der Sichtbacksteinbau (Abb. 24) findet Durands Billigung (I, S. 52): „Um sich davon zu überzeugen, daß die Dekoration zur Hauptsache durch die Sichtbarkeit der Konstruktion hervorgebracht wird, genügt es, einen Blick auf die eindrücklichen Überreste antiker Denkmäler und auf die schönen Bauten (fabriques) zu werfen, die über ganz Italien zerstreut sind, Werke, wo Stein, Backstein, Marmor usw. als das erscheinen, was sie sind, und an der Stelle, die ihnen zukommt [...]. Man wird dann nicht mehr in Versuchung geraten, diese natürliche und befriedigende Dekoration zu verlassen, um sie, mit höherem Aufwand, durch eine fiktive Konstruktion zu ersetzen, die als solche von dem Gebäude eine falsche Vorstellung gibt und ihm seinen Charakter raubt, oder durch eine willkürliche Dekoration, die aus einer Häufung nutzloser Gegenstände besteht, die, statt Wohlgefallen zu verschaffen, das Auge ermüden, den Bonsens abschrecken und zutiefst mißfallen werden."

In seiner Formen- und Proportionslehre differenziert Durand die funktionalistische Ästhetik (I, S. 53): „Wir haben festgestellt, daß aus der Vereinigung der Baustoffe natürlicherweise Formen und Proportionen entstehen [...]. Man kann die Formen und die Proportionen in drei Klassen einteilen: 1. diejenigen, die aus der Natur der Baustoffe und dem Gebrauch der Gegenstände entstehen, zu deren Errichtung sie angewandt werden, 2. diejenigen, die uns aus Gewohnheit gewissermaßen ein Bedürfnis geworden sind, so die Formen und Proportionen, die wir von antiken Bauten kennen, 3. diejenigen, die wegen ihrer Einfachheit und Bestimmtheit deshalb einen Vorrang haben, weil wir sie leichter erfassen." Durand beschreibt dann diese drei Klassen oder Kriterien als einen Stufenbau: Die funktionale Gestalt ist nicht bestimmt genug, sie wird von Sehgewohnheiten eingeschränkt, die auf antiken Formen ruhen; diese, untereinander sehr verschieden, werden nach Maßgabe der Einfachheit ausgewählt.

Hier wie in den Anleitungen zum Entwurfsvorgang zielt Durands Systematik auf Effizienz. Die Lehre von der Komposition beginnt mit den folgenden Überlegungen (I, S. 73): „Die verschiedenen Elemente

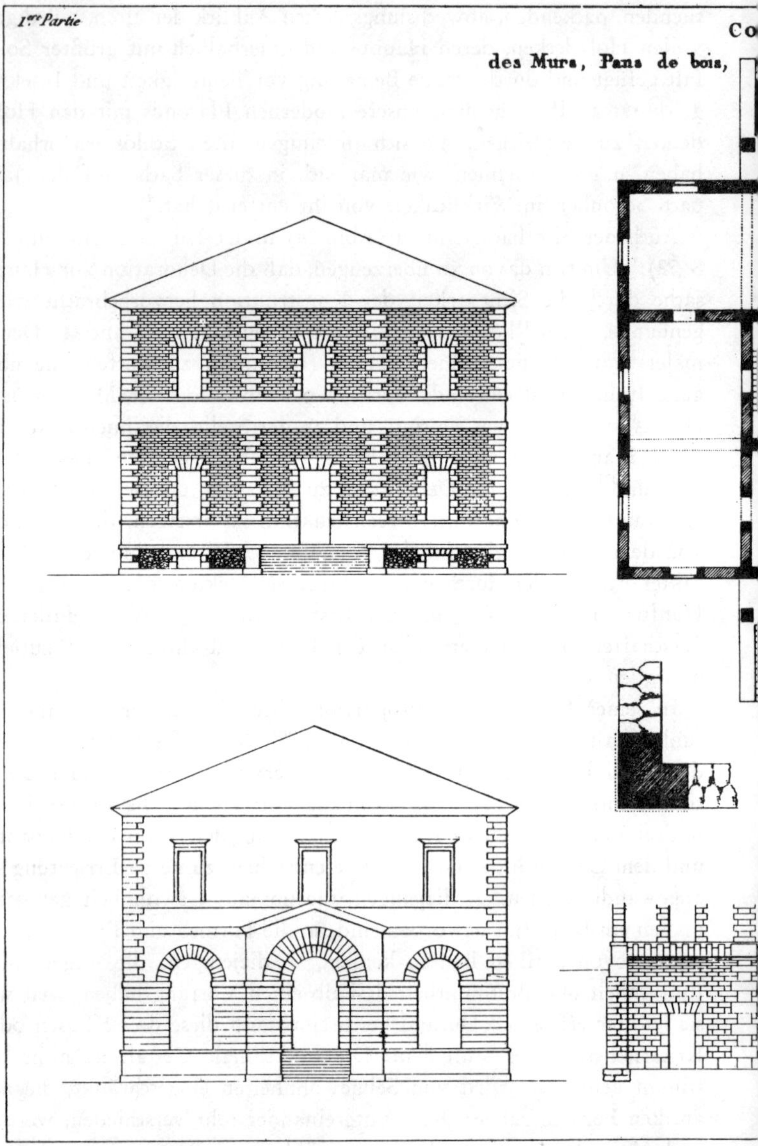

Abb. 24. Konstruktionsarten. Aus Jean-Nicolas-Louis Durand: *Précis des leçons d'architecture.* 2 Bde. und Partie graphique, Ausg. Paris 1817–1821, I, Taf. 1, Taf. 3.

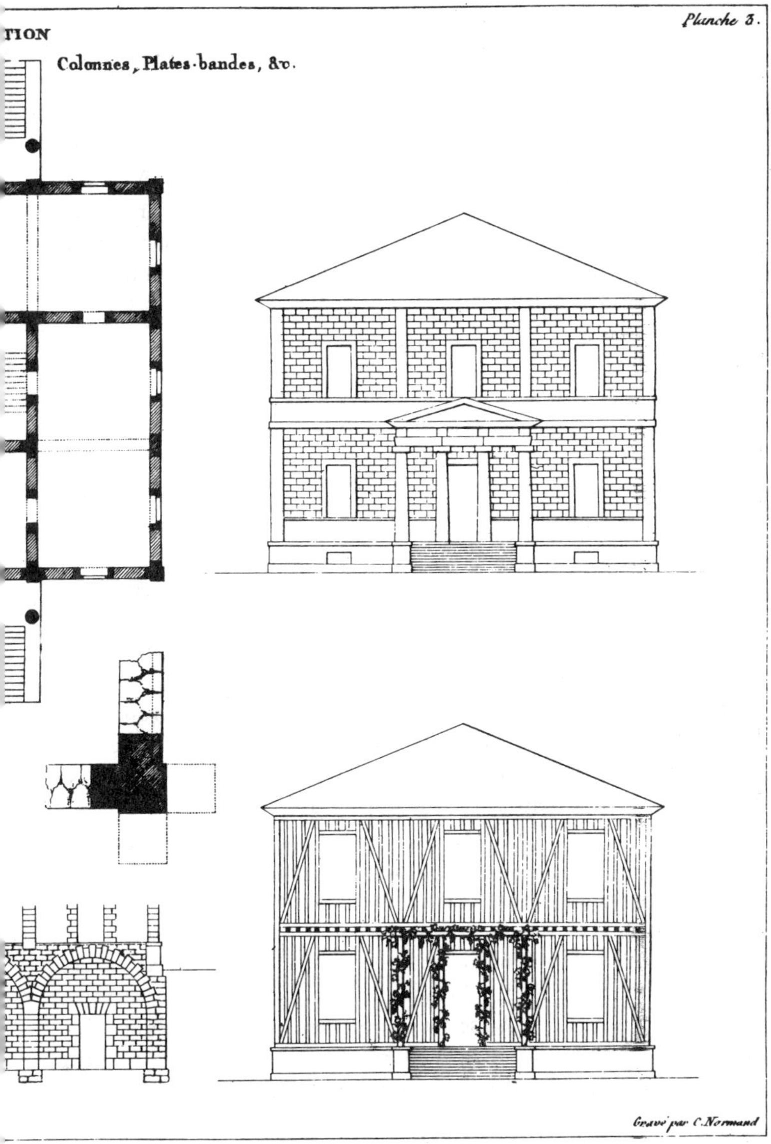
Planche 3.
TION
Colonnes, Plates-bandes, &c.
Gravé par C. Normand

eines Gebäudes können nebeneinander oder übereinander angeordnet werden. Wer ein Gebäude komponiert, muß die beiden Kombinationsmöglichkeiten gleichzeitig vor Augen haben. Im Studium aber kann und muß man sie jedoch getrennt betrachten, um sie leichter zu erlernen."

Erwartungsgemäß beginnt Durands Lehrgang mit dem Grundriß; daraus ergibt sich der folgende Nebenvorteil (I, S. 78): „Wer von frühauf gewohnt ist, als erstes den Grundriß zu zeichnen, daraus den Schnitt entstehen zu sehen, den Aufriß als bloße Projektion eines schon fertig entworfenen Gebäudes zu betrachten, wird niemals Gefahr laufen, beim Entwerfen mit der Fassade zu beginnen, um hernach Grundriß und Schnitt so gut wie möglich anzupassen, wie es diejenigen tun, die in der Architektur nur Dekoration sehen."

Im übrigen unterscheidet Durand unmißverständlich zwischen dem Lehrgang und dem Entwurfsprozeß (II, S. 97): „Die Elemente miteinander kombinieren, dann zu den Bauteilen übergehen, darauf zum Gebäude als einem Ganzen: das ist der natürliche Weg, den der Lernende beschreiten muß. Wenn man komponiert, muß man aber im Gegenteil beim Ganzen beginnen, mit den Teilen fortfahren und bei den Einzelheiten enden." Der wichtigste Schritt besteht im Übergang zu den Bauteilen (II, S. 97 f.): „Beim Übergang vom Ganzen zu den verschiedenen Teilen muß man prüfen, welches die Haupträume und welches die Nebenräume sind, welche Räume nahe beisammen und welche voneinander entfernt sein sollten, um Stellung und Größe festzulegen; darauf wird man überlegen, welche Räume eine Decke und welche ein Gewölbe benötigen, welche Gewölbeform zu bevorzugen sei und ob die Spannweite nach Säulen rufe oder nicht usw."

In Durands Darstellung folgt das eine immer natürlich aus dem anderen. Wie das möglich ist, versteht man erst, wenn man die Vereinfachung kennt, die seiner Entwurfslehre zugrunde liegt (Abb. 25).

Am einfachsten ist das System im Text zur *Partie graphique* beschrieben (S. 12): „Die Einheit, auf die wir alle anderen Zahlenverhältnisse beziehen, ist in der Architektur der Achsabstand, das heißt die Strecke zwischen der Achse zweier Säulen." Der Achsabstand ist nicht nur Streckenmaß, sondern die Grundlage der kubischen Einheit, auf der Durand seine Schüler ihre Entwürfe aufbauen läßt.

Wir haben gesehen, daß der Quadratraster als Entwurfs- und Zeichenhilfe kurz nach dem Auftauchen bei Malern von Filarete benutzt wurde; von da an, also seit der Mitte des 15. Jahrhunderts, ist er nicht mehr verschwunden. 1760 nimmt Bernardo Vittone mit den „quadretti" Durands Raster vorweg, wie Rudolf Wittkower in seinen

Grundlagen der Architektur (1969, S. 167, Anm. 45) bemerkt, und in Amerika hat der nachmalige Präsident der Vereinigten Staaten Thomas Jefferson 1785 für Architekturentwürfe industriell quadriertes Papier benutzt. Es ist aber für den Entwurfsvorgang entscheidend, wie groß das Grundmaß ist und von welcher Einheit es ausgeht. Der übliche vitruvianische Modul geht vom unteren Säulendurchmesser aus; indem Durand den Achsabstand zwischen den Säulen wählt, nimmt er eine konstruktive Einheit zum Maß. Sein Raster ist, mindestens im Grundriß, ein konstruktiver Raster.

Die Darstellung von Bauteilen auf Grundrißsystemen, die nach diesem Raster aufgebaut sind, nennt Durand « formule graphique » (Abb. 25). Wir finden diesen Ausdruck nur in der *Partie graphique* von Durands Lehrgang, die 1821 erschienen ist; die Sache selbst ist das Ergebnis von rund 25 Jahren Erfahrung im Unterricht.

Der Grundgedanke beherrscht jedoch schon die Kupfertafeln der ersten Ausgabe des *Précis*. Vom „Element" bis zur Massengliederung, von der einfachen bis zur komplexesten Bauaufgabe – Städtebau ausgenommen – stellen diese Tafeln wahre Kataloge von Möglichkeiten dar, nicht Muster aus der Praxis, nicht unerreichbare Idealentwürfe, sondern leicht in Ausführungsprojekte umwandelbare Schemata. Man kann auch sagen: Mit Durand war der Fertigteil-Entwurf da, ehe die Fertigteil-Bauindustrie da war. Für seine Mustersammlung benutzt Durand oft fremde, von ihm vereinfachte Entwürfe. Beim Muster für eine Kaserne weist er mit Stolz darauf hin, daß die Zeichnung nicht von einem Architekten, sondern von einem Genieoffizier stammt (II, S. 75). Eine unerschöpfliche Quelle waren die in Stichen veröffentlichten preisgekrönten Entwürfe der Wettbewerbe an der Architekturschule, die Grand-Prix-Projekte, besonders für die neuen öffentlichen Bauaufgaben.

Durand legt Wert auf einfache Darstellungsmittel. Den Entwurf als selbständiges Kunstwerk scheint er, obwohl Schüler Boullées, nicht zu kennen. Den Zweck des Zeichnens betrachtet er so (I, S. 32): „Die Zeichnung dient dazu, sich über die eigenen Ideen Rechenschaft zu geben, gleichgültig, ob man Architektur studiert oder ob man Bauprojekte komponiert; die Zeichnung dient ferner dazu, Ideen so festzuhalten, daß man sie jederzeit bequem überprüfen und nötigenfalls berichtigen kann; die Zeichnung dient schließlich dazu, die Ideen dem Bauherrn oder den Unternehmern mitzuteilen, die an der Ausführung des Gebäudes mitwirken. Man ersieht daraus, wie wichtig es ist, sich mit dem Zeichnen vertraut zu machen. Die Zeichnung ist die natürliche Sprache der Architektur; jede Sprache, die ihre Aufgabe erfüllen

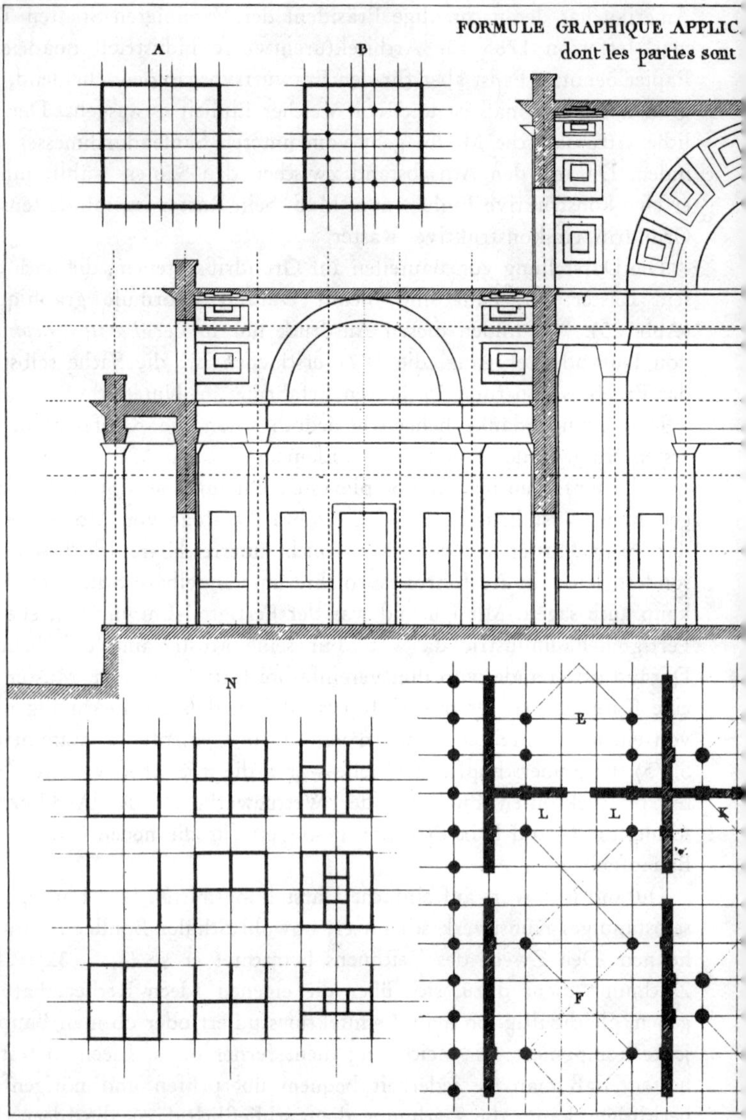

Abb. 25. Graphische Formel für gewölbte öffentliche Bauten. Aus Jean-Nicolas-Louis Durand: *Précis des leçons d'architecture.* 2 Bde. und Partie graphique, Ausg. Paris 1817–1821, Partie graphique, Taf. 3.

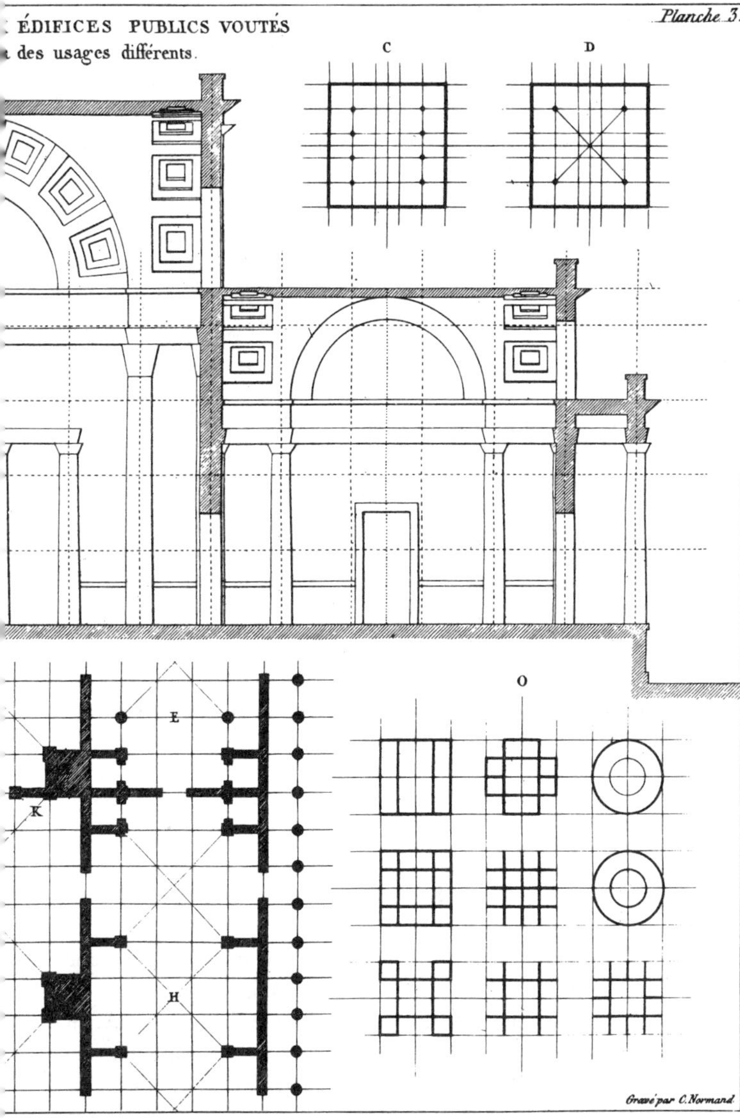
ÉDIFICES PUBLICS VOUTÉS
des usages différents.
Planche 3.
C
D
E
K
H
O
Gravé par C. Normand

soll, muß vollkommen im Einklang mit den Ideen stehen, die sie ausdrückt. Da nun die Architektur ihrem Wesen nach einfach ist und alles Unnötige und Gesuchte befeindet, muß die Art des Zeichnens, deren sie sich bedient, frei von Schwierigkeiten, Anmaßung und Luxus sein; nur so trägt sie zur Beschleunigung und Vereinfachung des Studiums sowie zur Entwicklung der Ideen bei; sonst aber macht sie die Hand ungeschickt, die Einbildungskraft matt und nicht selten das Urteil blind."

Von diesem Standpunkt aus muß Durand vor dem Gebrauch des Pinsels warnen; er läßt Lavierungen nur zur Auszeichnung von Öffnungen und Schnittflächen zu, während er die Angabe von Eigenschatten und Schlagschatten auf die perspektivischen Ansichten beschränkt wissen will (I, S. 33–35). Mit dieser Auffassung ist Durand nur bei den Bauingenieuren durchgedrungen, während das im Bereich öffentlicher Bauten überhandnehmende Wettbewerbswesen der bildhaften, die Augen von Preisrichtern und Publikum blendenden Darstellungsweise Vorschub leistete.

Durands Nachruhm ist schwer abzuschätzen. Seine Theorie steht am Beginn des 19. Jahrhunderts keineswegs einsam da, auch wenn er den Primat von Ökonomie und Effizienz besonders unerbittlich fordert und damit die Architektur aus dem System der schönen Künste reißt. Soviel ist gewiß: Er wird eher selten zitiert; aber das darf in einem Jahrhundert, in welchem die Theoretiker Autoritäten verachten, nicht wundern. Schon die Lektüre von Durand selbst zeigt es: Man zitiert am liebsten, um zu polemisieren. Aber auch die Wirkung von Durands Mustertafeln ist schwer abzuschätzen: Sie enthalten wenig Eigenes (das Maß wäre noch zu klären), und die Durand zur Verfügung stehenden Vorlagen waren zum Teil ebenso weit verbreitet wie sein illustrierter Lehrgang.

2. Semper

Vor genau 10 Jahren begann ich die Arbeit an meinem Buch über die Architekturtheorie der Neugotik mit einer Reise nach Berlin. Ich könnte in der vorliegenden Einführung in die Geschichte der Architekturtheorie das Schlußkapitel dem großen Berliner Architekten und Theoretiker Karl Friedrich Schinkel widmen und damit gleichsam den Anschluß an jenes Buch suchen. Dem stehen verschiedene Gründe entgegen. Zunächst soll das Ende des Vitruvianismus an Hand eines Textes geschildert werden, der sich mit Vitruv und dem Vitruvianismus auseinandersetzt; sodann – und auch das spricht gegen Schinkel, dessen Schriften größtenteils nach seinem Tod gedruckt worden sind und dessen Lehrbuch erst im Herbst 1979 veröffentlicht wurde – soll dieser Text zur verbreiteten Sorte der Streitschriften gehören; schließlich muß er die nachvitruvianische Thematik exponieren.

Die Wahl ist auf die kurze Frühschrift von Gottfried Semper (1803 bis 1879) gefallen: *Vorläufige Bemerkungen über bemalte Architektur und Plastik bei den Alten,* 1834 erschienen, wiederabgedruckt in den von seinen Söhnen 1884 herausgegebenen *Kleinen Schriften* Sempers. Ich zitiere nach dieser verbreiteten Ausgabe. Die Literatur über Semper und Sempers Kunsttheorie ist reich. Aus den Äußerungen der letzten Jahre seien hervorgehoben: das Semperkapitel in Nikolaus Pevsners Buch über die Architekturschriftsteller des 19. Jahrhunderts (1972), die Akten des Symposions über Gottfried Semper und die Mitte des 19. Jahrhunderts (Druck 1976), Adrian von Buttlars Einleitung zum Nachdruck von Sempers *Stil* (1977), der Sammelband „*Geschichte allein ist zeitgemäß*“ (1978), herausgegeben und mit einer überlegenen Darstellung der Historismusprobleme versehen von Michael Brix und Monika Steinhauser, und schließlich der die großen Linien nachzeichnende Aufsatz über Sempers Kunsttheorie von Heinz Quitzsch im Katalog der Dresdener Gedächtnisausstellung (1979).

Daß die Wahl für das Schlußkapitel auf einen Deutschen fiel, ist kein Zufall. Es war damit auch die Ungerechtigkeit auszugleichen, daß bisher kein deutscher Architekturtheoretiker zu Worte kam. Aber man mache die Probe und sehe, welche deutschen Architekturtheoretiker außerhalb ihres Sprachgebietes bekannt waren und welche übersetzt wurden! Erst im 19. Jahrhundert holten die Architekturschriftsteller deutscher wie übrigens auch englischer Zunge auf, während den Theoretikern der kleineren Sprachgruppen Übersetzung und Verbreitung meistens versagt blieb.

Gottfried Semper kam als Sohn eines wohlhabenden Wollfabrikanten in Altona zur Welt, besuchte das Gymnasium Johanneum in der Nachbarstadt Hamburg, begann in Göttingen das Studium der Mathematik mit dem Ziel, Artillerieoffizier zu werden, wandte sich nach München, um bei Friedrich Gärtner Architektur zu studieren, half in Regensburg bei der Vermessung des gotischen Doms, floh nach einem Duell nach Paris und setzte sein Architekturstudium bei dem aus Köln gebürtigen Franz Christian Gau fort. Er erlebte 1830 die Julirevolution. Dann widmete er sich drei Jahre lang der Untersuchung antiker Bauten, vor allem in Rom, Sizilien und Athen. 1833 nach Deutschland zurückgekehrt, stellte er sich Schinkel vor, wurde von diesem als Direktor der Dresdener Bauakademie empfohlen und erhielt mit 31 Jahren diese Stelle. Semper wurde zum führenden Architekten der

Stadt; doch setzte seine Teilnahme am Aufstand von 1849 dieser Laufbahn ein jähes Ende. Während seine siebenköpfige Familie in Dresden blieb, floh Semper nach dem Scheitern der Mairevolution aus Deutschland. Er suchte zuerst in Paris, darauf in London erfolglos nach Bauaufträgen. Sein Auskommen fand er dort als Architekturschriftsteller, Mitarbeiter an der Weltausstellung von 1851 und Professor an der staatlichen Kunstgewerbeschule; nun konnte er seine Familie nachkommen lassen. 1855–1871 lehrte Semper am Eidgenössischen Polytechnikum (heute Eidgenössische Technische Hochschule) in Zürich, baute dessen Sitz und das Stadthaus in Winterthur, war aber mit seiner Stellung unzufrieden. Seit 1869 mit der Planung der Wiener Hofmuseen beschäftigt, zog er nach Wien. Er starb in Rom.

Semper war republikanisch gesinnt und büßte seine Überzeugung mit harten Exiljahren. Seine politische Überzeugung ist in seine Architekturtheorie eingegangen; deshalb war sein Lebenslauf länger als andere auszuführen.

Im Dresdner Katalog von 1979 zählt das Verzeichnis von Sempers Schriften einschließlich der Sammelbände 31 Nummern. Ein Aufsatz ist zuerst in italienischer Sprache, andere zuerst auf englisch erschienen. Sempers literarisches Hauptwerk, *Der Stil in den technischen und tektonischen Künsten* (2 Bände, 1860–1863), ist zweimal aufgelegt worden; 1891 war eine englische Übersetzung in Arbeit, die aber nicht erschienen ist (Pevsner, 1972, S. 253, Anm. 2). Dennoch dürfte Semper, zusammen mit Eugène-Emmanuel Viollet-le-Duc und John Ruskin, zu den am meisten gelesenen Architekturschriftstellern des 19. Jahrhunderts gehören.

Bis über die Mitte des 19. Jahrhunderts hinaus war es ganz üblich, daß sich ein junger Architekt auf Studienreisen ins Mittelmeergebiet begab, um antike Architektur zu zeichnen, zu vermessen und zu rekonstruieren. Während seiner drei Reisejahre beschäftigte sich Semper vor allem mit der Frage, in welchem Maße und in welcher Art antike Architektur bemalt war. Über dieser Frage erhitzten sich damals, als Archäologie und Architektur noch eng verbunden waren, die Gemüter. Mit seinen *Vorläufigen Bemerkungen über bemalte Architektur und Plastik bei den Alten* griff Semper 1834, wenige Wochen nach seiner Rückkehr, in diesen sogenannten Polychromiestreit ein. Zugleich ist diese Schrift ein Pamphlet gegen die Mißstände in den westeuropäischen Ländern, die in Sempers Augen von der Verfassung der Gesellschaft auf die Architektur übergreifen mußten.

Um Kritik zu üben, verglich Semper die damaligen Zustände mit denen im alten Griechenland, eine sechs Jahre nach dem Ende des griechischen Befreiungskampfes wirkungsvolle Form, die von den zahlreichen liberalistisch gesinnten „Philhellenen“ leicht verstanden wurde.

Politische Freiheit und die Begeisterung des Volkes für die Gemeinschaftsideale von Religion oder Staat sind für Semper die Grundlagen von Kunst und Architektur (*Kleine Schriften,* S. 217 f.): „Nur *einen* Herrn kennt die Kunst, das Bedürfnis. Sie artet aus, wo sie der Laune des Künstlers, mehr noch, wo sie mächtigen Kunstbeschützern gehorcht. Ihr stolzer Wille kann wohl ein Babylon, ein Persepolis, ein Palmyra aus der Sandwüste erheben, wo regelmäßige Straßen, meilenweite Plätze, prunkhafte Hallen und Paläste in trauriger Leere auf die Bevölkerung harren, die der Gewaltige nicht aus der Erde zu stampfen vermag, – das organische Leben griechischer Kunst ist nicht ihr Werk, es gedeiht nur auf dem Boden des Bedürfnisses und unter der Sonne der Freiheit.

Aber welcher Art ist unser Bedürfnis und wie sollen wir es künstlerisch bearbeiten?

Das in jeder und auch in künstlerischer Beziehung wichtigste Bedürfnis eines Volkes ist sein Kultus und seine Staatsverfassung. In den Zeiten, die der Menschheit am meisten zur Ehre gereichen, war beides ein Bedürfnis, oder vielmehr das eine ein höherer Ausdruck des anderen. Es würde zu weit führen, zu erörtern, ob und inwiefern das protestantische Christentum eine Richtung nahm, die dieser Verbindung des Staats mit der Kirche nachteilig wurde, mehr noch der Kunst, und wie darauf der Indifferentismus sich entspann, unter dem die Kunst vollends erstarrte. Aus ihm, und weil das warme Menschenherz nicht lange höhere Gefühle entbehren kann, entwickelte sich ein reges Interesse am Staate. Man ergriff mit wahrhaft religiösem Schwärmergeist die neue Lehre, wodurch alte Willkür vernichtet und der Egoismus beschränkt, das Interesse am Wohl des Ganzen erweitert wurde. Indem so unser ganzer religiöser Enthusiasmus auf irdische Verhältnisse gerichtet wurde und sie veredeln mußte, entstand dadurch eine Annäherung an die Zeiten der Alten, die unser Jahrhundert unverkennbar charakterisiert.“

Wie bei den französischen Architekturtheoretikern vor, während und nach der Revolution entzündet sich Sempers Phantasie an der Vorstellung der antiken Städte mit ihren beherrschenden öffentlichen Gebäuden (*Kleine Schriften,* S. 221): „Selbst bei dem redlichsten Willen wird des bevormundeten Volkes wahres Bedürfnis nicht immer zuerst getroffen und befriedigt. Wie lehrreich auch hier das Studium der Alten! Wie organisch aus sich selbst emporgewachsen alle die Städte mit ihren Märkten, Stoen, Tempelhöfen, Gymnasien, Basiliken, Theatern und Bädern, mit allen ihren Orten zur Beförderung des Gemeinsinns und des öffentlichen Wohls. Nicht nach symmetrischen Regeln willkürlich hingestellt, nein, da, wo Bedeutsamkeit und Bestimmung sie erheischte, standen die Monumente, scheinbar regellos, aber nach den höheren geistigen Gesetzen des Staatsorganismus bedungen. Alles war im Maßstab zum Volke konzentriert, in enger Umschließung, und dadurch imposant. Der Gegensatz von späteren Hauptstädten, bei deren Erbauung die unendliche Ebene, nicht das kleine Menschenbedürfnis den Maßstab gab und wo die kolossalsten Massen in dem grenzenlosen Raum verschwinden."

Die schon bei der Entstehung des englischen Landschaftsgartens oft mit liberalistischem Gedankengut aufgeladene Freude am natürlich oder „organisch" Gewachsenen greift bei Semper und einigen seiner Zeitgenossen auf den Städtebau über. Überhaupt kann man im 19. Jahrhundert oft feststellen, daß sich der vielseitige Naturbegriff des 18. Jahrhunderts zur Vorstellung vom wachsenden Organismus verengt, der zum Bild geordneter Freiheit wird, zum Bild dessen, was „scheinbar regellos", aber „bedungen" entsteht oder entstehen soll.

Von diesem Standpunkt aus nimmt Semper zwei Gruppen von Architekten aufs Korn, die ihm gleicherweise verhaßt sind, aber eines gemeinsam haben: die Verwendung von Mustersammlungen (*Kleine Schriften*, S. 216 f.): „Man macht der Architektur unserer Zeit den Vorwurf, daß sie im Wettlauf der Künste hinter ihren Schwestern zurückbleibt und den Bedürfnissen, die eine ganz neue und, wie es den Anschein hat, für die Kunst vorteilhafte Gestaltung der Dinge notwendig macht, keineswegs mehr entspricht. Leider läßt sich dieser harte Vorwurf nicht ganz widerlegen. In dem Gefühle ihrer Schuld und gedrängt von ihren Gläubigern hilft sich die halbbankerotte Architektur durchs Papier und bringt zweierlei Sorten davon in Umlauf, um sich wieder zu erholen. Die erste Sorte sind die Durandschen Assignaten, die dieser Schachbrettkanzler für mangelnde Ideen in Kurs setzt. Sie bestehen aus weißen Bögen, die nach Art der Stickmuster oder Schachbretter in viele Quadrate geteilt sind, auf denen sich die Risse des Gebäudes ganz mechanisch ordnen. (Man vergleiche das Durandsche Werk: *Précis des leçons d'architecture* etc.)

Wer zweifelt noch an ihrem vollgültigen Wert, da man nun alles, was die Alten nur wie Kraut und Rüben durcheinanderwarfen, die heterogensten Dinge ohne vieles Kopfzerbrechen unter einen Hut bringt, da durch sie der nagelneue Polytechniker zu Paris binnen sechs Monaten sich zum vollendeten Baukünstler bildet, da ihre Quadrate, auf denen sich, wie von selbst, Reitbahnen, Thermen, Theater, Tanzsalons und Konzertsäle in einen Plan zusammenfügen, den großen akademischen Preis davontragen, da ganze Städte, wie Mannheim und Karlsruhe, nach ihren strengen Prinzipien erbaut wurden?

Die zweite Papiersorte, die in der allgemeinen Ideennot nicht minder zustatten kommt, ist das durchsichtige Ölpapier. Durch dieses Zaubermittel sind wir unumschränkte Meister über alte, mittlere und neue Zeit. Der Kunstjünger durchläuft die Welt, stopft sein Herbarium voll mit wohlaufgeklebten Durchzeichnungen aller Art und geht getrost nach Hause, in der frohen Erwartung, daß die Bestellung einer Walhalla à la Parthenon, einer Basilika à la Monreale, eines Boudoir à la Pompeji, eines Palastes à la Pitti, einer byzantinischen Kirche oder gar eines Bazars in türkischem Geschmacke nicht lange ausbleiben könne, denn er trägt Sorge, daß seine Probekarte an den rechten Kenner komme. Was für Wunder uns aus dieser Erfindung erwachsen! Ihr verdanken wir's, daß unsere Hauptstädte als wahre extraits de mille fleurs, als Quintessenzen aller Länder und Jahrhunderte emporblühen, so daß wir, in angenehmer Täuschung, am Ende selber vergessen, welchem Jahrhunderte wir angehören."

Es ist Sempers Überzeugung, daß der Architekt, statt „aus dem Moose der Vergangenheit sich dürftige Nahrung zu holen" (ebd., S. 217), die Gesetze der Kunstentwicklung kennenlernen müßte. Unter diesem Gesichtswinkel erscheinen die alten Griechen nicht als unübertreffliche Vorbilder, sondern als Vertreter urtümlicher Zustände, wie übrigens gelegentlich auch die Baumeister des Mittelalters. Semper thematisiert zunächst das Verhältnis von Material und Form, das von drei Seiten her in Frage gestellt ist: Architekturtheorie (Durand), Archäologie (Polychromiestreit) und Bauindustrie (Eisenguß). Folgen wir seinem Gedankengang (*Kleine Schriften*, S. 219 f.):

„Backsteine, Holz, besonders Eisen, Metall und Zink ersetzen die Stelle der Quadersteine und des Marmors. Es wäre unpassend, noch ferner mit falschem Scheine sie nachzuahmen. Es spreche das Material für sich und trete auf, unverhüllt, in der Gestalt, in den Verhältnissen, die als die zweckmäßigsten für dasselbe durch Erfahrungen und Wissenschaften erprobt sind. Backstein erscheine als Backstein, Holz als Holz, Eisen als Eisen, ein jedes nach den ihm eigenen Gesetzen der Statik. Dies ist die wahre Einfachheit, auf der man sich dann mit aller Liebe der unschuldigen Stickerei des Zierats hingeben darf. Das Holz, das Eisen und alles Metall bedarf der Überzüge, um es vor der verzehrenden Kraft der Luft zu schützen. Ganz natürlich, daß dies Bedürfnis auf eine Weise befriedigt wird, die zugleich zur Verschönerung beiträgt. Statt der eintönigen Tünche wählt man gefällig abwechselnde Farben. Die Polychromie wird natürlich, notwendig.

Die Schwere und Widerstandsfähigkeit des Metalls schreibt leichte, zierliche und durchbrochene Formen vor. Das Einfache, das heißt die plumpe, altjungferliche Armseligkeit der Stukkaturzeit kommt in Mißkredit; denn in der That, es ist großer Mißbrauch mit dem unschuldigen Worte ‚einfach' (simple) getrieben worden. Weil aber der Geschmack nicht Zeit hatte, am allerwenigsten in England, dem steigenden Gefühle des Bedürfnisses auf dem Fuße zu folgen, so fing man in dem Verzierungsdrange vor wenigen Jahren an, das Mangelnde aus der romantischen Zeit der Renaissance zu entlehnen, und jetzt sind wir schon in dem Rokoko vom Louis XV. Das schnelle Fortschreiten gibt uns Hoffnung, daß der Unfug nun bald am Ende ist.

Bei so mißlichen Umständen ist es immer ratsam, unsere alten Lehrer, die Griechen, zu befragen, was sie unter ähnlichen Verhältnissen thaten. Nicht ihren toten Buchstaben nachahmen, nein, ihren Geist einsaugen und die zarte Südpflanze der Kunst auch diesmal direkt von ihrer Heimat beziehen, bis sie auf unserem widerspenstigen Boden von neuem entartet, das wird förderlich sein. Auch bei den Alten bildeten Konstruktionen aus Holz, Eisen und Bronze einen wesentlichen Teil der Baukunst. Auch bei ihnen wurden sie nach ihren eigenen Gesetzen der Statik, unabhängig vom Steine, gebildet. Nur wenige Spuren davon erhielten sich. Aber manche Auskunft geben die pompejanischen Wandgemälde, die offenbar nur von dieser leichten Architektur entlehnt sind. Hauptsächliche Anwendung scheint sie bei Begründung von Alexandrien und den gleichzeitigen Konstruktionen gefunden zu haben. Antike Bronzebruchstücke weisen gleichfalls darauf hin. Ebenso interessant und besser erhalten sind die Holzkonstruktionen, die freien verzierten Dachstühle des Mittelalters. Und sollte ein System der griechischen Tempelmalerei nach übriggebliebenen Spuren, so wahrscheinlich wie möglich zusammengetragen, nicht gleichfalls in unserer Zeit willkommen sein?"

Einiges in diesem Gedankengang erinnert an Durand, so der Satz: „Backstein erscheine als Backstein, Holz als Holz, Eisen als Eisen, ein jedes nach den ihm eigenen Gesetzen der Statik." Auch das Beispiel der mittelalterlichen Dachstühle kennen wir aus Durands *Précis*. Aber obgleich dort die Schutzwirkung der Bemalung gestreift wird, war es doch Semper vorbehalten, daraus allmählich eine „Bekleidungstheorie" zu entwickeln. Sie war ein entscheidendes Mittel, das durch Massenproduktion herabgewirtschaftete Ornamentwesen nach dem bevorstehenden Ende des „Unfugs" zu reinigen.

Der Gedankengang ist gut vitruvianisch, auch wenn Vitruv nicht genannt wird (*Kleine Schriften,* S. 223): „Gemeinschaftlich wurden die Künste geboren, als man anfing, die ersten rohen Behausungen gegen Wetter und feindliche Verfolgung auszuschmücken. Dies geschah sehr frühe, denn zu den ersten Bedürfnissen der jugendlichen Menschheit gehört das Spiel und der Schmuck. Man übertünchte die unscheinbare Oberfläche des rohen Stoffes, woraus die Behausung zusammengebaut wurde. Der kindlichen Phantasie gefielen lebhafte Farben, bunte Zusammenstellungen, wie die Natur umher sie bildet. Auch dachte man zugleich an den Nutzen und sah ein, daß ein Überzug dem Holze, dem Thone, ja selbst dem Steine größere Dauerhaftigkeit verleiht. Gleichzeitig entwickelten sich die ersten Religionsbegriffe. Man bevölkerte die Erde mit rein menschlich gebildeten Göttern. Ihnen gebührte menschliche Behausung, nur veredelter, schöner, erhabener. Der reichste Schmuck war ihnen vorbehalten. An den Tempeln übten die Künste ihre kaum erkannten Kräfte. Nicht mehr genügte nun die bunte rohe Tünche, es mußten Zieraten, geregelte Formen, der Natur abgesehen, ihre Stelle ersetzen."

Bei der Bedeutung, die Semper dem Kultus zumißt, kann es nicht verwundern, daß er die Verwandlung natürlicher in konventionelle Formen am Beispiel des Perlstabs zeigt, den er aus Opferschnüren herleitet. Er geht dabei von folgender Annahme aus (*Kleine Schriften,* S. 242): „Alle bei Ägyptern und Griechen und wohl auch bei anderen Völkern herkömmlichen und sich häufig wiederholenden Ornamente hatten wohl ursprünglich eine symbolische Bedeutung, und dem späteren Künstler war es keineswegs erlaubt, in ihrer Wahl seiner Laune und dem Spiele seiner Einbildungskraft frei zu folgen. Er konnte sie vereinfachen, modifizieren und bereichern, aber ihren Typus durfte er nicht verletzen."

Semper liebt die Beispiele, in denen sich eine Textilform in eine Kunstform verwandelt. Er hat in späteren Schriften auch auf Vitruvs Überlieferung angespielt, gewisse Formen, zumal des dorischen Tempels, seien aus dem Holzbau abgeleitet. Seine Neuerung besteht darin, den von Vitruv an einem einzigen Beispiel geschilderten Wechsel zu einer allgemeinen „Stoffwechseltheorie" auszubauen, welche Textilien, Keramik, Baustoffe und Metalle umfaßt.

Angesichts des sich schneller und schneller drehenden Stilkarussells schien Semper und seinen Zeitgenossen die Frage nach dem „Stil" immer vordringlicher. Unter „Stilen" aber verstanden sie nun geschichtlich bedingte, an Ort und Zeit gebundene Formensprachen, während sie nach einem eigenen, nach „dem" Stil suchten. Demgegenüber traten die ästhetischen Kategorien des 18. Jahrhunderts in den Schatten. Über das Schöne schreibt Semper (*Kleine Schriften,* S. 226, Anm.): „Darstellung des Schönen soll nie Zweck des Kunstwerks sein. Schönheit ist eine notwendige Eigenschaft des Kunstwerks, wie die Ausdehnung der Körper. Niemandem ist es eingefallen, an einem hingestellten Kolosse bloß den reinen Begriff der Größe darzustellen."

Semper gibt zwar mit diesen Sätzen eines der vitruvianischen Ziele der Architektur, die „venustas", auf, nicht aber den Anspruch der Architektur, eine Kunst, sogar die führende Kunst zu sein. Aber indem er die Künste und die „Kunstindustrie" unter ihren politischen und wirtschaftlichen Produktionsbedingungen betrachtet, führt er die Architekturtheorie auf ein neues Feld.

QUELLEN UND SCHRIFTTUM

Quellen und Schrifttum werden kapitelweise und nach dem Alphabet geordnet aufgeführt. Nur beiläufig erwähnte Titel sind nicht aufgenommen.

Zu Teil I: Grenzen der Architekturtheorie

Allsopp, Bruce: *A Modern Theory of Architecture.* London, Henley und Boston 1977. – Allsopp entwickelt seine Architekturtheorie, indem er die Herausforderung von Geschichte und Gesellschaft annimmt. Dem Historiker verhilft die Lektüre zur kritischen Distanz gegenüber der Geschichte der Architekturtheorie.

Bandmann, Günter: *Mittelalterliche Architektur als Bedeutungsträger.* Berlin 1951. – In der deutschsprachigen Kunstgeschichtsschreibung ein vielfach nachgedruckter Klassiker der Architekturikonologie, zuletzt 6. Aufl. 1979.

Bauer, Hermann: *Kunst und Utopie, Studien über das Kunst- und Staatsdenken in der Renaissance.* Berlin 1965. – Dazu die Besprechung von Carroll William Westfall. In: *Journal of the Society of Architectural Historians,* XXVI (1967), S. 155–158.

Bauer, Hermann: *Kunsthistorik, eine kritische Einführung in das Studium der Kunstgeschichte.* München 1976. – Entwurf einer verzweigten und vergleichsweise offenen Systematik, in der auch die Kunstliteratur (S. 123–126) Platz findet.

De Fusco, Renato: *Architektur als Massenmedium, Anmerkungen zu einer Semiotik der gebauten Formen.* Gütersloh 1972. – Zuerst italienisch, Bari 1967. – Zur methodengeschichtlichen Lage, in der De Fusco seine Gedanken entwickelt hat, siehe Werner Oechslin: Kunstgeschichte und der Anspruch des Strukturalismus. In: *Orbis Scientiarum,* II (1972), S. 60–72.

Dobai, Johannes: *Die Kunstliteratur des Klassizismus und der Romantik in England.* 3 Bde., Bern 1974–1977. – Der Registerband steht noch aus.

Forssman, Erik, 1961, siehe Teil IV.

Gadamer, Hans-Georg: *Wahrheit und Methode, Grundzüge einer philosophischen Hermeneutik.* 4. Aufl., unver. Nachdr. der 3., erw. Aufl., Tübingen 1975.

Plett, Heinrich F.: *Textwissenschaft und Textanalyse: Semiotik, Linguistik, Rhetorik.* Heidelberg 1975. – Dem Lehrgebiet des Verfassers entsprechend stammen die Beispiele aus der Anglistik; die Systematik läßt sich aber leicht auf das Studium der Architekturtheorie übertragen.

Répertoire d'art et d'archéologie (de l'époque paléochretienne à 1939), Bd. 1 ff.

(1910 ff.). Der Untertitel wechselt. – Empfehlenswerte Jahresbibliographie zur Kunstwissenschaft.

Schlosser, Julius von: *Quellenbuch zur Kunstgeschichte des abendländischen Mittelalters, ausgewählte Texte des 4.–15. Jahrhunderts.* Wien 1896. – Auch Nachdruck, Hildesheim und New York 1976; hier aufgeführt wegen der 15seitigen gattungsgeschichtlichen Einleitung.

Schlosser, Julius von: *La letteratura artistica, manuale delle fonti della storia dell'arte moderna,* übers. von Filippo Rossi, 3. Aufl., erg. und hsrg. von Otto Kurz. Wien und Florenz 1964. Letzter Nachdruck dieser Bearbeitung 1977. – Des Italienischen Unkundige benutzen die deutsche Originalausgabe, Wien 1924, und sehen in der letzten italienischen nur die bibliographischen Ergänzungen nach. – Schlosser/Kurz behandeln das christliche Abendland bis zur Französischen Revolution; im Mittelpunkt steht die italienische Renaissance; Schlosser war aber auch ein hervorragender Mediävist.

Tafuri, Manfredo: *Teorie e storia dell'architettura.* Bari 1968. – Überlegene Auseinandersetzung mit Architekturkritik, Methodologie, Strukturalismus und Semiotik; vor allem für Architekten geschrieben.

Zucker, Paul: The Paradox of Architectural Theories at the Beginning of the "Modern Movement". In: *Journal of the Society of Architectural Historians,* X (1951), S. 8–14. – Aufschlußreiche Beurteilung einer Zeitverschiebung zwischen Architekturtheorie und Architekturpraxis.

Zu Teil II: Antike und Mittelalter

Ackerman, James S.: Gothic Theory of Architecture at the Cathedral of Milan. In: *Art Bulletin,* XXXI (1949), S. 84–111. – Mit Quellenauszügen.

Bandmann, Günter, 1951, siehe Teil I.

Bartoli, Maria Teresa: Orthographia, Ichnographia, Scaenographia. In: *Due mila anni di Vitruvio* (Sonderheft von *Studi e documenti di architettura,* Nr. 8). Florenz 1978, S. 197–208. – Versucht, die genannten Begriffe aus der seit der Renaissance geläufigen Interpretation als Darstellungskonventionen zu lösen und sie als Stufen im Entwurfs- und Bauprozeß zu deuten.

Binding, Günther, und Norbert Nussbaum: *Der mittelalterliche Baubetrieb nördlich der Alpen in zeitgenössischen Darstellungen,* mit Beiträgen von Peter Deutsch, Lucie Hagendorf, Hildegard Höfer, Michael Wagener, Elke Weber. Darmstadt 1978. – Die beiden ersten Kapitel geben kompetente Auskunft über die Bauhütten- und Musterbücher der Gotik.

Bourdieu, Pierre: *Zur Soziologie der symbolischen Formen,* übers. von Wolfgang Fietkau. Frankfurt am Main 1974. – Originalausgabe 1970. Das Kapitel „Der Habitus als Vermittlung zwischen Struktur und Praxis" ursprünglich als Nachwort zur französischen Übersetzung von Panofsky, 1951, verfaßt.

Cesariano, Cesare, siehe Vitruvius, 1969.

Conant, Kenneth J.: The After-life of Vitruvius in the Middle Ages. In: *Journal of the Society of Architectural Historians,* XXVII (1968), S. 33–38. – Vitruvs Proportionsfiguren auf Cluny III angewandt.

Frankl, Paul: *The Gothic, Literary Sources and Interpretations through Eight Centuries.* Princeton, N. J., 1960. – 282 Seiten allein über die Schriften von Abt Suger bis zu Cesariano. Als ganzes eine persönlich geprägte, immer noch unentbehrliche Gesamtschau.

Hahnloser, Hans R.: *Villard de Honnecourt, kritische Gesamtausgabe des Bauhüttenbuches ms. fr 1903 der Pariser Nationalbibliothek.* 2., rev. und erw. Aufl., Graz 1972. – Reprografischer Nachdruck der Ausgabe 1935 mit 63 Seiten Nachtrag (im Register berücksichtigt). Eine der großen Herausgeberleistungen der Kunstwissenschaft.

Hasak, Max: *Der Kirchenbau des Mittelalters* (*Handbuch der Architektur,* begr. von Eduard Schmitt, Teil II, Bd. IV, H. 3). 2. Aufl., Leipzig 1913. – Kapitel 8 enthält Quellentexte zur Stellung des Baumeisters im Mittelalter in Ursprache und Übersetzung.

Hecht, Konrad: Maß und Zahl in der gotischen Baukunst. In: *Abhandlungen der Braunschweigischen Wissenschaftlichen Gesellschaft,* XXI (1969), S. 215 bis 326; XXII (1970), S. 105–263; XXIII (1971), S. 25–236. – Scharfe Abrechnung mit der oft fahrlässig betriebenen Forschung über mittelalterliche Proportionen, zuweilen vergiftet durch eine Überdosis Agnostizismus.

Hecht, Konrad: Die Sylvesterkapelle zu Goldbach, ein Schlüsselbau für Maß und Zahl in der Baukunst des frühen Mittelalters. In: *Abhandlungen der Braunschweigischen Wissenschaftlichen Gesellschaft,* XXVIII (1977), S. 137–186. – Auch über Pfalz und Pfalzkapelle Aachen.

Hecht, Konrad: Zur Geometrie des St. Galler Klosterplanes. In: *Abhandlungen der Braunschweigischen Wissenschaftlichen Gesellschaft,* XXIX (1978), S. 57–96. – Zusammenfassung von Hechts Hypothesen und Methoden, Auseinandersetzung mit der reichen Literatur.

Heitz, Carol: Vitruve et l'architecture du haut moyen âge. In: *Settimane di studio del Centro italiano di Studi sull'Alto Medioevo,* XXII/2 (1974), S. 725–757.

Hersey, George L., 1976, siehe Teil III.

Horn-Oncken, Alste: *Über das Schickliche, Studien zur Geschichte der Architekturtheorie* (*Abhandlungen der Akademie der Wissenschaften in Göttingen, Philosophisch historische Klasse,* 3. Folge, Nr. 70). Göttingen 1967. – Grundlegend für Vitruv und den Vitruvianismus.

Koch, Herbert: *Vom Nachleben des Vitruv.* Baden-Baden 1951. – Lesenswert, obwohl durch Krinsky, 1967, Heitz, 1974, und Vagnetti/Marcucci, 1978, teilweise überholt.

Krinsky, Carol Herselle: Seventy-eight Vitruvius Manuscripts. In: *Journal of the Warburg and Courtauld Institutes,* XXX (1967), S. 36–70.

Panofsky, Erwin: *Gothic Architecture and Scholasticism.* Latrobe 1951. – Das Problem von der „Denkhaltung“ aus aufgerollt und mit einer Stelle aus

Villard de Honnecourt exemplifiziert; vgl. Bourdieu, 1974. Über ein Dutzend Neuauflagen.

Pedoe, Dan: *Geometry and the Liberal Arts.* Harmondsworth 1976. – Mit Kapiteln über Vitruv, Dürer, Leonardo, Architektur u. a. m.; schulmäßige Einführung in die Probleme von Planimetrie, Stereometrie und Optik aus der Sicht dieser und anderer Architekten und Künstler, verfaßt von einem Mathematiker.

Perpeet, Wilhelm: *Ästhetik im Mittelalter.* Freiburg im Breisgau und München 1977. – Legt in knappster Form (121 Seiten) dar, was die neuere philosophische Ästhetik verschüttet hat: daß nämlich die Lehre vom Schönen von Augustin bis zur Scholastik zunächst keinerlei Kunstlehre enthielt, aber gleichwohl Ästhetik war.

Reinle, Adolf: *Zeichensprache der Architektur: Symbol, Darstellung und Brauch in der Baukunst des Mittelalters und der Neuzeit.* Zürich und München 1976.

Roriczer, Mathes (Matthäus), 1486, siehe Shelby, Lon R., 1977.

Schlikker, Friedrich Wilhelm: *Hellenistische Vorstellungen von der Schönheit des Bauwerks nach Vitruv.* Diss. Münster, Berlin 1940. – „Eine Fülle von wertvollen Anregungen und vernünftigen Urteilen" (Herbert Koch, 1951, S. 29).

Schlosser, Julius von, 1896, siehe Teil I.

Scritti rinascimentali di architettura, 1978, siehe Teil III.

Shelby, Lon R.: *Gothic Design Techniques: The Fifteenth-century Design Booklets of Mathes Roriczer and Hanns Schmuttermayer,* hrsg., übers. und eingel. von L. R. S. Carbondale, Edwardsville, London und Amsterdam 1977.

Simson, Otto von: *Die gotische Kathedrale, Beiträge zu ihrer Entstehung und Bedeutung.* Darmstadt 1968. – Amerikanische Originalausgabe New York 1956. Grundlegend.

Vagnetti, Luigi, und Laura Marcucci: Per una coscienza Vitruviana: regesto cronologico e critico. In: *Due mila anni di Vitruvio* (Sonderheft von *Studi e documenti di architettura,* Nr. 8). Florenz 1978, S. 11–195. – Kommentierte und illustrierte Bibliographie der Vitruvausgaben und -bearbeitungen.

Villard de Honnecourt, siehe Hahnloser, 1972.

Vitruvius: *De Architectura Libri Decem / Zehn Bücher über Architektur,* hrsg., übers. und mit Anm. versehen von Curt Fensterbusch. Darmstadt 1964. – Die 2., durchges. Aufl. von 1976 ist weitgehend ein reprografischer Nachdruck. Kritische Ausgabe mit zuverlässiger Parallelübersetzung. „Der Text gibt am Rande die Seiten- und Zeilenzahlen der ersten Ausgabe von Val. Rose und Müller-Strübing (Leipzig 1867), so daß auch der Index Vitruvianus von Nohl (Leipzig 1876 [Neudruck Darmstadt 1965]) verwendbar ist."

Vitruvius: *De Architectura. Nachdruck der kommentierten ersten italienischen Ausgabe von Cesare Cesariano (Como 1521),* mit Einl. und Register von Carol Herselle Krinsky. München 1969. – Die englisch geschriebene Einleitung beruht auf der ungedruckten Diss. von C. H. K., New York University 1965, und enthält u. a. kompetente Erklärungen zu einzelnen Tafeln.

Wilinski, Stanislaw: Cesare Cesariano elogia la geometria architettonica della Cattedrale di Milano. In: *Il Duomo di Milano, Congresso internazionale ..., settembre 1968, Atti,* hrsg. von Maria Luisa Perer. 2 Bde., Mailand 1969, I, S. 132–143. – Die Sondernummer der Zeitschrift *Arte Lombarda* mit den Kongreßakten enthält weitere Beiträge zu unserer Themenstellung. Wilinski handelt auch vom Nachruhm Cesarianos im Pro und Contra des Urteils über die Gotik.

Wittkower, Rudolf, 1969, siehe Teil III.

Wittkower, Rudolf: The Changing Concept of Proportion. In: R. W.: *Idea and Image, Studies in the Italian Renaissance.* London 1978, S. 109–123. – Erstdruck 1953.

Zu Teil III: Anfänge des Vitruvianismus

Alberti, Leon Battista: *L'architettura / De Re Aedificatoria,* hrsg. und übers. von Giovanni Orlandi; Einl. und Anm. von Paolo Portoghesi. 2 Bde., Mailand 1966. – Historisch-kritische Ausgabe des lateinischen Texts mit moderner Übersetzung, illustriert mit Holzschnitten der italienischen Ausgabe von 1550. Dazu benutze man Leon Battista Alberti: *De Re Aedificatoria: Faksimile der Ausgabe Florenz 1485 und Index Verborum,* bearb. von Hans-Karl Lücke. Faksimileband und 3 Indexbände, München 1975–1979.

Alberti, Leon Battista: *Zehn Bücher über die Baukunst.* Ins Deutsche übertragen, eingel. und mit Anm. und Zeichnungen versehen von Max Theuer. Wien und Leipzig 1912. – Reprografischer Nachdruck Darmstadt 1975. Enthält neben dem Namenregister ein hervorragendes Sach- und Wortregister.

Argan, Giulio Carlo: *The Renaissance City.* New York 1969.

Argan, Giulio Carlo: Il trattato De Re Aedificatoria. In: *Convegno internazionale indetto nel V centenario di Leon Battista Alberti, Roma-Mantova-Firenze, 25–29 aprile 1972.* Rom 1974, S. 43–54.

Averlino, Antonio, siehe Filarete.

Becatti, Giovanni: Leon Battista Alberti e l'antico. In: *Convegno internazionale indetto nel V centenario di Leon Battista Alberti, Roma-Mantova-Firenze, 25–29 aprile 1972.* Rom 1974, S. 55–72.

Betts, Richard J., On the Chronology of Francesco di Giorgio's Treatises: New Evidence from an unpublished Manuscript. In: *Journal of the Society of Architectural Historians,* XXXVI (1977), S. 3–14. – Das unveröffentlichte Manuskript der New York Public Library, Spencer Collection 129, wird um 1479–1480 datiert, beschrieben und mit den meisten Handzeichnungen illustriert.

Braunfels, Wolfgang: *Mittelalterliche Stadtbaukunst in der Toskana.* Berlin 1953. – 4., erw. Aufl. 1979.

De la Croix, Horst: Military Architecture and the Radial City Plan in Sixteenth-Century Italy. In: *Art Bulletin,* XLII (1960), S. 263–290.

Filarete [Pseudonym für Antonio Averlino]: *Tractat über die Baukunst,* hrsg. von Wolfgang von Oettingen. Wien 1890. – Unpraktische Mischung von Transkription, Übersetzung und Zusammenfassung, hier als einzige deutsche Ausgabe für Leser aufgeführt, die weder Italienisch noch Englisch verstehen. Nachdruck 1974.

Filarete [Pseudonym für Antonio Averlino]: *Treatise on Architecture;* Übers., Einl. und Anm. von John R. Spencer. 2 Bde., New Haven und London 1965. – Band II enthält das Faksimile des Codice Magliabechiano.

Filarete [Pseudonym für Antonio Averlino]: *Trattato di architettura,* hrsg. von Anna Maria Finoli und Liliana Grassi; Einl. und Anm. von Liliana Grassi. Mailand 1972. – Historisch-kritische Ausgabe auf Grund des Codice Magliabechiano, von dem alle illustrierten Seiten abgebildet sind.

Fiore, Francesco Paolo: *Città e macchina del '400 nei disegni di Francesco di Giorgio Martini.* Florenz 1978. – Behandelt Martini als Kriegsingenieur, stellt neue Überlegungen zur Komposition seines Lehrbuchs an und veröffentlicht von der historisch-kritischen Ausgabe vernachlässigte Blätter als „Buch VIII".

Gadol, Joan: *Leon Battista Alberti, Universal Man of the Early Renaissance.* Chicago und London 1969.

Garin, Eugenio: Il pensiero di Leon Battista Alberti nella cultura del Rinascimento. In: *Convegno internazionale indetto nel V centenario di Leon Battista Alberti, Roma-Mantova-Firenze, 25–29 aprile 1972.* Rom 1974, S. 21–42.

Gaus, Joachim: Die Urhütte: Über ein Modell in der Baukunst und ein Motiv in der bildenden Kunst. In: *Wallraf-Richartz-Jahrbuch,* XXIII (1971), S. 7–70.

Germann, Georg, 1974, siehe Teil VII.

Germann, Georg: Krumme Straßen, Städtebautheorie der Frühneuzeit. In: *Zeitschrift für Stadtgeschichte, Stadtsoziologie und Denkmalspflege,* III (1976), S. 10–25.

Grayson, Cecil: *An Autograph Letter from Leon Battista Alberti to Matteo de' Pasti.* New York 1957. – Neuausgabe des lange verschollenen Briefes von einem der besten Alberti-Kenner.

Hellmann, Günther: Proportionsverfahren des Francesco di Giorgio Martini: Zu den Zeichnungen des Codex Magliabechiano II–I–141 der Nationalbibliothek Florenz, folio 41 recto und 42 verso. In: *Miscellanea Bibliothecae Hertzianae zu Ehren von Leo Bruhns †, Franz Graf Wolff Metternich, Ludwig Schudt.* München 1961, S. 157–166.

Hersey, George L.: *Pythagorean Palaces: Magic and Architecture in the Italian Renaissance.* Ithaca, N. Y., und London 1976. – Eine Deutung der Renaissance-Profanarchitektur und ihrer Theorie, die durch bewußte Einseitigkeit zum Widerspruch reizt. Wohlgegliederte, kommentierte Bibliographie.

Hughes, Quentin: *Military Architecture.* London 1974.

Klein, Robert: L'urbanisme utopique de Filarete à Valentin Andreae. In: R. K.: *La forme et l'intelligible, écrits sur la Renaissance et l'art moderne.* Paris 1970, S. 310–326. – Erstdruck 1964.

Klotz, Heinrich: L. B. Albertis „De re aedificatoria“ in Theorie und Praxis. In: *Zeitschrift für Kunstgeschichte,* XXXII (1969), S. 93–103.

Lang, Susanne: The Ideal City from Plato to Howard. In: *Architectural Review,* CXII (1952), S. 91–101. – Einführung in politische und städtebauliche Utopien.

Loredana, Olivato: La Città „reale“ del Filarete. In: *Arte Lombarda,* XVIII (1973), S. 144–149.

Martini, Francesco di Giorgio: *Trattati di architettura, ingegneria e arte militare,* hrsg. von Corrado Maltese; Transkription von Livia Maltese Degrassi. 2 Bde., Mailand 1967. – Historisch-kritische Ausgabe der beiden Fassungen, auf zwei Bände verteilt, mit Faksimile der illustrierten Seiten aus den zugrundegelegten Handschriften, Codice Torinese Saluzziano 148 und Codice Magliabechiano II.I.141.

Millon, Henry: The Architectural Theory of Francesco di Giorgio. In: *Art Bulletin,* XL (1958), S. 257–261.

Mühlmann, Heiner: Albertis S. Andrea-Kirche und das Erhabene. In: *Zeitschrift für Kunstgeschichte,* XXXII (1969), S. 153–157.

Papini, Roberto: *Francesco di Giorgio architetto.* 3 Bde., Mailand 1946. – Textband, Tafelband und Band mit Bauaufnahmen.

Rykwert, Joseph: *On Adam's House in Paradise: The Idea of the Primitive Hut in Architectural History.* New York und Chicago 1972.

Scritti rinascimentali di architettura: Patente a Luciano Laurana; Luca Pacioli; Francesco Colonna; Leonardo da Vinci; Donato Bramante; Francesco di Giorgio; Cesare Cesariano; Lettera a Leone X, hrsg. von Arnaldo Bruschi, Corrado Maltese, Manfredo Tafuri, Renato Bonelli. Mailand 1978. – Einführungen und Kommentare durch hervorragende Fachleute; illustriert.

Spencer, John R., 1965, siehe Filarete.

Spencer, John R.: Filarete's Bronce Doors at St. Peter's: A Cooperative Project with Complications of Chronology and Technique. In: *Collaboration in Italian Renaissance Art,* hrsg. von Wendy Stedman Sheard und John T. Paoletti. New Haven und London 1978, S. 33–58.

Tigler, Peter: *Die Architekturtheorie des Filarete.* Diss. Univ. München, Berlin 1963.

Wittkower, Rudolf: *Grundlagen der Architektur im Zeitalter des Humanismus.* München 1969. – Zuerst englisch, London 1949. Für das Verständnis der italienischen Proportionstheorie unerläßlich. Das wohl meistzitierte Buch über die Architekturtheorie der Renaissance.

Zu Teil IV: Verbreitung des Vitruvianismus

Barozzi, Jacopo, siehe Vignola.

Belluzzi, Amedeo: Mantova e la tipologia delle porte di città. In: *Psicon,* Nr. 8–9, Juli-Dezember 1976 (1977), S. 96–111. – Berührt Serlio und die Rustika.

Berger, Ursel: *Palladios Frühwerk.* Diss. Univ. München 1975, Köln und Wien 1978. – Behandelt u. a. Palladios Redaktion eigener Entwürfe für den Druck.

Białostocki, Jan: The Renaissance Concept of Nature and Antiquity. In: *The Renaissance and Mannerism: Studies in Western Art, Acts of the Twentieth International Congress of the History of Art. 2* Bde., Princeton, N. J., II, S. 19–30.

Blunt, Anthony: *Philibert de l'Orme.* London 1958.

Carunchio, Tancredi: Dal VII Libro di S. Serlio: „XXIII case per edificar nella villa": lettura integrata del VII libro manoscritto e dell'edizione a stampa. In: *Quaderni dell'Istituto di Storia dell'Arte,* XII (1976), S. 95–126.

Delorme, Philibert, siehe L'Orme, Philibert de.

Förster, Otto H.: *Bramante.* Wien und München 1956. – Verficht die nur teilweise widerlegte These, die entscheidende Fassung des *Briefes über Denkmalpflege* sei 1510 von Bramante verfaßt worden.

Forssman, Erik: *Säule und Ornament: Studien zum Problem des Manierismus in den nordischen Säulenbüchern und Vorlageblättern des 16. und 17. Jahrhunderts.* Stockholm und Köln 1956.

Forssman, Erik: *Dorisch, jonisch, korinthisch: Studien über den Gebrauch der Säulenordnungen in der Architektur des 16. und 17. Jahrhunderts.* Uppsala 1961. – „Gebrauch" meint „Bedeutung", es geht also um Architekturikonologie.

Forssman, Erik: *Palladios Lehrgebäude: Studien über den Zusammenhang von Architektur und Architekturtheorie bei Andrea Palladio.* Stockholm, Göteborg und Uppsala 1965.

Forssman, Erik: *Visible Harmony: Palladio's Villa Foscari at Malcontenta.* O. O. (Stockholm) 1973.

Kubelík, Martin: *Andrea Palladio* [Katalog zur Ausstellung im] Kunstgewerbemuseum der Stadt Zürich. Zürich o. J. (1975). – Dritte Auflage zum deutschsprachigen Katalog der Wanderausstellung. Dazu die Besprechung von Werner Oechslin in: *Bolletino del Centro internazionale di studi di architettura „Andrea Palladio"*, XVII (1975), S. 429–431, wo der Katalog als Kurzmonographie für ein breiteres Publikum empfohlen wird.

L'Orme, Philibert de: *Architecture.* Rouen 1648. – Dank der Nachdrucke von 1894 und 1964 die am leichtesten zugängliche Ausgabe von de l'Ormes literarischem Werk, enthaltend *Le premier tome* (1567) und anhangweise *Nouvelles inventions* (1561).

Lotz, Wolfgang: Das Raumbild in der italienischen Architekturzeichnung der Renaissance. In: *Mitteilungen des Kunsthistorischen Institutes in Florenz,*

VII (1953–1956), S. 193–226 (erschienen 1956). – Jetzt auch englisch: Wolfgang Lotz: *Studies in Italian Renaissance Architecture.* Cambridge, Mass., 1977, S. 1–65; hier auch drei wichtige Studien über Palladio.

Palladio, Andrea: *I quattro libri dell'architettura.* Venedig 1570. – Seit 1945 in einem vielfach wiederaufgelegten Nachdruck greifbar.

Palladio-Ausstellung, siehe Kubelík.

Puppi, Lionello: *Andrea Palladio, das Gesamtwerk.* 2 Bde., Stuttgart 1977. – Gegenüber der italienischen Erstausgabe (1973) um ein Vorwort erweitert, das sich mit dem Schrifttum bis 1976 auseinandersetzt. Behandelt das gesamte geplante und gebaute Werk katalogartig; die *Quattro libri,* die Zeichnungen nach antiken Bauten und Palladios literarische Pläne werden nur gestreift. Derzeit vollständigste Bibliographie.

Rosci, Marco: *Il trattato di architettura di Sebastiano Serlio,* hrsg. von Anna Maria Brizio. 2 Bde., Mailand 1966. – Band II enthält das Faksimile von Serlios *Sesto Libro* nach der Münchner Handschrift.

Scritti rinascimentali, 1978, siehe Teil III.

Serlio, Sebastiano: *Regole generali di architettura sopra le cinque maniere de gliedifici, cioè, thoscano, dorico, ionico, corinthio, et composito, con gliessempi dell'antiquità, che, per la magior parte concordano con la dottrina di Vitruvio.* Venedig 1537. – Kolumnentitel, dem Gesamtplan entsprechend, „Libro quarto". Es folgen: Buch III (1540); Buch I und II (1545); Buch V (1547); Extraordinario Libro (1551); Buch VII (1575). Deutsche Übersetzung: *Seb. Serlii Von der Architectur. Fünff Bücher: Darinn die gantze lobliche vnd zierliche Bawkunst / sampt den Grundlegungen und Auffzügen manigerley Gebäuwen / vollkomlich auß den Fundamenten gelehrt.* Basel 1608–1609. – Reprografischer Nachdruck der Ausgabe, die als erste alle sieben Bücher umfaßt (Venedig 1584) in 2 Bden., mit Einl., Sala Bolognese 1979.

Serlio, Sebastiano: *Sesto libro,* 1966, siehe Rosci.

Serlio, Sebastiano: *On Domestic Architecture: Different Dwellings from the meanest Hovel to the Most Ornate Palace; the Sixteenth-century Manuscript of Book VI in the Avery Library of Columbia University;* Vorwort von Adolf K. Placzek, Einleitung von James S. Ackerman, Text von Myra Nan Rosenfeld. New York, Cambridge, Mass., und London 1978.

Tafuri, Manfredo: J. Barozzi da Vignola e la crisi del Manierismo a Roma. In: *Bolletino del Centro internazionale di studi di architettura „Andrea Palladio"*, IX (1967), S. 305–398.

Tafuri, Manfredo: L'idea di architettura nella letteratura teorica del Manierismo. In: *Bolletino del Centro internazionale di studi di architettura „Andrea Palladio"*, IX (1967), S. 369–387.

Vasari, Giorgio: *Le vite de' più eccellenti pittori, scultori ed architettori,* hrsg. von Gaetano Milanesi. „Ultima impressione", 9 Bde., Florenz 1906. – Nachdruck 1973, hrsg. von Paola Barocchi. Erstdruck von Vasaris *Vite* 1550: Milanesis Ausgabe folgt der Umarbeitung von 1568. Von der 1966 begonnenen historisch-kritischen Ausgabe beider Fassungen sind erst drei

Bände erschienen. Vasaris *Vite* sind nicht allein die schier unerschöpfliche Quelle für Leben und Werk der italienischen Künstler des 14.–16. Jahrhunderts, sondern enthalten auch wichtige theoretische Ansätze.

Vignola, Jacopo (auch Giacomo) Barozzi da: *Regola delli cinque ordini d'architettura.* O. O. u. J. (Rom 1562). – Auch deutsche Ausgaben des 17. und 18. Jahrhunderts.

Walcher Casotti, Maria: *Il Vignola.* Text- u. Taf.-Bd., Triest 1960.

Walcher Casotti, Maria: Itinerario del Vignola. In: *Mostra di Jacopo Barozzi detto il Vignola.* Bologna 1975, S. 17–39. – Dokumentation zur Ausstellung in Vignola, November 1973–Januar 1974.

Wittkower, Rudolf, 1969, siehe Teil III.

Wittkower, Rudolf, 1974, siehe Teil V.

Wittkower, Rudolf: *Palladio and Palladianism.* New York 1974. – Sammlung von 13 Aufsätzen und Vorträgen aus dem Zeitraum 1945–1970, darunter die bisher unveröffentlichten: *English Neoclassicism and the Vicissitude of Palladio's Quattro Libri* (1970) und *English Literature on Architecture* (1966).

Zu Teil V: Verteidigung des Vitruvianismus

Bellori, Giovanni Pietro: *Le vite de' pittori, scultori e architetti moderni,* hrsg. von Evelina Borea; Einführung von Giovanni Previtali. Turin 1976. – Historisch-kritische Ausgabe des ersten Teils nach dem Erstdruck von 1672 und des zweiten Teils nach den beiden bekannten Handschriften; umfassende Register (u. a. „Indice dei concetti"). Die Akademierede von 1664 über das künstlerische Ideal dient als Einleitung zu den Viten.

Blondel, François: *Cours d'architecture enseigné dans l'Académie royale d'Architecture.* 2., erw. und verb. Ausgabe, Paris 1698. – Erstdruck in zwei gesondert paginierten Halbbänden, Teil I 1675, Teil II–V 1683 in Paris; die 2. Ausgabe ist möglicherweise eine bloße Titelauflage, d. h. in den ausgedruckten Bögen wurde das Titelblatt ersetzt.

Brönner, Wolfgang Dieter: *Blondel-Perrault: Zur Architekturtheorie des 17. Jahrhunderts in Frankreich.* Diss. Bonn 1971, Bonn 1972. – Mit einem Faksimile-Anhang, enthaltend Blondel: *Cours,* II, S. 703–726, und Perrault: *Ordonnance,* 1683, S. 96–112.

Dobai, Johannes, 1974–1977, siehe Teil I.

Fichet, Françoise: *La théorie architecturale à l'âge classique, essai d'antologie critique.* Brüssel 1979. – 49 Seiten anregender Einleitung zu einer Auslese von Stellen aus 20 Autoren; in den Sachangaben flüchtig.

Gaye, Giovanni: *Carteggio inedito d'artisti dei secoli XIV, XV, XVI.* 3 Bde., Florenz 1839–1840. – Nachdruck Turin 1968. Berühmtes Quellenwerk zur italienischen Kunst der Renaissance; hier für den Streit um Fassade und Gewölbe von San Petronio in Bologna herangezogen.

Herrmann, Wolfgang: *The Theory of Claude Perrault.* London 1973. – Exemplarische Textinterpretation, verwandt der werkimmanenten Methode der Literaturwissenschaftler.

Hernandez, Antonio: *Grundzüge einer Ideengeschichte der französischen Architekturtheorie von 1560–1800.* Diss. Basel 1965, Basel 1972. – Hervorragend.

Kambartel, Walter: *Symmetrie und Schönheit: Über mögliche Voraussetzungen des neueren Kunstbewußtseins in der Architekturtheorie Claude Perraults.* München 1972. – Überarbeitete Fassung der Diss. Bochum 1969; begriffsgeschichtliche Studie. Mit einem Faksimile-Anhang, enthaltend Perrault: *Ordonnance,* 1683, Préface.

Kemp, Wolfgang: „Disegno": Beiträge zur Geschichte des Begriffs zwischen 1547 und 1607. In: *Marburger Jahrbuch für Kunstwissenschaft,* XIX (1974), S. 219–240.

Oechslin, Werner: Osservazioni su Guarino Guarini e Juan Caramuel de Lobkowitz. In: *Guarino Guarini e l'internazionalità del Barocco: Atti del Convegno internazionale promosso dall'Accademia delle Scienze di Torino.* 2 Bde., Turin 1970, I, S. 573–587.

Oechslin, Werner: Carlo Franceso Dotti (1670–1750), Architekt des frühen Settecento in Bologna; neue Beiträge zu seinem Leben und Werk. In: *Zeitschrift für Kunstgeschichte,* XXXIV (1971), S. 208–239. – S. 223–228 über Dottis Entwürfe für die Fassade von San Petronio.

Oechslin, Werner: Il contributo dei Bibiena: Nuove attività architettoniche. In: *Bolletino del Centro internazionale di studi di architettura „Andrea Palladio",* XVII (1975), S. 131–159. – Einführung in die von Oechslin in vielen Einzelstudien umkreisten Wechselbeziehungen zwischen gebauter, ephemerer und bloß gezeichneter Architektur.

Panofsky, Erwin: *„Idea": Ein Beitrag zur Begriffsgeschichte der älteren Kunsttheorie.* 2., verb. Aufl., Berlin 1960. – Erstdruck 1924.

Perrault, Charles: *Parallèle des anciens et des modernes en ce qui regarde les arts et les sciences;* mit einer einleitenden Abhandlung von Hans Robert Jauss und kunstgeschichtlichen Exkursen von Max Imdahl. München 1964. – Einbändiges Faksimile nach dem Erstdruck, 4 Bde., Paris 1688–1697, mit modernem Register.

Perrault, Claude: *Les dix livres d'architecture de Vitruve.* 2., verb. und erw. Ausgabe, Paris 1684. – Erstausgabe 1673. Reprografischer Nachdruck der Ausgabe 1684: Brüssel 1979.

Puppi, Lionello: Vincenzo Scamozzi trattatista nell'ambito della problematica del Manierismo. In: *Bolletino del Centro internazionale di studi di architettura „Andrea Palladio",* IX (1967), S. 310–329.

Puppi, Lionello: *Scrittori vicentini d'architettura del secolo XVI (G. G. Trissino, C. Belli, V. Scamozzi, P. Gualdo).* Vicenza 1973.

Puppi, Lionello, 1977, siehe Teil IV.

Scamozzi, Vincenzo: *L'idea dell'architettura universale.* 2 Teile, Venedig 1615. – Nachdruck 1964. Ursprünglich 12 Bücher geplant, in der Veröffentlichung selbst mehrfach 10 Bücher erwähnt, schließlich in 8 Bücher eingeteilt. Die in Amsterdam bei Danckert Danckertsz erschienenen Übersetzungen enthalten Illustrationen nach originalen Druckstöcken.

Wittkower, Rudolf: *Gothic versus Classic: Architectural Projects in Seventeenth Centrury Italy.* London 1974.

Wölfflin, Heinrich: *Renaissance und Barock: Eine Untersuchung über Wesen und Entstehung des Barockstils in Italien.* München 1888. – Quellennahe Frühschrift Wölfflins.

Wotton, Henry: *The Elements of Architecture: A Faksimile Reprint of the First Edition (London, 1624);* Einf. und Anm. von Frederick Hard. Charlottesville, Virginia, 1968.

Zu Teil VI: Abbau des Vitruvianismus

Boffrand, Germain: *Livre d'architecture contenant les principes généraux de cet art, et les plans, élévations et profiles de quelques-uns des bâtiments faits en France et dans les étrangers; ouvrage françois et latin.* – Grundlegung der „Charakter"-Lehre, in Analogie zur Poetik des Horaz.

Boileau-Déspréaux, Nicolas: *Œuvres,* hrsg. von Jacques Bainville. 5 Bde., Paris 1928–1929. – Historisch-kritische Ausgabe, enthaltend die Übersetzung des Pseudo-Longinus.

Boullée, Etienne-Louis: *Boullée's Treatise on Architecture; a complete presentation of the "Architecture, essai sur l'art" which forms part of the Boullée papers (Ms. 9153) in the Bibliothèque Nationale, Paris;* hrsg. von Helen Rosenau. London 1953. – Erstdruck mit bemerkenswertem Kommentar.

Boullée, Etienne-Louis: *Architecture, essai sur l'art,* hrsg. von Jean-Marie Pérouse de Montclos. Paris 1968. – Vollständigste Ausgabe von Boullées schriftlichem Nachlaß; Taschenbuch. Pérouse de Montclos hat in seiner 1969 veröffentlichten Thèse de doctorat Boullée umfassend dargestellt; sein Hauptinteresse ist nicht theoriegeschichtlich.

Boullée, Etienne-Louis, 1976, siehe Rosenau, Helen.

Burke, Edmund: *A Philosophical Enquiry into the Origin of Our Ideas of the Sublime and Beautiful;* Einleitung und Anmerkungen von J. T. Boulton. London 1958. – Erste historisch-kritische Ausgabe; beruht auf der 2. Ausgabe (1759) mit dem ergänzenden Kapitel über Geschmack. Erstdruck 1757.

Concina, Ennio: Per Padre Carlo Lodoli – Giovambattista Lodoli ingeniere militare. In: *Arte veneta,* XXX (1976), S. 240. – Jüngster Hinweis auf die Herkunft von Lodolis Architekturkenntnissen.

Corboz, André: *Peinture militante et architecture révolutionnaire: à propos du thème du tunnel chez Hubert Robert.* Basel und Stuttgart 1978. – Erweiterter Vortrag mit einem Kapitel *De Boullée à Robert* (S. 6–8).

Cordemoy, J.-L. de: *Nouveau traité de toute l'architecture ou L'art de bastir; avec un Dictionnaire des termes d'architecture.* Paris 1714. – Davon Nachdruck Farnborough 1966. Erstausgabe 1706.

Dobai, Johannes, 1974–1977, siehe Teil I.

Hamon, Françoise: Les églises parisiennes du XVIIIe siècle: théorie et pratique de l'architecture cultuelle. In: *Revue de l'art,* Nr. 32 (1976), S. 7–14. – Streift Cordemoy und Laugier.

Herrmann, Wolfgang: *Laugier and Eighteenth Century French Theory.* London 1962. – Geschrieben in umfassender Kenntnis der Theoriegeschichte. Der Vergleich zwischen Laugier und Lodoli (S. 160–166) führt neben biographischen Indizien zum Schluß, daß Laugier von Lodoli unabhängig war.

Kaufmann, Edgar, Jr.: Memmo's Lodoli. In: *Art Bulletin,* XLVI (1966), S. 159–175. – Enthält Biographie, Textanalysen, Abdruck und englische Übersetzung von Lodolis von Memmo abgedruckten Buchkonzepten.

Kaufmann, Emil: *Architecture in the Age of Reason: Baroque and Post-Baroque in England, Italy, France.* Harvard 1955. – Posthume Veröffentlichung; unveränderter Nachdruck New York 1968. Standardwerk. Eingehend über Lodoli und ähnlich gesinnte Zeitgenossen (S. 95–99). Die Veröffentlichung von Boullées Traktat (S. 161 f.) schien Kaufmann nicht wünschenswert.

Knabe, Peter-Eckhard: *Schlüsselbegriffe des kunsttheoretischen Denkens in Frankreich von der Spätklassik bis zum Ende der Aufklärung.* Diss. Bochum 1970, Düsseldorf 1972. – Intelligent kommentierte Materialsammlung.

Kristeller, Paul Oskar: Das moderne System der Künste. In: P. O. K.: *Humanismus und Renaissance,* hrsg. von E. Kessler. 2 Bde., München 1976, II, S. 164–206. – Erstdruck in englischer Sprache 1951–1952.

Laugier, Marc-Antoine: *Essai sur l'architecture.* Paris 1955. – Davon Nachdruck Farnborough 1966 und Brüssel 1979. Erstdruck 1753.

Memmo, Andrea: *Elementi d'architettura lodoliana ossia L'arte del fabricare con solidità scientifica e con eleganza non capricciosa.* 2 Bde., Zara 1833–1834. – Davon Nachdruck in 1 Bd. Mailand 1953. Erstdruck (nur 2 von 3 Büchern) Rom 1786.

Middleton, Robin D.: The Abbé de Cordemoy and the Graeco-Gothic Ideal: A Prelude to Romantic Classicism. In: *Journal of the Warburg and Courtauld Institutes,* XXV (1962), S. 278–320; XXVI (1963), S. 90–123. – Gleichzeitig mit den Untersuchungen Herrmanns über Laugier und Petzets über Soufflot erschienen, behandelt Middletons Studie den Auftakt zur Versöhnung der Ideale in der Kolonnadenkirche.

Nyberg, Dorothea: The "Mémoire critique d'architecture" by Michel de Frémin. In: *Journal of the Society of Architectural Historians,* XIII (1963), S. 217–224. – Behandelt am Rande auch Cordemoy.

Oechslin, Werner: Pyramide et sphère: notes sur l'architecture révolutionnaire du XVIIIe siècle et ses sources italiennes. In: *Gazette des Beaux-Arts,* LXXVII/1 (1971), S. 201–238.

Pérouse de Montclos, Jean-Marie, siehe Boullée, 1968.

Petzet, Michael: *Soufflots Sainte-Geneviève und der französische Kirchenbau des 18. Jahrhunderts.* Diss. Univ. München, Berlin 1961. – Hervorragende, auch für die Architekturtheorie wichtige Untersuchung.

Rosenau, Helen, 1953, siehe Boullée.

Rosenau, Helen: *Boullée and Visionary Architecture; including Boullée's "Architecture, Essay on Art".* London und New York 1976. – Erweiterte Ausgabe von Boullée, 1953; der Traktat französisch und englisch (übers. von Sheila de Vallée). Unsorgfältige Publikation.

Rykwert, Joseph: Lodoli on Function and Representation. In: *Architectural Review,* CLX (1976/2), S. 21–26. – Hervorragend illustriert und dokumentiert.

Straub, Hans: *Die Geschichte der Bauingenieurkunst.* 3. Aufl., Basel und Stuttgart 1975. – Standardwerk, wichtig für das Verständnis Lodolis, obwohl dieser nicht erwähnt wird.

Vogt, Adolf Max: *Boullées Newton-Denkmal: Sakralbau und Kugelidee.* Basel und Stuttgart 1969. – Auch in bezug auf Boullées Theorie eindringlich und erhellend.

Wiebenson, Dora: *Sources of Greek Revival Architecture.* London 1969.

Wiebenson, Dora: *The Picturesque Garden in France.* Princeton, N. J., 1978. – Das Schlußkapitel *The Picturesque Garden and Urban Planning* berührt Laugier (S. 108–121).

Wilton-Ely, John: *Giovanni Battista Piranesi, Vision und Werk.* München 1978. – Mit Bibliographie zu Lodoli und Memmo.

Zu Teil VII: Ende des Vitruvianismus

Buttlar, Adrian von: Gottfried Semper als Theoretiker. In: Gottfried Semper: *Der Stil in den technischen und tektonischen Künsten oder praktische Ästhetik.* 2 Bde., Mittenwald 1977, I, S. 1–20. – Einleitung zum Nachdruck der Erstausgabe von 1860–1863.

Chafee, Richard: The Teaching of Architecture at the Ecole des Beaux-Arts. In: *The Architecture of the Ecole des Beaux-Arts,* hrsg. von Arthur Drexler. London bzw. New York und Cambridge, Mass., 1977, S. 61–109.

Durand, Jean-Nicolas-Louis: *Précis des leçons d'architecture données à l'Ecole royale polytechnique.* 2 Bde. und Partie graphique, Paris 1817–1821. – Verkleinerter Nachdruck in 1 Bd., Unterschneidheim 1975. Erstdruck in 2 Bden. (ohne sog. Partie graphique) 1802–1805.

Germann, Georg: *Neugotik, Geschichte ihrer Architekturtheorie.* Stuttgart 1974. – Zuerst englisch 1972.

Germann, Georg: Gottfried Semper über Konvention und Innovation. In: *Zeitschrift für schweizerische Archäologie und Kunstgeschichte,* XXXIII (1976), S. 224–228. – Behandelt die Schrift *Wissenschaft, Industrie und Kunst* (1852).

„Geschichte allein ist zeitgemäß" – Historismus in Deutschland, hrsg. von Michael Brix und Monika Steinhauser. Lahn-Gießen 1978. – Einzelauf-

sätze und Zusammenfassung des Forschungsstandes, diese von den Herausgebern.

Hernandez, Antonio: Jean-Nicolas-Louis Durand und die Anfänge einer funktionalistischen Architekturtheorie. In: *Architekturtheorie, internationaler Kongreß in der Technischen Universität Berlin, 11. bis 15. Dezember 1967.* Berlin o. J. (1968), S. 133–139.

Pevsner, Nikolaus: *Some Architectural Writers of the Nineteenth Century.* Oxford 1972.

Rottermund, A.: Rola doktryny Jean-Nicole-Louis Duranda w architekturze europejskiej 1 połowy 19 wieku. (Die Rolle von J.-N.-L. Durands Doktrin in der ersten Hälfte des 19. Jahrhunderts in Europa.) In: *Théorie de l'art* (Kongreßakten Warschau 1974). Warschau 1975. S. 143–150. – Vom Verf. nicht eingesehen.

Semper, Gottfried: Vorläufige Bemerkungen über bemalte Architektur und Plastik bei den Alten. In: Gottfried Semper: *Kleine Schriften,* hrsg. von Manfred und Hans Semper. Berlin und Stuttgart 1884, S. 215–258. – Erstdruck 1834. Die Schrift ist Franz Christian Gau, Sempers Pariser Lehrer, zugeeignet.

Gottfried Semper und die Mitte des 19. Jahrhunderts; Symposion vom 2. bis 6. Dezember 1974, veranstaltet durch das Institut für Geschichte und Theorie der Architektur an der Eidgenössischen Technischen Hochschule Zürich. Basel und Stuttgart 1976.

Staatliche Kunstsammlungen Dresden; Institut für Denkmalpflege, Arbeitsstelle Dresden: *Gottfried Semper zum 100. Todestag.* Ausstellung im Albertinum zu Dresden vom 15. Mai bis 29. August 1979. – In unserem Zusammenhang bemerkenswert Heinz Quitzsch: *Sempers Kunsttheorie* (S. XXV–XXIX, vertiefte Zusammenfassung der Diss. von 1962).

REGISTER

Aus dem weiteren Programm

6465-8 Appuhn, Horst:

Einführung in die Ikonographie der mittelalterlichen Kunst in Deutschland.

1979. VIII, 131 S. mit 16 Abb. im Text u. 36 Abb. auf Kunstdr., kart.

Die Ikonographie sucht in Worte zu fassen, was Bauten, Bilder oder Zeichen bedeuten. Diese Methode, von A. Warburg und E. Panofsky auch Ikonologie genannt, kann sich heute auf eine Reihe systematischer oder lexikalischer Handbücher stützen, durch die das gesamte Gebiet erschlossen wird. Diese Einführung verschafft einen Überblick über die besonders in den letzten drei Jahrzehnten stark angewachsene Literatur.

4849-0 Henckmann, Wolfhart (Hrsg.):

Ästhetik. (WdF, Bd. 31)

1979. VI, 492 S. mit 19 Abb., 19 schemat. Darst., Gzl.

Die Tendenz zur Begründung der Ästhetik als selbständige Wissenschaft wird maßgeblich beeinflußt und gefördert durch die Ergebnisse, die die Grundlagendiskussion in den einzelnen Kunstwissenschaften erbracht haben. Der Band zeigt, in welcher Weise einzelne Wissenschaften wie die Philosophie, die Mathematik, die Soziologie und die einzelnen Kunstwissenschaften, vor allem die Literaturwissenschaft und die Kunstwissenschaft im engeren Sinne, zur Lösung der Probleme in der Nachkriegszeit beigetragen haben.

5798-8 Hotz, Walter:

Byzanz. Konstantinopel. Istanbul.

2. Aufl. 1978. 219 S. Text mit 93 Zeichn., 240 Abb. auf Kunstdr., Gzl.

An den einleitenden Überblick über Geschichte und Kunstgeschichte der Stadt schließt sich der beschreibende Katalog der Kunstdenkmäler an, der in knapper Formulierung alle wünschenswerten kunstgeschichtlichen und historischen Angaben enthält. Der Bildteil vermittelt in chronologischer Folge einen weitgespannten Überblick über die antiken, christlich-byzantinischen und islamischen Denkmäler der Stadt. Im Anhang Erklärung von Fachausdrücken, Chronologie der byzantinischen und osmanischen Herrscher, Literatur- und Künstlerverzeichnisse sowie übersichtliche Karten.

3693-X Hotz, Walter:

Kleine Kunstgeschichte der deutschen Burg.

4. Aufl. 1979. IX, 273 S. mit 147 Zeichn., 208 S. Abb., Gzl.

Der seit Jahren durch seine Publikationen über Burgen bekannte Autor hat hier eine großangelegte, doch knapp gefaßte Gesamtschau der Geschichte der deutschen Burg von Karl dem Großen bis zu Karl V. erarbeitet. Eine solche Darstellung gab es bisher nicht; sie ist durch Abbildungen, Grundrisse, Schnitte, Reproduktionszeichnungen und alte Ansichten reich illustriert und daher für jedermann verständlich und interessant.

7650-8 Huth, Hans:

Künstler und Werkstatt der Spätgotik.

3. Aufl. 1977. VI, 149 S., 32 S. Kunstdr., 43 Abb., Gzl.

Inhalt: Einleitung, Künstler und Zunft (allgemeine Verfassungsbestimmungen der Zunft, wirtschaftliche Abgaben der Zunft) — Künstler und Recht (Rechtsurkunden, materielles Vertragsrecht) — Der Werkstattbetrieb (Einrichtung der Werkstatt, Stoff und Verarbeitung) — Arbeitsteilung (wirtschaftliche Bedingungen, künstlerische Bedingungen) — Anmerkungen — Anhang: Quellennachweis der Verträge, 24 Vertragsurkunden, Verzeichnis der Abbildungen, Personen- und Sachregister, Ergänzungen und Berichtigungen.

WISSENSCHAFTLICHE BUCHGESELLSCHAFT

Postfach 11 11 29 **D-6100 Darmstadt 11**